Münsterische Beiträge zur Rechtswissenschaft –
Neue Folge

herausgegeben von

Prof. Dr. Heinrich Dörner, Prof. Dr. Dirk Ehlers und
Prof. Dr. Michael Heghmanns

Band 7

Anja Baars

Rechtsfolgen fehlerhafter Verwaltungsvorschriften

Nomos

Die Deutsche Nationalbibliothek verzeichnet diese Publikation in der Deutschen Nationalbibliografie; detaillierte bibliografische Daten sind im Internet über http://dnb.d-nb.de abrufbar.

Zugl.: Münster (Westf.) Univ., Diss. der Rechtswissenschaftlichen Fakultät, 2009

ISBN 978-3-8329-5833-6

D 6

1. Auflage 2010

Meinem Großvater Alois Siggemann

Vorwort

Die vorliegende Arbeit wurde im Wintersemester 2009/2010 von der Juristischen Fakultät der Universität Münster als Dissertation angenommen. Literatur und Rechtsprechung konnten bis zum September 2009 berücksichtigt werden.

Ich danke den Herausgebern Prof. Dr. Heinrich Dörner, Prof. Dr. Dirk Ehlers und Prof. Dr. Michael Heghmanns für die Aufnahme in die Schriftenreihe sowie dem Freundeskreis Rechtswissenschaft für die Gewährung eines großzügigen Druckkostenzuschusses.

Ganz herzlich möchte ich mich bei Herrn Professor Dr. Ehlers außerdem dafür bedanken, daß er mich bei meinem Promotionsvorhaben unterstützt und diese Arbeit betreut hat. Zu ihrem Gelingen hat ganz wesentlich die Fülle und Vielschichtigkeit dessen, was ich im *Unirep* bei ihm lernen konnte, beigetragen. Als hilfreich und inspirierend empfand ich auch die persönlichen Gespräche, die zu wertvollen Einsichten und inhaltlichen Anreicherungen geführt haben.

Herrn Professor Dr. Oebbecke möchte ich für die sehr zügige Erstellung des Zweitgutachtens danken. Ferner danke ich Herrn David Knollmann für die Korrektur des Manuskripts sowie Herrn Dipl.-Ing. Tjado Voß für die technische Unterstützung.

Mein ganz besonderer Dank gilt schließlich meinen Eltern und meinen Schwestern, die mich stets ermuntert und unterstützt haben.

Dortmund, im Juni 2010 Anja Baars

Inhaltsverzeichnis

Abkürzungsverzeichnis

aA	andere Ansicht
aaO	am angegebenen Ort
ABl.	Amtsblatt
Abs.	Absatz
aE	am Ende
aF	alte Fassung
allg.	allgemein
Anm.	Anmerkung
AO	Abgabenordnung
AöR	Archiv des öffentlichen Rechts
Art.	Artikel
Aufl.	Auflage
Az.	Aktenzeichen
BauGB	Baugesetzbuch
BayVBl	Bayrische Verwaltungsblätter
BBG	Bundesbeamtengesetz
Bd.	Band
BeamtStG	Beamtenstatusgesetz
Beil.	Beilage
BFH	Bundesfinanzgerichtshof
BGBl	Bundesgesetzblatt
BGH	Bundesgerichtshof
BImSchG	Bundesimmissionsschutzgesetz
BSG	Bundessozialgerichtshof
BStBl	Bundessteuerblatt
BRD	Bundesrepublik Deutschland
BT-Drs.	Bundestags-Drucksache
BVerwG	Bundesverwaltungsgericht
BVerwGE	Entscheidungen des Bundesverwaltungsgerichts
BVerfG	Bundesverfassungsgericht
BVerfGE	Entscheidungen des Bundesverfassungsgerichts
BVerfGG	Bundesverfassungsgerichtsgesetz
ca.	circa
ders.	derselbe
DÖV	Deutsche Öffentliche Verwaltung
DV	Die Verwaltung
DVBl	Deutsches Verwaltungsblatt
EG	Europäische Gemeinschaft(en)

EGBGB	Einführungsgesetz zum Bürgerlichen Gesetzbuch
etc.	et cetera
EuGH	Europäischer Gerichtshof
EuGRZ	Europäische Grundrechte-Zeitschrift
f.	folgende
ff.	fortfolgende
Fn.	Fußnote
FS	Festschrift
GewArch	Gewerbearchiv
GG	Grundgesetz
GO	Gemeindeordnung
HdB	Handbuch
hM	herrschende Meinung
Hrsg.	Herausgeber
HS	Halbsatz
i.S.d.	im Sinne des
i.V.m.	in Verbindung mit
JA	Juristische Arbeitsblätter
Jus	Juristische Schulung
Kap.	Kapitel
LG	Landgericht
Lit.	Literatur
Ls	Leitsatz
mwN	mit weiteren Nachweisen
NJW	Neue Juristische Wochenschrift
Nr.	Nummer
NVwZ	Neue Zeitschrift für Verwaltungsrecht
NWVBl	Nordrhein-Westfälische Verwaltungsblätter
OLG	Oberlandesgericht
OVG	Oberverwaltungsgericht
RG	Reichsgericht
Rn.	Randnummer
Rs.	Rechtssache
Rspr.	Rechtsprechung
RT	Rechtstheorie
S.	Satz
SGB XII	12. Sozialgesetzbuch
s.o.	siehe oben
st. Rspr.	Ständige Rechtsprechung
StuW	Steuern und Wirtschaft
u.	und
u.a.	und andere
usw.	und so weiter

Verw	Verwaltung
VerwWiss	Verwaltungswissenschaft
VG	Verwaltungsgericht
VGH	Verwaltungsgerichtshof
vgl.	vergleiche
VVDStRL	Veröffentlichungen der Deutschen Staatsrechtslehrer
VwGO	Verwaltungsgerichtsordnung
VwVfG	Verwaltungsverfahrensgesetz
z.B.	zum Beispiel
ZBR	Zeitschrift für Beamtenrecht
z.T.	zum Teil

Einleitung

Verwaltungsvorschriften sind abstrakt-generelle Anordnungen einer vorgesetzten an eine nachgeordnete Stelle innerhalb der Verwaltung.[1] Die Nomenklatur ist nicht einheitlich. Ebenfalls verwendet werden Bezeichnungen wie Erlasse, Richtlinien, Anweisungen, Rundschreiben etc. Gemeint ist jedoch überall das gleiche Phänomen, für das hier, orientiert an der Formulierung des Grundgesetzes in Art. 84, 85 GG, einheitlich der Begriff der Verwaltungsvorschrift gewählt werden soll.

Verwaltungsvorschriften bestehen in großer Zahl. Gerne stützen und verlassen sich die Sachwalter auf bestehende Anweisungen, sodass diese den Verwaltungsalltag oft intensiver bestimmen als das zu Grunde liegende Gesetz.[2] Zugleich wird die „Flut von Verwaltungsvorschriften" jedoch auch als Problem gesehen.[3] Ein Teil der beklagten Unwägbarkeiten konnte inzwischen durch das in Form einer Datenbank nun erstmals erstellte Bestandsverzeichnis aller Verwaltungsvorschriften des Bundes beseitigt werden.[4]

Dieser ambivalente Umgang mit Verwaltungsvorschriften, ihre große Bedeutung einerseits und ihre teilweise mangelnde Pflege und Vernachlässigung andererseits, kennzeichnet nicht nur ihre verwaltungspraktische Seite, sondern auch die rechtliche Durchdringung. Nachdem jahrzehntelang der Rechtscharakter von Verwaltungsvorschriften verneint wurde und man sie demgemäß in der Rechtswissenschaft wenig beachtete, rückte das Institut der Verwaltungsvorschrift nach und nach immer mehr in den Fokus von Rechtsprechung und Literatur. Diese Entwicklung hält an. Inzwischen gibt es unzählige Monographien und Stellungnahmen, die sich hauptsächlich mit der Bindungswirkung von Verwaltungsvorschriften beschäftigen. Vernachlässigt wird demgegenüber der methodische Umgang mit ihnen im konkreten Anwendungsfall.[5] Wenig Aufmerksamkeit wurde bisher auch der Entwicklung einer Fehlerfolgenlehre der Handlungsform, wie sie für den Verwaltungsakt ein Kernbestandteil der Verwaltungsrechtsdogmatik ist, geschenkt. Vorhandene Arbeiten, die sich insbesondere mit den Remonstrationsregeln des Beamtenrechts beschäftigen, beleuchten

1 *Maurer*, Allg VerwR, 14. Aufl. 2002, § 24 Rn. 1; *Bock*, JA 2000, 390; *Erichsen/Klüsche*, Jura 2000, 540

2 *Brohm*, Drittes Deutsch-Polnisches Verwaltungssymposium, 1983, 11 (20); *Yersin*, Kritik der Lehre von den Staatsakten, 1978, S. 55; *vBogdandy*, Gubernative Rechtsetzung, 2000, S. 457; *Stober* in: Wolff/Bachof/Stober, VerwR I, 12. Aufl. 2007, § 24 Rn. 13; *Brohm*, DÖV 1964, 238; *Saurer*, DÖV 2005, 587 „enorme rechtspraktische Bedeutung"; schwächer *Trzaskalik* in: Tipke, Grenzen der Rechtsfortbildung, 1982, 315 (315f.) „ihre Kenntnis [ist für den Bürger lediglich] nützlich".

3 *Meyer-Teschendorf/Hofmann*, DÖV 1998, 217 (220)

4 www.verwaltungsvorschriften-im-internet.de

5 Vgl. *Guckelberger*, DV 35 (2002), 61

vor allem die Handlungs- und Haftungsperspektive des angewiesenen Amtswalters ohne das Rechtsinstitut insgesamt in den Blick zu nehmen. Wie *Bettermann* im folgenden Zitat anschaulich ausführt, kommt jedoch gerade auch den Lehren vom Umgang mit fehlerhaften Staatsakten eine eminente Bedeutung im Rechtsstaat zu:

> „Der Rechtsstaat involviert Staatsunrecht. Dessen Verhütung, Bekämpfung, Ahndung, Beseitigung, Wiedergutmachung und Entschädigung sind zentrale Anliegen des Rechtsstaats; ihnen dienen seine wichtigsten Institutionen. Daher ist die Staats-Rechtslehre prononciert rechtsstaatlich verfasster Gemeinwesen nicht nur hinreichend legitimiert, sondern geradezu provoziert, sich an der Diskussion um das rechtliche Verständnis der Rechtswidrigkeit, um ihre Erscheinungsformen und um ihre Einordnung ins das Rechtssystem zu beteiligen."[6]

Diese Arbeit soll die vorhandene Lücke in der Dogmatik der Verwaltungsvorschriften füllen, indem eine Untersuchung ihrer Fehlerfolgen explizit aus einer rechtsaktbezogenen Perspektive erfolgt.

Vorgegangen wird dabei im ersten Teil zunächst nach einer induktiven Methode. Die Frage der Rechtsnatur von Verwaltungsvorschriften kann nicht beantwortet werden, ohne genau zu bestimmen, welche Rechtswirkungen von ihnen ausgehen. Dazu ist der aktuelle Ist-Zustand, d.h. die verwaltungsrechtspraktische Rolle von Verwaltungsvorschriften, festzustellen.

Rechtsdogmatische Institute sind immer Zweckschöpfungen, deren eigentliches Baugesetz das Adäquanzkriterium ist. Die Rechtsformen des Verwaltungshandelns sind daher an die Bedürfnisse der Verwaltung anzupassen und zu optimieren.[7] Die Handlungsformenlehre ist auf diese Weise einer stetigen Entwicklung unterworfen. Neben einer gewissen Funktionsverschiebung, vom selbständigen Verordnungsrecht des Monarchen hin zur innerdienstlichen Anweisung der modernen Verwaltung, hat sich vor allem die rechtliche Behandlung der Verwaltungsvorschriften geändert. Dabei hält die dogmatische Entfaltung nicht immer Schritt mit den Impulsen aus der Praxis, sodass für Verwaltungsvorschriften ein Auseinanderklaffen von Sein und Sollen festzustellen ist. Hier haben Optimierungsbemühungen anzusetzen.

Dies soll in deduktiver Weise geschehen, indem die gefunden Ergebnisse auf ihre Vereinbarkeit mit dem geltenden Recht, insbesondere dem Verfassungsrecht, überprüft und entsprechende Schlussfolgerungen gezogen werden.

Im zweiten Teil verläuft die Untersuchung umgekehrt. Deduktiv wird zunächst eine allgemeine Fehlerfolgenlehre entworfen. Dabei wird zwischen Fehlertatbestand und Fehlerfolge unterschieden. Schon auf der Ebene der Fehlerfeststellung lassen sich so viele Unklarheiten beseitigen und die Weichen für eine angemessene Fehlerreaktion stellen. Aufbauend auf diesem Grundsatzsystem soll daraufhin ein spezielles Fehlerfolgenregime für Verwaltungsvorschriften anhand von induktiv festgestellten Besonderheiten entwickelt werden.

6 *Bettermann*, FS H. Huber, 1981, 25
7 *Schmidt-Aßmann*, DVBl 1989, 533 (534)

1. Teil: Rechtsnatur von Verwaltungsvorschriften

Obwohl es inzwischen als weitgehend geklärt angesehen werden kann, dass es sich bei den Verwaltungsvorschriften um ein Institut des Rechts und nicht der bloßen Verwaltungstechnik handelt,[8] besteht über die Einzelheiten der Wirkungsweise große Uneinigkeit. Neben einer bloßen Innenwirkung im Innenraum der Verwaltung, wobei schon deren Ausdehnung im Einzelfall ungewiss ist, ist umstritten, ob und wann welche Arten von Verwaltungsvorschriften auch für den Bürger maßgeblich sind, ob und wann er etwa Ansprüche aus ihnen herleiten kann. Weithin uneinheitlich ist auch das Bild in Rechtssprechung und Rechtslehre, was die Rolle der Verwaltungsvorschriften im gerichtlichen Verfahren, insbesondere für den Kontrollumfang der rechtlichen Nachprüfung, angeht.

Der erste Teil der vorliegenden Arbeit ist der Klärung dieser Grundlagen gewidmet. Untersucht werden die Innenwirkung und eine etwaige Außenwirkung von Verwaltungsvorschriften. Daran schließen sich Überlegungen zur Wahl der zulässigen Handlungsform sowie zu den Entstehungsbedingungen für den Erlass von Verwaltungsvorschriften an. Sodann wird auf einige mögliche Besonderheiten der Wirkungsweise eingegangen.

§ 1 Innenwirkung von Verwaltungsvorschriften

Die Innenwirkung von Verwaltungsvorschriften beschreibt die Wirkungsweise von Verwaltungsvorschriften auf ihre unmittelbaren Adressaten, die Mitglieder der Verwaltungsorganisation sind. Grundlegend für das richtige Verständnis der Rechtsnatur von Verwaltungsvorschriften ist die Erkenntnis, dass es sich bei Verwaltungsvorschriften um organisatorische Steuerungsmittel handelt, die unmittelbar oder mittelbar Einfluss auf das Entscheidungsverhalten der Verwaltung nehmen. Um ihre genaue Wirkungsweise zu verstehen, müssen also die Entscheidungen der Verwaltung in ihrem gesamten Kontext beleuchtet werden. Entscheidungsergebnis und Entscheidungssituation werden dabei durch die vorgegebenen Strukturen der Verwaltungsorganisation geprägt. Weil es sich bei den Verwaltungsvorschriften um ein formales Steuerungsinstrument handelt, sollen hier nur formale Ursachen- und Wirkungszusammenhänge berücksichtigt werden. Informale Effekte spielen – so bedeutsam sie auch für das Verhalten von Organisationsmitgliedern in der Realität sein mögen – bei einem dogmatischen Erkenntnisinteresse keine Rolle.

8 *Birk* in: H/H/Sp, AO, § 4 Rn. 86; *Maurer*, Allg VerwR, 14. Aufl. 2002, § 24 Rn. 2; *Wallerath*, NWVBl 1989, 153; *vOlshausen*, JA 1983, 177 (184); *Vogel*, StuW 1991, 254 (255), aber noch *Vogel*, VVDStRL 24 (1965), 125 (157)

A Verwaltung als Organisation

I. Verwaltung und Verwaltungsentscheidungen

Üblicherweise wird die Staatsgewalt in die drei Gewalten Legislative, Exekutive und Judikative gegliedert. Die vollziehende Gewalt lässt sich dabei wiederum in Regierung und Verwaltung aufteilen. Verwaltung ist damit ein bestimmter Teil der Staatstätigkeit. Mehrfach ist der Versuch unternommen worden, eine positive Bestimmung materieller Verwaltung zu finden: Verwaltung sei die Verwirklichung der Staatszwecke für den Einzelfall,[9] die Sozialgestaltung im Rahmen der Gesetze und auf dem Boden des Rechts,[10] die planmäßige zweckgerichtete Tätigkeit zur Besorgung von Angelegenheiten.[11] Bei diesen Definitionsversuchen handelt es sich jedoch eher um Beschreibungen oder Hinweise auf bestimmte Aspekte der Verwaltungstätigkeit und nicht um aussagekräftige und trennscharfe Definitionen.[12] Wegen der Komplexität der wahrgenommenen Aufgaben und des dazu zur Verfügung stehenden Instrumentariums ist sogar bezweifelt worden, dass sich Verwaltung überhaupt definieren lässt.[13]

Wesentlich für ein Verständnis der Verwaltung ist jedenfalls die Erkenntnis, dass Verwaltung derjenige Teil der Staatsgewalt ist, dem die Umsetzung der Staatsaufgaben im Einzelfall obliegt, wenn er auch nicht darauf beschränkt ist.[14] Bei der Verwaltung tritt der Staat dem Bürger unmittelbar und konkret entscheidend gegenüber.[15] Die Exekutive ist „tätig werdende Verfassung“[16].

Weil die Verwaltung zum einzelnen Staatsbürger in der einen oder anderen Weise in Beziehung tritt, muss sie auf umfangreiche Ressourcen zurückgreifen können. Sie ist personal- und sachmittelintensiv. Sie wird flächendeckend und arbeitsteilig tätig. Dies alles gibt der Verwaltung das Gepräge einer (Groß-)Organisation.[17]

Die Verwaltung ist zwar einerseits Instrument zur Erreichung der Staatsziele, wie sie durch Verfassung und Gesetzgebung vorgegeben werden. Sie ist insofern fremdbestimmt[18] und muss rechtsstaatlichen Anforderungen in ihrer Ausgestaltung genügen. Andererseits gehorcht sie daneben als soziale Organisation bestimmten Eigengesetzlichkeiten und Eigenheiten, die ebenfalls nicht zu vernachlässigen sind.[19] Die

9 *Peters*, Die Verwaltung als eigenständige Staatsgewalt, 1965, S. 7
10 *Forsthoff*, VerwR, Bd. I, 10. Aufl. 1973, S. 6
11 *Stober* in: Wolff/Bachof/Stober/Kluth, VerwR I, 12. Aufl. 2007, § 3 Rn. 9
12 *Schmidt-De Caluwe*, JA 1993, 77 (78); *Forsthoff*, VerwR, Bd. I, 10. Aufl. 1973, S. 1
13 So z.B. bezeichnend der Titel von *Leisner*, Die undefinierbare Verwaltung, 2002; vgl. auch *Forsthoff*, VerwR, Bd. I, 10. Aufl. 1973, S. 1
14 *Ossenbühl*, JuS 1979, 681; *Scholz*, VVDStRL 34 (1976), 145 (152)
15 *Oldiges*, NVwZ 1987, 737; *Thieme*, DÖV 1996, 757 (759); *vUnruh*, DVBl 1979, 761
16 *vUnruh*, DVBl 1979, 761
17 *Adami*, Zuständigkeit, 1971, S. 7; *Schuppert*, Verwaltungswissenschaft, 2000, S. 43
18 *Dreier*, Hierarchische Verwaltung, 1991, S. 114; *Gril*, JuS 2000, 1080 (1084); *Loschelder* in: Isensee/Kirchhof, Hdb d. StaatsR III, 1988, § 68 Rn. 26
19 *Preisendörfer*, OrgaSoz, 2005, S. 164

von der Verwaltung getroffenen Entscheidungen sind nicht Entscheidungen von beliebigen Individualpersonen, sondern Entscheidungen von Individuen als Mitgliedern der Verwaltungsorganisation.[20] Verwaltungsentscheidungen sind „verfahrensstrukturierte Organisationsentscheidungen“[21].

II. Verwaltungsaufbau

Verwaltungsvorschriften sind typischerweise in der Ordnungsform der bürokratischen Hierarchie anzutreffen.[22]

Als Hierarchie bezeichnet man eine organisierte Form der Über- und Unterordnung mit genau festgelegten Positionen und formellen Rängen.[23] Es handelt sich um eine besondere Kanalisierung von Herrschaft. Herrschaft meint dabei die Chance, für spezifische oder alle Befehle bei einer angebbaren Gruppe von Menschen Gehorsam zu finden.[24]

Um die Ausrichtung auf das übergeordnete Organisationsziel zu gewährleisten, wird in Organisationen Herrschaft ausgeübt. Sie ist notwendig, um bei Arbeitsteilung und Spezialisierung der einzelnen Organisationsglieder die Teilleistungen im Hinblick auf das Gesamtziel koordinieren zu können.[25] Mit zunehmender Spezialisierung und Ausdifferenzierung der Teilglieder steigt der Koordinationsbedarf.[26] Herrschaft ist zudem erforderlich, um intern eine Instanz der Konfliktlösung bereitzustellen. Gäbe es keine Stelle, die im Konfliktfall allein entscheidet, würde jeder Konflikt zum Zerbrechen der Organisation führen.[27] Herrschaft ist für den Bestand eines Organisationssystems unumgänglich.

Mit dem Eintritt in die Organisation erklärt sich das Mitglied mit den Zielen und der Verfahrensweise der Organisation einverstanden.[28] Tritt eine Unstimmigkeit auf, stehen dem Mitglied nur zwei Alternativen zur Verfügung: Es kann sich zum einen der Organisation beugen, was allerdings auch die Möglichkeit einschließt, mit den organisationsintern vorgesehenen Verfahren Veränderungen zu bewirken.[29] Es kann zum anderen die Akzeptanz verweigern, dann kann seine Mitgliedschaft nicht bestehen bleiben.[30] Die Entscheidung über die Mitgliedschaft ist auf diese Weise mit der Akzeptanz der grundsätzlichen Organisationsstrukturen und der daraus folgenden

20 *Schuppert*, VerwWiss, S. 743f.
21 *Schuppert*, VerwWiss, S. 752
22 *Depenheuer*, DVBl 1992, 404 (405); *Evers* in: Starck, D. Allgemeinheit des Gesetzes, 1987, 96 (131); *Steinberg*, AöR 110 (1985), 419 (426)
23 *Petschniker*, Kommunikation, 2. Aufl. 2001, S. 1; *Uhlig* in: Strutz, HdVO, 1982, S. 182
24 *Weber*, Wirtschaft und Gesellschaft, 5. Aufl. 1972, S. 122
25 *Weber*, Wirtschaft und Gesellschaft, 5. Aufl. 1972, S. 545; *Oldiges*, NVwZ 1987, 737 (738)
26 *Preisendörfer*, OrgaSoz, 2005, S. 68f.
27 *Luhmann*, Funktionen und Folgen formaler Organisation, 3. Aufl. 1976, S. 38ff.
28 *Luhmann*, Funktionen und Folgen formaler Organisation, 3. Aufl. 1976, S. 42
29 *Luhmann*, Funktionen und Folgen formaler Organisation, 3. Aufl. 1976, S. 38
30 *Luhmann*, Funktionen und Folgen formaler Organisation, 3. Aufl. 1976, S. 38

Chance zur Herrschaftsausübung sowie umgekehrt zum Beherrschtwerden verbunden.[31]

Herrschaft wird in hierarchischen Strukturen durch ein Rangsystem verwirklicht, das an Positionen, nicht an Personen anknüpft.[32] Von Bedeutung ist sowohl das konkrete Über- bzw. Unterordnungsverhältnis zwischen zwei Stellen innerhalb der Hierarchie, Vorgesetztem und Nachgeordnetem, als auch der triadische Baustein, bestehend aus Vorgesetztem und Nachgeordnetem mit einer zwischengeschalteten Ebene, die gegenüber dem Vorgesetzten nachgeordnet und gegenüber dem Nachgeordneten vorgesetzt ist. Dieser zwischengeschalteten Ebene kommt auf diese Weise eine Doppelrolle zu, die erst eine Vermittlungsfunktion zwischen der obersten und untersten Stufe ermöglicht. Diese Vermittlungsfunktion verursacht unter Anderem eine Filterung des Informationsflusses zwischen Oben und Unten. In der Hierarchie ist jeder nachgeordneten Stelle typischerweise nur eine unmittelbar vorgesetzte Stelle zugeordnet, die jedoch Vorgesetzer für mehrere andere Nachgeordnete zugleich ist und dadurch eine Bündelung im Aufbau herbeiführt. Man stellt sich hierarchische Organisationen deshalb gern in Pyramidenform vor, tatsächlich sind es häufiger zwiebelförmige Gebilde.[33]

Die bürokratische Hierarchie ist gekennzeichnet durch 1.) Positionen als Bausteine, aus denen die Organisation zusammengesetzt ist, 2.) feste Amtskompetenzen und eine klare Amtshierarchie, 3.) die Regelgebundenheit und Unpersönlichkeit der Amtsführung, 4.) die Aktenmäßigkeit aller verwaltungstechnischen Abläufe und 5.) durch qualifiziertes und loyales Fachpersonal.[34] Diese Charakterisierung nach Max Weber stellt ein Idealbild dar, demgemäß es sich bei der bürokratischen Hierarchie um die rationalste Herrschaftsform handelt.[35] In der Verwaltungslandschaft findet sich demgegenüber eine Vielzahl mehr oder minder rein verwirklichter Ordnungsformen.[36] Trotz gewisser Tendenzen, vorgeblich verkrustete Strukturen aufzubrechen und mit alternativen Aufbauarten zu experimentieren, ist die bürokratische Hierarchie (immer noch) das maßgebliche Organisationsprinzip der Ministerialverwaltung.[37] Eine Erklärung dafür findet sich auch in den verfassungsrechtlichen Anforderungen an den Verwaltungsaufbau:

Grundlegend ist dabei die Entscheidung für die Demokratie in Art. 20 II 1 GG, wonach das Volk der einzige Souverän im Staat ist. Erforderlich ist die demokrati-

31 *Luhmann*, Funktionen und Folgen formaler Organisation, 3. Aufl. 1976, S. 42

32 *Pongratz*, Personalführung, 2003, S. 14; *Petschniker*, Mario, Kommunikation-Konflikt-Hierarchie, 2. Aufl. 2001, S. 1

33 *Preisendörfer*, OrgaSoz, 2005, S. 70

34 *Preisendörfer*, OrgaSoz, 2005, S. 100

35 *M. Weber*, Wirtschaft und Gesellschaft, 5. Aufl. 1972, S. 128

36 *Rittstieg*, ZBR 1970, 72 (73)

37 *Depenheuer*, DVBl 1992, 404 (405); *Evers* in: Starck, D. Allgemeinheit des Gesetzes, 1987, 96 (124); *Günther*, ZBR 1988, 297; *Rittstieg*, ZBR 1970, 72 (73); *Hoffmann-Riem*, AöR 130 (2005), 5 (12) verspürt allerdings eine „eingebüßte Leistungskraft der hierarchisch geprägten staatlichen Formalstruktur".

sche Legitimation aller staatlichen Entscheidungen.[38] Demokratische Legitimation kann in der Person des Entscheidungsträgers oder funktionell durch die Entscheidung lenkenden Institutionen hergestellt werden.[39] Aus ihrem Zusammenspiel muss sich ein für die jeweilige Entscheidung hinreichendes Legitimationsniveau ergeben.[40] In der Bundesrepublik Deutschland ist der Bundestag mit seinen unmittelbar gewählten Abgeordneten das Organ mit dem höchsten demokratischen Legitimationsniveau. Er erlässt in Form der Gesetzgebung die höchstrangigen Rechtsakte im Staat (Art. 20 II 2 GG). Das demokratische Prinzip kann jedoch nur zur vollen Geltung kommen, wenn der so zum Ausdruck gebrachte Parlamentswille genau befolgt wird. Dem wird am ehesten eine Verwaltung gerecht, die in personeller Hinsicht gerade nicht über eine gleiche demokratische Legitimation verfügt, die sie berechtigen könnte, einen entgegengesetzten Willen zu bilden.[41] Die Verwaltung muss ihrem Aufbau nach vielmehr so gestaltet sein, dass sie ein möglichst willfähriges Instrument zur Verwirklichung des den Volkswillen repräsentierenden Parlaments ist.[42] Dem entspricht die Ordnungsform der bürokratischen Hierarchie, die durch Differenzierung in den unteren Ebenen und Steuerung von der Spitze aus in besonderer Weise Effizienz bei der Umsetzung von definierten Zielen unter genauen Vorgaben verbürgt.[43]

Der bürokratisch-hierarchische Aufbau sichert zudem durch sein Rangsystem und die korrespondierenden Weisungsrechte die Verantwortung der Verwaltungsspitze für alle nachfolgend getroffenen Entscheidungen.[44] Nur so wird die Ministerverantwortlichkeit ermöglicht, die über das Medium der parlamentarischen Kontrolle wiederum die Volksherrschaft gewährleistet.[45] Weisungsbefugnis und parlamentarische Ministerverantwortlichkeit bedingen und ergänzen einander.[46]

38 BVerfGE 93, 37 (66); 83, 60 (71f.); *Brandner*, DÖV 1990, 966 (967); *Haverkate*, VVDStRL 46 (1988), 217 (222)

39 BVerfGE 83, 60 (72)

40 BVerfGE 93, 37 (67); 83, 60 (72)

41 *Dreier*, Hierarchische Verwaltung, 1991, S. 122f.

42 *Dreier*, Hierarchische Verwaltung, 1991, S. 122f.; *Oebbecke*, Weisungs- und unterrichtungsfreie Räume in der Verwaltung, 1986, S. 67; vgl. auch *Ehlers*, FS Stein, 2002, 125 (134)

43 *Depenheuer*, DVBl 1992, 404 (405); *Oebbecke*, Weisungs- und unterrichtungsfreie Räume in der Verwaltung, 1986, S. 67; *Oldiges*, NVwZ 1987, 737 (739)

44 *Zängl* in: GKÖD, Bd. 1, Lfg 5/00, K § 55 Rn. 7; *Loschelder* in: Isensee/Kirchhof, Hdb d. StaatsR III, 1988, § 68 Rn. 20; *Ehlers*, FS Stein, 2002, 125 (134f.)

45 BVerfGE 93, 37 (67); *Hansen*, Fachliche Weisung, 1971, S. 231; *Oebbecke*, Weisungs- und unterrichtungsfreie Räume in der Verwaltung, 1986, S. 100; *Brandner*, DÖV 1990, 966 (967); *Haverkate*, VVDStRL 46 (1988), 217 (223); *Oldiges*, NVwZ 1987, 737 (739); *Steinberg*, AöR 110 (1985), 419 (426); *Loschelder* in: Isensee/Kirchhof, Hdb d. StaatsR III, 1988, § 68 Rn. 20

46 *Ossenbühl*, Verwaltungsvorschriften und Grundgesetz, 1968, S. 442; *Brandner*, DÖV 1990, 966 (967); *Rittstieg*, ZBR 1970, 72 (73); *Steinberg*, AöR 110 (1985), 419 (427)

Hieraus folgert die Staatsrechtslehre, dass die bürokratische Hierarchie das verfassungsrechtlich gebotene Organisationsprinzip der Verwaltung sei.[47] Wie oben angedeutet, kann das nicht für alle Verwaltungsaufgaben ohne weiteres verallgemeinert werden. Insbesondere erschöpft sich die Verwaltungstätigkeit nicht in einer willen- und seelenlosen Subsumtion unter vollständig determinierende Parlamentsgesetze.[48] Es sind Verwaltungssituationen denkbar, in denen die Verwaltung als eigenständig wertende Staatsgewalt handelt. In solchen Situationen muss die bürokratische Hierarchie nicht unbedingt die effektivste Organisationsstruktur darstellen.[49] Veränderungen der Verwaltungsstruktur hin zu mehr Eigenverantwortlichkeit stehen allerdings letztlich innerhalb des hierarchischen Systems und verdrängen es nicht.[50]

Hierarchischer Aufbau ist bestimmend für weite Teile der Ministerialverwaltung. Aus der Dominanz der bürokratischen Hierarchie ergibt sich die quantitative Bedeutung von Verwaltungsvorschriften.

Die bürokratische Hierarchie gewinnt ihre organisationsspezifische Effizienz durch die Mechanismen der Arbeitsteilung, Standardisierung, Formalisierung von Herrschaft, Vorgegebenheit der Kommunikationswege und Indoktrination.[51] Die Effektivitätssteigerung folgt aus dem Abbau von Komplexität und der allgemeinen Vereinfachung der Entscheidungssituation für den Entscheider.[52] Diesem Ziel dienen auch die Verwaltungsvorschriften. Ihre konkreten Funktionen werden im nächsten Abschnitt untersucht.

B Funktionen von Verwaltungsvorschriften im Verwaltungsaufbau

Verwaltungsvorschriften sind zuallererst ein Steuerungsmittel.[53] Sie geben die Steuerungsimpulse vorgesetzter an nachgeordnete Stellen weiter.

47 *Hansen*, Fachliche Weisung, 1971, S. 231; *Depenheuer*, DVBl 1992, 404 (405); *Schuppert*, Verwaltungswissenschaft, 2000, S. 58; *Dreier*, Hierarchische Verwaltung, 1991, S. 137; *Leuze*, DÖV 1995, 1; *Loschelder* in: Isensee/Kirchhof, Hdb d. StaatsR III, 1988, § 68 Rn. 3

48 *Schuppert*, Verwaltungswissenschaft, 2000, S. 754f.; *Remmert*, Jura 2004, 728 (732); *Ehlers*, FS Stein, 2002, 125 (134)

49 Stichworte: Rechtfertigung ministerialfreier Räume, Selbstverwaltung, Kollegialitätsprinzip, etc; vgl. *Schuppert*, Verwaltungswissenschaft, 2000, S. 596; *Thieme*, Entscheidungen, 1981, S. 18; *Haverkate*, VVDStRL 46 (1988), 217 (239); *Hoffmann-Riem*, AöR 130 (2005), 5 (12f.); beachte aber auch *Leuze*, DÖV 1995, 1 zu den bei Arbeit in Kollegien entstehenden Reibungsverlusten und S. 2 zum Problem der Verantwortung.

50 *Zängl* in: GKÖD, Bd. 1, Lfg 5/00, K § 55 Rn. 9; *Ehlers*, FS Stein, 2002, 125 (133)

51 *Schuppert*, Verwaltungswissenschaft, 2000, S. 766; *Uhlig* in: Strutz, HdVO, 1982, S. 182; *Loschelder* in: Isensee/Kirchhof, Hdb d. StaatsR III, 1988, § 68 Rn. 5

52 *Hansen*, Fachliche Weisung, 1971, S. 231; *Schuppert*, Verwaltungswissenschaft, 2000, S. 766; *Uhlig* in: Strutz, HdVO, 1982, S. 183

53 Vgl. zum Ganzen: *Oebbecke*, Weisungs- und unterrichtungsfreie Räume in der Verwaltung, 1986, S. 4f. Sowie *Bumke*, Relative Rechtswidrigkeit, 2004, S. 121ff.

Dabei betreffen sie hauptsächlich das Entscheidungsverhalten der angesprochenen Stellen. Etwas anderes gilt für Organisationsvorschriften, also Verwaltungsvorschriften, die Organisation, Verhalten und Dienstablauf der Verwaltung regeln. Bei ihnen geht es nicht um den konkreten Inhalt der von den nachgeordneten Stellen zu treffenden Entscheidungen, sondern um ihr Umfeld. Indem sie die Voraussetzungen für den Gesetzesvollzug schaffen, wirken sie also wenigstens mittelbar auf Verwaltungsentscheidungen ein.[54]

Als Steuerungsmittel sind Verwaltungsvorschriften zugleich auch ein Kommunikationsmittel, mit dessen Hilfe die erlassende Stelle ihre Vorstellungen an die Adressaten weitergibt.

In der bürokratischen Hierarchie sind die formalen Kommunikationswege festgelegt. Der Informationsaustausch findet auf dem so genannten Dienstweg statt.[55] Damit gemeint ist der Informationsfluss, der von der Behördenleitung über eine hierarchische Linie bis zum Sachbearbeiter in einem Referat oder Dezernat und umgekehrt verläuft.[56] Der an der Spitze einer Behörde, eines Dezernats, etc. stehende Leiter vereinigt in seiner Person die Leitungs-, Weisungs- und Kontrollgewalt, zugleich ist er aber seinen Vorgesetzten für die sachgerechte Durchführung der seiner Behörde etc. übertragenen Verwaltungsaufgaben verantwortlich.[57] Daher ist der Dienstweg ein unverzichtbarer Weisungs- und Informationsweg, über den Informationen von unten nach oben in Form von Berichten, Vorlagen und Entscheidungsvorschlägen, von oben nach unten in Form von Weisungen laufen.[58] Im Interesse eines geordneten und flüssigen Verwaltungsablaufs verpflichten entsprechend die Beamtengesetze (z.B. § 171 I BBG) die Beamten zur Einhaltung des Dienstweges.[59] Es handelt sich um einen hergebrachten Grundsatz des Berufsbeamtentums im Sinne von Art. 33 V GG.[60]

Verwaltungsvorschriften als abstrakt-generelle Regelungen gelten losgelöst vom konkreten Einzelfall. Sie eröffnen, abweichend von der mittelbaren Kommunikation über die einzelnen Weisungsebenen des Dienstweges, die Möglichkeit, die verschiedenen Sachbearbeiter der verschiedenen nachgeordneten Hierarchiestufen unmittelbar und gleichzeitig anzusprechen.[61]

Verwaltungsvorschriften transportieren also Informationen.[62] Ihr Autor kann für ihren Erlass besondere Kenntnisse und speziellen Sachverstand heranziehen, von

54 *Guckelberger*, DV 35 (2002), 61 (64)
55 *Baecker*, Organisation als System, 1999, S. 117; *Thieme*, Entscheidungen, 1981, S. 124; *Limbach* in: Strutz, HdVO, 1982, S. 103
56 *Limbach* in: Strutz, HdVO, 1982, S. 103
57 *Limbach* in: Strutz, HdVO, 1982, S. 103
58 *Limbach* in: Strutz, HdVO, 1982, S. 103
59 *Limbach* in: Strutz, HdVO, 1982, S. 103
60 *Limbach* in: Strutz, HdVO, S. 103
61 *Dreier*, Hierarchische Verwaltung, 1991, S. 145
62 *Erichsen*, FS Kruse, 2001, 39 (45)

dem die nachgeordneten Stellen profitieren. Diese müssen für ihre Entscheidung das ihnen sonst fehlende Wissen nicht selbst zusammentragen, sondern können es in komprimierter Form in der einschlägigen Verwaltungsvorschrift finden. Zudem wird Entscheidungsunsicherheit absorbiert. Verwaltungsvorschriften leisten eine erhebliche Hilfestellung für die Entscheidungsarbeit der Sachbearbeiter.[63] Sie dienen auch der Entscheidungslegitimation und erhöhten Rationalität, indem die ausführenden Stellen auf die von ihnen herangezogenen Verwaltungsvorschriften und deren zentrale Begründung verweisen können.

Verwaltungsvorschriften manifestieren die Leitungsimpulse der erlassenden Stelle. In ihren Vorgaben tritt die verfolgte Politik der Hierarchiespitze hervor. Die nachgeordneten Stellen werden so auf ein einheitliches Ziel und eine einheitliche Verfahrensweise bei der Zielerreichung eingeschworen.[64] Unter der Hypothese, dass die Verwaltungsvorschriften von den Amtswaltern beachtet werden, liegt in ihnen auch eine Form vorweggenommener Kontrolle, dadurch dass sich der Entscheidungsrahmen schon im Vorhinein durch die zentrale Steuerung verengt.

Schließlich fungieren Verwaltungsvorschriften als Gestaltungsmittel. Sie erlauben übergeordneten Stellen Einfluss auf die Einzelentscheidungen der Basis zu nehmen. Indem Verwaltungsvorschriften die Vormachtstellung der Verwaltungsspitze aktualisieren, ermöglichen sie die Zurechenbarkeit der Ausführungsentscheidungen. So wird die Verantwortung der Hierarchiespitze begründet.

Verwaltungsvorschriften sind mithin ein Steuerungsmittel, dass die Herrschaft der Spitze zur Basis trägt. Diese oder ähnliche Formen der Steuerung finden sich in jeder hierarchischen Organisationsform, unabhängig von ihrer rechtlichen Zuordnung als privat oder öffentlich.[65]

C Reichweite und Grund der Innenwirkung

Die Innenwirkung von Verwaltungsvorschriften meint ihre Verbindlichkeit gegenüber Verwaltungsbediensteten. Sie können von vorgesetzten Verwaltungsstellen erlassen und müssen von den nachgeordneten Stellen befolgt und angewendet werden. Soweit besteht Einigkeit. Was ist jedoch der rechtliche Ansatzpunkt für diese Verbindlichkeit?

Teilweise wird die Innenwirkung mit der beamtenrechtlichen Gehorsamspflicht, wie sie sich aus den §§ 55 S. 2 BBG, 35 S. 2 BeamtStG[66] ergibt, begründet.[67] Das

63 *Hansen*, Fachliche Weisung, 1971, S. 231; *Erichsen*, FS Kruse, 2001, 39 (43)

64 *Brohm*, DÖV 1964, 238 (239); *Erichsen*, FS Kruse, 2001, 39 (43); *Oldiges*, NVwZ 1987, 737 (739)

65 *Preisendörfer*, OrgaSoz, 2005, S. 164; *Birk*, Die arbeitsrechtliche Leitungsmacht, 1973, S. 208

66 Vgl. zum früheren Recht die entsprechende Regelung in § 37 S. 2 BRRG.

67 *vBogdandy*, Gubernative Rechtsetzung, 2000, S. 478; *Freund*, Innenrecht und Außenrecht, 1984, S. 254; *Erichsen*, FS Kruse, 2001, 39 (49); *Thiele*, DÖD 1984, 1; *Vogel*, StuW 1991,

reicht jedoch nicht aus, um die Innenwirkung von Verwaltungsvorschriften zu erklären. Verwaltungsvorschriften müssen nämlich nicht nur von den Beamten, sondern auch von den Arbeitern und Angestellten im öffentlichen Dienst beachtet werden.[68] Dementsprechend wird weiter – sozusagen von der umgekehrten Perspektive aus – nicht mehr nach der Pflicht zum Gehorsam, sondern nach der Befugnis zum Erlass gefragt. Befehlen dürfe die vorgesetzte Stelle, soweit die nachgeordneten Stellen ihrer Geschäftsleitungs- und Organisationsgewalt unterstehen.[69] Als Organisationsgewalt wird dabei die rechtliche Macht zur Bildung, Errichtung, Einrichtung, Änderung, Aufhebung und auch Abwicklung von Verwaltungsträgern, Behörden und anderen Verwaltungsstellen durch die Bestimmung ihrer Zuständigkeiten, ihrer Zusammenhänge und ihrer inneren Ordnung sowie durch ihre persönliche und sachliche Ausstattung, bezeichnet.[70]

Es ist bezweifelt worden, ob die sog. Organisations- und Geschäftsleitungsgewalt überhaupt als Kompetenztitel herangezogen werden kann.[71] Kritisiert wird damit der Versuch, Kompetenzen der Verwaltung im Verhältnis zur Legislative dadurch zu begründen, dass man sich auf extrakonstitutionelle Befugnisse als „Hausgut der Verwaltung" beruft.[72] Unter dem Grundgesetz kann es eine solche staatliche Befugnis oder „Gewalt", die außerhalb oder vor der Verfassung steht, nicht geben.[73] Vorliegend geht es jedoch um die Befugnisbegründung im und für den Innenbereich der Verwaltung, d.h. zwischen rangverschiedenen Verwaltungsstellen. Das Verhältnis der Verwaltung zum Parlament wird davon nicht berührt.

Die Geschäftsleitungs- und Organisationsgewalt der Behördenspitze ergibt sich traditionell aus dem hierarchischen Verwaltungsaufbau.[74] Weil die nachgeordneten Stellen der Herrschaft und Steuerung der Vorgesetzten unterliegen, können jene das Recht für sich in Anspruch nehmen, Organisation und Geschäftsablauf der unteren Ebenen zu regeln. Für die Beamten wird das Weisungsrecht durch die beamtenrechtliche Gehorsamspflicht abgesichert.[75] Für die Arbeiter und Angestellten im öffentlichen Dienst ergibt sie sich aus dem arbeitsrechtlichen Direktionsrecht des Arbeitgebers.[76] Dabei wird allerdings über die Rechtsnatur des arbeitsrechtlichen Direktions-

254; *Ossenbühl*, Verwaltungsvorschriften und Grundgesetz, 1968, S. 485; *Maurer*, Allg VerwR, 14. Aufl. 2002, § 24 Rn. 16

68 *Erichsen*, FS Kruse, 2001, 39 (49); *vOlshausen*, JA 1983, 177 (183); *Stober* in: Wolff/Bachof/Stober/Kluth, VerwR I, 12. Aufl. 2007, § 24 Rn. 24

69 *Schmidt-De Caluwe*, JA 1993, 115 (116f.); *Ossenbühl*, Verwaltungsvorschriften und Grundgesetz, 1968, S. 455; *Erichsen/Klüsche*, Jura 2000, 540 (542); *Jarass*, JuS 1999, 105 (106); *Remmert*, Jura 2004, 728 (729); *Stober* in: Wolff/Bachof/Stober/Kluth, VerwR I, 12. Aufl. 2007, § 24 Rn. 23

70 *E.-W. Böckenförde*, Die Organisationsgewalt, 1964, S. 29; *Schmidt-De Caluwe*, JA 1993, 115 (116)

71 *Obermayer*, Verwaltungsakt und innerdienstlicher Rechtsakt, 1956, 117

72 *Schmidt-De Caluwe*, JA 1993, 77 (80)

73 *Schmidt-De Caluwe*, JA 1993, 77 (80)

74 *Zängl* in: GKÖD, Bd. 1, Lfg 5/00, K § 55 Rn. 19; *Hansen*, Fachliche Weisung, 1971, S. 232

75 *Zängl* in: GKÖD, Bd. 1, Lfg 5/00, K § 55 Rn. 19

76 *Birk*, Die arbeitsrechtliche Leitungsmacht, 1973, S. 212; *Erichsen*, FS Kruse, 2001, 39 (49)

rechts gestritten. Es ist nicht geklärt, ob es sich um ein einseitiges Leistungsbestimmungsrecht im Sinne von § 315 I BGB, ein Gestaltungsrecht oder eine (sonstige) Bestimmung des Arbeitsvertrages handelt.[77] Heute ist das Direktionsrecht in § 106 GewO jedenfalls ausdrücklich gesetzlich vorgesehen.

Die Innenwirkung der Verwaltungsvorschriften ist ein historisch gewachsenes Institut. Die Herrschaftsausübung durch Weisung ist untrennbar mit der hierarchischen Organisation verknüpft.[78] Weil die Organisationsmitglieder für die Organisationsziele der Fremdbestimmung unterliegen, bedürfen sie der Führung durch zentrale Weisungen. Dieser soziologische Befund ist Bestandteil der Verwaltungstradition auch unter dem Grundgesetz geworden. Mithin ist die eigentliche Grundlage der Innenwirkung die Organisationsstruktur der Verwaltung. Die Befugnis zu regeln und anzuordnen ist Funktionserfordernis einer hierarchisch aufgebauten vollziehenden Gewalt.[79] Verwaltungsvorschriften finden ihren Grund somit im „institutionellen Zweck“[80]. Die Befugnis zum Erlass von Verwaltungsvorschriften ist der Exekutive inhärent und als Funktionsbedingung vom Grundgesetz vorgesehen.[81]

Das gilt zumindest für die so genannten intrapersonellen Verwaltungsvorschriften. Gemeint sind Verwaltungsvorschriften, die an eine Stelle innerhalb desselben Verwaltungsträgers gerichtet sind.[82] Verwaltungsvorschriften, die sich an eine Stelle eines anderen Verwaltungsträgers wenden, nennt man interpersonelle Verwaltungsvorschriften.[83] Sie berühren einen Bereich, der nicht mehr von der Weisungsgewalt der erlassenden Stelle umfasst wird. Solchen Verwaltungsvorschriften kommt nur Verbindlichkeit zu, wenn es für ihren Erlass eine ausdrückliche gesetzliche Ermächtigung gibt.[84] Beispielhaft sind die Art. 84 II, 85 II 1 GG, die den Besonderheiten der Verwaltung im Bundesstaat Rechnung tragen. Gelegentlich werden interpersonelle Verwaltungsvorschriften auch ohne eine solche Ermächtigung geschaffen. Dann haben sie bloßen Empfehlungscharakter. Möglich ist jedoch eine Verbindlicherklärung durch die Behördenspitze des angewiesenen Verwaltungsträgers für ihren Ge-

77 Siehe dazu *Brunhöber*, Das Weisungsrecht im Arbeitsverhältnis, 2006

78 *Zängl* in: GKÖD, Bd. 1, Lfg 5/00, K § 55 Rn. 1; *Hansen*, Fachliche Weisung, 1971, S. 232; *Brohm*, DÖV 1964, 238 (239)

79 *E.-W. Böckenförde*, Die Organisationsgewalt, 1964, S. 81; *Obermayer*, Verwaltungsakt und innerdienstlicher Rechtsakt, 1956, 119; *Möstl* in: Erichsen/Ehlers, Allg VerwR, 13. Aufl. 2006, § 18 Rn. 8

80 *Obermayer*, Verwaltungsakt und innerdienstlicher Rechtsakt, 1956, 119; *Kirchhof* in: Isensee/Kirchhof, Hdb. d. StaatsR, Bd. III, 1988, § 59 Rn. 168

81 *Hömig*, DVBl 1976, 858 (860); *Möstl* in: Erichsen/Ehlers, Allg VerwR, 13. Aufl. 2006, § 18 Rn. 8

82 *Maurer*, Allg VerwR, 14. Aufl. 2002, § 24 Rn. 18; *Bock*, JA 2000, 390 (391); *Erichsen/Klüsche*, Jura 2000, 540 (542)

83 *Maurer*, Allg VerwR, 14. Aufl. 2002, § 24 Rn. 19; *Erichsen/Klüsche*, Jura 2000, 540 (542); *Guckelberger*, DV 35 (2002), 61 (63)

84 *Erichsen/Klüsche*, Jura 2000, 540 (542); *Erichsen*, FS Kruse, 2001, 39 (48); *Guckelberger*, DV 35 (2002), 61 (63f.)

schäftsbereich, durch die sie in die Organisations- und Geschäftsleitungsgewalt der angewiesenen Stelle inkorporiert werden.[85]

D Zwischenergebnis

Die Innenwirkung beschreibt die Wirkungsweise von Verwaltungsvorschriften im Innenraum der Verwaltung, also ihre Wirkung für die Mitglieder der Verwaltungsorganisation unabhängig davon, ob es sich um Beamte oder Arbeiter und Angestellte im öffentlichen Dienst handelt.

Es geht um abstrakt-generelle Regelungen, die für ihre Adressaten auf Grund der allgemeinen dienstrechtlichen Gehorsamspflicht verbindlich sind. Verwaltungsvorschriften erfüllen die Funktion eines wichtigen Steuerungsmittels und aktualisieren die Herrschaft der Hierarchiespitze im bürokratischen Behördenaufbau.

Abstrakt-generelle Weisungen dieser Form stellen keine Besonderheit der öffentlichen Verwaltung dar, sondern finden sich in ähnlicher Art in allen Organisationen, die dem Leitbild der bürokratischen Hierachie folgen. Es handelt sich nicht primär um ein rechtliches, sondern um ein soziologisches Phänomen. Deshalb ist es in gewisser Weise berechtigt, Verwaltungsvorschriften als „Verwaltungstechnikum" zu bezeichnen. Jedoch ist die Wirkung von Verwaltungsvorschriften nicht auf diese Charakterisierung beschränkt, wie sich aus den folgenden Kapiteln ergeben wird.

§ 2 Rechtssatzeigenschaft von Verwaltungsvorschriften

Die Überschrift zu diesem Abschnitt nimmt sein Ergebnis vorweg: Verwaltungsvorschriften sind Sätze des objektiven Rechts. Lange Zeit hingegen wurden Verwaltungsvorschriften nicht als Rechtsvorschriften, sondern als bloße Verwaltungsinterna ohne Rechtscharakter betrachtet.[86] Heute wird hingegen oft unbesehen vom Gegenteil ausgegangen, auch wenn nicht immer die damit verbunden Schlussfolgerungen gezogen werden.[87] In manchen Gerichtsurteilen wiederum heißt es immer noch, dass Verwaltungsvorschriften keine Rechtsnormen seien.[88] Dahinter verbirgt sich jedoch lediglich die Abgrenzung zwischen den allgemeinverbindlichen Normen des Außenrechts und dem Innenrecht mit – so soll es scheinen – eigenen Regeln.[89]

85 *Zängl* in: GKÖD, Bd. 1, Lfg 5/00, K § 55 Rn. 24; *Jarass*, JuS 1999, 105 (107); *Remmert*, Jura 2004, 728 (730); *Rittstieg*, ZBR 1970, 72 (75); *Maurer*, Allg VerwR, 14. Aufl. 2002, § 24 Rn. 19

86 Vgl. *Ronellenfitsch*, DÖV 1984, 781 (784)

87 *Axer*, Normsetzung der Exekutive, 2000, S. 45f.

88 Z.B. BVerwG, GewArch 2003, 111 (112); BVerwGE 104, 220 (222); OVG Münster, GewArch 2002, 192 (194); *Brohm*, DÖV 1964, 238 (243); *Erichsen/Klüsche*, Jura 2000, 540 (541)

89 Dieser Ansicht: *Hansen*, Fachliche Weisung, 1971, S. 244f.

Ziel dieses Kapitels ist es, diese Thesen und ihre jeweiligen Hintergründe zu beleuchten.

A Rechtsbegriff des Konstitutionalismus

Ausgangspunkt der Sichtweise von den Verwaltungsvorschriften als Nichtrecht ist der Rechtsbegriff des Konstitutionalismus. Der Frage, was als Rechtssatz anzusehen ist, kommt in der damaligen Staatssituation eine eminent politische Bedeutung zu.[90] Herrschend ist das monarchische Prinzip; alleiniger Träger der Staatsgewalt ist der Monarch.[91] Die dem Parlament durch die Verfassung zugewiesenen Kompetenzen zur Mitwirkung bei der Gesetzgebung beschneiden die ursprünglichen Machtbefugnisse des Souveräns.[92] Zwar bedarf der Monarch zum Erlass von Gesetzen der Zustimmung des Parlaments, daneben kommt ihm aber weiterhin ein eigenständiges Verordnungsrecht zu.[93] Aufgabe des Gesetzesbegriffs bzw. des Rechtssatzbegriffs ist es dann, die unterschiedlichen Kompetenzsphären von Parlament und Monarch gegeneinander abzugrenzen.[94]

Ziel der bürgerlichen Verfassungsbestrebungen ist die Sicherung der persönlichen Rechtsstellung des Einzelnen gegen staatliche Willkür. Gefordert wird daher die Zustimmung des Parlaments zu Eingriffen in Freiheit und Eigentum.[95] Dem entspricht ein ans Zivilrecht angelehnter Rechtsbegriff.[96] Recht dient danach der Abgrenzung von unterschiedlichen Rechtssphären.[97] Voraussetzung eines Rechtssatzes ist eine Mehrheit von Willensträgern, zwischen denen ein Ausgleich geschaffen werden soll.[98] Niemand kann gegen sich selbst einen Rechtsanspruch haben oder

90 *Brohm*, DÖV 1964, 238 (246); *Schnapp*, Amtsrecht, 1977, S. 72; *Jesch*, Gesetz und Verwaltung, 1961, S. 19

91 *Laband*, StaatsR d. Dt. Reiches, 5. Aufl. 1964, Bd. II, S. 7; *Schnapp*, Amtsrecht, 1977, S. 68f.; *Achterberg*, Probleme der Funktionenlehre, 1970, S. 52; *Seiler*, Der einheitliche Parlamentsvorbehalt, 2000, S. 51; *Grawert*, Jura 1982, 247 (252)

92 *Rupp*, Grundfragen, 1965, S. 26; *Schnapp*, Amtsrecht, 1977, S. 69; *Achterberg*, Probleme der Funktionenlehre, 1970, S. 31f.; *Badura*, Der Staat, Beiheft 11, 1993, 133 (136)

93 *Seiler*, Der einheitliche Parlamentsvorbehalt, 2000, S. 53; *Rupp*, Grundfragen, 1965, S. 3f.; *Grawert*, Jura 1982, 247 (252); *Badura*, Der Staat, Beiheft 11, 1993, 133 (137f.)

94 *Brohm*, DÖV 1964, 238 (246); *Rupp*, Grundfragen, 1965, S. 29; *Achterberg*, Probleme der Funktionenlehre, 1970, S. 12; *Grawert*, Jura 1982, 247 (253)

95 *Seiler*, Der einheitliche Parlamentsvorbehalt, 2000, S. 46; *E.-W. Böckenförde*, Die Organisationsgewalt, 1964, S. 63; *Achterberg*, Probleme der Funktionenlehre, 1970, S. 30f.; *Badura*, Der Staat, Beiheft 11, 1993, 133 (135); *E.-W. Böckenförde/Grawert*, AöR 95 (1970), 1 (6) m.w.N.

96 *Hansen*, Fachliche Weisung, 1971, S. 29f.; *E.-W. Böckenförde/Grawert*, AöR 95 (1970), 1 (6); *Brohm*, DÖV 1964, 238 (246)

97 *Laband*, StaatsR d. Dt. Reiches, 5. Aufl. 1964, Bd. II, S. 181; *Ossenbühl*, Verwaltungsvorschriften und Grundgesetz, 1968, S. 164; *Grawert*, Jura 1982, 300 (301)

98 *Laband*, StaatsR d. Dt. Reiches, 5. Aufl. 1964, Bd. II, S. 181; *E.-W. Böckenförde*, Die Organisationsgewalt, 1964, S. 63

Rechtsverletzungen verüben.[99] Verhaltensregeln, die ein Einzelner sich selbst gibt, können deshalb niemals Rechtsvorschriften sein.[100]

Nach der Theorie vom Staat als Rechtsperson, tritt der Staat als eigene Rechtspersönlichkeit auf. Dann kann es jedoch innerhalb des Staates selbst keine unterschiedlichen Willensträger geben. Der Staat ist impermeabel, d.h. nicht vom Recht durchdrungen.[101] Verwaltungsvorschriften, die innerhalb der Verwaltungsorganisation ergehen und die an eine Stelle innerhalb der Verwaltung adressiert sind, regeln nur Sachverhalte aus dem Innenraum der Verwaltung bzw. des Staates. Als „hauseigene" Regeln und damit In-Sich-Geschäfte werden sie nicht als Rechtssätze angesehen und fallen somit in den ausschließlichen Kompetenzbereich des Monarchen.

Die These von der Impermeabilität des Staates ist als solche schon in sich nicht schlüssig. Dass es innerhalb des Staates Rechtsbeziehungen geben kann, wird aus dem Verhältnis der obersten Staatsorgane deutlich, die ihre rechtlich erheblichen Kompetenzen im Wege des Organstreitverfahrens auf dem Rechtsweg einfordern können.[102] Konsequenterweise wäre aber aus der Sicht des konstitutionellen Rechtsbegriffs das gesamte Organisationsrecht der Verfassung in den Bereich des Nichtrechts zu verbannen.[103] Der Blick auf den Staat als Völkerrechtssubjekt würde weiter zu dem noch unsinnigeren Schluss führen, dass das gesamte Gesetzesrecht als dem Innenraum des Staates zugehörig aus dem Rechtsbereich auszuklammern wäre.[104] Ungeachtet dessen erweist sich das Rechtssatzcharakteristikum der Schrankenziehung auch als zu eng, weil die Rechtsetzung mehr und mehr zur bloß finalen Verhaltenssteuerung und -programmierung sowie zur Gestaltung komplexer Sozialbereiche übergegangen ist.[105]

Der Staat ist heute eine verfassungsrechtlich konstituierte und verfassungsrechtlich gebundene Wirkeinheit, schon daraus ergibt sich die rechtliche Durchdringung des Staates.[106] Aus welchen Gründen sonst sollte eine interne Weisung den Amtswalter verpflichten können, wenn nicht aus Gründen des Rechts?[107]

Auch wenn der Rechts- und Gesetzesbegriff des Konstitutionalismus im Gewand eines allgemein-abstrakten Instituts der Rechtsphilosophie und -theorie erscheint,

99 *Laband*, StaatsR d. Dt. Reiches, 5. Aufl. 1964, Bd. II, S. 181; *Meyer-Cording*, Die Rechtsnormen, 1971, S. 115

100 *Laband*, StaatsR d. Dt. Reiches, 5. Aufl. 1964, Bd. II, S. 181; *Hansen*, Fachliche Weisung, 1971, S. 29f.

101 *Ossenbühl*, Verwaltungsvorschriften und Grundgesetz, 1968, S. 164; *Brohm*, DÖV 1964, 238 (246); *E.-W. Böckenförde/Grawert*, AöR 95 (1970), 1 (6f.) m.w.N.

102 *E.-W. Böckenförde/Grawert*, AöR 95 (1970), 1 (11)

103 *Hansen*, Fachliche Weisung, 1971, S. 31; *Schnapp*, Amtsrecht, 1977, S. 76

104 *Rupp*, Grundfragen, 1965, S. 21

105 *Grawert*, Jura 1982, 300 (301f.)

106 *Kuhl*, Der Kernbereich der Exekutive, 1993, S. 74; *Obermayer*, Verwaltungsakt und innerdienstlicher Rechtsakt, 1956, 109; *Brohm*, DÖV 1964, 238 (247); *Erichsen/Klüsche*, Jura 2000, 540 (541); *Grawert*, Jura 82, 300 (301); *Hill*, Jura 1986, 286

107 *Rupp*, Grundfragen, 1965, S. 28; *Hansen*, Fachliche Weisung, 1971, S. 31

handelt es sich doch in Wirklichkeit um eine historisch-konventionelle Begriffsverengung.[108] Dieser Rechtsbegriff ist aus der besonderen Situation der damaligen politischen Machtverhältnisse geboren. Er erfüllt eine politische Funktion.

Die rechtstheoretischen Implikationen werden insoweit dagegen vernachlässigt. So wurden Verwaltungsvorschriften trotz ihrer Ausscheidung vom Rechtsbegriff niemals der Sphäre der moralischen Erscheinungen zugerechnet.[109] Die Bestimmung dessen, was Verwaltungsvorschriften anderes sein sollen, wenn nicht ein Institut des Rechts, ist offen geblieben.

B Heutiger Rechtsbegriff

Heute wird der Begriff des Rechtssatzes in der Rechtsphilosophie maßgeblich von zwei Merkmalen bestimmt.

Zunächst muss eine Norm als Ausdruck eines Sollens im Gegensatz zu Sätzen über die Wirklichkeit vorliegen.[110] An den Inhalt der Norm werden dabei verschiedentlich noch weitere Anforderungen gestellt. So wird teilweise verlangt, dass in inhaltlicher Hinsicht ein bestimmtes ethisches Minimum eingehalten wird.[111] Nach der so genannten Radbruchschen Formel soll Vorschriften die Geltung als Recht abgesprochen werden, wenn sie fundamentalen Prinzipien der Gerechtigkeit so evident widersprechen, dass der Richter, der sie anwenden wollte, Unrecht statt Recht sprechen würde.[112]

Verwaltungsvorschriften enthalten abstrakt-generelle Regelungen. Sie ordnen ein bestimmtes Verhalten der Adressaten an. Dass sie ein Sollen ausdrücken, also der Sphäre des Normativen angehören, ist nicht zweifelhaft. Da hier der grundsätzliche Rechtscharakter der Handlungsform als „Hülle" für einen insofern nicht feststehenden Inhalt untersucht werden soll, können die weiteren Anforderungen an einen solchen Inhalt außer Betracht bleiben. Die Frage, ob ein solcher Inhalt als „Recht" oder „Unrecht" zu beurteilen ist, kann nur jeweils für die konkrete Vorschrift und niemals für die Handlungsform als solche beantwortet werden, solange die Hand-

108 *E.-W. Böckenförde/Grawert*, AöR 95 (1970), 1 (8); *Brohm*, DÖV 1964, 238 (246); *Rupp*, Grundfragen, 1965, S. 28; *Ossenbühl*, Verwaltungsvorschriften und Grundgesetz, 1968, S. 157; *Schnapp*, Amtsrecht, 1977, S. 75

109 *Bumke*, Relative Rechtswidrigkeit, 2004, S. 120f.; *E.-W. Böckenförde/Grawert*, AöR 95 (1970), 1 (10); *Rupp*, Grundfragen, 1965, S. 25

110 *Kelsen*, Reine Rechtslehre, 2. Aufl. 1960, S. 4; *Schnapp*, Amtsrecht und Beamtenrecht, 1977, S. 223; *Engisch*, Die Einheit der Rechtsordnung, 1935, S. 6; *Grawert*, Jura 1982, 300 (302); *Hoerster*, JuS 1987, 181 (182)

111 Vgl. *Dreier*, NJW 1986, 890 (896, 891f.) m.w.N. Die Gegenauffassung (sog. Rechtspositivismus) will hingegen des theoretischen Rechtssatzbegriff nicht mit umstrittenen Fragen der Ethik befrachten: *Hoerster*, JuS 1987, 181 (188)

112 BVerfGE 23, 98 (1. LS)

lungsform nicht in dem Verdacht steht, stets unwertig eingesetzt zu werden, was in einem Rechtsstaat nicht vermutet werden kann.

Zu dem Vorliegen einer Norm muss ein weiteres Merkmal hinzutreten, das gerade den Charakter als *Rechts*norm begründet und diese von den Normen der Sitte und Moral abhebt. Dieses Merkmal wird in der Geltung von Rechtsnormen gesehen.[113] Die dabei bestehenden Unsicherheiten sind der Unklarheit des Geltungsbegriffs selbst geschuldet. Je nachdem auf welche Weise man die Geltung bestimmt, muss man zu unterschiedlichen Ergebnissen kommen. Eine Norm besitzt normative Rechtsgeltung, wenn sie einer bestimmten Rechtsordnung zugehörig ist im Sinne eines bestimmten Ableitungszusammenhangs.[114] Das bedarf der Erläuterung in mehrfacher Hinsicht.

I. Geltung, Verbindlichkeit und Rechtmäßigkeit

Die Rechtsgeltung ist von der Verbindlichkeit zu unterscheiden. Im (auch juristischen) Sprachgebrauch werden die Begriffe Geltung, Verbindlichkeit und Wirksamkeit oft synonym oder nicht hinreichend differenziert gebraucht.[115] Wenn es um die Frage geht, ob ein Rechtsakt vorliegt oder nicht, bezeichnen diese Begriffe jedoch unterschiedliche Aspekte des Fragenkreises und müssen demzufolge strikt auseinander gehalten werden.[116]

Die Verbindlichkeit gibt Auskunft darüber, ob eine Norm angewendet werden muss. Sie bildet typischerweise die Folge eines Urteils über die Rechtmäßigkeit oder Rechtswidrigkeit eines Aktes im konkreten Fall bzw. von Sonderregeln, die die Verbindlichkeit davon unabhängig anordnen. Rechtmäßigkeit oder Rechtswidrigkeit sind allerdings Urteile, die der Frage über den Rechtscharakter eines Aktes nachgelagert sind. Erst wenn man weiß, dass überhaupt ein Rechtsakt gegeben ist, kann man entscheiden, ob er rechtmäßig oder rechtswidrig ist.[117] Auch ein rechtswidriger Rechtsakt bleibt Teil der Rechtsordnung, was sich schon daraus ergibt, dass die Rechtsordnung an die Rechtswidrigkeit weitere Folgen knüpft, wie etwa die Aufhebbarkeit des Aktes durch ein Gericht.[118] Rechtmäßige Normen sind im Allgemeinen verbindlich. Die Folgen, die an die Rechtswidrigkeit einer Norm geknüpft sind, wie auch die Folgen, die eine Norm, trotz (festgestellter) Rechtswidrigkeit (noch) zeitigen kann, sind für Verwaltungsvorschriften im zweiten Teil dieser Arbeit zu bestimmen.

113 *Kelsen*, Reine Rechtslehre, 2. Aufl. 1960, S. 9; *Engisch*, Die Einheit der Rechtsordnung, 1935, S. 10f.; *Dreier*, NJW 1986, 890 (894)

114 *Schilling*, Rang und Geltung von Normen in gestuften Rechtsordnungen, 1994, S. 26f.; *Lippold*, RT 19 (1988), 463 (465)

115 Vgl. *Hoerster*, JuS 1987, 181 (183f.); *Küpper*, RT 22 (1991), 71

116 *Lippold*, RT 19 (1988), 463 (485)

117 *Bumke*, Relative Rechtswidrigkeit, 2004, S. 14

118 *Bumke*, Relative Rechtswidrigkeit, 2004, S. 13f.

Eine Norm ist faktisch wirksam, wenn sie tatsächlich angewendet wird.[119] Die faktische Wirksamkeit ist eine deskriptive Aussage über die Wirklichkeit und kann daher bei einer Untersuchung über rechtstheoretische Einordnungen keine weiterführenden Schlüsse liefern. Wenn man sagt, eine Norm ist wirksam, weil sie verbindlich ist, geht man von der unausgesprochenen Prämisse aus, dass in unserer Rechtsordnung verbindliche Normen im Allgemeinen auch tatsächlich angewendet werden. Es handelt sich um einen philosophisch fragwürdigen Schluss vom Sollen aufs Sein.

Mit der Geltung soll der Rechtscharakter einer Norm bezeichnet werden. Allein von der Geltung kann nicht ohne Weiteres auf ihre Verbindlichkeit oder Wirksamkeit geschlossen werden.[120] Auch ein nichtiger, d.h. unverbindlicher Rechtsakt ist ein Rechtsakt und besitzt daher Geltung. Lediglich einem Nicht-Akt, d.h. einem Akt, der nicht einmal eine minimale Ähnlichkeit mit einem rechtmäßigen Akt hat, also schwerste Rechtsfehler aufweist,[121] fehlt die Geltung.[122]

Damit ist klar, dass es sich bei der Geltung um ein Wesensmerkmal und nicht eine bloße Eigenschaft von Rechtsakten handelt.

II. Stufenbau der Rechtsordnung

Geltung ist ein relationaler Begriff.[123] Die Geltung einer Norm kann nicht abstrakt bestimmt werden, sondern immer nur in Bezug auf eine vorgegebene Rechtsordnung.[124]

Wenn Geltung die Zugehörigkeit zu einer Rechtsordnung ausdrückt, bedeutet das, dass es in dieser Rechtsordnung eine Rechtsnorm geben muss, die die Geltung der zu untersuchenden Norm anordnet.[125] Eine Rechtsordnung kann also als eine Ordnung von Normebenen gedacht werden, wobei die Normen einer Ebene jeweils die Geltung der Normen der nachrangigen Ebene erzeugen.[126] Dieser Gedanke allein würde zu einem infiniten Regress von Rechtsnormen führen; es würde stets noch eine weitere Rechtsnorm benötigt, die die Geltung der letzten Rechtsnorm anordnet.[127] Über die Frage, wie man diesem Zirkel entgehen kann, herrscht Streit. *Kelsen*

119 *Lippold*, RT 19 (1988), 463 (468); *Küpper*, RT 22 (1991), 71 (73)

120 *Lippold*, RT 19 (1988), 463 (484)

121 *Bumke*, Relative Rechtswidrigkeit, 2004, S. 16

122 Vgl. dazu auch *Ehlers*, Die Lehre von der Teilrechtsfähigkeit, 2000, 13

123 *Lippold*, RT 19 (1988), 463 (467)

124 *Bucher*, Das subjektive Recht als Normsetzungsbefugnis, 1965, S. 46; *Lippold*, RT 19 (1988), 463 (467f.); *Küpper*, RT 22 (1991), 71 (71f.)

125 *Schilling*, Rang und Geltung von Normen in gestuften Rechtsordnungen, 1994, S. 160; *Rieger*, Ermessen, 1991, S. 116; *Küpper*, RT 22 (1991), 71 (72)

126 *Kelsen*, Reine Rechtslehre, 2. Aufl. 1960, S. 196; *Rieger*, Ermessen, 1991, S. 116; *Bucher*, Das subjektive Recht als Normsetzungsbefugnis, 1965, S. 47; *Hoerster*, JuS 1987, 181 (182) unterscheidet dabei zwischen ursprünglicher „Geltung" und abgeleiteter „Gültigkeit".

127 *Schilling*, Rang und Geltung von Normen in gestuften Rechtsordnungen, 1994, S. 160f.; *vOlshausen*, JA 1983, 177 (179)

führt jede im Großen und Ganzen wirksame Rechtsordnung letztlich auf eine hypothetische Grundnorm zurück, deren Geltung nicht auf einer weiteren Rechtsnorm beruht und die den Geltungsgrund für alle anderen Rechtsnormen der Rechtsordnung bildet.[128] *Hoerster* wiederum sieht den Geltungsgrund für das den weiteren Geltungsgrund bildende Verfassungsrecht in der Akzeptanz dieser Vorschriften durch einen Kreis von den das Recht im Einzelfall tatsächlich anwendenden und durchsetzenden Amtsträgern, dem sog. Rechtsstab.[129]

Hier kann offen bleiben, auf welchen letzten Gründen die Geltung einer beliebigen Rechtsordnung gebaut ist. Um zu entscheiden, ob es sich bei den Verwaltungsvorschriften um Rechtssätze handelt, kommt es nur darauf an, ob diese in Bezug auf die aktuelle Rechtsordnung der BRD gelten. Dass das Grundgesetz und das darauf aufbauende Normensystem eine Rechtsordnung ist, kann nicht bezweifelt werden.[130] Da hier eine dogmatische Untersuchung gerade dieses Systems bezweckt wird, wären solche Zweifel auch verfehlt. Warum die Rechtsordnung der BRD eine Rechtsordnung im philosophischen Sinne ist, ist hier nicht zu beantworten, sondern kann der Klärung durch die Rechtsphilosophie überlassen bleiben.

C Rechtsgeltung der Verwaltungsvorschriften unter dem Grundgesetz

Es ist also nach einem Ableitungszusammenhang zu suchen, der die Zugehörigkeit der Verwaltungsvorschriften zur Rechtsordnung begründet.

Rieger sieht einen solchen Zusammenhang in der zur beamtenrechtlichen Gehorsamspflicht führenden Geltungskette.[131] Auf Grund des Verfassungsrechts sei der Gesetzgeber berechtigt gewesen, die Beamtengesetze zu erlassen. Aus der dort normierten Gehorsamspflicht wiederum folge die Verbindlichkeit von generellen Weisungen der Vorgesetzten. Mit diesem Erklärungsansatz würde die Rechtsgeltung der Verwaltungsvorschriften jedoch einfach-rechtlich begründet und stünde mithin im Belieben des Gesetzgebers. Zudem wäre nicht erklärt, warum die Verwaltungsvorschriften auch für die Angestellten im öffentlichen Dienst verbindlich sind. Weil das Direktionsrecht eines öffentlichen Arbeitgebers nicht anders positiviert ist als das eines privaten Arbeitgebers, müsste die Geltung und damit der Rechtscharakter von Verwaltungsvorschriften verschieden beurteilt werden, je nachdem ob ein Beamter oder ein Angestellter im öffentlichen Dienst angesprochen wird.[132] Eine solche Betrachtungsweise widerspricht aber der Abstraktheit des Geltungskriteriums. Die

128 *Kelsen*, Reine Rechtslehre, 2. Aufl. 1960, S. 197; *Bucher*, Das subjektive Recht als Normsetzungsbefugnis, 1965, S. 47; *vOlshausen*, JA 1983, 177 (179)

129 *Hoerster*, JuS 1987, 181 (183)

130 *Ipsen*, Rechtsfolgen der Verfassungswidrigkeit von Norm und Einzelakt, 1980, S. 159f.; *Schilling*, Rang und Geltung von Normen in gestuften Rechtsordnungen, 1994, S. 161; *Küpper*, RT 22 (1991), 71 (85)

131 *Rieger*, Ermessen, 1991, S. 117

132 *Birk*, Die arbeitsrechtliche Leitungsmacht, 1973, S. 213; *Risken*, Grenzen amtlicher und dienstlicher Weisungen, 1969, S. 102

beamtenrechtliche Gehorsamspflicht nach den §§ 55 S. 2 BBG, 35 S. 2 BeamtStG kann daher nicht die Geltungsgrundlage der Verwaltungsvorschriften sein.

Obermayer sieht das Eigentümliche eines Rechtsaktes in seinem hoheitlichen Ausspruch.[133] Jede Stelle, die mit Hoheitsgewalt ausgestattet sei, handele im Rechtsstaat in den Formen des Rechts, wenn sie diese Hoheitsgewalt einsetze. Ähnliche Ansichten finden sich auch von anderer Seite, ohne dass dafür eine weitergehende Begründung gegeben wird.[134]

Tatsächlich wird von der Verwaltungsrechtslehre das Verwaltungshandeln in das Verwaltungsrechtshandeln und das Verwaltungstathandeln unterteilt.[135] Das bedeutet im Umkehrschluss: Ist ein Akt nicht als Verwaltungstathandeln einzuordnen, muss Verwaltungsrechtshandeln vorliegen.

Das Verwaltungsrechtshandeln meint die Rechtsakte, die von der Verwaltung erlassen werden und auf die Setzung von Rechtsfolgen gerichtet sind. Das Verwaltungsrechtshandeln ist normativ.[136] Das Verwaltungstathandeln oder schlichte Verwaltungshandeln zielt dagegen in erster Linie auf die Herbeiführung eines tatsächlichen Erfolges in der Wirklichkeit.[137] Beispiele dafür sind die Ausbesserung des Belages einer Straße[138], eine Pressemitteilung[139] oder die Auszahlung eines Geldbetrages. Das Verwaltungstathandeln verändert die Realität, es handelt sich um ein Sein, nicht um ein Sollen.

Aus der Gegenüberstellung von Verwaltungsrechtshandeln und Verwaltungstathandeln folgt mithin, dass von einem Rechtsakt ausgegangen werden kann, wenn eine Stelle, die mit Staatsgewalt ausgestattet ist, mit Regelungswirkung handelt. Insofern wird in der Tat die Zugehörigkeit eines Aktes zur Rechtsordnung der BRD hergestellt über die (legitime) Ausübung von Staatsgewalt.[140]

Verwaltungsvorschriften sind abstrakt-generelle Regeln, sie haben Imperativcharakter (zumindest für ihre Adressaten), sind also der Sphäre des Sollens zugeordnet. Es scheidet aus, sie als bloße (Rechts-)Tatsachen oder Tatbestandsmerkmale zu behandeln.[141] Genausowenig können sie dem Verwaltungstathandeln zugerechnet werden. Zugleich ist die Steuerung von Handeln und Organisation der unmittelbaren

133 *Obermayer*, Verwaltungsakt und innerdienstlicher Rechtsakt, 1956, 57

134 *Mühlenbruch*, Außenwirksame Normkonkretisierung, 1992, S. 36f.

135 *Schulte*, Schlichtes Verwaltungshandeln, 1995, S. 35; *Robbers*, DÖV 1987, 272 (273 u. Rn. 15); *Stober* in: Wolff/Bachof/Stober/Kluth, VerwR I, 12. Aufl. 2007, § 44 Rn. 17

136 *Robbers*, DÖV 1987, 272 (274)

137 Kritisch *Robbers*, DÖV 1987, 272 (273)

138 *Robbers*, DÖV 1987, 272 (273)

139 *Robbers*, DÖV 1987, 272 (273)

140 Nicht gesagt ist damit, dass die Staatsgewalt die einzige Erzeugungsquelle von Rechtsgeltung ist. Dazu ist insbesondere auf die Bildung und Existenz von Gewohnheitsrecht hinzuweisen.

141 *Hansen*, Fachliche Weisung, 1971, S. 244; so aber noch *Klein*, FS Forsthoff, 1967, 163 (176)

Staatsverwaltung bei der Verwaltungstätigkeit als materielles Verwalten Ausübung von Hoheitsgewalt.[142]

Damit ist klar, dass es sich bei den Verwaltungsvorschriften um Rechtsakte, d.h. aber um Rechtsnormen handelt. Ihren Rechtsgeltungsgrund finden sie darin, dass sie von Trägern von Hoheitsgewalt mit (wenn zunächst auch nur internem) Verbindlichkeitsanspruch gesetzt werden.

D Zwischenergebnis

Verwaltungsvorschriften sind Rechtssätze.

§ 3 Außenwirkung von Verwaltungsvorschriften

Gegenstand dieses Kapitels ist eine mögliche Außenwirkung von Verwaltungsvorschriften. Zunächst ist zu bestimmen, was man unter Außenwirkung zu verstehen hat und wonach sie sich richtet. Anhand dieser Arbeitsergebnisse folgt sodann eine Untersuchung der verschiedenen Arten von Verwaltungsvorschriften auf Gegenstand und Reichweite ihrer Wirkung.

A Begriff der Außenwirkung

Der Rechtsordnung ist die Unterscheidung von Innenbereich und Außenbereich seit jeher eigen.[143] Das wird nicht zuletzt deutlich an der Definition des Verwaltungsaktes als einer auf unmittelbare Rechtswirkung nach Außen gerichteten Maßnahme (§ 35 S. 1 VwVfG). Was aber ist gemeint mit Außenwirkung, wo genau verläuft die Grenze zwischen Innen und Außen?

Um diese Frage zu beantworten, ist es zweckmäßig, die Hintergründe dieser Unterscheidung zu beleuchten. Das Bild von der räumlichen Aufteilung der öffentlich-rechtlichen Rechtsbeziehungen in das Außenrecht zwischen Staat und Bürger und das Innenrecht im Innenraum des Staates konstituiert unterschiedliche Rechtssphären mit jeweils unterschiedlichen Rechtmäßigkeitsanforderungen.[144] Auch wenn inzwischen anerkannt ist, dass der Staat nicht impermeabel ist, sondern im innerstaatlichen Bereich eben das Innen*recht* gilt, gibt es für die verschiedenen Rechtskategorien unterschiedliche Maßstäbe. Nur im Außenbereich gelten die Grundrechte, daher wird für das Innenrecht auf viele rechtsstaatliche Sicherungen verzichtet. So

142 BVerfGE 93, 37 (68)

143 So *Ossenbühl*, Verwaltungsvorschriften und Grundgesetz, 1968, S. 161; *Ko*, Verwaltungsvorschriften, 1991, S. 88; einen Überblick gibt *Erichsen*, FS Menger, 1985, 211ff.

144 *Axer*, Normsetzung der Exekutive, 2000, S. 44; kritisch: *Lange* in: Hoffmann-Riem/Schmidt-Aßmann/Schuppert, Reform, 1993, 307 (322)

bestehen grundsätzlich keine besonderen Formvorschriften für den Erlass von Verwaltungsvorschriften.[145] So können innerdienstliche Weisungen auch dann verbindlich sein, wenn sie rechtswidrig sind (§§ 56 II 3 BBG, 36 II 3 BeamtStG).[146] Zudem ist das Rechtsschutzsystem der VwGO auf den Rechtsschutz des Bürgers gegen den Staat und nicht auf so genannte Innenrechtsstreitigkeiten angelegt.[147]

Die Trennung von Innen und Außen hat dabei mehrere Dimensionen: Zum einen können die verschiedenen Rechtssphären gegenständlich nach der Regelungsmaterie unterschieden werden. Zum anderen wird davon ausgegangen, dass die verschiedenen Handlungsformen der Verwaltung verschiedenen Regelungsbereichen zugeordnet sind und deshalb verschiedene Wirkungsbereiche erfassen. Diesen Unterscheidungen wird in den folgenden zwei Abschnitten nachgegangen.

I. Außenrecht und Innenrecht

Die Unterscheidung von Außenrecht und Innenrecht stellt auf die Zugehörigkeit einer Regelungsmaterie zu einer der verschiedenen Rechtssphären ab: Innenrecht ist das Recht, dass im Innenraum des Staates gilt; das Außenrecht regelt die Rechtsbeziehungen zwischen Staat und Bürger. Dies ist jedoch eine vereinfachende Ausdrucksweise. Wo genau verläuft die Trennlinie?[148]

Hält man sich den Zweck der Trennung von Innen- und Außenrecht vor Augen, zu Gunsten von mehr Flexibilität und Effizienz geringere Anforderungen an das eine zu stellen, bietet es sich an, danach abzugrenzen, wann solche Erleichterungen ohne Schaden zugelassen werden können. Das ist immer dann der Fall, wenn subjektive Rechte nicht berührt werden. Dem Außenbereich gehören dann also alle diejenigen Rechtsbeziehungen an, die ein Rechtssubjekt in seiner subjektiven Rechtsstellung betreffen.[149]

Der inhaltliche Regelungsgegenstand allein entscheidet jedoch noch nicht über die Außenwirkung einer Maßnahme, vielmehr soll es daneben auch auf die gegebene Handlungsform ankommen sowie deren Reichweite.

145 *Hill*, Das fehlerhafte Verfahren und seine Folgen, 1986, S. 88; *Maurer*, Allg VerwR, 14. Aufl. 2002, § 24 Rn. 34; *Günther*, ZBR 1988, 297 (301); *Möstl* in: Erichsen/Ehlers, Allg VerwR, 13. Aufl. 2006, § 19 Rn. 23

146 *Felix*, Das Remonstrationsrecht, 1993, S. 59; *Freund*, Innenrecht und Außenrecht, 1984, S. 264; *Hill*, Das fehlerhafte Verfahren, 1986, S. 91; *Ehlers*, NVwZ 1990, 105 (108)

147 *Schwerdtner*, VBlBW 1996, 209 (210); *Dolde*, FS Menger, 1985, 423 (436); *Ehlers*, NVwZ 1990, 105

148 Vgl. dazu die Darstellung bei *Freund*, Innenrecht und Außenrecht, 1984, S. 33ff.

149 *Brohm*, DÖV 1964, 238 (240f.); *Krebs* in: Isensee/Kirchhof, Hdb d. StaatsR, Bd. III, 1988, § 69 Rn. 28

II. Außenwirkung und Innenwirkung

Wird die Frage nach der Wirkung einer Maßnahme gestellt, geht es darum, zu bestimmen, in welcher Rechtssphäre Rechtsfolgen gesetzt werden sollen. Außenwirkung kommt einer Maßnahme zu, wenn Rechtsfolgen im Außenrechtskreis gesetzt werden, Innenwirkung, wenn sich die erzeugten Rechtsfolgen auf den Innenrechtskreis beschränken.

Ein Verwaltungsakt ist definitionsgemäß auf unmittelbare Rechtswirkung nach außen gerichtet. Er erzeugt Außenwirkungen. Das Gegenstück ist die innerdienstliche Weisung, deren Wirkung sich auf den Innenraum beschränkt. Es gibt also Handlungsformen, die eindeutig mit einer bestimmten Rechtssphäre verknüpft sind.

Daneben soll es Handlungsformen geben, die indifferent sind, d.h. sowohl mit Außenwirkung ergehen als auch auf den Innenbereich beschränkt werden können.[150] Eine solche Handlungsform soll etwa das Gesetz sein.[151] Als bloß formelles Gesetz begründet es weder Rechte noch Pflichten für den Bürger, wie z.B. im Falle des Haushaltsgesetzes nach §§ 3 II HGrG, 3 II BHO.[152] Weil es ausschließlich an die Exekutive gerichtet ist, diese nämlich zu den vorgesehenen Ausgaben ermächtigt, hat es nur Innenwirkung.[153] Genauer betrachtet liegt hier jedoch die Innenwirkung nicht in der Natur der Handlungsform begründet, sondern resultiert daraus, dass die Regelungsmaterie eben nicht dem Außenbereich angehört. Der Regelungsinhalt beschränkt mithin den möglichen Wirkungskreis, nicht die Handlungsform.[154]

Innenwirkung besteht demnach wenn die geregelte Materie dem Innenbereich angehört oder die Handlungsform auf die Setzung von Rechtsfolgen gegenüber Innenrechtssubjekten beschränkt ist.

Von einer Außenwirkung hingegen lässt sich immer dann sprechen, wenn erstens die Regelungsmaterie dem Außenrechtskreis angehört und wenn zweitens die Regelung zumindest auch verbindlich gegenüber allen Außenrechtssubjekten ist, die es angeht.

B Verwaltungsvorschriften und Außenrecht

Für Verwaltungsvorschriften hat sich eine Kategorisierung in verschiedene Arten eingebürgert.[155] Unterschiedlichen Regelungsmaterien werden unterschiedliche Typen von Verwaltungsvorschriften zugeordnet, die wiederum zumindest nach den

150 *Freund*, Innenrecht und Außenrecht, 1984, S. 15; *Brohm*, Drittes Deutsch-Polnisches Verwaltungssymposium, 1983, 11 (24)

151 *Yersin*, Kritik der Lehre von den Staatsakten, 1978, S. 228; *Freund*, Innenrecht und Außenrecht, 1984, S. 15; *Schwabe*, JA 75, 45 (46)

152 BVerwGE 104, 220 (222); *Bauer*, DÖV 1983, 53 (59); *Detterbeck*, Jura 2002, 235 (239)

153 BVerwGE 104, 220 (222); *Bauer*, DÖV 1983, 53 (59)

154 *Axer*, Normsetzung der Exekutive, 2000, S. 46

155 Vgl. *Ossenbühl*, Verwaltungsvorschriften und GG, 1968, S. 250ff.; *Bock*, JA 2000, 390 (390f.)

herkömmlichen Auffassungen verschiedene Wirkungsweisen haben. Auch hier soll die anerkannte Typologie zum Anknüpfungspunkt für die Analyse möglicher Regelungsgegenstände genommen werden.

I. Ermessensrichtlinien

Als Ermessensrichtlinien werden die Verwaltungsvorschriften bezeichnet, die die Verwaltung hinsichtlich der Betätigung des Verwaltungsermessens anleiten.[156] Gemeint ist damit an dieser Stelle nur das gesetzlich eingeräumte Rechtsfolgeermessen. Gelegentlich werden zu den Ermessensrichtlinien auch diejenigen Verwaltungsvorschriften gezählt, die zur Steuerung der Verwaltung im gesetzesfreien Raum dienen, wie etwa die Subventionsrichtlinien.[157] Solche gesetzesunabhängige Verwaltungsvorschriften sollen jedoch später als eigene Kategorie behandelt werden.

Ein Ermessenstatbestand liegt vor, wenn der Verwaltung durch das anzuwendende Gesetz die Wahl zwischen verschiedenen Rechtsfolgen eröffnet wird.[158] Der Gesetzgeber tut dies, um der Verwaltung die Möglichkeit zu geben, auf die Besonderheiten des Einzelfalls in adäquater Weise zu reagieren. Die Einräumung des Ermessens geschieht im Interesse der Einzelfallgerechtigkeit.[159] Dazu steht die Steuerung mit Hilfe von generell-abstrakten Verwaltungsvorschriften in einem Spannungsverhältnis.[160] Sie ist jedoch zulässig, da das Ermessen „der Verwaltung" als Einheit eingeräumt wird und deshalb auch von der Behördenspitze ausgeübt werden kann, sofern es um einen typischen Einzelfall geht.[161] Die generell-abstrakte Ermessensanleitung ist auch dort zulässig, wo der Gesetzgeber den Ermessensspielraum eröffnet hat, damit die Verwaltung, ausgehend von den praktischen Verwaltungserfahrungen, selbst ein Programm zum Vollzug der entsprechenden Norm entwickeln kann.[162]

Die Ermessensbetätigung in Form von Ermessensrichtlinien stellt dort, wo es erforderlich ist, Einheitlichkeit, Vorhersehbarkeit sowie verwaltungstechnischen Sach-

156 *Maurer*, Allg VerwR, 14. Aufl. 2002, § 24 Rn. 10; *Bock*, JA 2000, 390 (391); *Hamann*, VerwArch 73 (1982), 28

157 Vgl. BVerwGE 104, 220 (222); BVerwG, NVwZ 1998, 273 (274)

158 *Menger*, VerwArch 51 (1960), 65 (70); *Diekötter*, Die Auswirkung von Verfahrensfehlern, 1997, 57

159 *Rogmann*, Die Bindungswirkung von Verwaltungsvorschriften, 1998, S. 143; *Rieger*, Ermessen, 1991, S. 90f.; *Trzaskalik* in: Tipke, Grenzen der Rechtsfortbildung, 1982, 315 (321)

160 *Ossenbühl*, Verwaltungsvorschriften und Grundgesetz, 1968, S. 326; *Erichsen*, FS Kruse, 2001, 39 (44); *Evers* in: Starck, D. Allgemeinheit des Gesetzes, 1987, 96 (131); *Trzaskalik* in: Tipke, Grenzen der Rechtsfortbildung, 1982, 315 (321); *Selmer*, VerwArch 59 (1968), 114 (144)

161 *Vogel*, VVDStRL 24 (1965), 125 (160); *Rogmann*, Die Bindungswirkung von Verwaltungsvorschriften, 1998, S. 143; *Uerpmann*, BayVBl 2000, 705 (707)

162 *Rieger*, Ermessen, 1991, S. 92f.; *Evers* in: Starck, D. Allgemeinheit des Gesetzes, 1987, 96 (128)

verstand her. Zwischen den konkreten Einzelakt und das auf Rechtsfolgeseite offene Gesetz tritt die Verwaltungsvorschrift, um den Vollzug des Gesetzes zu präzisieren.

Immer dann wenn das Endprodukt der durch die Ermessensrichtlinie gesteuerten Rechtsanwendung der Behörde ein Verwaltungsakt ist, geht es bei der geregelten Materie um die Ausgestaltung von Rechtsbeziehungen zwischen zwei Außenrechtssubjekten. Mit anderen Worten: es liegt eine Außenrechtsmaterie vor. Gegenstand solcher Ermessensrichtlinien ist dann Außenrecht.

II. Norminterpretierende Verwaltungsvorschriften

Norminterpretierende Verwaltungsvorschriften sind Verwaltungsvorschriften, die dazu dienen, den Behörden bei der Gesetzesinterpretation und der Ausfüllung unbestimmter Rechtsbegriffe Auslegungshilfen an die Hand zu geben.[163] Durch norminterpretierende Verwaltungsvorschriften wird die Gesetzesanwendung im Einzelfall vorbereitet, erleichtert und zwischen den verschiedenen untergeordneten Stellen der Verwaltung harmonisiert.

Auch hier gilt: Ist das Verwaltungshandeln, auf das sie abzielen, ein Verwaltungsakt, betreffen sie die Beziehungen zwischen dem Staat, d.h. der handelnden Behörde, und dem späteren Adressaten des Verwaltungsaktes, d.h. einem Außenrechtssubjekt. Gegenstand solcher Verwaltungsvorschriften ist mithin eine Außenrechtsmaterie.

III. Normkonkretisierende Verwaltungsvorschriften

Normkonkretisierende Verwaltungsvorschriften sind nach gängiger Definition Verwaltungsvorschriften, die offene Gesetzestatbestände konkretisieren und dabei im Gegensatz zu bloß norminterpretierenden Verwaltungsvorschriften für die Gerichte verbindlich sind.[164]

Bei besagten Verwaltungsvorschriften handelt es sich um einen Spezialfall der so genannten norminterpretierenden Verwaltungsvorschriften. Ihre Besonderheit rührt daher, dass bei ihnen schon definitionsgemäß, nach herrschender Meinung insofern abweichend von den übrigen Verwaltungsvorschriften,[165] eine Außenwirkung und damit die Zugehörigkeit ihres Inhalts zum Außenrechtskreis angenommen wird.

163 *Maurer*, Allg VerwR, 14. Aufl. 2002, § 24 Rn. 9; *Bock*, JA 2000, 390

164 BVerwGE 72, 300 (320); 110, 216 (218); 107, 338 (340f.); *Maurer*, Allg VerwR, 14. Aufl. 2002, § 24 Rn. 9; *Uerpmann*, BayVBl 2000, 705 (706); siehe aber: BVerfGE 78, 214 (227): „Sonderfall der atomrechtlichen Genehmigung“

165 Dazu sogleich unter § 3 C.

IV. Gesetzesunabhängige Verwaltungsvorschriften

Gesetzesunabhängige Verwaltungsvorschriften werden dann erlassen, wenn für bestimmte normierungsbedürftige Bereiche gesetzliche Regelungen und Verordnungsermächtigungen fehlen.[166] Gemeinsamkeiten und Überschneidungen bestehen dabei mit den Ermessensrichtlinien, weil die Verwaltung in diesem Bereich auch bei der Rechtsfolgebestimmung nicht determiniert ist, also freie Hand für Zweckmäßigkeitsüberlegungen hat. Sie unterscheiden sich von den Ermessensrichtlinien dadurch, dass sie weitergehend nicht nur vorgegebene Entscheidungsmaßstäbe konkretisieren, sondern die erforderlichen Entscheidungsmaßstäbe erst liefern.[167]

Zu den gesetzesunabhängigen Verwaltungsvorschriften zählen insbesondere die Subventionsrichtlinien, die oft die Vergabebedingungen für nur durch Haushaltstitel vorgesehene Zuwendungen bestimmen, sowie die beamtenrechtlichen Beihilfevorschriften und Übergangsrecht.

Wie alle bisher angesprochenen Arten von Verwaltungsvorschriften gehören gesetzesunabhängige Verwaltungsvorschriften zur Gruppe der verhaltenslenkenden Verwaltungsvorschriften. Sie sind darauf gerichtet, dass Außenhandeln der Verwaltung zu steuern. Und auch hier gilt: Zielen die gesetzesunabhängigen Verwaltungsvorschriften darauf ab, Maßstäbe für den Erlass eines Verwaltungsaktes zu setzen, ist ihr Gegenstand die Konkretisierung von Außenrechtsbeziehungen der handelnden Behörde. Ihr Inhalt gehört zum Außenrecht.

V. Organisationsvorschriften

Organisationsvorschriften sind Verwaltungsvorschriften, die Organisation und Verfahren der Verwaltung festschreiben.[168] Zu den organisatorischen Maßnahmen gehören alle Maßnahmen, die das institutionelle Gefüge der Behörde in irgendeiner Weise berühren, also die Maßnahmen, die eine Behörde stiften, errichten, einrichten sowie sie mit Aufgaben und Befugnissen versehen und ändern.[169] Dabei wird unter Behörde ein kraft öffentlichen Rechts bestehendes Organ des Staates oder eines anderen Trägers der öffentlichen Verwaltung verstanden, das mit Außenzuständigkeit zu konkreten Rechtshandlungen auf dem Gebiet der Verwaltung oder der Rechtsprechung ausgestattet ist.[170] Verfahren meint nicht den engen Begriff des Verwaltungsverfahrens im Sinne des § 9 VwVfG, sondern generell jedes amtliche Tätigwerden einer Stelle der Verwaltung.

Organisationsvorschriften werden im Schrifttum überwiegend jegliche Außenwirkung abgesprochen. Regelungen von Organisation und Verfahren mit Außenwir-

166 *Maurer*, Allg VerwR, 14. Aufl. 2002, § 24 Rn. 11; *Bock*, JA 2000, 390 (391)
167 *Maurer*, Allg VerwR, 14. Aufl. 2002, § 24 Rn. 11
168 *Maurer*, Allg VerwR, 14. Aufl. 2002, § 24 Rn. 8
169 *Rasch*, DVBl 1983, 617
170 *Rasch*, DVBl 1983, 617

kung müssten in Form von Parlamentsgesetzen oder Rechtsverordnungen erfolgen.[171] Hier geht es jedoch (noch) nicht darum, ob eine Regelung als Verwaltungsvorschrift ergehen darf, sondern es soll ausgehend von der gegenständlichen Unterscheidung zwischen Außen- und Innenbereich, wie sie oben vorgenommen wurde, untersucht werden, ob der Inhalt von Organisationsvorschriften dem Außenbereich angehören kann. Die Frage, wem die so genannte Organisationsgewalt, d.h. die Befugnis zur Setzung von Organisationsrecht, zukommt, der Exekutive oder der Legislative, bleibt hier also zunächst ausgeklammert.

Bei Zuständigkeitsfragen, so der allgemeine Tenor, ist eine Vorschrift dem Außenbereich zuzuordnen, wenn es um die Begründung, Aufhebung oder Änderung von Zuständigkeiten der Behördenebene geht; darunter bleibende Maßnahmen haben für den Bürger keine Bedeutung, bleiben also im Innenbereich.[172] Das wird durch folgende Überlegungen einsichtig: Die moderne vielfältig gegliederte Verwaltung ist nur dann funktionsfähig, wenn es eine eindeutige Aufgaben- und Befugniszuordnung gibt.[173] Wo der Bürger zur Verwirklichung seiner Rechte auf die Verwaltung angewiesen ist, muss feststehen, welche Stelle der Verwaltung zuständig ist. Dem kann nicht damit entgegen getreten werden, dass der Staat dem Bürger gegenüber als Einheit auftrete, es also auf die Einzelheiten der Zuständigkeitsverteilung nicht ankäme. Die Behörde ist nämlich gerade das Institut der Verwaltung, das mit der Wahrnehmung der Außenzuständigkeit für einen Verwaltungsträger ausgestattet ist. Dem entspricht die durch § 44 II Nr. 3 VwVfG angeordnete Nichtigkeit eines Verwaltungaktes, der von einer örtlich unzuständigen Behörde erlassen wurde. Der „Ort“ ist nicht nur ein Element der Verwaltungsleistung, sondern auch ein Element der Bürgerpflicht, denn bei einer unzuständigen Behörde eingereichte Eingaben, müssen von ihr nicht bearbeitet werden.[174] Schließlich besteht das Petitionsrecht aus Art. 17 GG nur gegenüber den zuständigen Stellen. Es wird deutlich, dass Regelungen der Behördenzuständigkeit Einfluss auf die Rechtssphäre des Bürgers haben.[175] Dabei macht es keinen Unterschied, ob es um eine Zuständigkeitsbegründung oder um eine Zuständigkeitsänderung geht.[176] Allerdings gibt es kein „Recht auf den gesetzlichen Verwaltungsbeamten“.[177] Wer innerhalb der Behörde zuständig ist, ist für den Bürger ohne Belang.

171 *Kopp/Ramsauer*, VwVfG, 9. Aufl. 2005, § 3 Rn. 3; *Rasch*, DVBl 1983, 617 (618); *Rupp*, JuS 1975, 612 (614); vgl. auch *Ossenbühl*, Verwaltungsvorschriften und GG,1968, S. 255

172 *Gusy*, DVBl 1979, 720 (724); *Rasch*, DVBl 1983, 617 (618); *Ossenbühl*, Verwaltungsvorschriften und Grundgesetz, 1968, S. 513

173 *Adami*, Zuständigkeit, 1971, S. 9; *Rasch*, DVBl 1983, 617; *Maurer*, Allg. VerwR, § 21 Rn. 46

174 *Ossenbühl*, Verwaltungsvorschriften und GG, 1968, S. 505

175 *Ossenbühl*, Verwaltungsvorschriften und GG, 1968, S. 506; *Rasch*, DVBl 1983, 617 (618)

176 *Rasch*, DVBl 1983, 617 (618); *Gusy*, DVBl 1979, 720 (724)

177 *Rasch*, DVBl 1983, 617 (618); *Adami*, Zuständigkeit, 1971, S. 123; *Gusy*, DVBl 1979, 720 (724); *Kopp/Ramsauer*, VwVfG, 9. Aufl. 2005, § 3 Rn. 7

Auch für bestimmte Verfahrensregelungen sind ihre Grundrechtsrelevanz und damit ihre Zugehörigkeit zum Außenrecht anerkannt. Zu ihrer Verwirklichung bedürfen die Grundrechte der verfahrensrechtlichen Abstützung, ihre Schutzwirkung entfaltet sich auch in Bezug auf Organisation und Verfahren.[178] Die Realisierung des materiellen Rechts hängt entscheidend von der Güte der Organisation der Kompetenz- und Verfahrenssysteme ab.[179] Rechtspositionen des Bürgers sind im konkreten Verwaltungsverfahren insbesondere betroffen, wenn Beteiligungsrechte wie etwa das Recht auf Akteneinsicht oder seine Anhörung in Rede stehen. Dem Außenrecht sind aber auch die Modalitäten eines fairen Verfahrens zuzurechnen. Zusammenfassend lässt sich sagen, dass eine interne Verfahrensvorschrift lediglich dann vorliegt, wenn die Norm den bürotechnischen Ablauf, den „Geschäftsgang", innerhalb einer verwaltungsorganisatorischen Einheit regelt; eine externe Verfahrensvorschrift immer dann, wenn der Publikumsverkehr mit den Bürgern betroffen wird.[180]

Hinsichtlich des Regelungsgegenstandes der Organisationsvorschriften muss also differenziert werden: Außenrechtsmaterien sind diejenigen Verwaltungsvorschriften, die sich auf die Behördenzuständigkeit oder den Umgang mit dem Bürger beziehen. Innenrechtsregelungen sind alle übrigen Organisationsvorschriften.

VI. Zwischenergebnis

Durch Verwaltungsvorschriften kann inhaltlich sowohl Innen- wie Außenrecht geregelt werden. Besonders die verhaltenslenkenden Verwaltungsvorschriften betreffen im Regelfall den Außenrechtskreis. Gleiches gilt für Organisationsvorschriften, die Behördenzuständigkeiten festlegen und Vorschriften für den Verkehr der Behörde mit den Bürgern statuieren.

C Verwaltungsvorschriften und Außenwirkung

Wurde oben dargelegt, dass ein Großteil der Verwaltungsvorschriften eine Regelung zum Gegenstand haben, die dem Außenrechtskreis zuzuordnen ist, geht es jetzt um die Frage der Wirkungsweise von Verwaltungsvorschriften.

Die Innenwirkung von Verwaltungsvorschriften ist allgemein anerkannt. Über eine darüber hinausgehende Wirkung hingegen besteht Streit. Traditionell sollen Verwaltungsvorschriften reine Institute des Innenrechts sein.[181] Dieses Verständnis wird

178 BVerfG, NJW 1980, 759 (763); *Erichsen*, DVBl 1985, 22 (27); *Brohm*, Drittes Deutsch-Polnisches Verwaltungssymposium, 1983, 11 (17)
179 *Rupp*, JuS 1975, 612 (614)
180 Vgl. *Ossenbühl*, Verwaltungsvorschriften und Grundgesetz, 1968, S. 513
181 *Maurer*, Allg VerwR, 14. Aufl. 2002, § 24 Rn. 17; *Bock*, JA 2000, 390 (391); *Vogel*, StuW 1991, 254

allerdings soweit ersichtlich nirgendwo strikt durchgehalten. Anknüpfend an die jeweiligen Eigenschaften der verschiedenen Arten von Verwaltungsvorschriften ergeben sich mehr oder weniger starke Abweichungen und Relativierungen der These von der bloßen Innenwirkung.

I. Ermessensrichtlinien

An den Ermessensrichtlinien entzündete sich ursprünglich die Diskussion um die Reichweite der Bindungswirkung von Verwaltungsvorschriften.

Dies erklärt sich, wenn man den typischen Ablauf behördlichen Einzelfallhandelns bei Bestehen einer Ermessensrichtlinie betrachtet: Wegen ihrer Innenwirkung ist der zuständige Sachwalter an die Verwaltungsvorschrift gebunden. D.h. im Regelfall wird er sich bei der Ausübung des Ermessens nach der Verwaltungsvorschrift richten. Es ergeht dann ein ermessensrichtlinienkonformer Verwaltungsakt gegenüber dem Bürger. Weil die Verwaltungsvorschrift den Inhalt des Einzelakts als Außenrechtsakt bestimmt, wirkt sie auf diese Weise auf das Verhältnis zwischen Behörde und Bürger ein. Diesen Vorgang nennt man faktische Außenwirkung.[182] Dass diese faktische Außenwirkung auch rechtliche Relevanz besitzt, wird heute soweit ersichtlich nicht ernsthaft bezweifelt.[183] Streit besteht hingegen über ihre Einzelheiten und Gründe.

1. Mittelbare Außenwirkung über Art. 3 I GG und eine bestehende Verwaltungspraxis

Ausgangspunkt der restriktivsten Ansicht[184] ist das Dogma, Verwaltungsvorschriften seien bloße Innenrechtssätze und könnten als solche Rechte und Pflichten für den Bürger nicht begründen. Gleichwohl ist die faktische Außenwirkung von Ermessensrichtlinien unübersehbar. Um dieses Phänomen rechtlich zu handhaben, wird auf die Konstruktion der Selbstbindung der Verwaltung zurückgegriffen: Besteht

182 *Maurer*, Allg VerwR, 14. Aufl. 2002, § 24 Rn. 20; *Beckmann*, DVBl 1987, 611 (614)

183 *Maurer*, Allg VerwR, 14. Aufl. 2002, § 24 Rn. 20; *Beckmann*, DVBl 1987, 611 (614); *Jachmann*, ZBR 1997, 342 (345)

184 BVerwGE 34, 278 (280); *Birk* in: H/H/Sp, AO, § 4 Rn. 87; *Maurer*, Allg VerwR, 14. Aufl. 2002, § 24 Rn. 21; *Rieger*, Ermessen, 1991, S. 137f.; *Hansen*, Fachliche Weisung, 1971, S. 179; *Ossenbühl*, Verwaltungsvorschriften und GG, 1968, S. 535f.; *Freund*, Innenrecht und Außenrecht, 1984, S. 26; *Bock*, JA 2000, 390 (392); *Erichsen/Klüsche*, Jura 2000, 540 (545); *Erichsen*, FS Kruse, 2001, 39 (56); *Guckelberger*, DV 35 (2002), 61 (65f.); *Hamann*, VerwArch 73 (1982), 28 (29); *Jarass*, JuS 1999, 105 (107); *Kautz*, GewArch 2000, 230 (231); *Menger*, VerwArch 51 (1960), 65 (71); *Uerpmann*, BayVBl 2000, 705 (705f.); *vOlshausen*, JA 1983, 177 (184); *Stober* in: Wolff/Bachof/Stober/Kluth, VerwR I, 12. Aufl. 2007, § 24 Rn. 26; *Selmer*, VerwArch 59 (1968), 114 (144). Ablehnend *Rupp*, JuS 1975, 612 (615): „Verfahren, das eher einem Zaubertrick als gediegener Rechtsmethode gleicht".

eine andauernde gleichmäßige Verwaltungsübung für eine bestimmte Fallkonstellation, dann verbietet es der Gleichheitssatz des Art. 3 I GG in einem gleich gelagerten Fall willkürlich von dieser Praxis abzuweichen.[185] Art. 3 I GG vermittelt unter diesen Voraussetzungen dem Bürger einen Anspruch, dass auch in seinem Fall gemäß der bisherigen Übung verfahren wird.[186]

Genau genommen führt diese Ansicht jedoch überhaupt nicht zu einer Außenwirkung der Verwaltungsvorschrift, denn ausschlaggebend ist allein die Verwaltungspraxis.[187] Oft ist es jedoch schwierig, eine bestimmte Verwaltungsübung festzustellen. Die Ermessensrichtlinie kann dann als Indiz oder Beweisanzeichen für eine entsprechende Verwaltungspraxis herangezogen werden.[188]

Besondere Probleme macht dann der erste Fall. Besteht noch keine Verwaltungspraxis, wohl aber eine Verwaltungsvorschrift und wendet die Behörde diese Vorschrift in einem ersten Fall nicht an, kann der Bürger aus Art. 3 I GG nach obiger Konstruktion keinen Anspruch für sich herleiten, denn es gibt eben noch keine Vergleichsfälle, denen gegenüber er benachteiligt sein kann. Beschreitet er gegen den ablehnenden Einzelakt dann den Weg zu den Gerichten und hat sich im Augenblick der gerichtlichen Entscheidung inzwischen eine der Verwaltungsvorschrift entsprechende Verwaltungspraxis gebildet, erscheint es unbillig, den Kläger nichts desto trotz leer ausgehen zu lassen. Dies wird vermieden, indem man die Verwaltungsvorschrift als antizipierte Verwaltungspraxis deutet. Wegen ihrer innerdienstlichen Verbindlichkeit sei davon auszugehen, dass die Verwaltungsvorschrift von der zuständigen Behörde beachtet werde, sie indiziere also eine entsprechende Verwaltungsübung für die Zukunft.[189] Diese Vorgehensweise entspringt den praktischen Bedürfnissen der Rechtswirklichkeit. Rechtlich kann sie jedoch nicht überzeugen, denn sie führt statt zu einer Selbstbindung an die durch eigenes Verhalten im Außenrechtskreis gesetzten Maßstäbe zu einer Selbstbindung direkt an die angeblich nur im Innenbereich verbindliche Verwaltungsvorschrift.[190] Mit diesem Widerspruch wird das vorausgesetzte System gesprengt.[191]

185 *Hansen*, Fachliche Weisung, 1971, S. 179; *Bock*, JA 2000, 390 (392); *Erichsen/Klüsche*, Jura 2000, 540 (545)

186 *Wallerath*, Die Selbstbindung, 1968, S. 63; *Hansen*, Fachliche Weisung, 1971, S. 177ff.

187 So explizit: *Rogmann*, Die Bindungswirkung von Verwaltungsvorschriften, 1998, S. 41f.; *Wallerath*, Die Selbstbindung, 1968, S. 104; *Rieger*, Ermessen, 1991, S. 137f.; *Ossenbühl*, Verwaltungsvorschriften und GG, 1968, S. 535f.; *Selmer*, VerwArch 59 (1968), 114 (144f.)

188 *Ossenbühl*, Verwaltungsvorschriften und GG, 1968, S. 536f.; *Berg*, JuS 1980, 418 (419); *Selmer*, VerwArch 59 (1968), 114 (145)

189 *Mühlenbruch*, Außenwirksame Normkonkretisierung, 1992, S. 66; *Ossenbühl*, Verwaltungsvorschriften und GG, 1968, S. 536f.; *Bock*, JA 2000, 390 (392)

190 *Schröder*, Verwaltungsvorschriften, 1987, S. 89; *Erichsen/Klüsche*, Jura 2000, 540 (546); *Krebs*, VerwArch 70 (1979), 259 (267)

191 *Mühlenbruch*, Außenwirksame Normkonkretisierung, 1992, S. 66; *Vogel*, FS Thieme, 1993, 605 (609)

2. Mittelbare Außenwirkung über Art. 3 I GG

Eine andere Ansicht geht einen Schritt weiter und knüpft für eine Selbstbindung der Verwaltung direkt an die Ermessensrichtlinien an.[192] Vergleichsmaßstab für einen Anspruch auf Gleichbehandlung aus Art. 3 I GG sei nicht jeder einzelne Fall der ständigen Verwaltungsübung, sondern das gerade allen Fällen Gemeinsame, d.h. aber die dem Verwaltungshandeln zu Grunde liegende Entscheidungsmaxime.[193] Ob diese Maxime sich durch die gleiche Entscheidung vieler konkreter Einzelfälle herausbilde oder vorweg von der Behördenspitze in Form einer Verwaltungsvorschrift gesetzt werde, sei einerlei.[194] Voraussetzung für eine solche Selbstbindung ist allerdings ein wie auch immer gearteter Handlungsspielraum der Verwaltung. Die Verwaltung muss zwischen verschiedenen Alternativen wählen können. Eine durch die „Umschaltnorm“[195] des Art. 3 I GG vermittelte Außenwirkung können mithin nur diejenigen Verwaltungsvorschriften haben, die einen Spielraum der Verwaltung ausfüllen. Dies sind Ermessensrichtlinien, Verwaltungsvorschriften auf Grund eines Beurteilungsspielraums sowie gesetzesunabhängige Verwaltungsvorschriften.

Zu Widersprüchen kommt es jedoch auch bei dieser Ansicht, wenn Ermessensrichtlinie und Verwaltungspraxis voneinander abweichen. Wenn sich die Verwaltung in keinem Fall an die Richtlinie hält, kann der klagenden Bürger durch die Nichtanwendung der Richtlinie auch in seinem Fall nicht benachteiligt werden. Es kann jedoch nicht sein, dass in einem Fall die Verwaltungsvorschrift maßgeblich ist und in einem anderen Fall die Verwaltungspraxis.

Für andere Vertreter dieser Ansicht ist das Abstellen auf die Ermessensrichtlinie nur eine Abkürzung.[196] Die Verwaltungsvorschrift selbst heranzuziehen, erspart Schwierigkeiten, wenn eine bestimmte Verwaltungsübung schwer zu erweisen ist.[197] Praktische Schwierigkeiten taugen jedoch nicht als dogmatische Begründung für rechtliche Wirkungen.[198]

192 *Schmidt*, Gesetzesvollziehung durch Rechtsetzung, 1969, S. 129; *Bumke*, Relative Rechtswidrigkeit, 2004, S. 138; *Möstl* in: Erichsen/Ehlers, Allg VerwR, 13. Aufl. 2006, § 19 Rn. 21

193 *Schmidt*, Gesetzesvollziehung durch Rechtsetzung, 1969, S. 129; *Bumke*, Relative Rechtswidrigkeit, 2004, S. 139. Dies wird allerdings gerade von denjenigen bestritten, die eine Selbstbindung an der tatsächlichen Verwaltungspraxis festmachen: *Rogmann*, Die Bindungswirkung von Verwaltungsvorschriften, 1998, S. 41f.; *Wallerath*, Die Selbstbindung, 1968, S. 104; *Rieger*, Ermessen, 1991, S. 137f.; *Ossenbühl*, Verwaltungsvorschriften und GG, 1968, S. 535f.; anders hingegen: *Ossenbühl*, DVBl 1981, 857 (858); *Brohm*, DÖV 1964, 238 (243f.)

194 *Bumke*, Relative Rechtswidrigkeit, 2004, S. 138f.

195 Nach *A. Leisner*, JZ 2002, 219 (223 Fn. 63) stammt der Ausdruck ursprünglich von *Zacher*, VVDStRL 24 (1966), 237.

196 *Schröder*, Verwaltungsvorschriften, 1987, S. 23; *Wittling*, Die Publikation, 1991, S. 217; *Wallerath*, NWVBl 1989, 153 (161); *Selmer*, VerwArch 59 (1968), 114 (123)

197 *Brohm*, DÖV 1964, 238 (243); *Selmer*, VerwArch 59 (1968), 114 (123)

198 *Wallerath*, NWVBl 1989, 153 (161)

3. Mittelbare Außenwirkung über den Vertrauensschutzgrundsatz

In einem dritten Ansatz wird eine mittelbare Außenwirkung von Verwaltungsvorschriften über den Grundsatz des Vertrauensschutzes begründet.[199] Wegen dieses Grundsatzes müsse sich der Bürger auf das Handeln der Verwaltung verlassen können.[200] Er führe zu einer Pflicht der Verwaltung zu programmgeleitetem Handeln.[201] Durch die Veröffentlichung von Verwaltungsvorschriften würden diese - zumindest im Leistungsbereich - in die Nähe von abstrakt-generellen Zusagen gerückt.[202]

Die dogmatische Herleitung der Außenwirkung auf diesem Wege hat gegenüber der Selbstbindungskonstruktion aus Rechtsschutzsicht des Bürgers enorme Vorteile: Die betreffenden Ermessensrichtlinien sind ab dem Zeitpunkt ihrer Bekanntgabe bedeutsam unabhängig von einer korrespondierenden Verwaltungspraxis.[203] Ihre Beachtlichkeit kann übergangsweise auch bei einer beabsichtigten generellen Änderung der Verwaltungspraxis noch fortbestehen.[204] Schließlich kann sich der Bürger auch auf eine rechtswidrige Verwaltungsvorschrift berufen, sofern er ein entsprechendes schutzwürdiges Vertrauen genießt.[205]

Erforderlich für eine Anwendbarkeit des Vertrauensschutzgrundsatzes ist jedoch ein Vertrauenstatbestand sowie eine entsprechende Disposition des Bürgers.[206] Das bedeutet, dass die fragliche Verwaltungsvorschrift gegenüber demjenigen, der sich auf sie beruft, bekanntgegeben sein muss mit der Maßgabe, ihm gegenüber zu gelten. In vielen Fällen wird es gerade an einer diesen Anforderungen genügenden Drittadresse fehlen.[207]

Schließlich genießt das Vertrauen auf rechtswidrige Äußerungen doch nur einen vergleichsweise schwachen Schutz: Eine abstrakt-generelle hoheitliche Regelung kann eine große Breitenwirkung haben und demgemäß eine so große Anzahl rechtswidriger Folgeakte nach sich ziehen, dass bei der vor Gewährung des Vertrauensschutzes erforderlichen Abwägung das öffentliche Interesse an der Unverbindlichkeit der rechtswidrigen Norm das private Interesse an ihrem Bestand überwiegt.[208]

199 *Klein*, FS Forsthoff, 1967, 163 (181); *Bock*, JA 2000, 390 (393); *Erichsen/Klüsche*, Jura 2000, 540 (546); *Hamann*, VerwArch 73 (1982), 28 (29); *Jarass*, JuS 1999, 105 (108); vgl. auch *Maurer*, Allg VerwR, 14. Aufl. 2002, § 24 Rn. 24

200 *Klein*, FS Forsthoff, 1967, 163 (179); *Pietzcker*, NJW 1981, 2087 (2091)

201 *Klein*, FS Forsthoff, 1967, 163 (180)

202 *Ossenbühl*, DVBl 1981, 857 (861) und *Schwerdtfeger*, NVwZ 1984, 486 (487)

203 *Ossenbühl*, DVBl 1981, 857 (861)

204 *Ossenbühl*, DVBl 1981, 857 (861)

205 *Ossenbühl*, DVBl 1981, 857 (861)

206 *Bock*, JA 2000, 390 (393); *Erichsen/Klüsche*, Jura 2000, 540 (546); *Schwerdtfeger*, NVwZ 1984, 486 (488)

207 *Bock*, JA 2000, 390 (393); *Lange* in: Hoffmann-Riem/Schmidt-Aßmann/Schuppert, Reform, 1993, 307 (325); *Ossenbühl*, DVBl 1981, 857 (861)

208 *Wittling*, Die Publikation, 1991, S. 239f.; *Schwerdtfeger*, NVwZ 1984, 486 (488)

4. Unmittelbare Außenwirkung

Schließlich wird vertreten, Ermessensrichtlinien komme unmittelbare Normativwirkung auch im Außenbereich zu.[209] Diese Ansicht steht und fällt mit der Annahme, dass der Exekutive eine originäre, d.h. aus der Verfassung hervorgehende, eigene Rechtsetzungskompetenz zusteht.

Die h.M. bestreitet dies und beharrt auf einer bloßen Innenwirkung von Verwaltungsvorschriften, weil abstrakt-generelle Außenrechtsetzung materielle Gesetzgebung sei.[210] Die Anerkennung einer solchen Befugnis der Exekutive müsse insbesondere zu Konflikten mit dem Gewaltenteilungsprinzip sowie Art. 80 I GG führen. Die verschiedenen Begründungsansätze für ein originäres Administrativrecht orientieren sich denn auch an diesen verfassungsrechtlichen Schwierigkeiten. Sie zeigen auf, dass die Exekutive neben der Rechtsetzung in Form von Rechtsverordnungen oder Satzungen auch durch Verwaltungsvorschriften den Außenbereich generell-abstrakt regeln darf und es wird geschlossen, dass die Verwaltung eine solche Befugnis nicht ungenutzt lässt. Eine Ermessensrichtlinie habe also immer dann Außenwirkung, wenn ihr eine Befugnis der Exekutive zur Außenrechtsetzung zu Grunde liege.

Hier soll indessen anders verfahren werden. Die Frage einer verfassungsrechtlichen Zulässigkeit von außenwirksamen Verwaltungsvorschriften soll erst im Nachhinein erörtert werden. An dieser Stelle geht es hingegen ausschließlich um eine Analyse der tatsächlichen und rechtlichen Wirkungen von Ermessensrichtlinien. Ausgehend von solchermaßen festgestellten Wirkungen soll erst später gefragt werden, ob und wann das sie erzeugende Verwaltungshandeln zulässig ist.

5. Eigene Ansicht

Grundlage der Beurteilung soll zunächst der typische Fall einer Ermessensentscheidung sein. Eine solche Entscheidung beruht auf einem Gesetz, das einen Ermessensspielraum, d.h. eine echte Wahlmöglichkeit zwischen verschiedenen Rechtsfolgen eröffnet. Mit der Entscheidung des konkreten Einzelfalles muss der zuständige Sachwalter eine Entscheidung über die eintretende Rechtsfolge treffen. Bei dieser Entscheidung ist er nicht völlig frei, sondern an die Grenzen des Ermessens im Sinne der §§ 40 VwVfG, 114 S. 1 VwGO gebunden.[211] Zu berücksichtigen ist insbe-

209 *Rogmann*, Die Bindungswirkung von Verwaltungsvorschriften, 1998, S. 50; *Rudisile*, Verwaltungsvorschriften, 1987, S. 324; *Trips*, Das Verfahren der exekutiven Rechtsetzung, 2006, S. 55; *Diekötter*, Die Auswirkung von Verfahrensfehlern, 1997, 42; *Beckmann*, DVBl 1987, 611 (614); *Gusy*, DVBl 1979, 720 (722); *Lange* in: Hoffmann-Riem/Schmidt-Aßmann/-Schuppert, Reform, 1993, 307 (324f.); *A. Leisner* in: FS Fürst, 2002, 185 (191); *A. Leisner*, JZ 2002, 219 (227); *Remmert*, Jura 2004, 728 (732f.); *Vogel*, FS Thieme, 1993, 605 (608); *Vogel*, VVDStRL 24 (1965), 125 (162f.); *Krebs*, VerwArch 70 (1979), 259 (270)

210 *Erichsen*, FS Kruse, 2001, 39 (55f.)

211 *Evers* in: Starck, D. Allgemeinheit des Gesetzes, 1987, 96 (127f.)

sondere der Zweck der Ermessensermächtigung. Die eigentliche Entscheidung erfolgt dann durch eine Abwägung der verschiedenen entscheidungserheblichen Belange des Einzelfalls, gerade auch unter Zweckmäßigkeitsgesichtspunkten.

Mit Hilfe von Ermessensrichtlinien wird die Betätigung des Ermessens generell-abstrakt angeleitet. Es können z.B. Maßstäbe für die Abwägung vorgegeben, bestimmte Zweckmäßigkeitserwägungen vorweg angestellt oder Gewichtungen verschiedener Belange bestimmt werden. Die Ermessensrichtlinie als Steuerungsmedium tritt wie ein Filter zwischen die grobmaschige Handlungsanleitung durch das Gesetz und die konkret zu treffende Einzelfallentscheidung.[212] Der Entscheidungsspielraum der den endgültigen Verwaltungsakt erlassenden Stelle wird zu Gunsten der Erwägungen der die Verwaltungsvorschrift erlassenden Stelle verengt. Die vom Gesetz beabsichtigte Ermessensabwägung wird aufgespalten in einen Teil, der durch die Ermessensrichtlinie und einen Teil, der erst für den konkreten Einzelakt entschieden wird.

Immer wenn das Endprodukt einer Ermessensentscheidung ein gegenüber dem Bürger ergehender Einzelakt, d.h. aber ein Verwaltungsakt ist, handelt es sich bei der durch die Ermessensrichtlinie geregelten Materie um eine Außenrechtsmaterie.

Für den zuständigen Sachwalter, der den endgültigen Verwaltungsakt trifft, ist eine solche Ermessensrichtlinie wegen ihrer oben dargestellten Innenwirkung verbindlich. Er muss sie bei seiner Abwägungsentscheidung zu Grunde legen. Diese Verbindlichkeit ist aber, da es sich bei den Verwaltungsvorschriften um Rechtssätze handelt, eine rechtliche.

Die das Ermessen steuernde Verwaltungsvorschrift determiniert somit zumindest im Innenverhältnis in zwingender Weise den gesetzlich eingeräumten Spielraum. Damit nimmt sie einen Teil des im Außenverhältnis ergehenden Einzelaktes vorweg. Dann wird durch die Ermessensrichtlinie in *rechtlich* verbindlicher Weise eine Außenrechtsmaterie geregelt. Das heißt jedoch nichts anderes, als dass durch die Ermessensrichtlinie die Rechtsstellung des Bürgers, wie sie sich aus dem zu Grunde liegenden Gesetz ergibt, rechtsverbindlich konkretisiert wird.[213] Mithin haben solche Verwaltungsvorschriften Außenwirkung aus sich selbst heraus, ohne dass es dazu einer Transformationsnorm bedarf.[214]

II. Normkonkretisierende Verwaltungsvorschriften

Normkonkretisierende Verwaltungsvorschriften sind als relativ neues Rechtsinstitut aus den norminterpretierenden Verwaltungsvorschriften hervorgegangen. Unterscheidungsmerkmal ist ihre definitionsgemäß bestehende, einmalige und neuartige Außenwirkung.

212 *Rogmann*, Die Bindungswirkung von Verwaltungsvorschriften, 1998, S. 142
213 Ebenso *Axer*, Normsetzung der Exekutive, 2000, S. 182
214 So auch *Yersin*, Kritik der Lehre von den Staatsakten, 1978, S. 62f. und 234

1. Herleitung des Rechtsinstituts und gegenwärtiger Meinungsstand in der Rechtswissenschaft

Im Umwelt- und Technikrecht führt eine vollständige Unbeachtlichkeit der einschlägigen Verwaltungsvorschriften zu unbefriedigenden Ergebnissen.[215] Viele der dort anzutreffenden Gesetze sind konkretisierungsbedürftig.[216] Um sie anwenden zu können, müssen oft erst noch Grenzwerte und Standards ermittelt werden. Dies geschieht mangels ausdrücklicher Ermächtigung nicht in Form von Rechtsverordnungen, sondern in Form von Verwaltungsvorschriften. Sind diese für den Richter unbeachtlich, ist das misslich, denn er müsste dann eigentlich selbst für den entsprechenden Einzelfall solche Grenzwerte festsetzen.[217] Die dazu erforderlichen speziellen Kenntnisse muss er sich, im Zweifel durch die Beratung mit entsprechenden Sachverständigen, verschaffen. Verwaltungsvorschriften des Umweltrechts werden aber oft in aufwändigen Verfahren in Abstimmung mit den beteiligten Interessenkreisen und unter Mitwirkung zahlreicher Experten erlassen.[218] Sie sind schon Ausdruck gesammelten Sachverstandes, eine sozusagen „optimale Erkenntnisquelle“[219]. Dies wurde von den Gerichten erkannt und gewürdigt, indem solche Verwaltungsvorschriften wie Sachverständigengutachten in den Prozess eingeführt werden. Geprägt wurde der Begriff des „antizipierten Sachverständigengutachtens“[220], da die Verwaltungsvorschriften schon vor dem Prozess gefertigt und in der Welt sind. Man versuchte also, die Problematik der erforderlichen Gesetzeskonkretisierung auf prozessrechtlichem Wege zu lösen.[221]

Die Qualifizierung von Verwaltungsvorschriften als Beweismittel stieß jedoch auf starken Widerspruch: Kritisiert wurde die Möglichkeit einer Entkräftung durch ein bloßes Gegengutachten, in das naturgegebenermaßen nicht dieselben Verfahrenssicherungen eingehen konnten.[222] Zudem berücksichtigt die Behandlung als Sachverständigengutachten auch nicht, dass die Festlegung von Grenzwerten sich nicht allein aus wissenschaftlichen Erkenntnissen ergibt, sondern nur allzu oft eine politische Entscheidung über die noch tolerierbaren Risiken widerspiegelt.[223] Wer-

215 *Mühlenbruch*, Außenwirksame Normkonkretisierung, 1992, S. 62f.; *Hill*, NVwZ 1989, 401 (402); *Jarass*, JuS 1999, 105 (108)

216 *Gusy*, NVwZ 1995, 105 (108); *Gerhardt*, NJW 1989, 2233 (2236); *Ossenbühl*, DVBl 1999, 1 (2); *Sendler*, UPR 1993, 321 (323)

217 *Gusy*, NVwZ 1995, 105 (108); *DiFabio*, DVBl 1992, 1338 (1340 Fn. 18); *Uerpmann*, BayVBl 2000, 705 (708 Fn. 41)

218 Vgl. BVerwG, NVwZ 1995, 994; *Gerhardt*, NJW 1989, 2233 (2236); *Jarass*, JuS 1999, 105 (108); *R. Breuer*, DVBl 1978, 28 (35)

219 BVerwGE 55, 250 (256); BVerwGE 55, 250 (254); *Guckelberger*, DV 35 (2002), 61 (67)

220 BVerwGE 55, 250 (256); *Beckmann*, DVBl 1987, 611 (615); *Erichsen*, FS Kruse, 2001, 39 (53); *Gerhardt*, NJW 1989, 2233 (2234); vgl. auch *R. Breuer*, DVBl 1978, 28 (35)

221 *Mühlenbruch*, Außenwirksame Normkonkretisierung, 1992, S. 55; *DiFabio*, DVBl 1992, 1338 (1338 u. Fn. 7)

222 *Jarass*, JuS 1999, 105 (108); *Sendler*, UPR 1993, 321 (325); *R. Breuer*, DVBl 1978, 28 (35)

223 *Sendler*, UPR 1993, 321 (323); *Bönker*, Umweltstandards, 1992, S. 91f.; *Mühlenbruch*, Außenwirksame Normkonkretisierung, 1992, S. 56; *Wittling*, Die Publikation, 1991, S. 263;

tungen sind insbesondere dann erforderlich, wenn hinsichtlich der vorzunehmenden Grenzwertfestlegungen unter den naturwissenschaftlichen Experten keine einheitliche Auffassung darüber besteht, von welchem Gefährdungspotential bei bestimmten Stoffen auszugehen oder wie dieses zu ermitteln ist.[224] Verwaltungsvorschriften, die Umweltstandards konkretisieren, sind demgemäß nicht nur auf technische Fragestellungen bezogen, sondern überschreiten mit ihren Festsetzungen den Wirkungsbereich eines Sachverständigen.[225]

In dieser Situation schuf das Bundesverwaltungsgericht das Rechtsinstitut der normkonkretisierenden Verwaltungsvorschrift: In einem Verfahren hatte es zu prüfen, welche Wirkung der „Allgemeinen Berechnungsgrundlage für Strahlenexposition bei radioaktiven Ableitungen mit der Abluft oder im Oberflächengewässer" (Richtlinie zu § 45 StrlSchVO), die von der Genehmigungsbehörde zur Ausfüllung von § 7 II Nr.3 AtG herangezogen worden war, im Prozess zukam. Im Hinblick auf die Offenheit des Tatbestandes der zu Grunde liegenden Norm, stellte das Gericht einen Gestaltungsspielraum der Verwaltung fest. Daraus folgerte es, dass es nicht Sache der nachträglichen verwaltungsgerichtlichen Kontrolle sein könne, die der Exekutive zugewiesene Wertung wissenschaftlicher Streitfragen einschließlich der daraus folgenden Risikoabschätzung durch eine eigene Bewertung zu ersetzen.[226] Die Exekutive verfüge nicht nur gegenüber der Legislative, sondern auch im Verhältnis zu den Verwaltungsgerichten über rechtliche Handlungsformen, die sie für die Verwirklichung des Grundsatzes bestmöglicher Gefahrenabwehr und Risikovorsorge sehr viel besser ausrüsteten.[227] Dieser Aspekt rechtfertige die Regelung vor den Erfordernissen des grundrechtlichen Gesetzesvorbehaltes.[228] Damit habe die Richtlinie eine normkonkretisierende Funktion und sei im Gegensatz zu lediglich norminterpretierenden Verwaltungsvorschriften für die Verwaltungsgerichte innerhalb der von der Norm gesetzten Grenzen verbindlich.[229]

Normkonkretisierende Verwaltungsvorschriften sind demnach Verwaltungsvorschriften, bei denen die verwaltungsgerichtliche Kontrolle wegen eines Gestaltungsspielraums eingeschränkt ist. Dieser Spielraum findet sich auf der Tatbestandsseite der ausfüllungsbedürftigen Norm, es handelt sich um einen Sonderfall des Beurteilungsspielraums.[230] Im Gegensatz zu den übrigen von der Rechtsprechung anerkannten Fallgruppen, den Prüfungs-, prüfungsähnlichen und Prognoseentscheidungen,

Gerhardt, NJW 1989, 2233 (2235); *Guckelberger*, DV 35 (2002), 61 (67); *Hill*, NVwZ 1989, 401 (401f.); *Jarass*, JuS 1999, 105 (108); *Uerpmann*, BayVBl 2000, 705 (708)

224 *Mühlenbruch*, Außenwirksame Normkonkretisierung, 1992, S. 56f.

225 *Mühlenbruch*, Außenwirksame Normkonkretisierung, 1992, S. 57; *Sendler*, UPR 1993, 321 (323)

226 BVerwG 72, 300 (316); vgl. auch BVerfGE 61, 82 (115)

227 BVerwG 72, 300 (317); zustimmend: *Hill*, NVwZ 1989, 401 (404)

228 BVerwG 72, 300 (316f.)

229 BVerwG 72, 300 (320); ebenso BVerwG, NVwZ 1995, 994

230 BVerwGE 107, 338 (341); *Beckmann*, DVBl 1987, 611 (617); *DiFabio*, DVBl 1992, 1338 (1339); *Jarass*, JuS 1999, 105 (109); *Sendler*, UPR 1993, 321 (324); *Uerpmann*, BayVBl 2000, 705 (708); *Maurer*, Allg VerwR, 14. Aufl. 2002, § 24 Rn. 25a

den beamtenrechtlichen Beurteilungen sowie den Entscheidungen von pluralistisch besetzten Gremien, ergibt sich hier die Letztentscheidungsbefugnis der Verwaltung nicht aus den spezifischen Bedingungen der Einzelfallsituation, die eine nachträgliche Überprüfung mangels Wiederholbarkeit ausschließen, sondern es geht umgekehrt darum, dass dem Einzelfall übergeordnete Entscheidungsmaßstäbe allgemein festgesetzt werden.[231] Deshalb wird an Stelle eines Beurteilungsspielraums auch von einer „Standardisierungsermächtigung“[232] gesprochen.

Die Einzelheiten der Voraussetzungen einer solchen Standardisierungsermächtigung sind noch nicht vollständig geklärt. Im zitierten Wyhl-Urteil hat das Gericht die Einschränkung der richterlichen Kontrolle an mehreren Indizien festgemacht: An der normativen Ermächtigung der Verwaltung durch den offenen Gesetzestatbestand sowie an dem aufwändigen Erlassverfahren der Verwaltungsvorschrift, bei dem die beteiligten Kreise mitgewirkt haben und die Zustimmung des Bundesrates erforderlich war. Dazu kommt als Besonderheit der komplexen Materie, dass es sich wegen des begrenzten wissenschaftlichen Kenntnisstandes um eine besondere Risikoentscheidung mit erhöhter Ungewissheit handelte.

Was die Wirkung normkonkretisierender Verwaltungsvorschriften gegenüber dem Bürger angeht, orientiert sich der Diskussionsstand hauptsächlich an den Meinungen wie sie zur Außenwirkung von Ermessensrichtlinien vertreten werden. Einerseits wird der Gestaltungsspielraum der Verwaltung als Anwendungsfeld für Art. 3 I GG gesehen und eine mittelbare Außenwirkung der Verwaltungsvorschrift wegen des Anspruchs auf Gleichbehandlung anerkannt.[233] Andererseits wird von einer unmittelbaren Außenwirkung kraft originären Administrativrechts ausgegangen.[234] Teilweise wird darüber hinaus vertreten, dass sich die Außenwirkung normkonkretisierender Verwaltungsvorschriften aus der gesetzlichen Ermächtigung durch das zu konkretisierende Gesetz ergibt.[235]

231 *Wallerath*, NWVBl 1989, 153 (154f.)

232 *Jarass*, JuS 1999, 105 (109); *R. Breuer*, DVBl 1986, 849 (858); *Hill*, NVwZ 1989, 401 (402); *Ladeur*, DÖV 2000, 217 (221f.)

233 *Schröder*, Verwaltungsvorschriften, 1987, S. 21; *Wallerath*, Die Selbstbindung, 1968, S. 127; *Wallerath*, NWVBl 1989, 153 (162)

234 *Bönker*, Umweltstandards, 1992, 71; *Mühlenbruch*, Außenwirksame Normkonkretisierung, 1992, S. 168f.; *Diekötter*, Die Auswirkung von Verfahrensfehlern, 1997, 43; *Beckmann*, DVBl 1987, 611 (617); *R. Breuer*, DVBl 1986, 849 (858f.); *Guckelberger*, DV 35 (2002), 61 (66); *Vogel*, StuW 1991, 254 (262)

235 Sog. „Normative Ermächtigungslehre“ *DiFabio*, DVBl 1992, 1338 (1344); *Hill*, NVwZ 1989, 401 (407, 408); *A. Leisner* in: FS Fürst, 2002, 185 (192); *Kautz*, GewArch 2000, 230 (236); *Kind*, DÖV 1988, 679 (680f.); *Osterloh*, JuS 1990, 100 (103); *Remmert*, Jura 2004, 728 (733 u. Fn. 75); *Uerpmann*, BayVBl 2000, 705 (709); *Wallerath*, NWVBl 1989, 153 (155)

2. Eigene Ansicht

Ergeht in Anwendung des konkretisierungsbedürftigen Gesetzes ein Verwaltungsakt, kann gegenständlich von einer Außenrechtsmaterie ausgegangen werden. Ähnlich wie bei der Situation einer Ermessensrichtlinie wird die konkrete Verwaltungsentscheidung durch die Verwaltungsvorschrift im Innenverhältnis in rechtlich verbindlicher Weise gesteuert.

Ob der Gestaltungsspielraum, der durch die Verwaltungsvorschrift ausgefüllt wird, sich auf der Tatbestandsseite oder der Rechtsfolgeseite der Norm befindet, macht dabei technisch gesehen keinen Unterschied.[236] Hier wie dort wird ein Teil des Einzelaktes durch die Verwaltungsvorschrift bereits im Vorhinein allgemein entschieden. Die Besonderheit der normkonkretisierenden Verwaltungsvorschriften liegt darin, dass das zu Grunde liegende Gesetz derartig sprachlich und inhaltlich offen ist, dass seine Vollziehung ohne eine weitere Konkretisierung seiner Anforderungen nicht möglich ist, so dass erst die Verwaltungsvorschrift die Vollzugsreife herbeiführt.[237]

Das bedeutet für den Bürger, dass sich seine Rechtsstellung im konkreten Verwaltungsverfahren noch nicht allein aus dem Gesetz ergibt, sondern erst aus dem Zusammenspiel von Gesetz und konkretisierender Verwaltungsvorschrift. Dann aber ist eine Außenwirkung normkonkretisierender Verwaltungsvorschriften gegeben.

III. Norminterpretierende Verwaltungsvorschriften

Die gebundene Verwaltungsentscheidung, bei der der Verwaltung kein Gestaltungsfreiraum verbleibt, ist das Anwendungsfeld der norminterpretierenden Verwaltungsvorschriften.

1. Gegenwärtiger Meinungsstand in der Rechtswissenschaft

Bei solchen Verwaltungsvorschriften handelt es sich nach ganz herrschender Meinung um bloße Verwaltungsinterna ohne Außenwirkung.[238] Diese Auffassung wird

236 So auch: *Zimmer*, Funktion-Kompetenz-Legitimation, 1979, S. 363; *Schröder*, Verwaltungsvorschriften, 1987, S. 129; *Lange* in: Hoffmann-Riem/Schmidt-Aßmann/Schuppert, Reform, 1993, 307 (317); *Lange*, NJW 1992, 1193 (1196)

237 *Hill*, NVwZ 1989, 401 (405); *Diekötter*, Die Auswirkung von Verfahrensfehlern, 1997, 43

238 BVerfGE 78, 214 (227); BVerwGE 34, 278 (281); *Birk* in: H/H/Sp, AO, § 4 Rn. 89; *Maurer*, Allg VerwR, 14. Aufl. 2002, § 24 Rn. 29; *Rogmann*, Die Bindungswirkung von Verwaltungsvorschriften, 1998, S. 183; *Bumke*, Relative Rechtswidrigkeit, 2004, S. 140; *Ossenbühl*, Verwaltungsvorschriften und Grundgesetz, 1968, S. 544f.; *Erichsen/Klüsche*, Jura 2000, 540 (546f.); *Erichsen*, FS Kruse, 2001, 39 (51); *Lange* in: Hoffmann-Riem/Schmidt-Aßmann/Schuppert, Reform, 1993, 307 (327); *Lange*, NJW 1992, 1193 (1196); *A. Leisner* in:

damit begründet, dass sich der Inhalt der konkreten Verwaltungsentscheidung schon vollständig durch Auslegung und Subsumtion aus dem Gesetz ergebe, sodass daneben kein Raum für eine ergänzende Normativwirkung von Verwaltungsvorschriften bestehe.[239]

Wenn die norminterpretierende Verwaltungsvorschrift mit dem Inhalt des Gesetzes übereinstimme, enthalte sie mangels Entscheidungsspielraums der Verwaltung keine eigene Aussage. Die in ihr zum Ausdruck kommende Gesetzesinterpretation könne nicht mehr Bedeutung haben, als eine Stellungnahme in der rechtswissenschaftlichen Literatur, da die gewöhnliche Rechtsanwendung durch Art. 19 IV, 92 GG den Gerichten als deren vornehmste Aufgabe zugewiesen werde.[240] Eine Verbindlichkeit solcher Verwaltungsvorschriften würde dann zur Beschneidung der gerichtlichen Kontrollkompetenzen führen.[241] Weiche die Verwaltungsvorschrift hingegen vom Inhalt der zu interpretierenden Norm ab, sei sie fehlerhaft und könne schon deshalb vor Gericht keinen Bestand haben.[242]

2. Eigene Ansicht

Vorausgeschickt sei an dieser Stelle, dass eine Einschränkung der gerichtlichen Kontrolldichte zunächst nicht betrachtet werden, sondern es allein um die Frage gehen soll, welche Rolle norminterpretierende Verwaltungsvorschriften im Verhältnis zwischen Behörde und Bürger spielen.

Das Hauptaugenmerk muss dann dem Gegenstand der untersuchten Verwaltungsvorschriften, dem unbestimmten Gesetzesbegriff, gelten. Üblicherweise erfolgt die Rechtsanwendung nach der juristischen Methode: Im Wege der Auslegung wird aus dem Gesetz ein Obersatz herausdestilliert, unter den dann der betreffende Lebenssachverhalt subsumiert werden kann. Im Idealfall liefert das Gesetz so ein fertiges Rezept, um für einen festgestellten Sachverhalt die „richtige" Rechtsfolge zuzubereiten.

Auf der Tatbestandsseite von Normen gibt es jedoch eine weite Skala zu- bzw. abnehmender inhaltlicher Bestimmtheit von Rechtsbegriffen.[243] Neben eindeutigen

FS Fürst, 2002, 185 (191f.); *A. Leisner*, JZ 2002, 219 (228); *Jarass*, JuS 1999, 105 (108); *Kautz*, GewArch 2000, 230 (234); *Uerpmann*, BayVBl 2000, 705

239 BVerwGE 34, 278 (280); *Schröder*, Verwaltungsvorschriften, 1987, S. 21; *Rogmann*, Die Bindungswirkung von Verwaltungsvorschriften, 1998, S. 183; *Bumke*, Relative Rechtswidrigkeit, 2004, S. 140; *Beckmann*, DVBl 1987, 611 (616); *Lange*, NJW 1992, 1193 (1196)

240 BVerwGE 34, 278 (281f.); *Schröder*, Verwaltungsvorschriften, 1987, S. 18; *Beckmann*, DVBl 1987, 611 (615); *A. Leisner*, JZ 2002, 219 (228); *Vogel*, StuW 1991, 254 (255)

241 BVerwGE 34, 278 (282); *Schröder*, Verwaltungsvorschriften, 1987, S. 18

242 *Schröder*, Verwaltungsvorschriften, 1987, S. 21; *Berg*, JuS 1980, 418 (419); *Erichsen*, FS Kruse, 2001, 39 (51); *Lange* in: Hoffmann-Riem/Schmidt-Aßmann/Schuppert, Reform, 1993, 307 (327)

243 *Osterloh*, Gesetzesbindung und Typisierungsspielräume, 1992, S. 94; *Erichsen*, DVBl 1985, 22

Tatbestandsmerkmalen wie Orts- oder Zeitangaben und durch Gesetz oder Rechtsprechung abgegrenzten Rechtsbegriffen wie etwa „Sache“, „Eigentum“, „Gewerbe“, finden sich Tatbestandsmerkmale, die erst bezogen auf den Einzelfall bestimmbar werden, wie etwa „Einbruch der Dämmerung“ oder „geschlossene Ortslage“. Schließlich bestehen gänzlich unbestimmte Rechtsbegriffe, bei denen sich abstrakt nicht im Vorhinein festlegen lässt, welche Fälle damit erfasst werden, wie etwa „öffentliches Interesse“ oder „Verunstaltung“.[244]

Die Anwendung nicht eindeutiger Tatbestandsmerkmale stellt sich nicht als reines Erkenntnisproblem dar.[245] Die Rechtsanwendung erfordert mitunter Wertungen, Prognosen, die Berücksichtigung vielfältiger Gesichtspunkte. In bestimmten Fallgruppen hat die Rechtsprechung einen Beurteilungsspielraum der Verwaltung angenommen, weil die Rechtsanwendung an eine bestimmte Einzelfallsituation gebunden und nicht beliebig wiederholbar ist.[246] Dies sind jedoch Fälle, die (wenn sie überhaupt durch Verwaltungsvorschriften erfassbar sind) in den Bereich der normkonkretisierenden Verwaltungsvorschriften fallen. Beim hier betrachteten Feld der norminterpretierenden Verwaltungsvorschriften liegt die Letztentscheidungsbefugnis gerade nicht bei der Verwaltung, sondern bei den Gerichten.

Allerdings kommt der Verwaltung hier wie auch sonst die Aufgabe der Erstentscheidung zu.[247] Gerade wenn die Anwendbarkeit von Gesetzesbegriffen nicht eindeutig auf der Hand liegt, muss sich die Verwaltung durch schrittweise Konkretisierung dem Gesetzesinhalt nähern.[248] Die juristische Methode kann dann nicht als starres Schema verstanden werden, sondern verlangt ein „Hin- und Herwandern des Blicks zwischen Gesetz und Lebenssachverhalt“[249]: Der wohlverstandene Gesetzesinhalt kann nur ermittelt werden unter Berücksichtigung der konkreten Umstände und Besonderheiten des Lebenssachverhaltes; umgekehrt kann der zu subsumierende relevante Ausschnitt des Lebenssachverhaltes nur ausfindig gemacht werden, indem die Zielrichtung des Gesetzes mitbedacht wird.[250]

Auch wenn das Gesetz von einer „einzig richtigen Entscheidung“ ausgeht, also nur eine einzige Auslegungsvariante gelten lassen will, liegt diese doch nicht immer klar auf der Hand.[251] Oft handelt es sich vielmehr um eine komplexe Entscheidungs-

244 Vgl. *Erichsen*, DVBl 1985, 22 (25); *Evers* in: Starck, D. Allgemeinheit des Gesetzes, 1987, 96 (132)

245 *Bachof*, JZ 1955, 97 (101); *Erichsen*, DVBl 1985, 22 (25f.); *Evers* in: Starck, D. Allgemeinheit des Gesetzes, 1987, 96 (97)

246 S.o. § 3 C II 1

247 *Zimmer*, Funktion-Kompetenz-Legitimation, 1979, S. 153f.; *Herdegen*, AöR 114 (1989), 607 (623); *Pietzcker*, NJW 1981, 2087 (2089); *vDanwitz*, DVBl 1998, 928 (931)

248 *Seiler*, Auslegung als Normkonkretisierung, 2000, S. 6; *Gerhardt*, NJW 1989, 2233 (2235)

249 *Seiler*, Auslegung als Normkonkretisierung, 2000, S. 22; *Evers* in: Starck, D. Allgemeinheit des Gesetzes, 1987, 96 (97)

250 *Gerhardt*, NJW 1989, 2233 (2235); *Stober* in: Wolff/Bachof/Stober/Kluth, VerwR I, 12. Aufl. 2007, § 28 Rn. 27f.

251 *Bachof*, JZ 1955, 97 (101); *Bleckmann*, JZ 1995, 685

situation, die nicht für jeden lösbar ist, sondern erhöhte Anforderungen an die Rechtsanwendung stellt.[252]

Deshalb ist für den Sachwalter, der die Endentscheidung zu treffen hat, oft die gegenüber dem unbestimmten Gesetz konkretere, weniger komplexe norminterpretierende Verwaltungsvorschrift wichtiger als das Gesetz.[253] Entgegen dem idealisierten Verständnis der herrschenden Meinung wird die vorweggenommene Rechtsanwendung, einerlei ob auf Auslegungs- oder Subsumtionsebene, nicht in jedem Einzelfall genau nachvollzogen, sondern kritiklos übernommen.

Gerade bei Erkenntnisschwierigkeiten spielt das Vollzugsprogramm der Verwaltung auch eine große Rolle für den Bürger. Ohne Interpretations- und Anwendungshilfe wird das unbestimmte Gesetz oft ein Buch mit sieben Siegeln für ihn bleiben. Erst durch das „richtige" Rechts- und Sachverständnis ergibt sich seine Rechtsstellung. Für den Bürger aber macht es grundsätzlich keinen Unterschied, ob dieses Rechtsverständnis durch eine gefestigte Rechtssprechung oder durch Vollzugsprogramme der Verwaltung geliefert wird.[254]

Weil (schutz-)norminterpretierende Verwaltungsvorschriften die Rechtslage im Innenverhältnis rechtsverbindlich klären, beziehen sie insbesondere auch Stellung zur (subjektiven) Rechtslage des Bürgers.[255] Insoweit haben sie Außenwirkung.

IV. Gesetzesunabhängige Verwaltungsvorschriften

Gesetzesunabhängige Verwaltungsvorschriften sind diejenigen Verwaltungsvorschriften, die im gesetzesfreien Raum bestehen. Sie sind, da es folglich an einem ermächtigenden Gesetz fehlt, nur dort zulässig, wo der Vorbehalt des Gesetzes[256] nach landläufiger Meinung nicht greifen soll. Das ist (unter bestimmten Voraussetzungen) hauptsächlich der Leistungsbereich.

1. Gegenwärtiger Meinungsstand in der Rechtswissenschaft

Weil das Anwendungsfeld gesetzesunabhängiger Verwaltungsvorschriften gesetzlich nicht determiniert ist, bewegt sich die Verwaltung bei ihrem Erlass in einem Raum freier Gestaltung. Insofern bestehen zwischen gesetzesunabhängigen Verwal-

252 *Seiler*, Auslegung als Normkonkretisierung, 2000, S. 17; *Evers* in: Starck, D. Allgemeinheit des Gesetzes, 1987, 96 (103)

253 *Yersin*, Kritik der Lehre von den Staatsakten, 1978, S. 55

254 Die Informationsfunktion von norminterpretierenden Verwaltungsvorschriften bejahend: *Rogmann*, Die Bindungswirkung von Verwaltungsvorschriften, 1998, S. 183; *Pietzcker*, NJW 1981, 2087 (2089); dezidiert *Bleckmann*, JZ 1995, 685 (687); „gleiche Bindungswirkung wie Regierungsbegründung eines Gesetzes".

255 Ebenso *Axer*, Normsetzung der Exekutive, 2000, S. 182

256 Siehe dazu unten § 4 B II 1 a

tungsvorschriften und Ermessensrichtlinien Gemeinsamkeiten. Vielfach wird deshalb nicht weiter zwischen beiden Typen von Verwaltungsvorschriften unterschieden.[257] Der Meinungsstand zu einer Außenwirkung gesetzesunabhängiger Verwaltungsvorschriften entspricht daher auch dem Meinungsstand zu einer Außenwirkung von Ermessensrichtlinien. Vertreten wird eine mittelbare Außenwirkung über Art. 3 I GG, wobei es aber nur auf die tatsächliche Verwaltungspraxis und nicht eigentlich auf die zu Grunde liegende Verwaltungsvorschrift ankommen soll,[258] weiter eine Selbstbindung direkt an die Verwaltungsvorschrift und schließlich auch eine unmittelbare Außenwirkung der Verwaltungsvorschrift im Sinne der Lehre vom originären Administrativrecht[259].

2. Eigene Ansicht

Hier soll wiederum der tatsächliche Ablauf der Anwendung einer solchen Verwaltungsvorschrift zum Ausgangspunkt der Betrachtungen genommen werden.

Im gesetzesfreien Raum ist ein mögliches Handeln der Verwaltung nur durch eine allgemeine Aufgabenzuweisung oder durch eine Ausgabeermächtigung im Haushaltsgesetz vorgezeichnet. Ohne Verwaltungsvorschrift besteht noch keine oder nur eine unspezifische Rechtsposition des Bürgers. Umgekehrt müsste der einzelne Amtswalter im „leeren" Raum agieren. Es gibt kein Vollzugsprogramm, das er nach den üblichen Regeln der Rechtsanwendung umsetzen könnte.

Ein solches Vollzugsprogramm muss sich die Verwaltung durch Verwaltungsvorschriften erst geben. Gesetzesunabhängige Verwaltungsvorschriften schaffen auf der Grundlage einer allgemeinen Aufgabenzuweisung den Handlungsrahmen für das Verhalten im konkreten Fall. Sollen z.B. Subventionen für einen bestimmten Zweck erbracht werden, geben die zum entsprechenden Haushaltstitel ergehenden Subventionsrichtlinien den Empfängerkreis und die Subventionsvoraussetzungen im Einzelnen vor. Beihilfevorschriften konkretisieren die beamtenrechtliche Fürsorgepflicht, indem sie festlegen, welche medizinischen Behandlungsweisen und Arzneimittel in welchem Umfang ersatzfähig sind.

Im gesetzesfreien Raum kann sich das Verwaltungshandeln nur unmittelbar am Verfassungsrecht und an internen Weisungen orientieren. Ohne die gesetzesunabhängigen Verwaltungsvorschriften ist die Rechtsstellung des Bürgers nur inkonkret oder noch gar nicht ausgestaltet. Sie ergibt sich erst aus den Vorgaben einer entsprechenden Verwaltungsvorschrift. Über die Rechtslage im Einzelfall und das mögliche

257 *Hamann*, VerwArch 73 (1982), 28ff.

258 *Hamann*, VerwArch 73 (1982), 28 (29); *Uerpmann*, BayVBl 2000, 705 (705f.); *Wolf*, DÖV 1992, 849 (857)

259 *Diekötter*, Die Auswirkung von Verfahrensfehlern, 1997, 43; *Ossenbühl*, Verwaltungsvorschriften und Grundgesetz, 1968, S. 550f.; *Gusy*, DVBl 1979, 720 (722); *A. Leisner* in: FS Fürst, 2002, 185 (192); *Birk* in: H/H/Sp, AO, § 4 Rn. 88; *Selmer*, VerwArch 59 (1968), 114 (141)

Verhalten der Verwaltung gibt nur die gesetzesunabhängige Verwaltungsvorschrift Auskunft. Sie ist damit allein maßgeblich für das Vorgehen der Verwaltung im Außenrechtskreis. Daher haben gesetzesunabhängige Verwaltungsvorschriften, die auf ein Außenhandeln der Verwaltung abzielen, Außenwirkung.

V. Organisationsvorschriften

Ein Großteil der Organisationsvorschriften hat ausschließlich Innenrecht zum Gegenstand. Bei ihnen scheidet eine Außenwirkung von vornherein aus. Im Folgenden sollen also nur die Organisationsvorschriften betrachtet werden, die eine Materie des Außenrechts regeln, d.h. Zuständigkeitsregelungen mindestens der Behördenebene oder außenrechtliche Verfahrensvorschriften.

Zu den Organisationsvorschriften für die Zuständigkeit wird vertreten, dass Regelungen dieser Art überhaupt nicht durch Verwaltungsvorschrift getroffen werden dürften, solche Organisationsvorschriften also unzulässig seien.[260] Demnach würde sich die Frage einer Außenwirkung hier nicht stellen. Es wird jedoch daneben die gegenteilige Auffassung vertreten, dass auch Zuständigkeiten auf Behördenebene oder darüber durch Verwaltungsvorschriften geordnet werden können.[261]

Geht man von der Möglichkeit und Wirksamkeit solcher Organisationsvorschriften aus, muss ihnen auch Außenwirksamkeit zukommen. Eine Behörde ist entweder zuständig oder nicht. Eine Zuständigkeitsbestimmung, die für den Bürger, den sie betrifft, unbeachtlich ist mit der Folge, dass er sich an eine andere Behörde wenden darf, ergäbe keinen Sinn. Organisationsvorschriften, deren Gegenstand die Festlegung von Zuständigkeiten mindestens der Behördenebene ist, haben mithin Außenwirkung.

Ebenso kommt auch den Organisationsvorschriften, die den Bürger betreffende Verfahrensregeln bestimmen, Außenwirkung zu.

Im Regelfall geht es bei den Organisationsvorschriften nur um Innenrecht, nämlich die interne Geschäftsverteilung und den internen Geschäftsablauf. Behandeln sie jedoch Außenrecht, dann besteht auch Außenwirkung, soll überhaupt eine Regelungswirkung erzielt werden können.

VI. Zwischenergebnis

Wie gezeigt, können alle Arten von Verwaltungsvorschriften Außenwirkung haben. Von einer bloßen Innenwirkung kann nur ausgegangen werden, soweit es inhaltlich

260 *Rasch*, DVBl 1983, 617 (618); *Rupp*, JuS 1975, 612 (614); *Maurer*, Allg VerwR, 14. Aufl. 2002, § 24 Rn. 28

261 *Trips*, Das Verfahren der exekutiven Rechtsetzung, 2006, S. 89f.; *Erichsen/Klüsche*, Jura 2000, 540 (543)

um Innenrecht geht, wie etwa bei den Organisationsvorschriften über den internen Geschäftsablauf.

Für den Fall, dass eine Außenrechtsmaterie geregelt wird, tritt die Außenwirkung ein.[262] Wirkungsgrund ist letztlich der Rechtscharakter von Verwaltungsvorschriften und ihr daraus resultierender rechtlicher Geltungsanspruch.[263] Weil Verwaltungsvorschriften normative Regelungen sind, ist ein anders lautender Wille der Erlassbehörde nichts anderes als eine falsa demonstratio und dementsprechend unbeachtlich.

Die Außenwirkung von Verwaltungsvorschriften bedeutet daher, dass sie verbindlich sind für jeden, den es angeht. Ihr Verbindlichkeitsanspruch folgt aus der Handlungsform an sich, daneben bedarf es auch im Innenbereich keiner zusätzlichen Begründung durch die beamtenrechtliche Gehorsamspflicht oder die Grundsätze des arbeitsrechtlichen Direktionsrechts.

So zeigt sich an der Figur der Verwaltungsvorschrift deutlich die fortschreitende Entwicklung des Rechts- und Rechtsstaatsverständnisses. Die Innenwirkung wird von Anfang an als Erfordernis der Verwaltungsorganisation gesehen und anerkannt. Es handelt sich um die rechtliche Institutionalisierung eines zunächst nur sozialen Phänomens. Die Verwaltungsvorschrift spielt jedoch nicht nur im tatsächlich internen Bereich eine Rolle, sondern wird im immer größeren Rahmen eingesetzt. Sie ist wegen ihrer weitgehenden Formfreiheit das Mittel der Wahl für ein unkompliziertes Einschreiten der Exekutive jenseits politischer Hemmnisse und des Aufwandes eines parlamentarischen Verfahrens. Unter der Geltung des Grundgesetzes wird klar, dass es im Rechtsstaat keine rechtsfreien Räume geben kann, man kommt nicht umhin, den Rechtscharakter der Verwaltungsvorschriften zu akzeptieren. Damit ist einer weitergehenden Regelung der besonderen Gewaltverhältnisse im exekutiven Alleingang ein Riegel vorgeschoben.[264] Ebensowenig jedoch, wie eine Deklarierung als Nicht-Recht unter dem Grundgesetz haltbar ist, kann die Leugnung der Rechtserheblichkeit von Verwaltungsvorschriften im Außenbereich Bestand haben.[265] So enthielt auch schon der konstitutionelle Ruf nach der „Herrschaft des Gesetzes" die Forde-

262 So auch *Ko*, Verwaltungsvorschriften, 1991, S. 19; *Yersin*, Kritik der Lehre von den Staatsakten, 1978, S. 233f.; schon *Krüger*, FS Smend, 1952, 211 (217) geht davon aus, dass „eine wirkliche Trennung von Innen und Außen vor allem in dem Sinne, dass von Innen keine Wirkungen nach Außen ausgingen", unmöglich ist.

263 *Selmer*, VerwArch 59 (1968), 114 (134)

264 Vgl. BVerfGE 33, 1 (10f.)

265 So auch *Achterberg*, Probleme der Funktionenlehre, 1970, S. 80; *Rogmann*, Die Bindungswirkung von Verwaltungsvorschriften, 1998, S. 50 dieser allerdings allerdings unter Ausnahme norminterpretierender Verwaltungsvorschriften. Schon *Ossenbühl*, Verwaltungsvorschriften und GG, 1968, S. 511 nennt die „dogmatischen Verrenkungen auf der Grundlage des Gleichheitssatzes" in Bezug auf bestimmte Verwaltungsvorschriften, für die er eine unmittelbare Außenwirkung kraft originären Administrativrechts annimmt, „offen gesagt unehrlich". *Osterloh*, JuS 1990, 100 (102 u. Fn. 31) zitiert dazu den Präsidenten des BFH, der die angebliche bloße Innenwirkung steuerrechtlicher Verwaltungsvorschriften als „Lippenbekenntnis" bezeichnet.

rung nach der Bindung des Gesetzgebers an seine eigenen Gesetze.[266] Nichts anderes kann aber für die ebenso an das Rechtsstaatsprinzip gebundene Verwaltung gelten.[267]

D Exkurs: Zur Unterscheidung von Innen und Außen

Die Unterscheidung von Innen- und Außenbereich ist der Rechtsordnung seit jeher eigen und auch heute noch aktuell.[268] Auch wenn es unter dem Grundgesetz keine rechtsfreien Räume mehr gibt, wird die Unterscheidung hinsichtlich der Verhaltensanforderungen fortgeführt. Beispielhaft dafür ist die Differenzierung zwischen Verwaltungsakt und Einzelweisung. Der Verwaltungsakt wird im Verwaltungsverfahren mit seinen speziellen Verfahrensgarantien und Verfahrenssicherungen erlassen, die Einzelweisung ergeht ohne ein solches Verfahren. Der Grund für die Unterscheidung findet sich in den Grundrechten. Im Außenbereich tritt der Staat dem Bürger gegenüber und muss auf dessen Grundrechte Rücksicht nehmen. Im Innenbereich sind Grundrechte im Allgemeinen nicht betroffen, dann steht der Effizienzgedanke im Vordergrund.

Fraglich ist nun, ob dieses System durch die Begründung der Außenwirkung von Verwaltungsvorschriften auf den Kopf gestellt wird: Hier wurde die Außenwirkung über ihre tatsächliche Relevanz und ihren Rechtscharakter hergeleitet. Mit einer entsprechenden Begründung kann man jedoch auch die Außenwirkung einer Einzelweisung annehmen, denn auch diese stellt einen Rechtsakt dar.[269] Wird damit also die Unterscheidung von innen und außen gegenstandslos?

§ 35 S. 1 VwVfG bietet eine Lösung an. Bei Einzelakten kommt es für die Abgrenzung nicht darauf an, ob sie im Außenbereich Wirkungen erzeugen, sondern darauf, ob sie auf unmittelbare Rechtswirkung nach außen gerichtet sind.[270] Bei Rechtsnormen kann es eine solche unmittelbare Wirkung und Richtung nicht geben, es sei denn sie sind ausnahmsweise self-executing. Deshalb ist die Annahme einer „Gerichtetheit" immer in gewisser Weise beliebig und schon deshalb kein taugliches Kriterium, ihre Wirkung zu bestimmen, wie man am Beispiel der Verwaltungsvorschriften sehen kann.[271] Anders ist es jedoch bei Einzelakten. Bei ihnen lässt sich

266 *Jesch*, Gesetz und Verwaltung, 1961, S. 232; *Ossenbühl*, Verwaltungsvorschriften und GG, 1968, S. 523

267 Ebenso: *Brohm*, Drittes Deutsch-Polnisches Verwaltungssymposium, 1983, 11 (34)

268 *Axer*, Normsetzung der Exekutive, 2000, S. 44; *Ko*, Verwaltungsvorschriften, 1991, S. 88; kritisch zur Zuhilfenahme dieser „räumlichen Kategorien" *Krüger*, FS Smend, 1952, 211 (219)

269 *Erichsen*, DVBl 1982, 95 (96); missverständlich *Günther*, ZBR 1988, 297 (299): „Realakt"

270 BVerwGE 60, 144 (145, 147); *Erichsen*, DVBl 1982, 95 (96)

271 *Rogmann*, Die Bindungswirkung von Verwaltungsvorschriften, 1998, S. 65; *Brohm*, Drittes Deutsch-Polnisches Verwaltungssymposium, 1983, 11 (30); ähnlich schon *Krüger*, FS Smend, 1952, 211 (218), der bemängelt, dass es die Exekutive durch eine gewillkürte Beschränkung des Kreises der Normadressaten in der Hand habe, schwerstwiegende, jedoch

ohne weiteres feststellen, ob sie die letzte Stufe der Konkretisierungskette sein sollen.

Mithin führt die Außenwirkung von Verwaltungsvorschriften nicht zu einer Aufhebung der Unterscheidung von Außen- und Innenbereich, auch wenn sich diese Unterscheidung bei Normen nicht an der Handlungsform, sondern allein an der inhaltlichen Reichweite der Regelung festmachen lässt.

§ 4 Zulässigkeit von Verwaltungsvorschriften

Ob eine Verwaltungsvorschrift Außenwirkung hat oder nicht, richtet sich also allein nach ihrem Regelungsgegenstand. Im folgenden Kapitel soll untersucht werden, unter welchen Umständen die Verwaltung zu diesem Handlungsinstrument greifen darf und unter welchen Umständen ihr dies versagt ist. Maßgebliche Bedeutung bei der Klärung dieser Frage kommt dem Gewaltenteilungsprinzip zu, das zum Verhältnis der verschiedenen Akteure im Staat Stellung bezieht und damit deren jeweiligen Funktionsbereichen Grenzen setzt.

A Zum Gewaltenteilungsprinzip

Das Gewaltenteilungsprinzip ist eine „Fundamentalnorm der Staatsorganisation“.[272] Es findet seine Grundlage in Art. 20 II 2 GG und gehört damit gemäß Art. 79 III GG zum auch gegenüber einer Verfassungsänderung unantastbaren Kernbestand der grundgesetzlichen Ordnung.[273] Die Formulierung des Art. 20 II 2 GG entspricht begrifflich grundsätzlich dem klassischen rechtsstaatlichen Verständnis der Gewaltenteilung, wie es auf Montesquieu zurückgeht.[274] Mit dem Ziel, bürgerliche Freiheit zu ermöglichen und vor staatlicher Einflussnahme zu schützen, soll die Staatsgewalt zur gegenseitigen Kontrolle und Hemmung aufgeteilt werden.[275] Das geschieht zunächst funktionell durch die Unterscheidung verschiedener staatlicher Aufgaben: der Gesetzgebung, der Vollziehung und der Rechtsprechung. Die Wahrnehmung dieser Staatsfunktionen obliegt speziellen – in der Terminologie des Art. 20 II 2 GG: „besonderen“ – Organen. Im Urbild wird die funktionelle Gewaltenteilung durch eine organisatorische Gewaltenteilung, die eine personelle einschließt, nachempfun-

nunmehr angeblich nur 'mittelbare' Eingriffe in die Interessensphäre der Staatsbürger ohne Ermächtigung vorzunehmen und zugleich rechtlich unangreifbar zu machen. Auch: VGH B.-W., ESVGH 23, 90 (92)

272 *Wrege*, Jura 1996, 436

273 *Wrege*, Jura 1996, 436

274 *Vogt*, Einführung eines selbständigen Verordnungsrechts, 1981, S. 133f.; *Wrege*, Jura 1996, 436

275 *Maunz/Dürig/Herzog*, GG, Stand: Juni 1978; Art. 80 GG, Rn. 2; *W. Leisner*, DÖV 1969, 405 (406); *Maurer*, VVDStRL 43, 135 (150f.); *Vogel*, NJW 1996, 1505; *W. Weber*, FS C. Schmitt, 1994, 253 (255)

den.[276] In der staatlichen Wirklichkeit ist jedoch eine volle Kongruenz zwischen Funktion und Funktionsträger nicht vorfindlich.[277] In den einzelnen Bestimmungen des Grundgesetzes ist die Dreiteilung nicht strikt durchgehalten. Die verschiedenen Staatsgewalten stehen sich nicht isoliert gegenüber, sondern es bestehen vielfältige Verflechtungen und Verzahnungen personeller wie auch funktioneller Art.[278] Staatliche Mäßigung wird dabei durch gegenseitige Einflussnahme und Kooperation, durch ein System der *checks and balances*, erreicht.[279]

Das Bundesverfassungsgericht verlangt allerdings, dass keine Gewalt ein solches Übergewicht über die anderen Gewalten erlangen darf, dass ein Machtmissbrauch zu befürchten ist. Jede Gewalt verfügt demnach über einen unantastbaren Kernbereich, den sie in Eigenverantwortung und mit eigenen Entscheidungskompetenzen ausfüllen muss.[280]

Entstanden ist die Idee von der Gewaltenteilung aus dem realen Gegensatz zweier konkurrierender Machtfaktoren, dem Dualismus von Volk und Monarch.[281] Durch die Aufteilung der Staatsgewalt konnte das Volk durch die Volksvertretung (das von ihm gewählte Parlament) an der zuvor unbegrenzten Macht der Exekutive (des Monarchen) teilhaben.[282] Im heutigen modernen Parteienstaat besteht dieser Gegensatz nicht fort. Die Inhaber staatlicher, d.h. politischer Macht werden sowohl im Parlament als auch in der Regierung von den gleichen parteiinternen Gremien gestellt.[283] Echte Kontrahenten finden sich nun nur noch in der Gegenüberstellung von Parlamentsmehrheit sowie Regierung auf der einen und der Opposition auf der anderen Seite.[284] Zudem ist auch die vollziehende Gewalt neben der Gesetzgebung als verfassungsunmittelbare Funktion begründet.[285] Gemäß Art. 20 II 1 GG geht alle Staatsgewalt vom Volke aus. Gewaltenteilung kann unter der Herrschaft des Grund-

276 *Busse*, DÖV 1989, 45 (47)

277 *Maunz/Dürig/Herzog*, GG, Stand: Juni 1978; Art. 80 GG, Rn. 1; *Horn*, Die grundrechtsunmittelbare Verwaltung, 1999, S. 259; *Brinktrine*, Jura 2000, 123 (128); *W. Weber*, FS C. Schmitt, 1994, 253 (260)

278 *Achterberg*, Probleme der Funktionenlehre, 1970, S. 113ff.; *Horn*, Die grundrechtsunmittelbare Verwaltung, 1999, S. 259; *Busse*, DÖV 1989, 45 (46); *Hömig*, DVBl 1976, 858 (860)

279 *Busse*, DÖV 1989, 45 (46); *Ladeur*, DÖV 2000, 217 (225); *Scholz*, VVDStRL 34 (1976), 145 (160)

280 *Busse*, DÖV 1989, 45 (46); *W. Leisner*, DÖV 1969, 405 (406); *Hömig*, DVBl 1976, 858 (860); *Wrege*, Jura 1996, 436

281 *Schmidt-De Caluwe*, JA 1993, 77 (79); *W. Weber*, FS C. Schmitt, 1994, 253 (256)

282 *Schmidt-De Caluwe*, JA 1993, 77 (79)

283 *Kretschmer* in: Schmidt-Bleibtreu/Hofmann/Hopfauf, GG, 11. Aufl. 2008, § 40 Rn. 3; *Staupe*, Parlamentsvorbehalt, 1986, S. 169; *Vogt*, Einführung eines selbständigen Verordnungsrechts, 1981, S. 136f.; *W. Weber*, FS C. Schmitt, 1994, 253 (261)

284 *Kretschmer* in: Schmidt-Bleibtreu/Hofmann/Hopfauf, GG, 11. Aufl. 2008, § 40 Rn. 3; *Staupe*, Parlamentsvorbehalt, 1986, S. 170; *Seiler*, Der einheitliche Parlamentsvorbehalt, 2000, S. 84; *DiFabio*, Der Staat 29 (1990), 599 (602); *Vogel*, NJW 1996, 1505 (1507); *W. Weber*, FS C. Schmitt, 1994, 253 (261)

285 BVerfGE 49, 89 (125); *E.-W. Böckenförde*, Die Organisationsgewalt, 1964, S. 82

gesetzes nur auf dem Boden dieses demokratischen Prinzips stattfinden.[286] Staatliche Gewalt wird durch die Verfassung und das Gewaltenteilungsprinzip nicht beschränkt, sondern erst konstituiert.[287] Auch die Verwaltung verfügt daher über eine eigene institutionelle demokratische Legitimation, hinzukommen Momente demokratischer Legitimation in organisatorisch-personeller Hinsicht mittelbar aus der auf das Parlament als Repräsentationsorgan des Volkes zurückzuführenden Legitimationskette bei der Bestellung der Amtswalter und in sachlich-inhaltlicher Hinsicht durch die Bindung an Gesetz und Verfassung.[288]

Die zu Grunde liegende Einheitlichkeit des eigentlichen Trägers der Staatsgewalt bedeutet, dass Art. 20 II 2 GG die Staatsgewalt nicht im eigentlichen Sinne aufteilt, sondern nur nach bestimmten Funktionen gliedert.[289] Gewaltenteilung wird zum Prinzip einer innerstaatlichen Zuständigkeitsverteilung und ist nicht nur ein Mittel politischer Machtverteilung.[290] Die Funktionengliederung stellt das Instrumentarium institutionalisierter Hoheitsbefugnisse.[291] Die konstituierten besonderen Organe sind nicht identisch mit den einzelnen Machthabern, sondern kanalisieren die verschiedenen politischen Einflüsse in rechtsstaatliche Entscheidungsformen und -verfahren. Die im Grundgesetz verwirklichte Gewaltenteilung erweist sich neben dem klassischen Verständnis der Machtmäßigung auch als Mittel spezifischer Staatsrationalität: Staatliche Entscheidungen sollen möglichst richtig sein, d.h. von den Organen getroffen werden, die dafür nach ihrer Organisation, Funktion und Verfahrensweise über die besten Voraussetzungen verfügen.[292]

B Verhältnis Legislative - Exekutive

Verwaltungsvorschriften sind generell-abstrakte Rechtsnormen. Beim Erlass außenwirksamer Verwaltungsvorschriften betreibt die Verwaltung materielle Gesetzgebung, setzt man Gesetzgebung mit Rechtsetzung gleich und verzichtet, wie es sich eingebürgert hat, auf materielle Kriterien für den Gesetzesbegriff. Damit könnte

286 *Maurer*, VVDStRL 43, 135 (151); *Wrege*, Jura 1996, 436

287 *E.-W. Böckenförde*, Die Organisationsgewalt, 1964, S. 33; *Jesch*, Gesetz und Verwaltung, 1961, S. 98; *Horn*, Die grundrechtsunmittelbare Verwaltung, 1999, S. 261; *Gril*, JuS 2000, 1080

288 *Horn*, Die grundrechtsunmittelbare Verwaltung, 1999, S. 262; *Haverkate*, VVDStRL 46 (1988), 217 (222); *Hill*, NVwZ 1989, 401 (404)

289 *Kuhl*, Der Kernbereich der Exekutive, 1993, S. 117; *Wrege*, Jura 1996, 436

290 *Frenz*, DÖV 1993, 847 (850); *Maurer*, VVDStRL 43, 135 (151); *Vogel*, NJW 1996, 1505 (1506)

291 *Brohm*, DÖV 1964, 238 (247); *W. Weber*, FS C. Schmitt, 1994, 253 (263)

292 BVerfGE 68, 1 (86); BVerfG, Urt. v. 14.07.1998, Az.: 1 BvR 1640/97, www.bverfg.de, Rn. 136; zustimmend: *Kuhl*, Der Kernbereich der Exekutive, 1993, S. 138; *E.-W. Böckenförde*, Gesetz und gesetzgebende Gewalt, 2. Aufl. 1981, S. 401; *Stober* in: Wolff/Bachof/-Stober/Kluth, VerwR I, 12. Aufl. 2007, § 24 Rn. 16; *Hill*, NVwZ 1989, 401 (404); *Brinktrine*, Jura 2000, 123 (128); *Vogel*, NJW 1996, 1505; *Jacobi*, Methodenlehre, 2008, S. 285f.; *Wehr*, Inzidente Normverwerfung, 1998, S. 139

schon allein durch die gewählte Handlungsform ein unzulässiger Übergriff in legislative Kompetenzen und damit ein Verstoß gegen das Gewaltenteilungsprinzip vorliegen.

In den Bestimmungen des Grundgesetzes ist jedoch eine strikte begriffsjuristische Dreiteilung in Gesetzgebung, vollziehende Gewalt und Rechtsprechung nicht durchgehalten. Die interpretative Zuordnung bestimmter Befugnisse allein nach Begriffen widerspräche der konkreten Verfassungsgestaltung.[293] Jede Staatsfunktion füllt bis zu einem gewissen Grade den Aktionsraum aus, den die anderen Staatsfunktionen bewusst oder unbewusst brach liegen gelassen haben, denn notwendige staatliche Aktionen fordern die Aktivität der Staatsgewalt heraus.[294] Zudem sind die einzelnen Begriffsbestimmungen nicht abstrakt zu klären. So ist es z.B. bisher nicht gelungen, einen materiellen Begriff der Verwaltung überhaupt zu definieren.[295] Beholfen wird sich stattdessen mit der Subtraktionsformel, nach der zur Verwaltung all das zählt, was nicht schon der Gesetzgebung oder Rechtsprechung zuzurechnen ist.[296]

Wegen der vielfältigen Verschränkungen und Verflechtungen des grundgesetzlichen Gewaltenteilungssystems kann ein Verstoß gegen das Gewaltenteilungsprinzip nur auf Grund einer Untersuchung seiner konkreten Ausgestaltung durch die einzelnen Bestimmungen des Grundgesetzes festgestellt werden.

Von der verfassungsrechtlichen Zulässigkeit der Handlungsform Verwaltungsvorschrift (mit Außenwirkung) vor dem Hintergrund des Gewaltenteilungsprinzips im Verhältnis von Legislative und Exekutive kann gesprochen werden, wenn Verwaltungsvorschriften erstens keinen Übergriff in die verfassten Befugnisse der Legislative darstellen und zweitens gezeigt werden kann, dass die Handlungsform im gewaltenteilenden System unentbehrlich ist und daher seine berechtigte Stellung findet.

I. Übergriff in den Kernbereich

Was den Kernbereich der Legislative ausmacht, ist noch nicht abschließend geklärt. Ob er sich nach bestimmten Handlungsformen und/oder bestimmten unentziehbaren gegenständlichen Bereichen richtet, ist eine offene Frage.[297] Die Feststellung, ob ein Übergriff in genuin legislative Befugnisse gegeben ist, ist mithin durch eine Abwägung im konkreten Einzelfall zu entscheiden.[298]

293 *Kuhl*, Der Kernbereich der Exekutive, 1993, S. 131; *Goerlich*, DÖV 1985, 945 (951); *Grawert*, Jura 1982, 300 (301)

294 *Ossenbühl*, Verwaltungsvorschriften und Grundgesetz, 1968, S. 194; ebenso *Klein*, FS Forsthoff, 1967, 163 (174)

295 *Maurer*, VVDStRL 43, 135 (155); *Schmidt-De Caluwe*, JA 1993, 77 (78)

296 *Schmidt-De Caluwe*, JA 1993, 77 (78)

297 Vgl. *W. Leisner*, DÖV 1969, 405 (407); vom Standpunkt der Exekutive aus: *Schröder*, DVBl 1984, 814 (818)

298 *Wrege*, Jura 1996, 436; ablehnend hingegen: *W. Leisner*, DÖV 1969, 405 (409) und *Maurer*, VVDStRL 43, 135 (149)

In Bezug auf die außenwirksame Rechtsetzung durch Verwaltungsvorschriften stellt sich diese Frage jedoch nicht. Der Vorrang des Gesetzes, wie er in Art. 20 III GG durch die Gesetzesbindung der Exekutive festgeschrieben ist, sichert dem Parlament ein Zugriffsrecht auf jede Sachangelegenheit (im Rahmen der bundesstaatlichen Gesetzgebungskompetenzen). Durch den Erlass eines vorrangigen Parlamentsgesetzes steht es dem Parlament frei, eine Regelung durch Verwaltungsvorschrift an den Willen des Gesetzgebers zu binden oder je nach Detailgenauigkeit ganz zurückzudrängen.[299] Hinsichtlich der Handlungsform ist klar, dass formelle Gesetzgebung ausschließlich Sache des Parlaments ist. Dass es daneben andere Handlungsformen geben kann, deren Endprodukt eine abstrakt-generelle Regelung ist, wird nicht zuletzt am Beispiel von Rechtsverordnung und Satzung deutlich.

Der Kernbereich legislativer Kompetenzen wird durch die Handlungsform der Verwaltungsvorschrift daher nicht berührt.[300]

II. Funktionenrationalität

Unter dem Gesichtspunkt der Funktionenrationalität ist weiter zu fragen, ob für die durch Verwaltungsvorschriften getroffenen Entscheidungen die Verwaltungsvorschrift tatsächlich die beste Handlungsform ist oder ob solche Entscheidungen in anderer Form und von anderen Stellen getroffen werden sollten.

1. System der Rechtsquellen

Wegweisend für diese Frage ist das Rechtsquellensystem des Grundgesetzes. In ihm haben sich die überkommenen staatlichen Handlungsformen, die unter der Geltung des Grundgesetzes rezipiert wurden, zu einem grundsätzlich geschlossenen, wenn auch immer wieder angepassten System ausgeformt.[301]

Eine Rechtsquelle wird definiert als Erkenntnisgrund für etwas als Recht.[302] In Form der Rechtsquellen wird der Inhalt des objektiven Rechts gesteuert.[303] Oft werden Rechtssatzbegriff und Rechtsquelleneigenschaft gleichgesetzt.[304] Dann wiederum werden zu den Rechtsquellen nur die Außenrechtssätze gezählt.[305] Das ist missverständlich. Der Begriff der Rechtsquelle ist keine materielle Erscheinungsform des

299 *Klein*, FS Forsthoff, 1967, 163 (174f.); *Vogel*, VVDStRL 24 (1965), 125 (155)

300 So auch *Ko*, Verwaltungsvorschriften, 1991, S. 75; *Schröder*, DVBl 1984, 814 (822)

301 Siehe dazu insgesamt: *Schmidt-Aßmann*, DVBl 1989, 533ff.

302 *Maurer*, Allg VerwR, 14. Aufl. 2002, § 4 Rn. 2; *Erichsen*, FS Kruse, 2001, 39 (60); *vOlshausen*, JA 1983, 177

303 *vOlshausen*, JA 1983, 177 (178)

304 *Maurer*, Allg VerwR, 14. Aufl. 2002, § 4 Rn. 3; *W. Schmidt*, JuS 1971, 184 (187f.)

305 *Ko*, Verwaltungsvorschriften, 1991, S. 88

Rechts, sondern stellt auf die Form ab, durch die Recht geschaffen wird.[306] Das System der Rechtsquellen ist eine Ordnung der verschiedenen Handlungsformen, mit denen Rechtssätze erzeugt werden.[307] Für bestimmte Entscheidungsinhalte werden bestimmte Entscheidungsformen mit jeweils spezifischen Anforderungen und spezifischen Rechtsfolgen zur Verfügung gestellt.[308] Dem Rechtsquellensystem kommt damit eine Bereitstellungsfunktion zu.[309] Daneben enthält es auch eine Begrenzungsfunktion, indem staatliches Handeln in vorgegebene rechtsstaatliche Bahnen gelenkt wird.[310]

Verwaltungsvorschriften sind Rechtssätze. Ihr Inhalt ist, soweit ihre Außenwirkung reicht, allgemein beachtlich und beeinflusst das objektive Recht. Mithin müssen sich Verwaltungsvorschriften in das Rechtsquellensystem einfügen. Anhand der anerkannten Rechtsquellenformen ist die Verwaltungsvorschrift zu analysieren und eine mögliche Positionierung der Handlungsform im Gesamtsystem vorzunehmen.

a) Gesetze

Gesetze sind nach herkömmlicher Auffassung diejenigen Rechtsnormen, die von den verfassungsrechtlich vorgesehenen Gesetzgebungsorganen in dem verfassungsrechtlich vorgeschriebenen Gesetzgebungsverfahren erlassen werden (formeller Gesetzesbegriff).[311]

Unter dem Grundgesetz nimmt das Gesetz im Rechtsquellensystem eine zentrale Rolle ein.[312] Sein Entstehungsverfahren und dessen Voraussetzungen sind ausführlich geregelt. Das Gesetz genießt „Rang und Prädikat einer demokratischen Mehrheitsentscheidung“, weil die Parlamentsmitglieder, die es erlassen, gemäß Art. 38 I GG durch die Wahl des Volkes unmittelbar personell demokratisch legitimiert sind. Die verfassungsrechtlich und verfassungspolitisch hervorragende Bedeutung des Gesetzes ergibt sich zudem daraus, dass es in einem mit besonderen Garantien ausgestatteten, öffentlichen und der parlamentarischen Opposition Einflussmöglichkei-

306 *vOlshausen*, JA 1983, 177

307 *Maurer*, Allg VerwR, 14. Aufl. 2002, § 4 Rn. 2. Vgl. dazu auch *Ossenbühl*, JuS 1979, 681 (684)

308 *Ossenbühl*, JuS 1979, 681; *Schmidt-Aßmann*, DVBl 1989, 533; zustimmend: *Möstl* in: Erichsen/Ehlers, Allg VerwR, 13. Aufl. 2006, § 18 Rn. 2

309 *Erichsen*, FS Kruse, 2001, 39 (62); *Möstl* in: Erichsen/Ehlers, Allg VerwR, 13. Aufl. 2006, § 18 Rn. 2; ähnlich *Ossenbühl*, JuS 1979, 681 (681f.)

310 *Erichsen*, FS Kruse, 2001, 39 (62); *Möstl* in: Erichsen/Ehlers, Allg VerwR, 13. Aufl. 2006, § 18 Rn. 2; ähnlich *Ossenbühl*, JuS 1979, 681 (682)

311 *Hill*, Jura 1986, 286; *Hesse*, Grundzüge des Verfassungsrechts, 20. Aufl. 1995, Rn. 506

312 *Bryde*, JZ 1998, 115 (116); *Grawert*, Jura 1982, 247 (249); *Gril*, JuS 2000, 1080; *Hill*, Jura 1986, 286 (288); *Kirchhof* in: Isensee/Kirchhof, Hdb. d. StaatsR, Bd. III, 1988, § 59 Rn. 140

ten sichernden Verfahren zu Stande kommt und wegen seiner besonderen Form tendenziell Eindeutigkeit und Dauerhaftigkeit verbürgt.[313]

Dennoch ist sein Platz im Rechtsquellensystem deshalb nicht leicht zu bestimmen, weil die inhaltliche Offenheit des Gesetzesbegriffs eine anderweitige Abgrenzung seines Anwendungsbereichs erforderlich macht.

Traditionell wird der Funktionsbereich des Gesetzgebers vor dem Zugriff der Exekutive mit Hilfe des Vorbehalts des Gesetzes bewahrt:[314] Der Vorbehalt des Gesetzes, der teilweise aus Art. 20 III GG, teilweise aus dem Demokratieprinzip oder den Grundrechten bzw. aus einer Gesamtschau der genannten Vorschriften hergeleitet wird,[315] verlangt, dass für ein Handeln der Verwaltung eine gesetzliche Grundlage (Ermächtigung) erforderlich ist.[316] Er beschreibt einen Bereich, in der die Exekutive von einer Entscheidung der Legislative abhängig ist.[317] Die vollziehende Gewalt kann dort nur auf Grund und im Rahmen eines vorbehaltsausfüllenden Gesetzes tätig werden.

Der Vorbehalt des Gesetzes geht historisch aus dem materiellen Gesetzesbegriff des Konstitutionalismus hervor. Durch das Erfordernis parlamentarischer Regelung sollte die Privatsphäre des Bürgers gegen Übergriffe des Staates geschützt werden.[318] Dementsprechend galt der Vorbehalt des Gesetzes für Eingriffe in Freiheit und Eigentum.[319] Dieser besonders sensible Bereich bürgerlicher Abwehrrechte sollte einer Regelung durch das dem Monarchen und seiner Exekutivgewalt gegenübergestellte Parlament vorbehalten sein. Allgemeinheit und Unverbrüchlichkeit des Gesetzes, d.h. seine ausnahmslose Geltungskraft bis zur Aufhebung oder Änderung wiederum in Gesetzesform, sollten einen gewissen Schutz gegen staatliche Willkür gewährleisten.[320]

Mit dem Anwachsen der Verwaltungsaufgaben und der verwaltenden Tätigkeit des Staates greift dieses Verständnis jedoch zu kurz.[321] Bürgerliche Rechte kennen nicht nur den status negativus, in dem sich der Einzelne gegen Eingriffe des Staates behauptet, sondern ebenso Teilhaberechte, mit denen er gleiche Begünstigungen einfordern kann. Staatliches Handeln, durch das dem Einzelnen Leistungen und

313 *Grawert*, Jura 1982, 300 (304f.); *Badura*, Der Staat, Beiheft 11, 1993, 133 (136)

314 *Horn*, Die grundrechtsunmittelbare Verwaltung, 1999, S. 29

315 BVerfGE 49, 89 (126); 40, 237 (248); *Detterbeck*, Jura 2002, 235 (236)

316 BVerfGE 84, 212 (226); *Maunz/Dürig/Herzog*, GG, Stand: Juni 1978; Art. 80 GG, Rn. 4; *Hill*, Jura 1986, 286 (288)

317 *Sobota*, Das Prinzip Rechtsstaat, 1997, S. 107

318 *Seiler*, Der einheitliche Parlamentsvorbehalt, 2000, S. 44; *Rottmann*, EuGRZ 1985, 277 (283); *Badura*, Der Staat, Beiheft 11, 1993, 133 (135)

319 *Seiler*, Der einheitliche Parlamentsvorbehalt, 2000, S. 46; *vArnim*, DVBl 1987, 1241 (1242)

320 BVerfGE 40, 237 (249); *Sobota*, Das Prinzip Rechtsstaat, 1997, S. 104 Fn. 400; *Badura*, Der Staat, Beiheft 11, 1993, 133 (135)

321 *Rottmann*, EuGRZ 1985, 277 (279); *vArnim*, DVBl 1987, 1241 (1242); *Badura*, Der Staat, Beiheft 11, 1993, 133 (148f.)

Chancen gewährt und angeboten werden, ist für eine Existenz in Freiheit oft nicht weniger bedeutsam als das Unterbleiben eines Eingriffs.[322]

Als Gegenströmung zur Orientierung am Eingriffsbegriff entstand die Lehre vom Totalvorbehalt: Alle Bereiche staatlicher Aufgabenerfüllung sollen vom Parlament selbst gesetzlich geregelt werden.[323] Die Verfassungsstruktur habe sich unter dem Grundgesetz gewandelt.[324] Anders als in der konstitutionellen Monarchie bestehe unter dem Grundgesetz keine Zuständigkeitsvermutung zu Gunsten der Exekutive; sie habe ihre frühere Handlungsfreiheit verloren.[325] Nunmehr sei das Parlament das höchste Organ im Staat und die Exekutive echte vollziehende Gewalt geworden, d.h. in allen ihren Handlungsformen abhängig von einer parlamentarischen Ermächtigung.[326]

Diese Auffassung ist jedoch zu radikal. Es ist im modernen Massenstaat unvorstellbar, dass durch Gesetz alles vorweg und im Detail entschieden werden könnte.[327] Ein Totalvorbehalt ließe sich nicht realisieren, wollte man nicht in nichtssagende Generalklauseln flüchten, die letztlich kein Mehr an Selbstentscheidung des Parlamentes brächten.[328] Statt eine Stärkung des Parlaments zu erreichen, würde ein Totalvorbehalt zu dessen Schwächung durch Überlastung führen.[329]

Daneben werden aus der gewandelten Verfassungsstruktur übertriebene Folgerungen gezogen. Die demokratische Legitimation aller Staatsorgane macht einen Totalvorbehalt aus demokratischen Gründen entbehrlich.[330] Durch das Grundgesetz wird eben kein Gewaltenmonismus zu Gunsten des Parlamentes geschaffen.[331] Ein Totalvorbehalt würde dem Gesetzgeber keinen neuen Entscheidungsmöglichkeiten eröffnen, sondern nur den Aktionsraum der Exekutive einengen.[332] Auch die Exeku-

322 BVerfGE 40, 237 (249); *Sachs* in: Stelkens/Bonk/Sachs, VwVfG, 7. Aufl. 2008, § 44 Rn. 49; *Hesse*, FS Smend, 1962, 71 (85); *vArnim*, DVBl 1987, 1241 (1242); *Rupp*, Grundfragen, 1965, S. 143

323 *Jesch*, Gesetz und Verwaltung, 1961, S. 205; *Rupp*, Grundfragen, 1965, S. 145; *Sobota*, Das Prinzip Rechtsstaat, 1997, S. 114

324 *Jesch*, Gesetz und Verwaltung, 1961, S. 205

325 *Jesch*, Gesetz und Verwaltung, 1961, S. 205

326 *Jesch*, Gesetz und Verwaltung, 1961, S. 205; *Rupp*, Grundfragen, 1965, S. 144f.; *Sobota*, Das Prinzip Rechtsstaat, 1997, S. 114

327 BVerfGE 33, 125 (156); *Bachof*, JZ 1955, 97 (99); *Kuhl*, Der Kernbereich der Exekutive, 1993, S. 84f.; *Starck*, Der Gesetzesbegriff, 1970, S. 276; *Wittling*, Die Publikation, 1991, S. 252

328 *Seiler*, Der einheitliche Parlamentsvorbehalt, 2000, S. 129

329 *Rogmann*, Die Bindungswirkung von Verwaltungsvorschriften, 1998, S. 64, *Schröder*, Verwaltungsvorschriften, 1987, S. 67; *Seiler*, Der einheitliche Parlamentsvorbehalt, 2000, S. 109; *Gusy*, DVBl 1979, 720 (723); *Kisker*, NJW 1977, 1313 (1316)

330 *Kuhl*, Der Kernbereich der Exekutive, 1993, S. 84

331 BVerfG, Urt. v. 14.07.1998, Az.: 1 BvR 1640/97, www.bverfg.de, Rn. 136; BVerfGE 68, 1 (87); 49, 89 (125); *Ko*, Verwaltungsvorschriften, 1991, S. 42; *Ossenbühl*, Verwaltungsvorschriften und Grundgesetz, 1968, S. 166

332 *Rogmann*, Die Bindungswirkung von Verwaltungsvorschriften, 1998, S. 66; *Ossenbühl*, Verwaltungsvorschriften und Grundgesetz, 1968, S. 217

tive ist jedoch als besondere Staatsfunktion konstituiert, ihr kann nicht von vornherein jedwede Eigenständigkeit abgesprochen werden.[333]

Ursprünglicher Grund für den Vorbehalt des Gesetzes ist also eine rechtsstaatliche Motivation. Es geht dabei um den Schutz des Bürger und seiner Rechte. Unter Geltung des Grundgesetzes tritt jedoch in der Rechtsprechung des Bundesverfassungsgerichts ein weiterer Aspekt hinzu: Das Demokratieprinzip gebietet, dass jede Ordnung eines Lebensbereichs durch Sätze objektiven Rechts auf eine Willensentschließung der vom Volk bestellten Gesetzgebungsorgane zurückgeführt werden kann.[334] Der Vorbehalt des Gesetzes löst sich damit von seiner Gestalt als allgemeiner Rechtssatzvorbehalt und bekommt eine kompetenzielle Bedeutung. Der Rechtssatzvorbehalt wird zum Vorbehalt des Parlamentsgesetzes.[335]

Jedoch darf die konkrete Ordnung der Verteilung und des Ausgleichs staatlicher Macht des Grundgesetzes nicht durch einen aus dem Demokratieprinz fälschlich abgeleiteten Gewaltenmonismus in Form eines allumfassenden Parlamentsvorbehalts unterlaufen werden.[336] Der parlamentarische Gesetzgeber ist (nur) verpflichtet, in grundlegenden normativen Bereichen, zumal im Bereich der Grundrechtsausübung, alle wesentlichen Entscheidungen selbst zu treffen.[337] Der demokratische Rechtsstaat ermöglicht für die problemlösende Rechtsproduktion eine Arbeitsteilung zwischen den Gewalten.[338] Diese Rechtsprechung des Bundesverfassungsgerichts begründet die so genannte Wesentlichkeitslehre. Der Vorbehalt des Gesetzes wird von seiner Bindung an überholte Formen – Eingriff in Freiheit und Eigentum – gelöst und von seiner rechtsstaatlich-demokratischen Funktion her auf ein neues Fundament gestellt.[339]

Das Wesentlichkeitskriterium umschreibt die vorbehaltene Materie dabei nicht nur der Art, sondern auch dem Umfang nach. Verlangt wird vom Gesetzgeber nicht nur eine Regelung überhaupt, sondern zudem eine bestimmte Regelungsdichte.[340] Vorbehalten ist das Wesentliche in wesentlicher Weise.

Das bedeutet jedoch genauer betrachtet, dass es sich nicht mehr um einen bloßen Vorbehalt zu Gunsten der Legislative handelt: Wenn der Gesetzgeber das, was wesentlich ist, überhaupt und soweit es wesentlich ist, selbst entscheiden muss, ist

333 BVerfGE 68, 1 (67); *Busch*, Parlamentsvorbehalt, 1992, S. 40f.; *Pitschas*, Verwaltungsverantwortung, 1990, S. 15f.

334 BVerfGE 33, 125 (158); *Staupe*, Parlamentsvorbehalt, 1986, S. 164

335 *Vogel*, NJW 1996, 1505 (1509)

336 BVerfG, Urt. v. 14.07.1998, Az.: 1 BvR 1640/97, www.bverfg.de, Rn. 136; BVerfGE 68, 1 (87); 49, 89 (125)

337 BVerfG, Urt. v. 24.09.2003, Az.: 2 BvR 1436/02, www.bverfg.de, Rn. 67; Urt. v. 14.07.1998, Az.: 1 BvR 1640/97, www.bverfg.de, Rn. 136; BVerfGE 83, 130 (142); 80, 1 (20); 49, 89 (126); BVerfG, NJW 1978, 807 (810); ebenso: BVerwGE 47, 201 (203)

338 *Hoffmann-Riem*, AöR 130 (2005), 5 (40)

339 BVerfG, NJW 1978, 807 (810); BVerfGE 49, 89 (126); 40, 237 (249)

340 Vgl. BVerfG, Bschl. v. 13.07.2004, Az.: 1 BvR 1298, 1299/94, 1332/95, 613/97, www.bverfg.de, Rn. 154

insoweit für eine eigene Regelung der Exekutive kein Raum.[341] Wesentliche Bereiche sind nicht einer Parlamentsentscheidung vorbehalten, sondern der vollziehenden Gewalt grundsätzlich entzogen. Die Wesentlichkeit ist damit in Wahrheit kein Kriterium zur Bestimmung des Vorbehalts des Gesetzes. Sie schafft vielmehr einen „Vorenthalt des Gesetzes“[342], einen Bereich, der nur durch und im Gesetz selbst geregelt werden kann. Weist die Wesentlichkeitstheorie dem Gesetzgeber die Entscheidung der wesentlichen Angelegenheiten zu, dann enthält dies allerdings zugleich nach der anderen Seite die Anerkennung, dass die Entscheidung von Sachfragen, die nicht dem Kriterium der Wesentlichkeit unterfallen, von vornherein und originär dem Funktionsbereich der Exekutive zugehört.[343] In einem pluralen, arbeitsteiligen System der Rechtserzeugung und wechselseitiger Beeinflussung und Abhängigkeit von Rechtsetzung und Rechtsvollzug kommt die Aufgabe der Rechtskonkretisierung auch der Exekutive zu.[344]

Mit dem Unterscheidungstopos der Wesentlichkeit ist letztlich zugleich ein materieller Ansatz zur Bestimmung des Gesetzesbegriffs gefunden.[345]

Der damit vollzogene Schritt vom Vorbehalt des Gesetzes zum Vorenthalt des Gesetzes führt jedoch nicht dazu, dass die Figur des Vorbehalts des Gesetzes ausgedient hätte und gegenstandslos würde. Weiterhin Geltung beanspruchen kann sie auf dem Gebiet der Einzelfallregelung.

Ist das Wesentlichkeitskriterium Definitionsmerkmal eines materiellen Gesetzesbegriffs, ist es notwendig auf Allgemeinheit bezogen. Gesetzgebung als „Rechtsetzung auf bestimmter Stufe“[346] ist grundsätzlich abstrakt und generell. Die Entscheidung über den konkreten Einzelfall, die Gesetzesanwendung, ist dagegen ureigene Aufgabe der vollziehenden Gewalt. Soweit es um die Entscheidung über den Einzelfall geht, mag eine Ermächtigung der Exekutive dazu durch Parlamentsgesetz erforderlich sein (Vorbehalt des Gesetzes), es jedoch nicht darum, sie von einer Entscheidung überhaupt auszuschließen (Vorenthalt des Gesetzes). Gesetzesvorbehalt und Gesetzesvorenthalt haben daher eine voneinander verschiedene Zielrichtung.[347]

341 *Horn*, Die grundrechtsunmittelbare Verwaltung, 1999, S. 48; *Cremer*, AöR 122 (1997), 248 (251)

342 *Horn*, Die grundrechtsunmittelbare Verwaltung, 1999, S. 48

343 *Horn*, Die grundrechtsunmittelbare Verwaltung, 1999, S. 63; *E.-W. Böckenförde*, Gesetz und gesetzgebende Gewalt, 2. Aufl. 1981, S. 394; *Ossenbühl*, Verwaltungsvorschriften und Grundgesetz, 1968, S. 168; *Diekötter*, Die Auswirkung von Verfahrensfehlern, 1997, 42; *Sauerland*, Die Verwaltungsvorschrift, 2005, S. 300f.; *Kisker*, NJW 1977, 1313 (1318); *Remmert*, Jura 2004, 728 (732); vorsichtig: *Schröder*, DVBl 1984, 814 (822); a.A.: *Maurer*, VVDStRL 43, 135 (162); *Schenke*, DÖV 1986, 190 (191)

344 *Hill*, NVwZ 1989, 401 (403); *vDanwitz*, DVBl 1998, 928 (931f.)

345 *Horn*, Die grundrechtsunmittelbare Verwaltung, 1999, S. 53; *E.-W. Böckenförde*, Gesetz und gesetzgebende Gewalt, 2. Aufl. 1981, S. 399f.

346 *E.-W. Böckenförde*, Gesetz und gesetzgebende Gewalt, 2. Aufl. 1981, S. 399; *Horn*, Die grundrechtsunmittelbare Verwaltung, 1999, S. 61; *vDanwitz*, DVBl 1998, 928 (932): „politisch gewollte Rahmenordnung“

347 Ähnlich: *Cremer*, AöR 122 (1997), 248 (251)

Gesetze sind nach dem oben Gesagten Rechtssätze, die Wesentliches betreffen. Was aber bedeutet wesentlich überhaupt und für die Rolle des Gesetzes im Rechtsquellensystem?

Das Wesentlichkeitskriterium hat zunächst einmal eine inhaltliche Dimension. Nach der Formulierung des Bundesverfassungsgerichts sind mit wesentlich nicht alle objektiv wesentlichen Entscheidungen gemeint.[348] Wesentlich seien vielmehr vor allem solche Regelungen, die wesentlich für die Verwirklichung der Grundrechte seien.[349] In welchen Bereichen danach staatliches Handeln einer Grundlage im förmlichen Gesetz bedürfe, lasse sich nur mit Blick auf den jeweiligen Sachbereich und die Intensität der geplanten oder getroffenen Regelung ermitteln.[350] Bei der Abgrenzung im Einzelnen werde man mit großer Behutsamkeit vorgehen und sich die Gefahren einer zu weitgehenden Vergesetzlichung vor Augen halten müssen.[351]

Die Kritik der Literatur richtet sich vor allem gegen die Unbestimmtheit des Wesentlichkeitskriteriums.[352] Es öffne der freien Dezision Tür und Tor.[353] Wesentlich sei, was das Bundesverfassungsgericht für wesentlich halte.[354] Diese Bedenken zerstreuen sich jedoch, wenn man das Wesentlichkeitskriterium vom Ausgangspunkt seiner geschichtlich gewachsenen demokratisch-rechtsstaatlichen Funktion her versteht.[355]

Immer wieder betont und hervorgehoben hat das Bundesverfassungsgericht den grundrechtlichen Aspekt der Wesentlichkeitslehre. In grundrechtsrelevanten Bereichen bedeute wesentlich wesentlich für die Verwirklichung der Grundrechte.[356] Der Grundrechtsbezug wird dabei losgelöst vom Kriterium des Eingriffs.[357] Daraus könnte eine gewisse Konturenlosigkeit folgen, denn im Staat-Bürger-Verhältnis sind kaum Regelungen denkbar, die nicht irgendeinen Grundrechtsbezug besitzen.[358] Würde man also Wesentlichkeit mit jeder Grundrechtsberührung gleichsetzen, käme dies einem Totalvorbehalt gleich. Einem solchen hat das Bundesverfassungsgericht

348 BVerfGE 68, 1 (109)

349 BVerfG, NJW 1978, 807 (810) = BVerfGE 47, 46; OVG NW, GewArch 2002, 192 (193)

350 BVerfG, Bschl. v. 13.07.2004, Az.: 1 BvR 1298, 1299/94, 1332/95, 613/97, www.bverfg.de, Rn. 151; Urt. v. 24.09. 2003, Az.: 2 BvR 1436/02, www.bverfg.de, Rn. 68; Urt. v. 14.07.1998, Az.: 1 BvR 1640/97, www.bverfg.de, Rn. 136; BVerfGE 49, 89 (127)

351 BVerfG, NJW 1978, 807 (810)

352 *Cremer*, AöR 122 (1997), 248 (260f.); *Ladeur*, DÖV 2000, 217 (226); *A. Leisner*, JZ 2002, 219 (224); *Ronellenfitsch*, DÖV 1984, 781 (783); *Rottmann*, EuGRZ 1985, 277; *Stober*, GewArch 1993, 136 (145): „Glaubensfrage“

353 *Kloepfer*, JZ 1984, 685 (692); *Wilke*, JZ 1982, 758 (760)

354 *Kloepfer*, JZ 1984, 685 (692); *Ronellenfitsch*, DÖV 1984, 781 (783): „Kompetenz-Kompetenz des BVerfG“

355 *Vogt*, Einführung eines selbständigen Verordnungsrechts, 1981, S. 57

356 BVerfG, NJW 1978, 807 (810); OVG NW, GewArch 2002, 192 (193)

357 BVerfG, NJW 1978, 807 (810)

358 *Eberle*, DÖV 1984, 485; *Hoffmann-Riem*, AöR 130 (2005), 5 (43): „Totalvorbehalt mit Bagatellschwelle“

aber gerade eine Absage erteilt. Einen Gewaltenmonismus in Form eines allumfassenden Parlamentsvorbehalts gibt es in der Ordnung des Grundgesetzes nicht.[359] Das Kriterium der Wesentlichkeit erhält eine limitative Funktion dadurch, dass das Bundesverfassungsgericht auf die Intensität der Grundrechtsberührung abstellt. Je intensiver die Regelung die Grundrechtsverwirklichung betreffe, als desto wesentlicher sei sie einzustufen.[360]

Damit bleibt es bei der Erweiterung insoweit, als es nicht nur auf das Vorliegen eines Eingriffs ankommt, sondern auch andere Aspekte der Grundrechtsverwirklichung Berücksichtigung finden. Zugleich ist damit die notwendige Einschränkung verbunden: Nicht jeder (Bagatell-)Eingriff in den Schutzbereich eines Grundrechts führt auch zu einer hinreichend intensiven Grundrechtsberührung.[361]

Wonach aber bemisst sich nun die Intensität, mit der die Regelung die Grundrechtsverwirklichung betrifft? Dies herauszuarbeiten ist eine wichtige Aufgabe der (Verfassungs-)Rechtsprechung. Das Bundesverfassungsgericht hat schon maßgebliche Aspekte aufgedeckt.

So kann sich die Intensität der Grundrechtsberührung daraus ergeben, dass durch die Regelung normgeprägte Grundrechte betroffen werden. Bei diesen ist der Einzelne zur Betätigung der geschützten Freiheiten auf eine Ausgestaltung durch den Staat angewiesen.[362] Weil die Ausgestaltung den Gebrauch des Grundrechts überhaupt erst ermöglicht, muss der Gesetzgeber selbst die offenliegenden Rechtssphären abgrenzen.[363]

Gleiches gilt bei der Regelung von verfassungsrechtlich geforderten Schutzpflichten des Staates. Wo das Grundgesetz einem Gut ein solches Gewicht beimisst, dass es dem besonderen Schutz des Staates anheim gestellt wird, muss der parlamentarische Gesetzgeber selbst Vorkehrungen für einen ausreichenden Schutz treffen.[364]

Grundrechtsintensive Regelungen finden sich weiter dort, wo verschiedenartige Grundrechtspositionen aufeinander treffen und zu einem möglichst schonenden Ausgleich gebracht werden müssen. Die Lösung von Kollisionslagen ist ebenfalls ausschließlich Aufgabe des Gesetzgebers.[365]

Wesentlich für die Verwirklichung der Grundrechte ist auch eine Regelung, die einschneidende Folgen für die zukünftige Grundrechtsbetätigung zeitigt, wenn etwa

359 BVerfGE 49, 89 (125); 68, 1 (87); BVerfG, Urt. v. 14.07.1998, Az.: 1 BvR 1640/97, www.bverfg.de, Rn. 136

360 BVerfG, Urt. v. 14.07.1998, Az.: 1 BvR 1640/97, www.bverfg.de, Rn. 137; BVerwGE 51, 235 (238)

361 So entschieden in BVerfG, NJW 1982, 921 (923f.); BVerfGE 33, 125 (155); anders: *Sauerland*, Die Verwaltungsvorschrift, 2005, S. 310 Fn. 544

362 BVerfGE 83, 130 (142)

363 BVerfGE 57, 295 (326f.); 79, 127 (143); 83, 130 (142)

364 BVerfGE 84, 212 (226)

365 BVerfG, Urt. v. 24.09. 2003, Az.: 2 BvR 1436/02, www.bverfg.de, Rn. 47; Urt. v. 14.07.1998, Az.: 1 BvR 1640/97, www.bverfg.de, Rn. 137; NJW 1978, 807 (810); BVerfGE 57, 295 (321); 83, 130 (142); BVerwGE 51, 235 (241); BVerfG, NJW 78, 807 (810)

ein bestimmter Freiheitsgebrauch für die Zukunft abgeschnitten werden soll. Eine solche Entscheidung kann nur im Gesetz selbst getroffen werden.[366]

Schließlich kann sich die Intensität der Regelung auch daraus ergeben, dass es sich um einen empfindlichen Eingriff handelt.[367]

Für unwesentlich wurden dagegen Regelungen befunden, bei denen eine geringe Belastung zugleich mit positiven Effekten einherging[368] oder bei denen es um untergeordnete Entscheidungen ging, die durch die Natur der Sache und die bestehende Normierung weitgehend vorgeformt waren.[369]

Diese Judikate machen deutlich, dass es für die Bestimmung der Wesentlichkeit im grundrechtsrelevanten Bereich keine „Zauberformel" gibt. Ob es sich um eine wesentliche Regelung handelt, lässt sich nicht abstrakt und allgemein bestimmen. Vielmehr ist die Intensität einer Regelung für die Grundrechtsverwirklichung von der Eigenart der betroffenen Grundrechte abhängig. Nicht grundlos haben sich für die einzelnen Grundrechte bereichsspezifische Dogmatiken entwickelt.[370] Um also die Wesentlichkeit beurteilen zu können, ist eine Abwägung im Einzelfall erforderlich. Mit der Bildung von Fallgruppen und unter Berücksichtigung der Grundrechtslehre ist dies jedoch möglich.

Die politische Umstrittenheit einer Materie kann dagegen keine Rolle spielen.[371] Das zeigt schon die Manipulierbarkeit der Themenöffentlichkeit durch betroffene Interessenverbände und andere Akteure.[372] Andererseits kann es an einer Medienwirksamkeit bestimmter Themen fehlen, weil der Kreis der Betroffenen (z.B. Kinder, Senioren, Strafgefangene) politisch ohne Einfluss ist.[373] Zudem sollen durch das parlamentarische Verfahren gerade verborgene Konflikte aufgedeckt werden können.[374] Die Frage, was Regelungsgegenstand eines Gesetzes zu sein hat, ist unabhängig von kurzfristigen politischen Modeströmungen zu stellen.[375] Allerdings kann

366 BVerfG, NJW 1982, 921 (923)

367 BVerfG, Bschl. v. 13.07.2004, Az.: 1 BvR 1298/94, 1299/94, 1332/95, 613/97, www.bverfg.de, Rn. 154; ähnlich: BVerwGE 51, 235 (238)

368 BVerfG, NJW 1982, 921 (923); BVerwGE 47, 201 (206)

369 BVerfGE 40, 237 (251)

370 So auch *Hoffmann-Riem*, AöR 130 (2005), 5 (50); *Rottmann*, EuGRZ 1985, 277 (289)

371 BVerfG, Urt. v. 14.07.1998, Az.: 1 BvR 1640/97, www.bverfg.de, Rn. 136; BVerfGE 49, 89 (126). So auch *Brinktrine*, Jura 2000, 123 (129); *Detterbeck*, Jura 2002, 235 (237); *Eberle*, DÖV 1984, 485 (487); *Kisker*, NJW 1977, 1313 (1318); *Kloepfer*, JZ 1984, 685 (692)

372 *Brinktrine*, Jura 2000, 123 (129); *Eberle*, DÖV 1984, 485 (487)

373 *Kisker*, NJW 1977, 1313 (1318)

374 *Rogmann*, Die Bindungswirkung von Verwaltungsvorschriften, 1998, S. 70; *Eberle*, DÖV 1984, 485 (487)

375 *Kisker*, NJW 1977, 1313 (1318)

die Umstrittenheit eines Themas in der Öffentlichkeit ein Indiz für eine besondere Bedeutung sein.[376]

Neben dem grundrechtlichen Bedeutungsgehalt ist das Wesentlichkeitskriterium offen auch für eine inhaltliche Ausfüllung mit weiteren Aspekten. Das wird deutlich an den einschränkenden Formulierungen des Bundesverfassungsgerichts in den Grundsatzurteilen: So seien wesentliche Entscheidungen *in der Regel* solche, die wesentlich für die Grundrechtsverwirklichung seien.[377] Der Gesetzgeber müsse in grundlegenden normativen Bereichen, *zumal* im Bereich der Grundrechtsausübung, selbst einschreiten.[378] Wesentliche Entscheidungen sind somit grundsätzlich auch außerhalb des grundrechtsrelevanten Bereichs denkbar.[379] Allerdings lässt sich auch aus Vorschriften wie Art. 59 II, 110 II GG kein allgemeiner Vorbehalt für alle Angelegenheiten von politischer Bedeutung herleiten.[380] Der Vorrang des Parlaments begründet keinen alle konkreten Kompetenzordnungen überspielenden Auslegungsgrundsatz.[381]

Jenseits des Grundrechtsbereichs kann das Kriterium der Intensität der Grundrechtsberührung naturgemäß nicht herangezogen werden. Es ist also nach anderen Möglichkeiten zu suchen, den Begriff der Wesentlichkeit auszufüllen und einzugrenzen.

Ein passendes Kriterium könnte sich aus dem Gesichtspunkt der Funktionenrationalität ergeben. In der rechtsstaatlichen Demokratie zielt die Verteilung der Staatsaufgaben darauf ab, dass staatliche Entscheidungen möglichst richtig, d.h. von Organen getroffenen werden, die dafür nach ihrer Organisation, Zusammensetzung, Funktion und Verfahrensweise über die besten Voraussetzungen verfügen.[382] Im Lichte des ausdifferenzierten Rechtsquellensystems des Grundgesetzes muss jede Handlungsform so eingesetzt werden, dass ihren Besonderheiten Rechnung getragen wird und ihre Stärken voll ausgenutzt werden können. Bei der Frage der Entscheidungseignung sind Handlungsform, -verfahren und handelndes Organ die untrennbar zu beachtenden Beurteilungselemente.[383]

Es ist also zu fragen, für welche inhaltlichen Entscheidungen sich die Form des Parlamentsgesetzes am besten eignet und von denen abzugrenzen, für die sie sich

376 VerfGH NW, NJW 1999, 1243 (1245); *Eberle*, DÖV 1984, 485 (487); *Kisker*, NJW 1977, 1313 (1318); *Kloepfer*, JZ 1984, 685 (692)

377 BVerfGE, NJW 1978, 807 (810)

378 BVerfGE 49, 89 (126)

379 Vgl. VerfGH NW, NJW 1999, 1243 (1244)

380 BVerfGE 68, 1 (89); *Eberle*, DÖV 1984, 485 (486 Fn. 18)

381 BVerfGE 49, 89 (125f.); VerfGH NW, NJW 1999, 1243 (1244); zustimmend: *Stober* in: Wolff/Bachof/Stober, VerwR I, 12. Aufl. 2007, § 24 Rn. 16

382 BVerfGE 68, 1 (86); *Kuhl*, Der Kernbereich der Exekutive, 1993, S. 138; *Brinktrine*, Jura 2000, 123 (128); *Hill*, NVwZ 1989, 401 (404); *vArnim*, DVBl 1987, 1241 (1243)

383 VerfGH NW, NJW 1999, 1243 (1244); *Staupe*, Parlamentsvorbehalt, 1986, S. 201; *Hill*, NVwZ 1989, 401 (403)

nicht eignet. Zu diesem funktionell-strukturellen Ansatz gibt es bereits umfangreiche Monographien.[384] Auf deren Ergebnisse kann hier zurückgegriffen werden.

Das Gesetz zeichnet sich seiner Form nach insbesondere durch den Vorrang des Gesetzes aus. Behörden müssen entsprechend den Gesetzen handeln, sie dürfen keine Maßnahmen treffen, die gegen Gesetze verstoßen. Dem Gesetz kommt damit eine breite Steuerungswirkung zu. Das Vorrangprinzip hat jedoch noch einen weiteren Aspekt: Da sich andere Handlungsformen nach ihm ausrichten müssen, kann ein Gesetz grundsätzlich nur wieder unter Wahrung der Gesetzesform geändert werden. Damit geht die so genannte Unverbrüchlichkeit der Gesetze einher. Die Gesetzesform steht für Rechtssicherheit und eine gewisse Beständigkeit.[385] Sie schafft Erwartungsstabilität.[386]

Gemäß Art. 82 I 1 GG werden Gesetze vom Bundespräsidenten ausgefertigt und im Bundesgesetzblatt verkündet. Der Bundespräsident fertigt jedoch nur „die nach den Vorschriften des Grundgesetzes zu Stande gekommenen Gesetze" aus. Aus dieser Formulierung folgt jedenfalls ein Prüfungsrecht, was die formelle Verfassungsmäßigkeit der Gesetze angeht.[387] Gelegentlich hat ein Bundespräsident daneben auch ein materielles Prüfungsrecht für sich in Anspruch genommen.[388] Durch diesen zusätzlichen Kontrollmechanismus tragen Gesetze die Vermutung für ihre Rechtmäßigkeit in sich. In ihren Bestand und in ihre Richtigkeit besteht ein besonderes Vertrauen.[389]

Handelndes Organ ist beim Erlass von Gesetzen das Parlament. Das ist auf Bundesebene der Bundestag, gegebenenfalls im Zusammenspiel mit dem Bundesrat. Die Mitglieder des Bundestags sind gemäß Art. 38 I 1 GG unmittelbar personell demokratisch legitimiert. Das ist jedoch in der Staatspraxis noch keine tragende Besonderheit des Organs. In der modernen Parteiendemokratie wird vor einer Bundestagswahl mit der angestrebten Ämterbesetzung einer Partei um Wählerstimmen geworben. Ausgenutzt wird dabei der so genannte Kanzlerbonus, d.h. das Zutrauen der Wähler in den persönlichen Charme und die Führungsstärke des Spitzenkandidaten. Daher kann man mit gutem Recht behaupten, dass der Kanzler, als Chef der Regierung, bei der Wahl des Bundestages quasi mitgewählt wird und über eine min-

384 *Seiler*, Der einheitliche Parlamentsvorbehalt, 2000; *Kuhl*, Der Kernbereich der Exekutive, 1993; *Busch*, Parlamentsvorbehalt, 1992; *Staupe*, Parlamentsvorbehalt, 1986

385 *Busch*, Parlamentsvorbehalt, 1992, S. 29; *Rottmann*, EuGRZ 1985, 277 (293)

386 *Hoffmann-Riem*, AöR 130 (2005), 5 (10)

387 *Pieroth* in: Jarass/Pieroth, GG, 10. Aufl. 2009, Art. 82 Rn. 3; *Brenner* in: vMangoldt/-Klein/Starck, GG, Bd. 2, 5. Aufl. 2005, Art. 82 Rn. 23

388 *Pieroth* in: Jarass/Pieroth, GG, 10. Aufl. 2009, Art. 82 Rn. 3; *Brenner* in: vMangoldt/-Klein/Starck, GG, Bd. 2, 5. Aufl. 2005, Art. 82 Rn. 25. Ob dies zu Recht geschehen ist wird unterschiedlich beurteilt. Inzwischen wird allerdings schon davon gesprochen, dass die materielle Prüfungskompetenz des Bundespräsidenten verfassungsgewohnheitsrechtlich gefestigt sei, vgl. *Ipsen*, Staatsrecht I, 13. Aufl. 2001, Rn. 415

389 *Staupe*, Parlamentsvorbehalt, 1986, S. 221; *Busch*, Parlamentsvorbehalt, 1992, S. 29

destens ebenso hohe personelle demokratische Legitimation verfügt wie jedes Mitglied des Bundestages.[390]

Die eigentliche Besonderheit des Gesetzgebungsorgans besteht in seiner pluralistischen Zusammensetzung.[391] In der Formierung des Bundestages und der in ihm vertretenen Fraktionen spiegeln sich die Interessen nicht nur der Mehrheit, sondern aller erheblichen[392] Wählergruppen wieder.[393]

Durch das Repräsentationssystem wird die Akzeptanz der getroffenen Entscheidungen erhöht.[394] Das Gesetz eignet sich daher besonders gut dazu, durch Kompromisse Konfliktlagen auszugleichen und zu bewältigen.[395]

Das Erlassverfahren ist bei Gesetzen durch die Möglichkeit umfangreicher, auch streitiger Beratung und Verhandlung gekennzeichnet.[396] Durch das Gegen- oder Zusammenspiel von Regierungs- und Oppositionsfraktionen können einseitige Sichtweisen vermieden werden und vielfältige Argumente in die Abwägung einfließen.[397] Auf diese Weise bietet das Gesetzgebungsverfahren in hohem Maße die Gewähr für die Verwirklichung von Gerechtigkeit im Gesetzgebungsprodukt.[398]

Die Sitzungsöffentlichkeit gemäß Art. 42 I GG und der durch sie vermittelte Begründungszwang gewährleisten zudem eine gewisse Transparenz und Nachvollziehbarkeit der Entscheidungsfindung.[399]

Insgesamt gesehen kann das Gesetz besonders gut zur (mehrdimensionalen) Konfliktbewältigung eingesetzt werden. Dem Erlassverfahren kommt eine erhebliche Integrationsfunktion zu.[400] Dagegen erlauben seine Aufwändigkeit und die Behäbig-

390 *Staupe*, Parlamentsvorbehalt, 1986, S. 169; *Seiler*, Der einheitliche Parlamentsvorbehalt, 2000, S. 83f.; *Vogt*, Einführung eines selbständigen Verordnungsrechts, 1981, S. 109f.; im Ergebnis ebenso: *vBogdandy*, Gubernative Rechtsetzung, 2000, S. 377; *Busch*, Parlamentsvorbehalt, 1992, S. 37

391 *Staupe*, Parlamentsvorbehalt, 1986, S. 216; *Bryde*, JZ 1998, 115 (118)

392 Mit Ausnahme der an der 5%-Klausel des § 6 VI BWahlG gescheiterten Stimmen.

393 *Mühlenbruch*, Außenwirksame Normkonkretisierung, 1992, S. 79; *Kuhl*, Der Kernbereich der Exekutive, 1993, S. 144; *Staupe*, Parlamentsvorbehalt, 1986, S. 216; *Rottmann*, EuGRZ 1985, 277 (294)

394 *Hoffmann-Riem*, AöR 130 (2005), 5 (10); *Kloepfer*, JZ 1984, 685 (687); *Jacobi*, Methodenlehre, 2008, S. 283

395 *Staupe*, Parlamentsvorbehalt, 1986, S. 242; *Rottmann*, EuGRZ 1985, 277 (294); *Jacobi*, Methodenlehre, 2008, S. 283

396 *DiFabio*, Der Staat 29 (1990), 599 (603); *Eberle*, DÖV 1984, 485 (489); *Kisker*, NJW 1977, 1313 (1315)

397 BVerfGE 40, 237 (249); VerfGH NW, NJW 1999, 1243 (1244); *Busch*, Parlamentsvorbehalt, 1992, S. 69; *Staupe*, Parlamentsvorbehalt, 1986, S. 218; *Bryde*, JZ 1998, 115 (118); *Eberle*, DÖV 1984, 485 (489)

398 *DiFabio*, Der Staat 29 (1990), 599 (603); *Eberle*, DÖV 1984, 485 (489f.); *Hoffmann-Riem*, AöR 130 (2005), 5 (10)

399 VerfGH NW, NJW 1999, 1243 (1244); *Staupe*, Parlamentsvorbehalt, 1986, S. 225; *DiFabio*, Der Staat 29 (1990), 599 (603f.); *Kisker*, NJW 1977, 1313 (1315); *Rottmann*, EuGRZ 1985, 277 (294); *vArnim*, DVBl 1987, 1241 (1246)

400 *Staupe*, Parlamentsvorbehalt, 1986, S. 218; *DiFabio*, Der Staat 29 (1990), 599 (603); *Kloepfer*, JZ 1984, 685 (687)

keit des mehrstufigen Zustandekommens kurzfristige und flexible Regelungen nicht.[401]

Zudem wird die Entscheidung konzentriert von einem Entscheidungsträger getroffen. Arbeits- und Politikfähigkeit des Parlaments dürfen nicht durch eine Überlastung mit Detailregelungen gefährdet werden.[402]

Das Gesetz stellt sich also als eine aufwändige Grundentscheidung dar. Sein Primat auf dem Gebiet der Grundrechtsverwirklichung wird bestätigt durch seine besondere Eignung zur gesellschaftlichen Konfliktbewältigung und Integration.[403] In Bereichen außerhalb der Grundrechtsverwirklichung sind wesentliche Entscheidungen diejenigen, die nicht bloß politisch verantwortet werden müssen, sondern bei denen es z.B. wegen ihrer gesamtgesellschaftlichen Bedeutung gerade auf die besondere Integrationsfunktion des Gesetzes ankommt.[404]

Das Wesentlichkeitskriterium beantwortet nicht nur die Frage, in welchen inhaltlichen Regelungsbereichen, sondern auch in welchem Umfang der Gesetzgeber tätig werden muss.[405] Gefordert wird, dass der Gesetzgeber die wesentlichen normativen Grundlagen des zu regelnden Rechtsbereichs selbst festlegt und dies nicht dem Handeln der Verwaltung überlässt.[406]

Unbestimmtheit einer Regelung bedeutet immer ein Minus eigener Entscheidung und damit Verlagerung von Entscheidungsinhalten auf andere Regelungsebenen und Entscheidungsträger.[407] Je genauer eine gesetzliche Vorschrift gefasst ist, desto geringer wird der Konkretisierungsraum bei der Gesetzesanwendung im Einzelfall. Das bedeutet auch: je offener eine gesetzliche Regelung formuliert ist, desto mehr Raum bleibt für eigene Gestaltung durch den Rechtsanwender, d.h. die Verwaltung. Mithin hat die Regelungsdichte eine kompetenzielle Funktion, die im Verhältnis der Staatsgewalten untereinander zu berücksichtigen ist.[408]

401 *Staupe*, Parlamentsvorbehalt, 1986, S. 262; *Eberle*, DÖV 1984, 485 (492); *Rottmann*, EuGRZ 1985, 277 (293); *vArnim*, DVBl 1987, 1241 (1245)

402 *Staupe*, Parlamentsvorbehalt, 1986, S. 267; *DiFabio*, Der Staat 29 (1990), 599 (605)

403 *Kuhl*, Der Kernbereich der Exekutive, 1993, S. 146; *Hoffmann-Riem*, AöR 130 (2005), 5 (57)

404 *Busch*, Parlamentsvorbehalt, 1992, S. 48; *Staupe*, Parlamentsvorbehalt, 1986, S. 239; *Eberle*, DÖV 1984, 485 (490)

405 Vgl. BVerfG, NJW 1982, 921 (923); *Vogt*, Einführung eines selbständigen Verordnungsrechts, 1981, S. 70; *Kloepfer*, JZ 1984, 685 (691)

406 BVerfGE 83, 130 (142); 49, 89 (127); *vDanwitz*, Jura 2002, 93 (98)

407 *Ko*, Verwaltungsvorschriften, 1991, S. 46; *Staupe*, Parlamentsvorbehalt, 1986, S. 136; *Osterloh*, Gesetzesbindung und Typisierungsspielräume, 1992, S. 105; *Gassner*, DÖV 1996, 18 (21)

408 *Gassner*, DÖV 1996, 18 (21)

Fraglich ist, wie man die Anforderung des „Wesentlichen" genauer angeben kann. Das Grundgesetz kennt verschiedene Bestimmtheitsgebote, die dazu im Wege systematischer Interpretation herangezogen werden können.[409]

Zu denken ist zunächst an das allgemeine Gebot rechtsstaatlicher Bestimmtheit. Damit ist jedoch nur die Grundvoraussetzung sinnvollen und widerspruchsfreien Staatshandelns auf sprachlicher Ebene, d.h. die Regelungsklarheit, angesprochen.[410] Alle Äußerungen des Staates, auch seine Gesetze, müssen so gefasst sein, dass ihr Inhalt sprachlich verständlich – „klar" – ist.[411] Regelung des Wesentlichen bedeutet jedoch mehr als nur sprachliche Klarheit, denn diese kann auch bei einer völlig offenen Blankettermächtigung gewahrt sein.

Um ein Bestimmtheitsgebot mit kompetenziellem Hintergrund handelt es sich bei der Vorschrift des Art. 80 I 2 GG. Diese Vorschrift verlangt, dass die Exekutive bei der Ermächtigung zum Erlass von Rechtsverordnungen durch eine bestimmte Qualität des Ermächtigungsgesetzes an den Willen des Gesetzgebers gebunden wird. Das ermächtigende Gesetz muss Inhalt, Zweck und Ausmaß der erteilten Ermächtigung bestimmen. Diese drei Begriffe werden nicht trennscharf voneinander abgegrenzt, sondern in ihrer Gesamtheit als Ausdruck der Anforderungen an die gesetzliche Regelungsdichte bei der Verordnungsdelegation aufgefasst.[412] Dem liegt die Schwierigkeit zu Grunde, eine bestimmte Frage einem der drei Teilaspekte eindeutig zuzuordnen.[413] Bei teleologischer Auslegung der Ermächtigungsnorm werden „Inhalt" und „Ausmaß" gerade durch den Zweck mitbestimmt.[414]

Es bedarf also zusätzlicher präzisierender Kriterien, um aus der Bestimmtheitstrias des Art. 80 I 2 GG einen eindeutigen Bestimmheitsmaßstab herauszulesen. Diese zusätzlichen Kriterien könnten dann möglicherweise auch herangezogen werden, um den Gehalt der Wesentlichkeitstheorie für die gebotene Regelungsdichte zu ermitteln. Das Verhältnis von Art. 80 I 2 GG zu den Bestimmtheitsanforderungen der Wesentlichkeitstheorie wird in Rechtsprechung und Literatur jedoch nicht einheitlich beurteilt.

409 Hingegen dezidiert für einen einheitlichen verfassungsrechtlichen Bestimmtheitsgrundsatz, der bei Bestehen eines Gesetzes den Parlamentsvorbehalt ersetzen soll: *Gassner*, DÖV 1996, 18ff., vor allem S. 23 („Substitutiver Ansatz").

410 *Osterloh*, Gesetzesbindung und Typisierungsspielräume, 1992, S. 119f.; *DiFabio*, DVBl 1992, 1338 (1341); *Kloepfer*, JZ 1984, 685 (691)

411 Vgl. *Hill*, Jura 1986, 286 (289f.); *Kloepfer*, JZ 1984, 685 (691)

412 Vgl. BVerfGE 80, 1 (20f.); *Maunz/Dürig*, GG, Stand: Juni 1978; Art. 80 GG, Rn. 29; *Seiler*, Der einheitliche Parlamentsvorbehalt, 2000, S. 170; *Hasskarl*, AöR 94 (1969), 85 (105); *vDanwitz*, Jura 2002, 93 (98)

413 *Maunz/Dürig*, GG, Stand: Juni 1978; Art. 80 GG, Rn. 29; *Seiler*, Der einheitliche Parlamentsvorbehalt, 2000, S. 170

414 *Maunz/Dürig*, GG, Stand: Juni 1978; Art. 80 GG, Rn. 29; *Seiler*, Der einheitliche Parlamentsvorbehalt, 2000, S. 170; *Hasskarl*, AöR 94 (1969), 85 (105)

Teilweise wird die so genannte Identitätsthese[415] vertreten: Inhalt, Zweck und Ausmaß werden als Facetten eines einheitlichen Bestimmtheitsgebotes verstanden. Sein Inhalt stimme mit der als Delegationsverbot verstandenen Wesentlichkeitstheorie überein.[416]

Die Gegner dieser Auffassung gehen dagegen von unterschiedlichen Anforderungen bei Art. 80 I 2 GG und den Bestimmtheitsanforderungen der Wesentlichkeitstheorie aus.[417] Sie befürworten einen zweistufigen Prüfungsaufbau im Falle der Verordnungsermächtigung: Erst wenn auf Grund des Wesentlichkeitskriteriums entschieden worden ist, ob eine Delegation überhaupt zulässig ist, erfolgt die Prüfung des ermächtigenden Gesetzes an Hand der Kriterien des Art. 80 I 2 GG.[418] Die Zulässigkeit der Verordnungsermächtigung wird damit aufgespalten in die Frage nach dem „Ob" und dem „Wie" der Delegation.

Richtig an dieser letzten Meinung ist, dass das Wesentlichkeitskriterium und Art. 80 I 2 GG nicht identisch sind, sondern in unterschiedliche Richtungen weisen. Das Wesentlichkeitskriterium als Ausdruck des Vorenthalts des Gesetzes fragt danach, was der Gesetzgeber selbst regeln muss. Im Umkehrschluss wird dadurch gegebenenfalls auch deutlich, was er nicht zu regeln braucht, d.h. anderen Handlungsträgern überlassen darf. Art. 80 I 2 GG verweist hingegen darauf, wie der Gesetzgeber verfahren muss, wenn er von vornherein nicht selbst entscheiden will. Fasst man Art. 80 I 2 GG dabei nicht nur formal auf,[419] sondern gesteht ihm auch inhaltliche Funktionen zu, ergibt sich aus ihm ein bestimmter Bereich, nämlich die durch Inhalt, Zweck und Ausmaß umschriebene Grundentscheidung, der gerade nicht delegierbar ist. Diese Grundentscheidung ist dennoch völlig anders geartet als das „Wesentliche" beim Gesetzesvorenthalt.

Betrifft eine Regelung Wesentliches, muss sie in Gesetzesform erfolgen. Ein solches Gesetz muss dann das Wesentliche festschreiben. Ein Gesetz, das wesentliche Materien betrifft, ist typisches Gesetz. Es ist in erster Linie nicht Ermächtigungsgesetz, sondern ganze Regelung. Ein Ermächtigungsgesetz hat dagegen eine andere Qualität. Es zielt nicht auf Vollständigkeit ab. Ziel ist es gerade nicht, eine komplett eigene Entscheidung des Gesetzgebers herbeizuführen, sondern im Gegenteil ist es sein Zweck, die Entscheidung dem Verordnungsgeber zu übertragen. Dafür stellt Art. 80 I 2 GG bestimmte Anforderungen auf, um – auch aus historischen Gründen – zu verhindern, dass sich der Gesetzgeber selbst entmachtet. Rechtlich (wenn auch nicht praktisch) gesehen erweist sich Art. 80 I 2 GG damit als Ausnahme vom Vor-

415 Begriff nach *Cremer*, AöR 122 (1997), 248 (253); „Einstufenlehre" heißt es bei *vBogdandy*, Gubernative Rechtsetzung, 2000, S. 341

416 *vBogdandy*, Gubernative Rechtsetzung, 2000, S. 341; *Seiler*, Der einheitliche Parlamentsvorbehalt, 2000, S. 177, 199; *Kautz*, GewArch 2000, 230 (232); *vDanwitz*, Jura 2002, 93 (99)

417 *Busch*, Parlamentsvorbehalt, 1992, S. 124; *Staupe*, Parlamentsvorbehalt, 1986, S. 145ff.; *Eberle*, DÖV 1984, 485 (487)

418 *Schröder*, Verwaltungsvorschriften, 1987, S. 71; *Trips*, Das Verfahren der exekutiven Rechtsetzung, 2006, S. 65; *Eberle*, DÖV 1984, 485 (487); *Wilke*, JZ 1982, 758 (760)

419 *Seiler*, Der einheitliche Parlamentsvorbehalt, 2000, S. 176f.; *Cremer*, AöR 122 (1997), 248 (267)

enthalt des Gesetzes. Ausnahmsweise darf die Exekutive Recht setzen, das Bereiche berührt, die als wesentliche Materien an sich dem Gesetzgeber zur Regelung zugewiesen sind.[420] Dadurch erst wird die Ermächtigung zum Erlass einer Rechtsverordnung zu einer wirklichen Delegation. Richtig verstanden ist dies nicht ein Fall, wo sich der Gesetzgeber einer Entscheidung enthält und dadurch bloß einen Raum schafft, in dem andere Gewalten selbstständig in eigener Funktion tätig werden können, sondern ein Fall, in dem der Exekutive bewusst Regelungsgewalt übertragen wird, die sie aus eigener Machtvollkommenheit sonst nicht besitzt.

Daher lassen sich die zu Art. 80 I 2 GG entwickelten Anforderungen nicht auf die Anforderungen des Wesentlichkeitskriteriums übertragen (und umgekehrt). Wenn gefordert wird, dass der Gesetzgeber das Wesentliche selbst entscheiden muss, dann ist damit vielmehr gemeint, dass er eine Regelung treffen muss, die vollständig ist.[421] Vollständigkeit in diesem Sinne bedeutet nicht den Ausschluss unbestimmter Rechtsbegriffe oder das Verbot, der Verwaltung ein Ermessen beim Vollzug des Gesetzes einzuräumen. Die gesetzliche Fassung muss jedoch so beschaffen sein, dass die Gesetzesanwendung dadurch in ihren Grundzügen vorgezeichnet ist. Die Anwendungsentscheidung muss sich aus dem Gesetz ohne weiteres erschließen lassen können, mag es dabei auch eine gewisse, wenn auch abgegrenzte Bandbreite von Handlungsmöglichkeiten geben.

Nach dem oben Gesagten sind Gesetze Rechtssätze, die Wesentliches regeln. Als Rechtssätze sind sie generell-abstrakt. Wesentliche Regelungen sind dabei solche, die wesentlich sind für die Verwirklichung der Grundrechte oder bei denen es sonst auf die besondere Integrationsfunktion des parlamentarischen Verfahrens ankommt. Wesentlich in umfangmäßiger Hinsicht sind diese Entscheidungen insofern, als sie bei Selbstentscheidung des Parlaments auf Vollständigkeit abzielen oder bei Delegation auf den Verordnungsgeber als Ermächtigungsgesetze den Anforderungen des Art. 80 I 2 GG genügen müssen.

Charakterisiert wird auf diese Weise ein materieller Gesetzesbegriff. Es bleibt zu untersuchen, wie er sich zu anderen Gesetzesbegriffen verhält.

Historisch übernommen ist die Unterscheidung zwischen Gesetzen im formellen und im materiellen Sinne; der dualistische Gesetzesbegriff dient zur Abgrenzung von Gesetz und Verordnung sowie zur Erklärung des Budgetgesetzes.[422] Gesetze im formellen Sinne sind demnach die Parlamentsgesetze, Gesetze im materiellen Sinne jeder Rechtssatz.[423] Diese beiden Gesetzesbegriffe stehen nebeneinander wie zwei

420 So auch *Kloepfer*, JZ 1984, 685 (693); *Möstl* in: Erichsen/Ehlers, Allg VerwR, 13. Aufl. 2006, § 19 Rn. 4

421 *Busch*, Parlamentsvorbehalt, 1992, S. 133

422 *Achterberg*, Probleme der Funktionenlehre, 1970, S. 13; *Grawert*, Jura 1982, 300 (303)

423 *Maunz/Dürig*, GG, Stand: Juni 1978; Art. 80 GG, Rn. 14; *Achterberg*, Probleme der Funktionenlehre, 1970, S. 15f.; *Hill*, Jura 1986, 286 (287); *vOlshausen*, JA 1983, 177 (181)

sich schneidende Kreise.[424] Heute wird dieses Bild einem modernen Verständnis der Rechtswirklichkeit nicht mehr gerecht.[425]

Die Bezeichnung jedes Rechtssatzes als Gesetz (im materiellen Sinne) ist verwirrend und unnötig.[426] (Parlaments-)Gesetze, Rechtsverordnungen, Satzungen und Verwaltungsvorschriften gehören gleichermaßen dem Bereich des Rechts an und stehen ansonsten als Regelungsformen jede für sich. Parlamentsgesetze, die nicht zugleich auch Gesetze im materiellen Sinne sind, sind jedenfalls als eigene Rechtskategorie heute nicht mehr denkbar.[427] Selbst das traditionell als Beispiel herangezogene Haushaltsgesetz enthält Ausgabeermächtigungen für die Exekutive und hat damit einen materiellen Inhalt, auch wenn Bürger daraus keine Rechte oder Pflichten für sich herleiten können.[428]

Vom historischen Bild bleiben daher allenfalls zwei ineinander liegende Kreise übrig, so dass die Unterscheidung zwischen Gesetzen im formellen und im materiellen Sinne ihre eigenständige Bedeutung verliert.

Vertreten wird heute überwiegend ein einheitlicher formalisierter Gesetzesbegriff. Gesetz ist jeder Hoheitsakt, der vom Parlament im dafür vorgesehenen Verfahren in der Form eines Gesetzes erlassen wird.[429]

Gerät der oben dargestellte materielle Gesetzesbegriff zum formalisierten Gesetzesbegriff in Widerspruch? Diese Frage stellen, heißt sie verneinen. Beide Gesetzesbegriffe beleuchten vielmehr unterschiedliche Facetten der Handlungsform Gesetz.

Allein auf Grund des formalisierten Gesetzesbegriffs lässt sich bei einer bestehenden Regelung, sozusagen aus der Rückschau, feststellen, ob es sich um ein Gesetz handelt. Der formalisierte Gesetzesbegriff wird dem grundsätzlich uneingeschränkten inhaltlichen Zugriffsrecht des Gesetzgebers gerecht, der jede Materie an sich ziehen und selbst entscheiden kann, aber nicht muss.

Der materielle Gesetzesbegriff beschreibt dagegen den typischen Inhalt des Gesetzes als dasjenige, was nicht in einer anderen Handlungsform geregelt werden darf. Mit seiner Hilfe, lässt sich im Vorhinein sagen, ob für eine geplante Regelung die Handlungsform des Gesetzes erforderlich ist.

Formalisierter und materieller Gesetzesbegriff ergänzen einander und formen zusammen erst ein vollständiges Bild der Regelungs- und Handlungsform „Gesetz".

424 *Grawert*, Jura 1982, 300 (303)

425 *Yersin*, Kritik der Lehre von den Staatsakten, 1978, S. 228; *Ossenbühl*, Verwaltungsvorschriften und Grundgesetz, 1968, S. 188; *Schmidt-Aßmann*, DVBl 1989, 533 (536); *Hesse*, Grundzüge des Verfassungsrechts, 20. Aufl. 1995, Rn. 506

426 *Grawert*, Jura 1982, 300 (303)

427 *Hesse*, Grundzüge des Verfassungsrechts, 20. Aufl. 1995, Rn. 506

428 *Grawert*, Jura 1982, 300 (304); *Hill*, Jura 1986, 286 (287f.)

429 *Yersin*, Kritik der Lehre von den Staatsakten, 1978, S. 228; *Grawert*, Jura 1982, 300 (304); *Wolff/Bachof/Stober/Kluth*, VerwR, Bd. I, 10. Aufl. 1995, § 24 Rn. 34; *Hesse*, Grundzüge des Verfassungsrechts, 20. Aufl. 1995, Rn. 506

b) Rechtsverordnungen

Rechtsverordnungen sind Rechtsnormen, die von Exekutivorganen auf Grund besonderer gesetzlicher Ermächtigung (Art. 80 I GG) erlassen werden.[430] Durch die Ermächtigung zum Erlass von Rechtsverordnungen macht sich das Parlament den besonderen Sachverstand der Verwaltung zu Nutze. Die Verordnungsgebung im Spannungsverhältnis von Rechtssetzung und Rechtsanwendung ist eine dekonzentrierte Handlungsform, die eine Entlastung des Gesetzgebers bewirkt.[431] Rechtsverordnungen sind die typische Rechtsetzungsform der unmittelbaren Staatsverwaltung.[432] Ihr Geltungsbereich erstreckt sich im Allgemeinen auf das gesamte Staatsgebiet.[433] Rechtsverordnungen sind auf den Funktionsbereich der Gesetzgebung bezogen.[434]

Der Verordnungsgeber ist daher auf eine Delegation durch den Gesetzgeber angewiesen. Beim Verordnungserlass nimmt er nicht eigene originäre Befugnisse war, sondern bedarf der Spezialermächtigung. Art. 80 I GG setzt der Delegation Grenzen: Um historische Fehler zu vermeiden, darf sich das Parlament seiner Gesetzgebungsaufgaben nicht vollständig entäußern.[435] Durch eine hinreichend bestimmte Ermächtigung muss es selbst über Inhalt, Zweck und Ausmaß der exekutiven Regelung entscheiden. Gerade diese inhaltliche Rückbindung von Rechtsverordnungen an das Parlamentsgesetz rechtfertigt solche Rechtsetzung der Verwaltung vor den Anforderungen des Gewaltenteilungsprinzips.[436]

c) Satzungen

Satzungen sind Rechtsnormen, die von einer juristischen Person des öffentlichen Rechts zur Regelung ihrer eigenen Angelegenheiten erlassen werden.[437] Satzungen beruhen auf der generellen Übertragung von Autonomie auf die rechtlich selbständigen Selbstverwaltungskörperschaften.[438] Auch dabei handelt es sich jedoch um eine

430 *vDanwitz*, Jura 2002, 93 (94); *vOlshausen*, JA 1983, 177 (181)

431 *Heintzen*, DV 29 (1996), 17 (21); *Diekötter*, Die Auswirkung von Verfahrensfehlern, 1997, 41; *vDanwitz*, Jura 2002, 93 (94)

432 *Heintzen*, DV 29 (1996), 17 (21); *vOlshausen*, JA 1983, 177 (181)

433 *Heintzen*, DV 29 (1996), 17 (21)

434 *Erichsen/Klüsche*, Jura 2000, 540 (544); *Hill*, NVwZ 1989, 401 (405); *Lippold*, ZRP 1991, 254

435 BVerfG, NJW 1982, 921 (924); *Ko*, Verwaltungsvorschriften, 1991, S. 74; *Osterloh*, Gesetzesbindung und Typisierungsspielräume, 1992, S. 116; *Ossenbühl*, DVBl 1999, 1 (7)

436 *Yersin*, Kritik der Lehre von den Staatsakten, 1978, S. 25; *Lippold*, ZRP 1991, 254; *vDanwitz*, Jura 2002, 93 (95)

437 BVerfGE 33, 125 (156); *Diekötter*, Die Auswirkung von Verfahrensfehlern, 1997, 41f.; *vOlshausen*, JA 1983, 177 (181)

438 *Maunz/Dürig*, GG, Stand: Juni 1978, Art. 80 GG, Rn. 47; *Heintzen*, DV 29 (1996), 17 (20f.)

vom Staat abgeleitete Rechtsetzungsgewalt.[439] Einer Ermächtigung, die den Anforderungen des Art. 80 I 2 GG gerecht wird, bedarf es dennoch grundsätzlich nicht.[440] Spezialermächtigungen sind ausnahmsweise dann erforderlich, wenn auf Grund der Satzung die Grundrechtsverwirklichung der Bürger intensiv berührt wird oder sie auch an so genannte Externe, d.h. Personen die außerhalb der Selbstverwaltungskörperschaft stehen, adressiert werden soll.[441]

Satzungen dienen der „Demokratie von unten nach oben"[442], indem die demokratisch gebildeten Organe der Selbstverwaltungskörperschaften über die lokal begrenzten Angelegenheiten der Körperschaftsmitglieder entscheiden. Die dezentralisierte Rechtssetzung findet ihre Rechtfertigung in der besonderen Nähebeziehung zu ihren Herrschaftssubjekten.[443]

Die Satzungskompetenz ist spezielles Instrument der mittelbaren Staatsverwaltung.[444] Sie wird im Grundgesetz nicht ausdrücklich erwähnt, jedoch als traditionelles Institut des Verwaltungsrechts implizit und im Rahmen der Selbstverwaltungsgarantie des Art. 28 GG anerkannt.[445]

Auch wenn im Einzelfall die Abgrenzung zwischen Rechtsverordnung und Satzung schwer fallen mag, handelt es sich doch um unterschiedliche Formen von Rechtsquellen.[446] Rechtsverordnungen sind durch das Erfordernis spezialgesetzlicher Ermächtigung nach Inhalt, Zweck und Ausmaß eng an den Willen des Gesetzgebers gebunden. Sie sind zudem typische Handlungsform der unmittelbaren Staatsverwaltung. Satzungen hingegen sind Ausdruck eigener Entscheidungszuständigkeit der mittelbaren Staatsverwaltung und weitgehend unabhängig.

d) Verwaltungsvorschriften

Verwaltungsvorschriften sind Rechtsnormen der Verwaltung, die dazu dienen, Organisation und Verhalten der nachgeordneten Stellen zu steuern. Sie werden ohne genaue Festlegung ihrer Voraussetzungen und Eigenschaften in den Art. 84 II, 85 II,

439 *Busch*, Parlamentsvorbehalt, 1992, S. 58; *Heintzen*, DV 29 (1996), 17 (20f.); *Maurer*, DÖV 1993, 184 (187)

440 BVerfGE 33, 125 (157); *Maunz/Dürig*, GG, Stand: Juni 1978, Art. 80 GG, Rn. 13; *Cremer*, AöR 122 (1997), 248 (259); *Maurer*, DÖV 1993, 184 (188)

441 *Heintzen*, DV 29 (1996), 17 (23); *Möstl* in: Erichsen/Ehlers, Allg VerwR, 13. Aufl. 2006, § 19 Rn. 12

442 BVerfGE 79, 127 (149); *Möstl* in: Erichsen/Ehlers, Allg VerwR, 13. Aufl. 2006, § 19 Rn. 11

443 BVerfGE 33, 125 (156f.); *Maunz/Dürig*, GG, Stand: Juni 1978, Art. 80 GG, Rn. 48; *Maurer*, DÖV 1993, 184 (185)

444 *Heintzen*, DV 29 (1996), 17 (21)

445 *Maunz/Dürig*, GG, Stand: Juni 1978, Art. 80 GG, Rn. 56; *Maurer*, DÖV 1993, 184 (188)

446 *Heintzen*, DV 29 (1996), 17 (20)

86 S.1, 108 IV, 129 I GG erwähnt und ebenso wie Satzungen als hergebrachte Handlungsform vorausgesetzt.[447]

Ihren Geltungsgrund finden Verwaltungsvorschriften in der dem hierarchischen Aufbau der unmittelbaren Staatsverwaltung eigenen Weisungsbefugnis der vorgesetzten gegenüber nachgeordneten Stellen. Es handelt sich nicht um delegierte Rechtsetzung, sondern um die Wahrnehmung von unmittelbar aus der Verfassung abgeleiteten exekutiven Kompetenzen.[448]

Auftreten und Aussehen der Verwaltungsvorschriften haben sich unter dem Regime des Grundgesetzes stark verändert. Dazu zu rechnen ist die heute weitgehend festzustellende Außenwirkung von Verwaltungsvorschriften sowie die Entwicklung neuer Typen wie etwa den normkonkretisierenden Verwaltungsvorschriften. Verändert hat sich aber auch das rechtliche Umfeld. Mit der zunehmenden Verrechtlichung, oft beklagt als Gesetzesflut, der Aufgabe des besonderen Gewaltverhältnisses und der Stärkung der Bürgerrechte gegenüber den Behörden in Form von Verfahrens- und Formanforderungen insbesondere durch europarechtliche Vorgaben, treffen Verwaltungsvorschriften gegenüber ihrer ursprünglichen Konzeption auf gewandelte Ausgangspositionen. Es ist zu untersuchen, ob und wie sie sich daran anpassen.

Verwaltungsvorschriften sind im Verhältnis zur Legislative unter den Vorzeichen des Gewaltenteilungsprinzips zulässig, wenn sie sich hinreichend von den anderen Rechtsquellen unterscheiden und ihnen eine eigenständige Funktion im System der Rechtsquellen zukommt.

Parlamentsgesetze zeichnen sich nach dem oben Gesagten durch ihre Form und ihr besonderes Entstehungsverfahren aus. Es handelt sich um Rechtssätze, die Wesentliches regeln. Daraus und aus der komplementären Anerkennung von exekutiven Rechtsetzungsformen folgt, dass es kein Rechtsetzungsmonopol des Gesetzgebers gibt.[449] Typischer Anwendungsbereich des Gesetzes ist vielmehr der Bereich des Wesentlichen. Der Gesetzgeber kann daneben kraft seines Zugriffsrechts andere Regelungsbereiche an sich ziehen. Er hat kein Rechtsetzungsmonopol, wohl aber eine Rechtsetzungsprärogative.[450] Wo sich keine gesetzliche Regelung findet und der Vorenthalt des Gesetzes nicht greift, ist hingegen Raum für eigene Rechtsgestal-

447 *Ossenbühl*, DVBl 1999, 1 (2)

448 *Ossenbühl*, Verwaltungsvorschriften und Grundgesetz, 1968, S. 166; *Schröder*, Verwaltungsvorschriften, 1987, S. 57; *E.-W. Böckenförde*, Die Organisationsgewalt, 1964, S. 81f.; *Horn*, Die grundrechtsunmittelbare Verwaltung, 1999, S. 70; *Krebs*, VerwArch 70 (1979), 259 (270)

449 *Ko*, Verwaltungsvorschriften, 1991, S. 42; *Rogmann*, Die Bindungswirkung von Verwaltungsvorschriften, 1998, S. 75; *Zimmer*, Funktion-Kompetenz-Legitimation, 1979, S. 322; *Ossenbühl*, Verwaltungsvorschriften und Grundgesetz, 1968, S. 166

450 *Ko*, Verwaltungsvorschriften, 1991, S. 44; *E.-W. Böckenförde*, Gesetz und gesetzgebende Gewalt, 2. Aufl. 1981, S. 394

tung der Verwaltung.[451] Die Rechtsetzung „im Kleinen" zur Vereinheitlichung, Steuerung und Effektivitätssteigerung entspricht ihrer spezifischen Vollzugsverantwortung. Auf diesem Feld gerät das Verwaltungshandeln in Form von Verwaltungsvorschriften nicht in Konflikt mit dem Gesetz als Rechtsquelle.

Sowohl Verwaltungsvorschriften als auch Rechtsverordnungen sind Rechtssätze der unmittelbaren Staatsverwaltung. Erkennt man die Außenwirkung von Verwaltungsvorschriften an, ist die inhaltliche Austauschbarkeit beider Handlungsformen auf den ersten Blick scheinbar gegeben. Es stellt sich die Frage, ob der Erlass von Verwaltungsvorschriften als Umgehung der Anforderungen des Art. 80 I 2 GG rechtsmissbräuchlich ist.

Rechtsverordnung und Verwaltungsvorschrift unterscheiden sich jedoch in ihrem Anwendungsbereich. Rechtsverordnungen ergehen auf Grund spezialgesetzlicher Ermächtigung im Funktionsbereich der Gesetzgebung. Sofern es ein Delegationsgesetz gibt, dass den Anforderungen des Art. 80 I 2 GG genügt, ist jeder Regelungsbereich für Rechtsverordnungen zugänglich.[452] Verwaltungsvorschriften sind demgegenüber an den Vorenthalt des Gesetzes gebunden. Sie kommen nur in unwesentlichen Bereichen in Betracht. Eine Umgehung von Art. 80 I 2 GG ist durch den Vorrang des Gesetzes ausgeschlossen. Wird eine gesetzliche Verordnungsermächtigung erteilt, gibt der Gesetzgeber zu erkennen, dass er den Regelungsbereich nicht ins Belieben der Verwaltung stellen will. Über diesen Parlamentswillen darf sich die Exekutive mit der Wahl einer anderen Handlungsform nicht hinwegsetzen. Gesetzliche Verordnungsermächtigungen sperren somit den betroffenen Rechtsbereich gegen eine Normierung in Verwaltungsvorschriften.[453]

Weil sich in der Verordnungsgebung delegierte Rechtsetzungsbefugnisse der Legislative widerspiegeln, gehen Rechtsverordnungen typischerweise mit rechtlicher Gestaltung einher.[454] Verwaltungsvorschriften dagegen treten gleichsam an die Stelle eines „Bündels von Einzelweisungen", sie bezwecken eher die verwaltungstechnische Steuerung, mögen auch die Übergänge fließend sein und die Grenzen im Einzelfall verwischen.

Zudem besteht zwischen beiden Handlungsformen ein Rangunterschied. Beim Erlass von Verwaltungsvorschriften müssen die einschlägigen Rechtsverordnungen beachtet werden.[455]

451 *Sauerland*, Die Verwaltungsvorschrift, 2005, S. 302; *Rogmann*, Die Bindungswirkung von Verwaltungsvorschriften, 1998, S. 81; *E.-W. Böckenförde*, Gesetz und gesetzgebende Gewalt, 2. Aufl. 1981, S. 394; *Krebs*, VerwArch 70 (1979), 259 (271)

452 A.A.: *Sauerland*, Die Verwaltungsvorschrift, 2005, S. 303

453 Ähnlich: *Diekötter*, Die Auswirkung von Verfahrensfehlern, 1997, 74; anders *Hansen*, Fachliche Weisung, 1971, S. 269; *Hill*, NVwZ 1989, 401 (409); *Ossenbühl*, DVBl 1999, 1 (5f.) sowie *vBogdandy*, Gubernative Rechtsetzung, 2000, 482, die von einem Wahlrecht zwischen Verwaltungsvorschrift und Rechtsverordnung ausgehen.

454 *Ossenbühl*, DVBl 1999, 1 (4); *vDanwitz*, Jura 2002, 93 (101f.)

455 *Lange* in: Hoffmann-Riem/Schmidt-Aßmann/Schuppert, Reform, 1993, 307 (327)

Auch ohne das Abgrenzungskriterium der Innen- bzw. Außenwirkung, unterscheiden sich Rechtsverordnungen und Verwaltungsvorschriften in ihren wesentlichen Eigenschaften.[456] Nur Rechtsverordnungen sind im Vorenthaltsbereich und ansonsten bei entsprechender Ermächtigung durch den Gesetzgeber zulässig. Auch insofern entsteht kein Bruch im Rechtsquellensystem.

Satzungen als Regelungsinstrument der mit Autonomie ausgestatteten Stellen der mittelbaren Staatsverwaltung heben sich ebenfalls deutlich von den Verwaltungsvorschriften ab. Verwaltungsvorschriften entspringen gerade dem hierarchischen Stufenbau der unmittelbaren Staatsverwaltung. Sie sind Ausdruck des Steuerungsbedarfs von abhängigen, hierarchisch geordneten staatlichen Stellen. Hingegen wird die Satzungsautonomie zur Ermöglichung der Selbstverwaltung verliehen. Beide Handlungsformen regeln mithin verschiedene sachliche Bereiche des Verwaltungshandelns.

Die Anerkennung der Außenwirksamkeit von Verwaltungsvorschriften führt demnach nicht zu unzulässigen Überschneidungen im Rechtsquellensystem.

Verwaltungsvorschriften dienen als Steuerungsmittel der Verwaltung. Ihre spezifische Funktion besteht darin, den Willen und die Politik der dem Parlament und damit letztendlich dem Volk als Souverän verantwortlichen Verwaltungsspitze über die hierarchische Struktur der Ministerialverwaltung zu den einzelnen Entscheidungsträgern zu transportieren. Sie sind in diesem Sinne ein historisch entwickeltes und soziales Phänomen, eben doch ein Verwaltungstechnikum. Verwaltungsvorschriften können nach diesem Verständnis nicht dazu benutzt werden, einen staatlichen Gesetzgebungsbedarf zu befriedigen. Es handelt sich nicht um „Ersatzgesetze". Verwaltungsvorschriften aktualisieren die Herrschaft im hierarchischen Organisationsgefüge. Sie sichern damit die Wirksamkeit der Verwaltung als Organisation (Performanz) und somit die Verwirklichung der Verwaltungsziele. Es geht also um die notwendige Eigensteuerung der Verwaltung als eines organisatorischen sozialen Gebildes. Weil es sich um die Ausübung einer Leitungsfunktion handelt, die abgekoppelt vom System der Organisation nicht denkbar ist, kann sie nicht durch Handlungsformen auf fremdbestimmter Ebene ersetzt werden. Die Funktion, die Verwaltungsvorschriften innerhalb der Verwaltung erfüllen, kann daher nicht durch andere Handlungsformen, insbesondere nicht durch Rechtsverordnungen, wahrgenommen werden.

Daran ändert die Anerkennung der Außenwirkung von Verwaltungsvorschriften nichts. Die Außenwirkung ist Folge der Rechtsdurchdrungenheit der Verwaltung, nicht primäre Sinnsetzung beim Erlass von Verwaltungsvorschriften. Die Möglichkeit der Außenwirkung mag zu paragesetzlicher Normgebung verlocken, jedoch

456 *Lange* in: Hoffmann-Riem/Schmidt-Aßmann/Schuppert, Reform, 1993, 307 (326f.). Hingegen für die gegenseitige Austauschbarkeit: *A. Leisner*, JZ 2002, 219 (227)

stellt eine solche Verwendung von Verwaltungsvorschriften, die nicht der verwaltungstechnischen Steuerung und Entscheidungsfindung dient, einen Missbrauch der Handlungsform dar. Im Allgemeinen wird mit einem solchen Vorgehen zugleich ein Verstoß gegen den Vorenthalt des Gesetzes vorliegen.

Verwaltungsvorschriften nehmen daher – auch bei Anerkennung ihrer Außenwirkung – grundsätzlich eine eigene Funktion im Rechtsquellensystem wahr. Sie sind Ausdruck der in der gewaltenteilenden rechtsstaatlichen Demokratie notwendig vorausgesetzten spezifischen Eigenverantwortung der Exekutive.[457]

2. Typen von Verwaltungsvorschriften im System der Rechtsquellen

Nach den bisherigen Feststellungen bilden Verwaltungsvorschriften als abstrakt-generelle Regelungen, die von der Exekutive kraft eigenen verfassungsrechtlichen Auftrags erlassen werden, eine eigene Rechtsquelle. Sie besitzen insofern eine eigene spezifische Funktion und Unterscheidbarkeit.

Innerhalb der Gruppe von Verwaltungsvorschriften besteht jedoch ein differenziertes System von verschiedenen Verwaltungsvorschriftstypen. Wie oben gezeigt, macht diese Aufspaltung im Ergebnis keinen Unterschied hinsichtlich der Außenwirkung. Es ist nun zu prüfen, ob sich die einzelnen Arten von Verwaltungsvorschriften in die bisher vorgenommene allgemeine Charakterisierung der Handlungsform einfügen und damit zumindest im Verhältnis zur Legislative dem Gewaltenteilungsprinzip nicht zuwiderlaufen oder ob einzelne Typen einen Systembruch darstellen.

a) Ermessensrichtlinien

Ermessensrichtlinien leiten die untergeordneten Verwaltungsstellen bei der Ermessensbetätigung an. Ermessen wird der Verwaltung vom Normgeber eingeräumt, um ihr die Berücksichtigung von und das Eingehen auf die jeweiligen Besonderheiten des konkreten Einzelfalles zu ermöglichen.[458] Neben Gerechtigkeitsgesichtspunkten kommt es dabei insbesondere auch auf Zweckmäßigkeitserwägungen an.

Die Eröffnung von Ermessensspielräumen verstößt nicht gegen den Vorenthalt des Gesetzes, da es sich bei der Einräumung des Ermessens um eine gesetzliche Ermächtigung handelt, bei der das Wesentliche im Gesetz selbst schon geregelt sein muss.[459] In Grenzfällen ist womöglich die gesetzliche Ermessensermächtigung zu

457 *Brinktrine*, Jura 2000, 123 (129)

458 *Rogmann*, Die Bindungswirkung von Verwaltungsvorschriften, 1998, S. 143

459 Bei einer Ermessensermächtigung durch Rechtsverordnung beruht jene dann zumindest auf einem Ermächtigungsgesetz. Bei einer lückenlosen Ermächtigungskette liegt kein Verstoß gegen den Vorenthalt des Gesetzes vor.

unbestimmt. Dies kann jedoch nicht schon bei jeder ein Ermessen eröffnenden Norm angenommen werden.[460] Die Frage der hinreichenden Bestimmtheit ist daher eine Frage der Verfassungsmäßigkeit des zu Grunde liegenden Gesetzes und nicht der Zulässigkeit von Ermessensrichtlinien überhaupt.

Im Erlass von Ermessensrichtlinien ist kein Missbrauch der Handlungsform bzw. eine Umgehung der Anforderungen anderer Handlungsformen zu sehen, da – trotz Außenwirkung – nicht in erster Linie Regelungen des Außenrechts neu geschaffen werden, sondern Außenrecht spezifiziert und ausgefüllt wird, um einen verwaltungsinternen Steuerungsbedarf zu befriedigen.

Zu beachten ist jedoch das Gebot der Einzelfallgerechtigkeit. Durch zentral erlassene Ermessensrichtlinien darf der Zweck der Ermessensermächtigung, Gerechtigkeit durch Berücksichtigung der Einzelfallbesonderheiten zu erreichen, nicht unterlaufen werden.[461] Auch dabei handelt es sich allerdings um eine Frage der Rechtmäßigkeit der konkreten Ermessensrichtlinie und nicht der Zulässigkeit des Verwaltungsvorschriftentyps.

Ermessensrichtlinien entsprechen dem durch die allgemeine Charakterisierung der Rechtsquelle gesetzten Rahmen.

b) Norminterpretierende Verwaltungsvorschriften

Norminterpretierende Verwaltungsvorschriften fungieren als Auslegungshilfe bei gebundener Rechtsanwendung. Sie verstoßen nicht gegen den Vorenthalt des Gesetzes, da auch hier durch die anzuwendende Norm schon alles Wesentliche geregelt wird. Es handelt sich nicht um konstitutive, sondern deklaratorische Rechtsetzung der Verwaltung. Rechtsanwendung ohne Spielraum, d.h. Gesetzesvollzug im reinsten Wortsinn, ist eine der Grundaufgaben der Verwaltung. Diese ist insbesondere bei neuen Regelungen „Erstinterpretin“[462] der Gesetze. Norminterpretierende Verwaltungsvorschriften sind deshalb für einen reibungsfreien und effektiven Gesetzesvollzug unerlässlich. Sie bleiben insoweit innerhalb des durch die Rechtsquelle abgesteckten Rahmens.

c) Normkonkretisierende Verwaltungsvorschriften

Normkonkretisierende Verwaltungsvorschriften sind Verwaltungsvorschriften, die im Unterschied zu bloß norminterpretierenden Verwaltungsvorschriften auch für die Gerichte verbindlich sind, weil sie einen vom zu Grunde liegenden Gesetz offen gelassenen Standardisierungsspielraum ausfüllen. Fraglich ist die Vereinbarkeit

460 *Evers* in: Starck, D. Allgemeinheit des Gesetzes, 1987, 96 (128)
461 *Rogmann*, Die Bindungswirkung von Verwaltungsvorschriften, 1998, S. 144
462 *Pietzcker*, NJW 1981, 2087 (2089)

dieser von vornherein im Vordergrund stehenden Verbindlichkeit mit dem Vorenthalt des Gesetzes. Definitionsgemäß ist das Gesetz, welches durch die normkonkretisierende Verwaltungsvorschrift zur Vollziehungsreife geführt werden soll, so unbestimmt, dass es ohne die zusätzliche Konkretisierung durch die Verwaltungsvorschrift nicht anwendungsfähig ist. Bleibt dann der Inhalt einer solchen normkonkretisierenden Verwaltungsvorschrift unterhalb der Wesentlichkeitsschwelle?

Zu beachten ist die Sondersituation, in der die normkonkretisierenden Verwaltungsvorschriften zum Einsatz kommen: Die Materie soll auf Grund der sich rasch wandelnden Verhältnisse und Erkenntnisse der Wissenschaft durch ein Parlamentsgesetz nicht normierbar sein.[463] Wie das Beispiel der „Allgemeinen Berechnungsgrundlage für Strahlenexposition bei radioaktiven Ableitungen mit der Abluft oder im Oberflächengewässer" (Richtlinie zu § 45 StrlSchVO) zeigt, handelt es sich dabei jedoch zugleich um Regelungen, die erhebliche Auswirkungen für das Leben und die Gesundheit einer Vielzahl von Menschen haben können, also um einen grundrechtssensiblen Bereich.[464] Dabei geht es auch nicht nur um die bloße Festlegung von „technischen" Anforderungen, sondern diese Grenzwertbestimmungen enthalten gerade auch eine „politische Risikoabschätzung und -bewertung"[465]. Technische Fragen können demnach nicht von vornherein als unwesentlich qualifiziert werden.[466] Gerade dieser Tatbestand ist es, der die Einschränkung der richterlichen Kontrolldichte in diesem Bereich rechtfertigen soll. Ähnlich ist die Situation, was die TA Luft angeht. Diese setzt Voraussetzungen für eine Vielzahl von Genehmigungsverfahren fest, in denen der Ausgleich in mehrpoligen Grundrechtsverhältnissen zwischen Betreibern und Nachbarn zu suchen sind.[467] Normkonkretisierende Verwaltungsvorschriften werden somit typischerweise für Wesentliches erlassen. Ihre Wirkung ist nicht mehr bloß auf eine Innensteuerung der Verwaltung gerichtet, sondern setzt unerlässliche Maßstäbe auch für Bürger und Gerichte. Dies widerspricht jedoch dem Charakter der Rechtsquelle.

Problematisch ist, dass eine gesetzliche Normierung nicht in Betracht kommen soll.[468] Sind daher normkonkretisierende Verwaltungsvorschriften sozusagen als „Notlösung" vor dem Hintergrund der Sachzwänge zu tolerieren?[469] Die Frage stellen, heißt sie verneinen: Allein die Tatsache, dass normkonkretisierende Verwal-

463 *DiFabio*, DVBl 1992, 1338 (1340f.); *R. Breuer*, DVBl 1978, 28 (29)

464 Vgl. BVerfGE 49, 89 (127); *Bönker*, Umweltstandards, 1992, 78; *Erichsen/Klüsche*, Jura 2000, 540 (548); *Schulze-Fielitz*, JZ 1993, 772 (780)

465 *Brohm*, Verwaltung und Verwaltungsgerichtsbarkeit, 1986, S. 5; *Gerhardt*, NJW 1989, 2233 (2235)

466 *Staupe*, Parlamentsvorbehalt, 1986, S. 277; *Brohm*, Verwaltung und Verwaltungsgerichtsbarkeit, 1986, S. 5

467 *Schulze-Fielitz*, JZ 1993, 772 (780)

468 Sog. „dynamischer Grundrechtsschutz" BVerfGE 49, 89 (137, 140); *Rogmann*, Die Bindungswirkung von Verwaltungsvorschriften, 1998, S. 198; *DiFabio*, DVBl 1992, 1338 (1340f.); *Eberle*, DÖV 1984, 485 (492). Daraus wird eine „umgekehrte Wesentlichkeitstheorie" im Umwelt- und Technikrecht deduziert: *Hill*, NVwZ 1989, 401 (407)

469 *Hill*, NVwZ 1989, 401 (402) spricht von einem „offensichtlichen praktischen Bedürfnis, ja sogar von einem legitimen richterlichem Bedarf"!

tungsvorschriften beim Gesetzesvollzug praktisch unentbehrlich sind, rechtfertigt noch nicht, sie als rechtlich zulässiges Instrumentarium zur Umsetzung umwelt- und risikorechtlicher Standards anzuerkennen.[470] Ist die Verwaltung auch richtige Normgeberin, spricht nichts dagegen, die Rechtsetzung in Form von Rechtsverordnungen vorzunehmen.[471] Die Rechtsverordnung ist die Handlungsform, die es der Verwaltung ermöglicht, sich mit abstrakt-generellen Sätzen verbindlich an Adressaten auch außerhalb der Verwaltung zu wenden. Nur in dieser Weise darf sie einen gesamtstaatlichen Steuerungsbedarf befriedigen. Mit der Wahl der Rechtsverordnung an Stelle der Verwaltungsvorschrift ist auch kein übermäßiger Verlust an Flexibilität verbunden.[472] Ohnehin wird die gesetzliche Ermächtigung zu normkonkretisierenden Verwaltungsvorschriften häufig mit erhöhten formellen Anforderungen, z.B. hinsichtlich des Verfahrens durch die „Beteiligung der betroffenen Kreise“ (vgl. § 48 BImSchG), verbunden, so dass sich der Verfahrensaufwand zwischen dem Erlass einer normkonkretisierenden Verwaltungsvorschrift und einer Rechtsverordnung angleicht.[473]

Normkonkretisierende Verwaltungsvorschriften entsprechen daher nicht dem Charakter der Verwaltungsvorschrift als Rechtsquelle. Sie sind unzulässig. Die konkretisierungsbedürftigen Gesetze, die die Einfallstore für die normkonkretisierenden Verwaltungsvorschriften bilden, sind durch entsprechende Rechtsverordnungsermächtigungen zu ersetzen.[474]

d) Gesetzesunabhängige Verwaltungsvorschriften

Gesetzesunabhängige Verwaltungsvorschriften sind Verwaltungsvorschriften, die sich nicht auf ein zu Grunde liegendes Gesetz beziehen; sie steuern das Verwaltungshandeln im gesetzesfreien Raum. Sie ähneln dabei den Ermessensrichtlinien. Im Gegensatz zu diesen konkretisieren sie jedoch nicht bloß die Entscheidungsmaßstäbe, sondern setzen sie zuallererst.

Wegen des Vorenthalts des Gesetzes kommen gesetzesunabhängige Verwaltungsvorschriften überhaupt nur im Leistungsbereich in Betracht. Denn in Grund-

470 *Rogmann*, Die Bindungswirkung von Verwaltungsvorschriften, 1998, S. 197

471 So auch: *Schulze-Fielitz*, JZ 1993, 772 (780); *Gerhardt*, NJW 1989, 2233 (2237); *Bönker*, Umweltstandards, 1992, 96; *Eberle*, DÖV 1984, 485 (492); *Erichsen/Klüsche*, Jura 2000, 540 (548); *Evers* in: Starck, D. Allgemeinheit des Gesetzes, 1987, 96 (131); *Schulze-Fielitz*, JZ 1993, 772 (780); *Wolf*, DÖV 1992, 849 (857); *R. Breuer*, DVBl 1978, 28 (37)

472 *Gerhardt*, NJW 1989, 2233 (2237); *Gusy*, NVwZ 1995, 105 (111); *Bönker*, Umweltstandards, 1992, 96; *Gerhardt*, NJW 1989, 2233 (2237); *Pietzcker*, NJW 1981, 2087 (2090); *R. Breuer*, DVBl 1978, 28 (37)

473 *Gusy*, NVwZ 1995, 105 (112); *Bönker*, Umweltstandards, 1992, 23; *Erichsen/Klüsche*, Jura 2000, 540 (548); *R. Breuer*, DVBl 1978, 28 (37)

474 So auch *Bönker*, Umweltstandards, 1992, 132; *Schulze-Fielitz*, JZ 1993, 772 (780). A.A.: *Gerhardt*, NJW 1989, 2233 (2237): Art.80 I GG sei die Antwort auf ein bestimmtes historisches Problem, das sich in dieser Weise heute nicht stelle. *vDanwitz*, VerwArch 84 (1993), 73 (96) hält normkonkretisierende Verwaltungsvorschriften im Umweltrecht für unverzichtbar.

rechte darf nicht allein durch Verwaltungsvorschriften eingegriffen werden. Ferner sollte auf der Grundlage des parlamentarischen Budgetrechts kein Zweifel darüber bestehen, dass die Verwaltung nicht aus eigener Initiative und nach eigenen Vorstellungen ganze Leistungssysteme schaffen darf, sondern dass diese Aufgabe dem Gesetzgeber vorenthalten ist.[475]

Gesetzesunabhängige Verwaltungsvorschriften haben ein relativ breites Anwendungsfeld. Beispielhaft sollen hier nur einige typische Verwaltungsvorschriften untersucht werden.

aa) Beihilfevorschriften dienen der Ausfüllung der beamtenrechtlichen Fürsorgepflicht des Dienstherrn.[476] Die Allgemeine Verwaltungsvorschrift über die Gewährung von Beihilfen in Krankheits-, Geburts- und Todesfällen (BhV) des Bundes wurde auf der Grundlage von § 200 BBG erstmalig 1959 erlassen.

Die Fürsorgepflicht wird als hergebrachter Grundsatz des Berufsbeamtentums von Art. 33 V GG verfassungsrechtlich garantiert und ist für Bundesbeamte gesetzlich in § 79 BBG festgeschrieben. Alimentation und Fürsorge sind die Gegenleistung dafür, dass der Beamte dem Dienstherrn seine Arbeitskraft zur Verfügung stellt. Gegenwärtig wird die Besoldung durch das System der Beihilfen ergänzt. In den Beihilfevorschriften ist die Erbringung von Leistungen im Falle von Krankheit und Pflegebedürftigkeit geregelt. Das Beihilfesystem ist selbst nicht durch Art. 33 V GG gefordert.[477] In welcher Weise der Dienstherr eine ausreichende Versorgung des Beamten sicherstellt, ist seiner Gestaltung überlassen. Jedoch haben sowohl die Bestimmungen über die Besoldung und die Versorgungsbezüge als auch die Vorschriften über den Schutz bei Krankheit und Pflegebedürftigkeit Rücksicht zu nehmen auf die finanzielle Belastbarkeit des Beamten.[478] Der verbleibende Gestaltungsspielraum bei der Bestimmung des Umfangs von Beihilfe und verbleibender Notwendigkeit der Eigenvorsorge bei stetig steigenden Kosten einerseits und die unmittelbare Wechselbezüglichkeit von Alimentation sowie ergänzender Beihilfe andererseits gebieten es, dass der parlamentarische Gesetzgeber selbst die Verantwortung für die Regelung übernimmt.[479] Die Regelungsform des Gesetzes ist für das Beamtenverhältnis typisch und sachangemessen.[480] Wegen ihrer außergewöhnlichen Bedeutung bedürfen die Beihilfevorschriften der gesetzlichen Ordnung, um die

475 *Ossenbühl*, Verwaltungsvorschriften und Grundgesetz, 1968, S. 240

476 BVerwGE 121, 103 (105); BVerwG, Urt. v. 28.05.08, Az.: 2 C 108.07, www.bundesverwaltungsgericht.de, Rn. 21; *Erichsen/Klüsche*, Jura 2000, 540 (541); *A. Leisner* in: FS Fürst, 2002, 185 (198)

477 BVerwGE 121, 103 (106); BVerwG, Urt. v. 28.05.08, Az.: 2 C 108.07, www.bundesverwaltungsgericht.de, Rn. 20; *Jachmann*, ZBR 1997, 342 (348)

478 BVerwGE 121, 103 (106)

479 BVerwGE 121, 103 (107); BVerwG, Urt. v. 28.05.08, Az.: 2 C 108.07, www.bundesverwaltungsgericht.de, Rn. 10; a.A. noch: BVerwGE 64, 333 (337); *Jachmann*, ZBR 1997, 342 (348)

480 BVerwGE 121, 103 (108); BVerwG, Urt. v. 28.05.08, Az.: 2 C 108.07, www.bundesverwaltungsgericht.de, Rn. 10; h.M. in der Literatur, vgl. *A. Leisner* in: FS Fürst, 2002, 185 (193)

Transparenz im demokratischen Willensbildungsprozess, die Abwägung mit anderen Gesetzgebungsentscheidungen „in einer Hand“ und die Kontinuität des einmal gewählten Systems zu gewährleisten.[481]

Das System der Beihilfen fällt also unter den Vorenthalt des Gesetzes. Das wird durch die bisherige Regelung in Verwaltungsvorschriften nicht ausreichend berücksichtigt.[482] Beihilferegelungen dürfen daher nicht (mehr) in Form von Verwaltungsvorschriften erlassen werden.

bb) Die Entscheidungen über staatliche Subventionierung werden oft in der Weise getroffen, dass das Parlament durch Haushaltsplan und Haushaltsgesetz Fördermittel zu einem mehr oder weniger fest umrissenen Zweck bereitstellt und die weitere Umsetzung der Exekutive überlässt („Etatsubventionierung“[483]). In so genannten Subventionsrichtlinien werden dann die Einzelheiten für die Vergabe der Subvention, wie z.B. der genaue Adressatenkreis und die zu erfüllenden Voraussetzungen sowie der konkrete Förderbetrag, festgelegt.

Bei dieser Vorgehensweise stellt sich die Frage, ob das Haushaltsgesetz als gesetzliche Grundlage ausreicht.[484] Das ist nach dem oben Gesagten davon abhängig, ob es sich um eine wesentliche Regelungsmaterie handelt. Die Wesentlichkeit kann sich dabei aus einer Betroffenheit von Grundrechten oder aus anderen Gründen ergeben. Grundsätzlich stellen Subventionen eine lediglich vorteilhafte Leistung dar und greifen nicht in Rechte des Bürgers ein.[485] Es gibt jedoch Konstellationen, in denen dennoch eine bedeutsame Grundrechtsberührung vorliegen kann.

Die eigentliche Subventionsleistung kann untrennbar mit einem Eingriff verbunden sein. Die Bedingungen eines Unternehmens oder einer ganzen Branche sind vielleicht so schlecht, dass ohne staatliche Unterstützung nur eine Betriebseinstellung in Betracht kommt. Art. 12 I GG bietet jedoch keinen Schutz gegen die marktbedingt schlechte Stellung eines Unternehmens, sondern soll den Wettbewerb gerade fördern.[486] Die Verweigerung von Wirtschaftssubventionen kann folglich das Grundrecht nicht beeinträchtigen.[487]

481 BVerwGE 121, 103 (108f.)

482 BVerwGE 121, 103 (105); BVerwG, Urt. v. 28.05.08, Az.: 2 C 108.07, www.bundesverwaltungsgericht.de, Rn. 10; *Saurer*, DÖV 2005, 587 (591)

483 *Erichsen/Klüsche*, Jura 2000, 540 (542)

484 Dies ist umstritten. So: BVerwG, DVBl 1992, 1038 (1042); BVerwGE 58, 45(48); OVG NW, OVGE 35 45 (48); *Schwerdtfeger*, NVwZ 1984, 486 (487); *Stober*, GewArch 1993, 136 (146f.); *Erichsen/Klüsche*, Jura 2000, 540 solange die Subventionierung nicht Wesentliches betrifft; ebenso: *Jarass*, NVwZ 1984, 473 (476ff.). A.A: *Bauer*, DÖV 1983, 53 (58f.); *Detterbeck*, Jura 2002, 235 (239); *Rupp*, JuS 1975, 612 (615f.)

485 Bay. VGH, NVwZ 1999, 1124 (1126); *Starck*, Der Gesetzesbegriff, 1970, S. 285; *Detterbeck*, Jura 2002, 235 (238)

486 *Jarass*, NVwZ 1984, 473 (477); *Stober*, GewArch 1993, 136 (143)

487 *Jarass*, NVwZ 1984, 473 (477); *Stober*, GewArch 1993, 136 (142)

Eine wesentliche Grundrechtsbetroffenheit wird erwogen unter dem Gesichtspunkt, dass die Subventionsgewährung oft unter Auflagen erfolgt.[488] Dies ist jedoch nicht stichhaltig. Wie auch sonst im Leistungsrecht gilt das Antragsprinzip: Niemand ist verpflichtet, eine Subvention zu beantragen oder anzunehmen; wer die gestellten Auflagen nicht erfüllen will, dem steht es frei, auf die Subventionierung zu verzichten.[489] Einen Eingriff stellt die Subvention unter diesem Gesichtspunkt nicht dar.[490]

Die für den Empfänger vorteilhafte Subvention kann jedoch für Dritte, z.B. einen nicht geförderten Konkurrenten, einen Eingriff bedeuten. Zu beachten ist, dass Art. 12 GG nicht vor Konkurrenz schützt.[491] Ein Eingriff ist dennoch anzunehmen, wenn durch die Subventionierung eine marktverzerrende Wettbewerbssituation geschaffen wird.[492] Hierzu bietet es sich an, auf die Kriterien, die zur Vereinbarkeit staatlicher Beihilfen mit dem Gemeinsamen Markt entwickelt worden sind, zurückzugreifen.[493] Art. 12 GG schützt zwar nicht *vor Wettbewerb*, schützt aber *den Wettbewerb*.[494] Solche Subventionen bedürfen einer speziellen gesetzlichen Grundlage.[495] Bloße Etatsubventionierung reicht dazu nicht aus.

Grundrechtsrelevant sind auch Subventionen in Bereichen, in denen der Einzelne zur Grundrechtsverwirklichung in besonderer Weise auf den Staat angewiesen ist bzw. in denen jede staatliche Einmischung unmittelbar eine Beeinträchtigung herbeiführt, wie z.B. bei der Rundfunk- und Pressefreiheit, der Religionsfreiheit oder dem Verbot der Geschlechterdiskriminierung. In diesen besonders sensiblen Bereichen ist zur Subventionierung eine spezielle gesetzliche Grundlage erforderlich.

Fraglich ist, ob daneben die Wesentlichkeit der Materie noch aus anderen Gründen hergeleitet werden kann. In Betracht kommt das Budgetrecht des Parlaments aus Art. 110 I 1 GG. Durch die haushaltsmäßige Bereitstellung der Fördermittel ist jedoch schon eine eigene Entscheidung des Parlaments über Zweck und Höhe der veranschlagten Ausgabe gegeben.[496]

Im Allgemeinen – abgesehen von den obengenannten Sonderfällen – verstoßen Subventionsrichtlinien also nicht gegen den Vorenthalt des Gesetzes. Weil es sich

488 Vgl. *Jarass*, NVwZ 1984, 473 (477)

489 *Stober*, GewArch 1993, 136 (142)

490 Ähnlich *Jarass*, NVwZ 1984, 473 (477), der aber kein pauschales Urteil fällen will, sondern annimmt, dass es Nebenbestimmungen gibt, die eine Grundrechtsbeeinträchtigung auslösen (z.B. Auflagen an einen Künstler zur künstlerischen Gestaltung).

491 *Jarass*, NVwZ 1984, 473 (477)

492 *Rogmann*, Die Bindungswirkung von Verwaltungsvorschriften, 1998, S. 170; *Detterbeck*, Jura 2002, 235 (239); *Stober*, GewArch 1993, 136 (143f.)

493 *Rogmann*, Die Bindungswirkung von Verwaltungsvorschriften, 1998, S. 171

494 *Jarass*, NVwZ 1984, 473 (477)

495 *Detterbeck*, Jura 2002, 235 (239); *Ehlers*, DVBl 1986, 912 (922)

496 *Starck*, Der Gesetzesbegriff, 1970, S. 276; *Jarass*, NVwZ 1984, 473 (479)

dann um Rechtsetzung unterhalb der Wesentlichkeitsschwelle handelt, kann sie in Form von Verwaltungsvorschriften geschehen.[497]

cc) Mit Übergangs- oder Notfallregelungen sind Verwaltungsvorschriften gemeint, mit denen die Verwaltung auf neue oder überraschende Situationen reagiert, bevor eine Regelung durch Gesetz möglich ist, z.B. als Soforthilfeprogramme bei Naturkatastrophen oder konjunkturellen Krisen.

Die Form der Verwaltungsvorschrift ist dann zulässig, weil sie als weitgehend formfrei erlassbare Handlungsform dort besonders geeignet ist, wo schnelles Handeln erstes Gebot ist.[498] Man kann insofern von einer „Notkompetenz der Verwaltung" sprechen.[499] Zulässig ist dies jedoch nur für eine Übergangszeit, bei dauerhaften Maßnahmen wird ein späteres „Nachfassen" durch den Gesetzgeber erforderlich.[500]

Wie sich somit zeigt, sind gesetzesunabhängige Verwaltungsvorschriften nicht generell unzulässig. Auch hier ist es eine Frage des Einzelfalles, ob ein Verstoß gegen den Vorenthalt des Gesetzes vorliegt.

e) Organisationsvorschriften

Organisationsvorschriften sind Verwaltungsvorschriften, die Organisation und Verfahren der nachgeordneten Stellen ordnen. Als Urtyp der Verwaltungsvorschriften sind sie die einzige Art, die wirkliches Innenrecht enthalten kann.[501] Organisation und Verfahren spiegeln sich jedoch im außenrechtlichen Entscheidungsendergebnis wieder, daher gibt es Organisationsvorschriften, die den Außenrechtskreis betreffen und außenwirksam sind.

Fügen sie sich dann noch in das System der Rechtsquellen des Grundgesetzes ein? Das ist eine Frage des Einzelfalles,[502] ein genereller Verstoß kann wiederum nicht angenommen werden. Auch das Demokratieprinzip rechtfertigt keinen allumfassenden Parlamentsvorbehalt.[503] Wegen der erheblichen Bedeutung für das Staat-Bürger-Verhältnis müssen jedoch jedenfalls die Grundzüge der Behördenzuständigkeiten, des Verwaltungsverfahrens und der Verwaltungsorganisation in formellen

497 So auch *Rogmann*, Die Bindungswirkung von Verwaltungsvorschriften, 1998, S. 178; *Jarass*, NVwZ 1984, 473 (480)

498 *Detterbeck*, Jura 2002, 235 (239)

499 *Birk* in: H/H/Sp, AO, § 4 Rn. 88

500 Vgl. dazu BVerfGE 49, 89 (130)

501 s.o. § 3 B

502 Beachte das Urteil des VerfGH NW zur Zusammenlegung von Innen- und Justizministerium durch Ministerialerlass: VerfGH 11/98, Urt. v. 09.02.1999, OVGE MüLü 47, 280ff. = NJW 1999, 1243ff. = DVBl 1999, 714ff. = NWVBl 1999, 176ff. = DriZ 1999, 99ff. = MDR 1999, 512ff. = DÖV 1999, 427ff. = JZ 1999, 1109ff.

503 VerfGH NW, NJW 1999, 1243 (1244); *Brinktrine*, Jura 2000, 123 (128)

Gesetzen geregelt sein.[504] Wenn allerdings Regelungen primär Ausdruck der Vorgesetztenfunktion des Behördenleiters sind und nicht sinnvoll von anderen Stellen, erst Recht nicht von Stellen außerhalb der Verwaltung, wahrgenommen werden können, ist die Handlungsform der Verwaltungsvorschrift opportun.

Organisationsvorschriften stellen sich demnach grundsätzlich als zulässige Handlungsform dar. Ob ein unzulässiger Verstoß gegen die Systematik der Rechtsquellen und der Handlungsformenwahl vorliegt, ist eine Frage des konkreten Einzelfalles.

C Verhältnis Judikative - Exekutive

Die genannte Außenwirksamkeit von Verwaltungsvorschriften zeichnet sich insbesondere dadurch aus, dass sie Wirkung auch gegenüber dem Rechtsschutz suchenden Bürger erzielen. Es bleibt zu untersuchen, was diese Wirkung für den die Verwaltung kontrollierenden Richter genau bedeutet. Denkbar und verfassungsrechtlich rechtfertigungsbedürftig wäre etwa eine damit verbundene Einschränkung von Prüfkompetenzen der dritten Gewalt. Eine Bindung der Gerichte an Verwaltungsvorschriften kommt jedoch in den Bereichen in Betracht, in denen die gerichtliche Kontrolle ohnehin eingeschränkt ist.[505] Problematisch unter dem Gesichtspunkt der Praktikabilität ist nicht nur eine Einschränkung sondern auch eine ausufernde Ausdehnung der gerichtlichen Prüfungspflichten.

Wie auch die Zulässigkeit der Handlungsform im Rechtsquellensystem abhängig von der Ausgestaltung der einzelnen Typen von Verwaltungsvorschriften ist, ist der Bereich der Zulässigkeit von Verwaltungsvorschriften vor dem Hintergrund der verfassungsrechtlichen Kompetenzen der dritten Gewalt getrennt nach den verschiedenen Vorschriftsarten zu erarbeiten.

I. Ermessensrichtlinien

Ermessensrichtlinien treten zwischen die gesetzliche Ermessensermächtigung und den Einzelakt, wie er dem Bürger gegenüber ergeht. Außenwirkung hat die Ermessensrichtlinie, weil sie das Gesetz generell-abstrakt konkretisiert und so einen Teil der konkreten Einzelentscheidung vorweg nimmt. Welche Auswirkungen hat es auf den Verwaltungsprozess, wenn die behördliche Ermessensbetätigung durch eine Verwaltungsvorschrift gesteuert wird?

Ermessen wird vom Gesetzgeber eingeräumt, um der Verwaltung ein Eingehen auf die Besonderheiten des Einzelfalles zu ermöglichen. So können nicht nur rechtliche Gesichtspunkte berücksichtigt werden, sondern auch Zweckmäßigkeitsüberle-

504 *Detterbeck*, Jura 2002, 235 (240); vgl auch *Ehlers* in: Erichsen/Ehlers, Allg. VerwR, 13. Aufl. 2006, § 2 Rn. 45

505 *Rogmann*, Die Bindungswirkung von Verwaltungsvorschriften, 1998, S. 82f.; a.A.: *Kautz*, GewArch 2000, 230 (235)

gungen. Für diese gibt es keine rechtlichen Kontrollmaßstäbe, daher ist die gerichtliche Überprüfung von Ermessensentscheidungen gemäß § 114 VwGO eingeschränkt.[506] Gerichtskontrolle findet nur hinsichtlich der Frage statt, ob die äußeren Grenzen des Ermessens und der Zweck der Ermessensermächtigung beachtet wurden.[507] Entwickelt hat sich daraus der Katalog der bekannten Ermessensfehler: Eine Ermessensüberschreitung liegt vor, wenn eine nicht mehr im Rahmen der Ermessensermächtigung liegende Rechtsfolge gewählt wurde.[508] Um eine Ermessensunterschreitung handelt es sich, wenn von dem zustehenden Ermessen kein Gebrauch gemacht wurde.[509] Ermessensmissbrauch liegt vor, wenn nicht der Zweck der Ermessensermächtigung sondern sachfremde Erwägungen das Ergebnis der Ermessensbetätigung bestimmt haben.[510] Wenn es keine Ermessensrichtlinie gibt, erfolgt die gerichtliche Überprüfung des Einzelakts anhand dieses Katalogs in zwei Stufen: In einem ersten Schritt wird nach der Verfassungsmäßigkeit der zu Grunde liegenden und zum Ermessen ermächtigenden Norm gefragt. Sodann wird der Einzelakt auf dieser Grundlage auf Ermessensfehler untersucht.

Liegt eine Ermessensrichtlinie vor, muss dieses Programm um eine dritte zwischengeschaltete Stufe erweitert werden:[511] Zunächst ist wiederum die Verfassungsmäßigkeit der Ermessensermächtigung zu untersuchen. Dann folgt die Kontrolle der Ermessensrichtlinie. Entspricht sie den formellen und materiellen Tatbestandsanforderungen der gesetzlichen Ermessensermächtigung? Es ist zu fragen, ob bei der generellen Ermessensbetätigung kein Ermessensfehler unterlaufen ist. Insbesondere liegt eine Ermessensüberschreitung vor, wenn die Ermessensrichtlinie das nachfolgende Einzelfallhandeln so strikt bindet, dass dort überhaupt kein Raum mehr für eine Berücksichtigung der Besonderheiten des Einzelfalles bleibt.[512] Schließlich muss geprüft werden, ob der Einzelakt als solcher rechtmäßig ist, d.h. ob er der Ermessensrichtlinie entspricht und nicht seinerseits Ermessensfehler enthält.[513]

Vergleicht man die verschiedenen Schritte der gerichtlichen Untersuchung von Ermessensentscheidungen sowohl bei Bestehen einer Ermessensrichtlinie als auch

506 *Gerhardt* in: Schoch/Schmidt-Aßmann/Pietzner, VwGO, 1. EL Mai 1997, Vorb § 113 Rn. 18; *W. Schmidt*, Gesetzesvollziehung, 1969, S. 139; *Diekötter*, Die Auswirkung von Verfahrensfehlern, 1997, 52; *Erichsen/Klüsche*, Jura 2000, 540 (544); *Remmert*, Jura 2004, 728 (733)

507 *Gerhardt* in: Schoch/Schmidt-Aßmann/Pietzner, VwGO, 1. EL Mai 1997, Vorb § 113 Rn. 20; *A. Leisner*, JZ 2002, 219 (227)

508 *Maurer*, Allg. VerwR, 14. Aufl. 2002, § 7 Rn. 20

509 *Maurer*, Allg. VerwR, 14. Aufl. 2002, § 7 Rn. 21

510 *Maurer*, Allg. VerwR, 14. Aufl. 2002, § 7 Rn. 22

511 Ähnlich: *Schmidt-Aßmann*, VVDStRL 34 (1976), 221 (256) und *Schröder*, Verwaltungsvorschriften, 1987, S. 128

512 *Schröder*, Verwaltungsvorschriften, 1987, S. 34; *Lange*, NJW 1992, 1193 (1195)

513 Ebenfalls für eine zweistufige Prüfung: *Rudisile*, Verwaltungsvorschriften, 1987, S. 360f.; *Schröder*, Verwaltungsvorschriften, 1987, S. 123

ohne eine solche, fällt auf, dass das Prüfprogramm zwar im Prüfungsverlauf abweicht, jedoch inhaltlich die gleichen Prüfungsmaßstäbe abhandelt.

Kritisch in diesem Sinne ist nur der Fall, dass der Einzelakt von den Anforderungen der selbst rechtmäßigen Ermessensrichtlinie abweicht. Führt allein diese Abweichung schon zur Rechtswidrigkeit des Verwaltungsaktes? Geht man von der Außenwirkung von Ermessensrichtlinien aus, bedeutet diese, dass die Verbindlichkeit der Richtlinie im Innenraum der Verwaltung auch nach außen gilt. Ein Einzelakt, der gegen die verbindlichen Vorgaben einer Verwaltungsvorschrift verstößt, muss dann auch im Gerichtsverfahren grundsätzlich den Stempel der Rechtswidrigkeit aufgedrückt bekommen. Ergibt sich dagegen eine andere Beurteilung, wenn man das gerichtliche Verfahren bei herkömmlicher Vorgehensweise betrachtet?

Auch nach konservativer Anschauung wird den Ermessensrichtlinien faktische Relevanz nicht abgesprochen.[514] Sie wird aktuell über die Selbstbindungskonstruktion. Die Grundrechte markieren die Grenzen der Ermessensbetätigung.[515] Deshalb muss die Verwaltung sich bei Vorliegen einer Ermessensrichtlinie für ihre Entscheidungen an einer etwa eingetretenen Selbstbindung festhalten lassen. Sie darf nicht willkürlich in einem gleich gelagerten Fall ihr Ermessen nach anderen Maßstäben ausüben.

Verstößt ein Verwaltungsakt gegen eine rechtmäßige begünstigende Ermessensrichtlinie, hat der klagende Bürger einen vom Gericht zu beachtenden Anspruch auf gleiche Begünstigung aus Art. 3 I GG. In diesem Fall wird dann die Verwaltungsvorschrift, soweit sie die herrschende Verwaltungspraxis korrekt widerspiegelt, ebenso zum Prüfungsprogramm wie bei Anerkennung ihrer unmittelbaren Außenwirkung.

Fraglich ist, wie sich die Situation bei Verstoß des Einzelaktes gegen eine rechtmäßige nicht begünstigende Verwaltungsvorschrift darstellt. Auf den ersten Blick scheint hier eine Selbstbindung der Verwaltung auszuscheiden: Niemand wird ein Recht auf gleiche *Benachteiligung* geltend machen wollen. Mit dieser Sichtweise würde jedoch die objektivrechtliche Bedeutung der Grundrechte als Werteordnung verkannt. Art. 3 I GG in Verbindung mit Art. 20 III GG verlangt, dass sich der Staat bei der Ausübung seiner Hoheitsbefugnisse folgerichtig und willkürfrei verhält.[516] Unabhängig von der Geltendmachung subjektiver Rechte muss sich der Staat bzw. die handelnde Verwaltung an eigenen Rechtsentscheidungen, wie sie in Verwaltungsvorschriften oder einer bestehenden Verwaltungspraxis zum Ausdruck kommen, festhalten lassen.[517] Richtigerweise führt auch eine Abweichung zu Gunsten

514 Vgl. *Remmert*, Jura 2004, 728 (730)

515 Vgl. *Schmidt-Aßmann*, DVBl 1997, 281 (282)

516 *Wallerath*, Die Selbstbindung, 1968, S. 63; vorsichtig noch *Ossenbühl*, DVBl 1981, 857 (860)

517 *Hesse*, FS Smend, 1962, 71 (82); *Lange* in: Hoffmann-Riem/Schmidt-Aßmann/Schuppert, Reform, 1993, 307 (324); *Lange*, NJW 1992, 1193 (1195)

des Bürgers von einer belastenden Ermessensrichtlinie zur Rechtswidrigkeit des Einzelaktes.[518]

Damit ist als Ergebnis festzuhalten, dass die Anerkennung der Außenwirkung von Ermessensrichtlinien im Verwaltungsprozess grundsätzlich zu keiner Änderung der richterlichen Kontrollbefugnisse und Kontrollmaßstäbe führt. Ermessensrichtlinien bedeuten keinen ungerechtfertigten Eingriff in das im Rahmen des Gewaltenteilungsprinzips vorgesehene Verhältnis von Exekutive und Judikative.

II. Normkonkretisierende Verwaltungsvorschriften

Nach den Ausführungen zur Anerkennung der Außenwirkung von norminterpretierenden Verwaltungsvorschriften ist die gesonderte Rechtsfigur normkonkretisierender Verwaltungsvorschriften entbehrlich. Soll damit eine weitergehende Regelungsbefugnis der Exekutive zum Tragen kommen, läge zudem ein Verstoß gegen den Vorenthalt des Gesetzes vor. Solche Steuerungsbedürfnisse können nur durch Verordnungsgebung unter den Voraussetzungen des Art. 80 I GG befriedigt werden.

III. Norminterpretierende Verwaltungsvorschriften

Norminterpretierende Verwaltungsvorschriften leiten die Verwaltung bei der Anwendung von unbestimmten Rechtsbegriffen an. Die Beurteilung von Rechtsfragen, die dabei im Vordergrund steht, ist grundsätzlich vornehmste Aufgabe der Gerichte.[519] Daher sollen nach traditioneller Auffassung norminterpretierende Verwaltungsvorschriften für den Verwaltungsprozess keine andere Bedeutung haben, als sie Stellungnahmen der rechtswissenschaftlichen Literatur zukommt.[520] Das Gericht soll sich ihnen höchstens aus eigener Überzeugung anschließen können.[521] Eine solche Beliebigkeit der Beachtlichkeit von norminterpretierenden Verwaltungsvorschriften lässt sich jedoch nicht mit ihrer oben festgestellten Außenwirkung vereinbaren. Auf der Grundlage der bestehenden Außenwirkung muss also die Rolle norminterpretierender Verwaltungsvorschriften im Verwaltungsprozess neu bedacht werden.

Wird das Gericht zur Kontrolle eines Verwaltungsaktes eingeschaltet – sei es, um ihn aufzuheben, sei es, um die Behörde zu verpflichten, ihn zu erlassen – überprüft das Gericht im Normalfall, d.h. bei Fehlen einer Verwaltungsvorschrift, zunächst die

518 *Wallerath*, Die Selbstbindung, 1968, S. 71; *Lange* in: Hoffmann-Riem/Schmidt-Aßmann/Schuppert, Reform, 1993, 307 (324); a.A.: *Klein*, FS Forsthoff, 1967, 163 (178)

519 *Guckelberger*, DV 35 (2002), 61 (79); *Schmidt-Aßmann*, VVDStRL 34 (1976), 221 (233f.)

520 *Rudisile*, Verwaltungsvorschriften, 1987, S. 363; *Schröder*, Verwaltungsvorschriften, 1987, S. 18; *Beckmann*, DVBl 1987, 611 (615)

521 BVerfGE 78, 214 (230); BVerwGE 107, 338 (340); *Guckelberger*, DV 35 (2002), 61 (80)

Verfassungsmäßigkeit der gesetzlichen Ermächtigungsgrundlage für den Einzelakt. Im zweiten Schritt wird auf den Einzelakt als solchen eingegangen. Er muss den Anforderungen des Gesetzes und allgemeinen verfassungs- sowie verwaltungsrechtlichen Grundsätzen entsprechen.

Besteht hingegen eine norminterpretierende Verwaltungsvorschrift, muss um ihrer Außenwirkung Willen in dieses Raster wiederum eine Zwischenstufe eingeschoben werden: Auf die Kontrolle der Verfassungsmäßigkeit des Ausgangsgesetzes folgt die Prüfung, ob die Verwaltungsvorschrift eine korrekte Auslegung des Gesetzes darstellt. Erst dann ist festzustellen, ob der Verwaltungsakt der Verwaltungsvorschrift entspricht. Fraglich ist, welche Konsequenzen aus dem abgewandelten Prüfungsmuster für die Rolle des Richters im Verwaltungsprozess erwachsen.

Eröffnet das Gesetz nur eine mögliche Anwendungsentscheidung, etwa weil der an sich unbestimmte Rechtsbegriff durch eine langjährige Rechtsprechung und anerkannte Fallgruppenbildung eine feststehende Bedeutung erhalten hat,[522] muss die Anwendung der rechtmäßigen Verwaltungsvorschrift zum gleichen Ergebnis führen wie die unmittelbare Auslegung des Gesetzes durch das Gericht. Kommt die Verwaltungsvorschrift zu einem anderen Ergebnis, ist sie unrichtig und daher rechtswidrig. Das Gericht kann und muss sie für den Einzelfall verwerfen. Durch die nachvollziehende Verwaltungskontrolle an Hand einer norminterpretierenden Verwaltungsvorschrift wird also das Gericht hinsichtlich seines Prüfungsmusters zwar an eine veränderte Stufenfolge der Prüfung gebunden, eine Einschränkung seiner Kontrollbefugnisse ergibt sich daraus jedoch nicht, da auch die Rechtmäßigkeit der Verwaltungsvorschrift vollständig geprüft wird.[523] Dabei entsteht kein unzulässiger Mehraufwand durch die Zwischenschaltung der Vorschriftenkontrolle, da der inhaltliche Prüfungsaufwand nicht erheblich zunimmt, sondern lediglich die auch bei alleinigem Vorliegen eines Einzelaktes abzuhandelnden Prüfungspunkte auf mehrere Stufen verteilt werden.

Ist die Gesetzesvorschrift so unbestimmt, dass zugleich mehrere Entscheidungen als richtige Konkretisierung des Gesetzesinhalts in Betracht kommen,[524] stellt die

522 *Seiler*, Auslegung als Normkonkretisierung, 2000, S. 42f.; *Bleckmann*, JZ 1995, 685 (686); *Ladeur*, DÖV 2000, 217 (221) spricht von einer „relativ stabilen Wissensbasis".

523 *Schröder*, Verwaltungsvorschriften, 1987, S. 123; vgl. auch *Sauerland*, Die Verwaltungsvorschrift, 2005, S. 370ff.

524 Diese Annahme steht im Widerspruch zum Dogma von „der einzig richtigen Entscheidung", wonach es für die Auslegung unbestimmten Rechtsbegriffen nur ein zutreffendes Ergebnis geben kann: *Rogmann*, Die Bindungswirkung von Verwaltungsvorschriften, 1998, S. 182; diese Auffassung wird heute jedoch aus normtheoretischen und normstrukturellen Gründen zunehmend und zu Recht in Zweifel gezogen. Vgl. *W. Schmidt*, Gesetzesvollziehung, 1969, S. 178f.; *Hansen*, Fachliche Weisung, 1971, S. 238; *Thieme*, Entscheidungen, 1981, S. 109; *Pitschas*, Verwaltungsverantwortung, 1990, S. 33; *Wehr*, Inzidente Normverwerfung, 1998, S. 153ff.; *Bleckmann*, JZ 1995, 685; *Evers* in: Starck, D. Allgemeinheit des Gesetzes, 1987, 96 (132); *Herdegen*, AöR 114 (1989), 607 (633); *Kind*, DÖV 1988, 679 (681); *W. Schmidt*, JuS 1971, 184 (188); *Vogel*, VVDStRL 24 (1965), 125 (161); *Krebs*, VerwArch 70 (1979),

(rechtmäßige) Norminterpretation durch die Verwaltungsvorschrift nur eine mögliche Auslegungs- und Subsumtionsentscheidung dar. Die Außenwirkung und daraus folgende Verbindlichkeit der Verwaltungsvorschrift für den Richter bedeutet dann, dass das Gericht im Prozess im Rahmen der zweiten Prüfungsstufe auf eine Abwägungskontrolle beschränkt ist. Das Gericht hat lediglich die Aufgabe, im Sinne einer Negativprüfung zu untersuchen, ob es durch seine eigene Auslegung die in der Verwaltungsvorschrift vorgenommene Konkretisierung erschüttern kann.[525] Stellt sich die Verwaltungsvorschrift als rechtmäßig dar, ist das Gericht nicht befugt, einer anderen denkbaren Auslegung den Vorrang einzuräumen.[526] Dies wäre eine Zweckmäßigkeitsüberlegung, die der Rechtsprechung grundsätzlich nicht zusteht.[527]

Damit geht jedoch wiederum keine Einschränkung der richterlichen Befugnisse einher, denn eine volle Rechtmäßigkeitskontrolle an Hand der Maßstäbe, wie sie in dem zu Grunde liegenden Gesetz zum Ausdruck kommen, wird dadurch nicht unterbunden. Wo das Gesetz allerdings keine Prüfungsmaßstäbe bereithält, muss sich der Richter in Zurückhaltung üben.[528] Weil es der Rechtsprechung an personeller demokratischer Legitimation mangelt, beruht ihre demokratische Legitimation allein auf der Verfassung und dem jeweils zur Anwendung kommenden Gesetz.[529] Insofern ist sie in weit höherem Maße auf die Vorgaben des Rechts angewiesen als die Verwaltung.[530] Bei Offenheit der gesetzlichen Vorgaben ist die Verwaltung besser als die Gerichte zur Ausfüllung der Offenheit durch eigene Entscheidungen geeignet.[531]

259 (268). Bei Normen mit Beurteilungsspielraum ist die mit der Gestaltungsmöglichkeit der Exekutive verbundene Letztentscheidungsbefugnis anerkannt: Vgl. *Erichsen*, DVBl 1985, 22 (23ff.) und schon *Ule*, GS W. Jellinek, 1955, 309 (326); *Bachof*, JZ 1955, 97 (101). *Gerhardt*, NJW 1989, 2233 (2235) bezeichnend: „Fiktion der abstrakten Auslegbarkeit sog. unbestimmter Rechtsbegriffe"; ebenso in: Schoch/Schmidt-Aßmann/Pietzner, VwGO, 1. EL Mai 1997, Vorb § 113 Rn. 24

525 *Schmidt-Aßmann*, DVBl 1997, 281 (288): „Nacharbeiten" als Leitvorstellung; so auch *Schröder*, Verwaltungsvorschriften, 1987, S. 50; *W. Schmidt*, Gesetzesvollziehung, 1969, S. 141; *W. Schmidt*, JuS 7191, 184 (188); *Gerhardt*, NJW 1989, 2233 (2240) und für die Verordnungsgebung: *Schulze-Fielitz*, JZ 1993, 772 (781); *Bleckmann*, JZ 1995, 685 (687). A.A.: *Erichsen*, FS Kruse, 2001, 39 (51f.)

526 *W. Schmidt*, Gesetzesvollziehung, 1969, S. 141; *Zimmer*, Funktion-Kompetenz-Legitimation, 1979, 353; *Kind*, DÖV 1988, 679 (683f.) verweist dazu auf den Umstand, dass den Gerichten bei notwendiger Sprachfestsetzung keine „Substitutionskompetenz" zukomme.

527 *Schmidt-Aßmann*, VVDStRL 34 (1976), 221 (258); *Ule*, GS W. Jellinek, 1955, 309 (328)

528 BVerfGE 49, 89 (131); *Kopp* in: Götz/Klein/Starck, Die öffentliche Verwaltung zwischen Gesetzgebung und richterlicher Kontrolle, 1985, S. 146 (156); *Diekötter*, Die Auswirkung von Verfahrensfehlern, 1997, 52; *Erichsen*, DVBl 1985, 22 (28); *Gerhardt*, NJW 1989, 2233 (2239); *Herdegen*, AöR 114 (1989), 607 (621); *Hoffmann-Riem*, AöR 130 (2005), 5 (41f.); *Oebbecke*, NVwZ 2003, 1313 (1316); *Scholz*, VVDStRL 34 (1976), 145 (174)

529 *Brohm*, Verwaltung u Verwaltungsgerichtsbarkeit, 1986, S. 13; *Herdegen*, AöR 114 (1989), 607 (620f.); *Schmidt-Aßmann*, VVDStRL 34 (1976), 221 (234)

530 *Brohm*, Verwaltung u Verwaltungsgerichtsbarkeit, 1986, S. 13; *Schmidt-Aßmann*, VVDStRL 34 (1976), 221 (234)

531 *Brohm*, Verwaltung u Verwaltungsgerichtsbarkeit, 1986, S. 14; *Herdegen*, AöR 114 (1989), 607 (623); *Hill*, NVwZ 1989, 401 (404); *Hoffmann-Riem*, AöR 130 (2005), 5 (52); *Gerhardt* in: Schoch/Schmidt-Aßmann/Pietzner, VwGO, 1. EL Mai 1997, Vorb § 113 Rn. 24; ein-

Verwaltungsaufgaben und Verwaltungsentscheidungsverfahren sind stärker in die Zukunft gerichtet. Die Verwaltung verfügt auf Grund ihres Informationssystems über einen größeren Problemhorizont und ist damit zu einer breiteren und nicht nur punktuellen Interessenberücksichtigung in der Lage.[532] Sie trägt eine spezifische Gemeinwohlverantwortung.[533] Eine Vorrangstellung der Exekutive bei der Gesetzesanwendung folgt mithin auch aus dem System einer funktionsgerechten Funktionengliederung.[534]

Daher können norminterpretierende Verwaltungsvorschriften nicht bloß als Stellungnahmen der rechtswissenschaftlichen Literatur abgetan werden, sondern stellen eine verbindliche Erstinterpretation der Gesetze dar.[535] Sie stehen dabei jedoch unter dem Vorbehalt der nachprüfbaren Rechtmäßigkeit.

Diese Sichtweise hat den Vorteil, widerspruchsfrei erklären zu können, warum z.B. bestimmte Verwaltungsvorschriften zur Vereinfachung der Sachverhaltsermittlung im Steuerrecht auch im Verwaltungsprozess beachtlich sein sollen.[536] Zudem ist es dann möglich, ohne die unzulässige Figur der normkonkretisiernden Verwaltungsvorschrift auszukommen. Sie lässt sich inhaltlich gleichwertig entweder in norminterpretierende Verwaltungsvorschriften oder Rechtsverordnungen überführen.

Die Anerkennung der Außenwirksamkeit von norminterpretierenden Verwaltungsvorschriften führt nur zu einer Einschränkung der richterlichen Kontrollpraxis hinsichtlich der Zweckmäßigkeitsentscheidungen, die Befugnis zur Rechtmäßigkeitskontrolle wird nicht angetastet. Eine Verzerrung des Gewaltenteilungsprinzips ist daher nicht zu befürchten.

schränkend *Schmidt-Aßmann*, VVDStRL 34 (1976), 221 (253f. Fn. 111): nur bei komplexen Verwaltungsentscheidungen („Verwaltungsprogramm")

532 *Brohm*, Verwaltung u Verwaltungsgerichtsbarkeit, 1986, S. 14; *Hill*, NVwZ 1989, 401 (404); *Scholz*, VVDStRL 34 (1976), 145 (155)

533 *Pitschas*, Verwaltungsverantwortung, 1990, S. 256; *Scholz*, VVDStRL 34 (1976), 145 (151)

534 *Brohm*, Verwaltung u Verwaltungsgerichtsbarkeit, 1986, S. 14; *Hill*, NVwZ 1989, 401 (404f.); *Hoffmann-Riem*, AöR 130 (2005), 5 (52)

535 *Kopp* in: Götz/Klein/Starck, Die öffentliche Verwaltung zwischen Gesetzgebung und richterlicher Kontrolle, 1985, S. 146 (157); *Herdegen*, AöR 114 (1989), 607 (623)

536 Vgl. *Erichsen*, FS Kruse, 2001, 39 (46 u. Fn. 44) unter Verweis auf die st. Rspr. des BFH: BStBl. II 1981, 255 (258); 1982, 500 (501); 1984, 554; 1986, 200 (205); 392; 824; 1988, 780; 1990, 493; 1991, 459; 558; 752; 1992, 1000; 1994, 529 (531); 534 (536); 1998, 292 (293ff.); auch BVerfG, StuW 1994, 354 (355); *A. Leisner*, JZ 2002, 219 (220); *Jachmann*, StuW 1994, 347 (352); *Osterloh*, JuS 1990, 100 (102) sowie die Darstellung bei *Trzaskalik* in: Tipke, Grenzen der Rechtsfortbildung, 1982, 315 (328ff.)

IV. Gesetzesunabhängige Verwaltungsvorschriften

Gesetzesunabhängige Verwaltungsvorschriften sind das Instrument, das der Verwaltung zur Festlegung eines Vollzugsprogramms in den Bereichen dient, in denen der Gesetzgeber der Exekutive lediglich allgemein eine Aufgabe zugewiesen hat und ihr ansonsten das weitere Vorgehen überlässt. Hier befindet sich die Verwaltung in einem Raum eigener „freier" Gestaltung. In der Dogmatik der Verwaltungsvorschriften wird er behandelt wie ein Ermessensspielraum und das Verwaltungshandeln an der Selbstbindungskonstruktion gemessen.[537]

Entsprechend der fehlenden Maßstabssetzung durch Gesetz wird die gerichtliche Kontrolle zurückgenommen. Ruft ein Bürger wegen eines erlassenen, unterlassenen oder abgelehnten Verwaltungsaktes in diesem Bereich ein Gericht an, prüft es nach der gängigen Praxis nur, ob die Verwaltung auf Grund einer ihr zustehenden Aufgabe gehandelt hat, ob der daraus folgende Rechtsakt nicht über den so umgrenzten Aufgabenbereich hinausgeht und nicht gegen höherrangiges Recht verstößt.[538]

Geht man hingegen von der Außenwirkung gesetzesunabhängiger Verwaltungsvorschriften aus, ist die Verwaltungsvorschrift „nicht nur Gegenstand sondern auch Maßstab der gerichtlichen Kontrolle"[539] mit der Konsequenz, dass nach der Feststellung der gesetzlichen Aufgabenzuweisung weiter zu fragen ist, ob die Verwaltungsvorschrift sich an den festgelegten Aufgabenkreis hält, nicht gegen höherrangiges Recht verstößt und schließlich, ob der angegriffene bzw. erstrebte Rechtsakt den Anforderungen der Verwaltungsvorschrift entspricht.

Ebenso wie bei den ähnlichen Ermessensrichtlinien wird demnach die Gerichtskontrolle nicht eingeschränkt, sondern ausgedehnt. Das Prüfungsprogramm wird um die Auslegung und Anwendung der gesetzesunabhängigen Verwaltungsvorschrift erweitert.

Nach ständiger Rechtsprechung werden Verwaltungsvorschriften nicht wie allgemeinverbindliche Rechtssätze aus sich heraus objektiv ausgelegt.[540] Als verwaltungsinterne Willenserklärungen muss vielmehr nach dem wirklichen subjektiven Willen des Normgebers, wie er in einer gebilligten und geduldeten Verwaltungspraxis zum Ausdruck kommt, gefragt werden.[541] Besteht im Regelungsbereich der Verwaltungsvorschrift eine Lücke, kann sie nicht im Wege der Analogie geschlos-

537 BVerwGE 58, 45 (51); vgl. auch *Hamann*, VerwArch 73 (1982), 28ff.

538 BVerwGE 94, 326 (331f.); 58, 45 (51); Bay. VGH, NVwZ 1999, 1124 (1126)

539 *Möstl* in: Erichsen/Ehlers, Allg VerwR, § 19 Rn. 21; *Herdegen*, AöR 114 (1989), 607 (642); *Sauerland*, Die Verwaltungsvorschrift im System der Rechtsquellen, 2005, S. 370; *Axer*, Normsetzung der Exekutive, 2000, S. 185f.; a.A.: BVerfGE 78, 214 (227)

540 BVerwGE 58, 45 (51); *Jachmann*, StuW 1994, 347 (352); *Klein*, FS Forsthoff, 1967, 163 (177)

541 BVerwGE 79, 249 (250); *Hamann*, VerwArch 73 (1982), 28 (30f.); *Jachmann*, ZBR 1997, 342 (343); *Schwerdtfeger*, NVwZ 1984, 486 (488); *Uerpmann*, BayVBl 2000, 705 (710); *Stober* in: Wolff/Bachof/Stober/Kluth, VerwR I, 12. Aufl. 2007, § 24 Rn. 26

sen werden.[542] Dieser Umweg über die Verwaltungspraxis ist für die Rechtsprechung deshalb erforderlich, weil es im Rahmen der Selbstbindungskonstruktion eben vordringlich um eine gleiche Behandlung, d.h. um ein tatsächliches Verwaltungshandeln geht.

Diese Orientierung an dem beliebigen, weil nicht kontrollierten Willen des Normgebers muss insbesondere dort versagen, wo etwa durch gesetzesunabhängige Verwaltungsvorschriften ein ausdifferenziertes und komplexes Regelungssystem geschaffen wird, auf das der Bürger für seine Rechtsverwirklichung angewiesen ist. So heißt es denn auch in der Rechtsprechung, dass bestimmte Verwaltungsvorschriften wegen ihrer herausragenden Bedeutung wie Rechtssätze gelten.[543] Sie können und müssen dann wie revisibles Recht interpretiert werden.[544]

Das uneinheitliche Bild kann aufgelöst werden, wenn man die Außenwirkung von Verwaltungsvorschriften anerkennt. Ist klar, dass Verwaltungsvorschriften eine eigene Kategorie von Rechtssätzen bilden, spricht nichts dagegen, sie auch wie Rechtssätze zu interpretieren und anzuwenden.[545] Eine andere Frage ist es, ob eine abweichende Verwaltungspraxis zur Derogation und Unbeachtlichkeit der Verwaltungsvorschrift führen kann. Das soll jedoch erst im zweiten Teil dieser Arbeit behandelt werden.[546]

Die Anerkennung der Außenwirkung gesetzesunabhängiger Verwaltungsvorschriften führt mithin nicht zu einer Verzerrung des Gewaltenteilungsprinzips. Gerichtliche Kontrollbefugnisse werden nicht eingeschränkt, sondern auf die Auslegung der Verwaltungsvorschriften ausgedehnt. Damit ist jedoch auch keine Einschränkung von Kompetenzen der Verwaltung verbunden. Als Normautor hat sie es selbst in der Hand, durch jederzeitige Anpassung der Verwaltungsvorschrift Fehler auszugleichen und veränderte Bedürfnisse oder Vorstellungen zu berücksichtigen.

Gesetzesunabhängige Verwaltungsvorschriften können mithin die Balance zwischen Verwaltung und Rechtsprechung nicht aus dem Gleichgewicht bringen.

V. Organisationsvorschriften

Organisationsvorschriften regeln Organisation und Verfahren der nachgeordneten Verwaltungsstellen. Sie können sowohl im gesetzesgeleiteten wie im gesetzesfreien Raum auftreten. Sofern sie auf ein Außenhandeln der Verwaltung z. B. durch Ver-

542 *Hamann*, VerwArch 73 (1982), 28 (32)

543 Z.B. die BhV: BVerwGE 121, 103 (107f.); *Jachmann*, ZBR 1997, 342 (343f.); *Saurer*, DÖV 2005, 587 (890)

544 BVerwGE 121, 103 (108); 110, 216 (218f.); 107, 338 (340f.); 79, 249 (251); 72, 119 (121f.); *Guckelberger*, DV 35 (2002), 61 (66, abweichend: S. 72ff.); *Jachmann*, ZBR 1997, 342 (343f.); *Saurer*, DÖV 2005, 587 (590)

545 Ebenso: *Trzaskalik* in: Tipke, Grenzen der Rechtsfortbildung, 1982, 315 (323)

546 Vgl. 2.Teil § 1 C I 5

waltungsakt einwirken, indem sie formelle Voraussetzungen formulieren, können sie auch im Verwaltungsprozess eine Rolle spielen. Je nachdem, ob und was es dabei für eine gesetzliche Grundlage gibt, lassen sie sich in Bezug auf die gerichtlichen Kontrollbefugnisse auf das zu Ermessensrichtlinien, norminterpretierenden und gesetzesunabhängigen Verwaltungsvorschriften Gesagte zurückführen. Ihre Außenwirkung verstößt daher ebensowenig wie diese gegen verfassungsrechtlich gewährleistete Kompetenzen der Rechtsprechung.

D Ergebnis

Alle Arten von Verwaltungsvorschriften haben Außenwirkung. Diese Form der administrativen Rechtsetzung ist jedoch nur zulässig, wenn nicht inhaltlich gegen den Vorenthalt des Gesetzes verstoßen wird. Das ist im Allgemeinen eine Frage des Einzelfalles und nicht generell anzunehmen. Nur der Typ der normkonkretisierenden Verwaltungsvorschrift geht über den der Handlungsform zukommenden begrenzten Steuerungsrahmen hinaus, indem die Wesentlichkeitsschwelle überschritten wird. Normkonkretisierende Verwaltungsvorschriften sind daher abzulehnen.

Aus dem Verhältnis zwischen Judikative und Exekutive ergeben sich keine grundsätzlichen Bedenken gegen die Annahme der Außenwirkung von Verwaltungsvorschriften. Zur Verhaltenssteuerung der Verwaltung in Form von norminterpretierenden, ermessenslenkenden und Organisationsvorschriften können sie zulässig eingesetzt werden, gleiches gilt für gesetzesunabhängige Verwaltungsvorschriften, sofern der Vorenthalt des Gesetzes im Einzelfall gewahrt ist. Letztlich kann die Verwaltung überall dort zulässigerweise Verwaltungsvorschriften erlassen, wo sie auch in Verwaltungsaktform handeln darf.[547]

§ 5 Entstehungsbedingungen von Verwaltungsvorschriften

Entstehungsbedingungen sind die Voraussetzungen, die unerlässlich sind, damit überhaupt eine Verwaltungsvorschrift zur Entstehung gelangt. Werden sie nicht eingehalten, fehlt es an der hinreichenden Ähnlichkeit mit einem gültigen Staatsakt, sodass die intendierten Rechtswirkungen nicht eintreten. Man spricht dann von sog. „Nicht-Akten".[548] Sie können einem öffentlich-rechtlichem Rechtssubjekt nicht zugerechnet werden, im Gegensatz zu nichtigen Akten fehlt ihnen nicht nur die innere, sondern auch die äußere Wirksamkeit.[549]

Für amtliche Einzelweisungen wird insofern übereinstimmend verlangt, dass der Befehlende Vorgesetzter des Befehlsempfängers ist, beide örtlich und sachlich zu-

547 *W. Schmidt*, Gesetzesvollziehung, 1969, S. 260; *Rogmann*, Die Bindungswirkung von Verwaltungsvorschriften, 1998, S. 74

548 *Ehlers*, Die Lehre von der Teilrechtsfähigkeit, 2000, 13

549 *Ehlers*, Die Lehre von der Teilrechtsfähigkeit, 2000, 57

ständig sind, sowie, dass die wesentlichen Förmlichkeiten eingehalten wurden.[550] Dieser Katalog bedarf für Verwaltungsvorschriften der Modifizierung.

Auch für Verwaltungsvorschriften ist die Superordination der erlassenden Stelle unabdingbar. Nur durch die Vorgesetzteneigenschaft bestehen Geschäftsleitungs- und Organisationsgewalt und damit die Befugnis, einen Verwaltungsbereich durch Weisungen zu ordnen. Allerdings kommt es hier nicht auf ein konkretes Einzelverhältnis zwischen Vorgesetztem und Nachgeordnetem an,[551] sondern es geht um eine Vielzahl von Anweisungsfällen. Im Gegensatz zur Einzelweisung muss daher nur eine generelle Zuständigkeit gegeben sein. Auf die Zuständigkeit des angewiesenen Personenkreises kommt es ebenfalls nur nach einem groben Maßstab an.

Formverstöße wurden bei Einzelweisungen in den Katalog der Entstehungsbedingungen aufgenommen, weil solche Fehler leicht und eindeutig für den handelnden Beamten feststellbar sind.[552] Das kann für Verwaltungsvorschriften, die nicht in jedem Einzelfall persönlich übermittelt werden, nicht in gleicher Weise gelten. Grundsätzlich kommen Verwaltungsvorschriften zudem formlos zu Stande,[553] daher mag es im Einzelfall durchaus Schwierigkeiten bereiten, einen Formverstoß zu erkennen. Ist eine bestimmte Förmlichkeit jedoch nicht charakteristisches Wesensmerkmal, sondern nur gelegentlich angeordnet, ist die Einhaltung dieser besonderen Formvorschriften nicht als unerlässliche Entstehungsbedingung für den Erlass der Verwaltungsvorschrift anzusehen. Der Fehler erscheint nicht so gravierend, dass die rechtliche Existenz des Staatsaktes davon abhängen soll. Womit jedoch noch nicht gesagt ist, dass ein Formfehler damit sanktionslos bleiben muss.

Nicht erwähnt wird das Erfordernis der Bekanntgabe. Dies ist darauf zurückzuführen, dass es sich insofern beim Einzelbefehl um eine Selbstverständlichkeit handelt. Ohne Befehlsübermittlung an den Befehlsempfänger kann von einer Existenz des Befehls überhaupt nicht gesprochen werden. Auch Verwaltungsvorschriften bedürfen der Bekanntgabe.

Zu den unerlässlichen Entstehungsbedingungen für Verwaltungsvorschriften zählen damit die generelle Zuständigkeit der erlassenden Stelle als Vorgesetzter im Regelungsbereich sowie die Bekanntgabe der Verwaltungsvorschrift.

550 *Zängl* in: GKÖD, Bd. 1, Lfg 5/00, § 55 Rn. 16; *Felix*, Das Remonstrationsrecht, 1993, S. 46; *Risken*, Grenzen amtlicher und dienstlicher Weisungen, 1969, S. 107; *Rittstieg*, ZBR 1970, 72 (74); *Stratenwerth*, Verantwortung und Gehorsam, 1958, S. 14; *Stein*, Die Grenzen des dienstlichen Weisungsrechts, 1965, S. 8; *Freund*, Innenrecht und Außenrecht, 1984, S. 255f.; *Romann*, Remonstrationsrecht, 1996, S. 74; *Günther*, ZBR 1988, 297 (301); *Thiele*, DÖD 1984, 1; *Battis*, BBG, 3. Aufl. 2004, § 55 Rn. 4

551 Ebenso: *Stratenwerth*, Verantwortung und Gehorsam, 1958, S. 14f.; *Röhrs*, Fehlerhafte Verwaltungsvorschriften, 1932, S. 40ff.; anders aber für Einzelweisungen: *Rittstieg*, ZBR 1970, 72 (74), *Stein*, Die Grenzen des dienstlichen Weisungsrechts, 1965, S. 9

552 *Felix*, Das Remonstrationsrecht, 1993, S. 49; *Stratenwerth*, Verantwortung und Gehorsam, 1958, S. 23; *Stein*, Die Grenzen des dienstlichen Weisungsrechts, 1965, S. 9f.; *Günther*, ZBR 1988, 297 (301)

553 *Günther*, ZBR 1988, 297 (301); *Möstl* in: Erichsen/Ehlers, Allg VerwR, 13. Aufl. 2006, § 19 Rn. 23; *Maurer*, Allg VerwR, 14. Aufl. 2002, § 24 Rn. 34

A Erlassbefugnis

Die Befugnis zum Erlass von Verwaltungsvorschriften ist Teil der Geschäftsleitungs- und Organisationsgewalt im hierarchischen Verwaltungsaufbau. Zuständig für den Erlass ist damit jede Stelle, die für einen bestimmten Geschäftsbereich diese Gewalt ausüben kann. Das richtet sich für den einzelnen Amtswalter wie auch für verschiedene Behörden zueinander nach dem Aufbau der Verwaltungseinheit, der sie eingegliedert sind.[554] Zu beachten sind daneben ausdrückliche Sonderregelungen zur Zuständigkeit wie etwa die Art. 84 II, 85 II 1 GG.

Eine Verwaltungsvorschrift kommt daher nur zu Stande, wenn der erlassenden Stelle ein sachlich entsprechender Geschäftsbereich nachgeordnet ist.

Folge der Betrachtung von Verwaltungsvorschriften als generell-abstrakten Rechtsprodukten ist es, dass sie schon in der Rechtswirklichkeit entstehen, solange es wenigstens einen Amtswalter gibt, der ihnen gehorchen muss. Die Befehlserteilung an den einzelnen unzuständigen Amtswalter ist diesem gegenüber unwirksam, lässt die Verwaltungsvorschrift als solche jedoch unberührt.

B Bekanntgabe

Ein Rechtsakt, der nicht bekanntgegeben ist, ist rechtlich nicht existent.[555] Er ist ein Nicht-Akt. Wenn sein Adressat nicht die Möglichkeit hat, von der Regelung Kenntnis zu nehmen, kann sie keine Wirkung entfalten.[556]

Dies spiegelt sich in § 42 I VwVfG und Art. 82 I GG wider. Verwaltungsakte sind dem Adressaten oder Betroffenen mitzuteilen. Gesetze und Rechtsverordnungen müssen im Bundesgesetzblatt veröffentlicht werden. Fraglich ist, in welcher Weise Verwaltungsvorschriften bekanntzugeben sind. Reicht die Übermittlung an den angewiesenen Amtswalter aus oder ist die allgemeine Publikation ebenso Wirksamkeitsvoraussetzung wie bei anderen Rechtsnormen? Darüber besteht Streit, der mit der jeweiligen Sichtweise hinsichtlich Rechtsnatur und Wirkungsweise von Verwaltungsvorschriften eng zusammenhängt.

Die Vertreter der Lehre vom originären Administrativrecht verlangen die Publikation von Ermessensrichtlinien, normkonkretisierenden Verwaltungsvorschriften sowie gesetzesunabhängigen Verwaltungsvorschriften; für die Veröffentlichung von

554 *Rittstieg*, ZBR 1970, 72 (74); *Romann*, Remonstrationsrecht, 1996, S. 74; *Günther*, ZBR 1988, 297 (301)

555 *Ossenbühl*, Verwaltungsvorschriften und Grundgesetz, 1968, S. 462

556 *Barfuß*, Die Weisung, 1967, S. 15; *Heckmann*, Geltungskraft und Geltungsverlust von Rechtsnormen, 1997, S. 133

norminterpretierenden Verwaltungsvorschriften sehen sie hingegen keinen Bedarf.[557]

Diejenigen, die eine Außenwirkung von Verwaltungsvorschriften nur im Rahmen der Selbstbindung der Verwaltung anerkennen, sehen in der Veröffentlichung keine Wirksamkeitsvoraussetzung.[558] Umgekehrt hänge die Wirkung gegenüber dem Bürger gerade davon ab, dass die Verwaltungsvorschrift tatsächlich angewendet werde, daher folge die Pflicht zur Veröffentlichung der Wirksamkeit bei Verwaltungsvorschriften nach.[559]

Auch die Rechtsprechung hält die Publikation nicht für eine Entstehungsbedingung von Verwaltungsvorschriften.[560] Mangelnde Veröffentlichung sanktioniert sie nur mit einem individuellen Bekanntgabeanspruch im Rahmen der §§ 25, 29 VwVfG, soweit eine Beziehung zu einem konkreten Verwaltungsverfahren nachgewiesen wird.[561]

Hier wurde dargelegt, dass Verwaltungsvorschriften, die eine Materie des Außenrechts zum Gegenstand haben, Außenwirkung erzielen, unabhängig davon, um welchen Typ von Verwaltungsvorschrift es sich handelt. Nichtsdestotrotz besteht ihre primäre und ursprüngliche Funktion darin, das Verhalten der Verwaltungsbediensteten zu steuern. Diese sind (Erst-)Adressaten der Verwaltungsvorschrift, während die Außenwirkung gegenüber dem Bürger als Reflex aus der hoheitlichen Regelung mit den Mitteln des Rechts folgt.

Zwar ist eine Verwaltungsvorschrift mehr als ein Bündel von Einzelweisungen. Eine Verwaltungsvorschrift, die im konkreten Fall von einem Vorgesetzten an einen Untergebenen mündlich mitgeteilt wird, wirkt in dieser Situation für den Untergebenen jedoch wie eine Einzelweisung. Sie ist verbindlich. Der Angewiesene darf sie nicht unberücksichtigt lassen. Daraus ergibt sich, dass eine Verwaltungsvorschrift rechtliche Existenz schon mit der bloßen unförmlichen Bekanntgabe an die angewiesenen Amtswalter erlangt. Die allgemeine Veröffentlichung ist keine Entstehungsbedingung.

Nichts gesagt ist damit über eine mögliche Pflicht zur Publikation und die Rechtsfolgen, die eine entsprechende Pflichtverletzung für die Verwaltungsvorschrift hat.

557 *Rogmann*, Die Bindungswirkung von Verwaltungsvorschriften, 1998, S. 118; *Lange* in: Hoffmann-Riem/Schmidt-Aßmann/Schuppert, Reform, 1993, 307 (329)

558 *Wittling*, Die Publikation, 1991, S. 275; *Hill*, Das fehlerhafte Verfahren, 1986, S. 89; auch: *Lange*, NJW 1992, 1193 (1196); *Schwerdtfeger*, NVwZ 1984, 486; *Möstl* in: Erichsen/Ehlers, Allg VerwR, 13. Aufl. 2006, § 19 Rn. 23; *Maurer*, Allg VerwR, 14. Aufl. 2002, § 24 Rn. 36

559 *Wittling*, Die Publikation, 1991, S. 275; *Hill*, Das fehlerhafte Verfahren, 1986, S. 89; *Hamann*, VerwArch 73 (1982), 28 (33ff.); *Menger*, VerwArch 51 (1960), 65 (71 Fn. 33); *Pietzcker*, NJW 1981, 2087 (2090)

560 BVerwGE 104, 220 (224); BVerwG, JuS 1981, 683

561 BVerwG, JuS 1981, 683; hingegen für einen grundrechtlich-fundierten uneingeschränkten Informationsanspruch des Betroffenen wie von Rechtsanwälten: *Lübbe-Wolf*, DÖV 1980, 594 (599f.)

A Subjektive Rechtsqualität

Nach dem oben Gesagten sind Verwaltungsvorschriften eine Handlungsform der Verwaltung, durch die in Rechtssatzform objektives Recht geschaffen wird. Verwaltungsvorschriften sind daher Rechtsquellen.[562]

Wird durch Verwaltungsvorschriften Recht gesetzt, das nicht nur Pflichten für die angesprochenen Amtswalter begründet, sondern daneben auch Außenwirkung hat, also maßgeblich für Bürger und Gerichte ist, so stellt sich die Frage, ob durch Verwaltungsvorschriften neue subjektive öffentliche Rechte begründet werden können.

Über diesen Punkt herrscht Uneinigkeit. Das Bundesverfassungsgericht geht davon aus, dass es Sache des Gesetzgebers sei, darüber zu befinden, ob und unter welchen Voraussetzungen dem Bürger ein Recht zustehen und welchen Inhalt es haben soll.[563] Demgegenüber ist vom Bundesverwaltungsgericht für einzelne Verwaltungsvorschriften ihr drittschützender Charakter anerkannt und dem Bürger ein korrespondierender Anspruch daraus zugesprochen worden.[564] Im Schrifttum wird die Möglichkeit der Gewährung subjektiver Rechte durch Verwaltungsvorschriften unter Verweis auf ihre fehlende Außenwirkung abgelehnt.[565] In Betracht komme im Rahmen der Selbstbindung der Verwaltung nur ein Anspruch auf gleiche Begünstigung, dessen Grundlage dann allein Art. 3 I GG und nicht die betreffende Verwaltungsvorschrift sei.[566]

Oben ist jedoch gezeigt worden, dass Verwaltungsvorschriften aus sich selbst heraus normative Wirkung haben. Sie sind in ihrem Wirkungskreis nicht auf den Verwaltungsbereich beschränkt. Damit ist klar, dass ein subjektiv-rechtlicher Charakter nicht von vornherein allein auf Grund der Handlungsform ausgeschlossen werden kann. Zwar mag es zunächst widersinnig erscheinen, Vorschriften möglicherweise einen subjektiven Charakter zuzusprechen, die sich gar nicht an den potentiellen Anspruchsinhaber selbst richten. Hier muss jedoch beachtet werden, dass es im Verwaltungsrecht nicht selten geschieht, dass neben dem konkret durch das Verwaltungsrechtsverhältnis betroffenen Adressaten ein Dritter mitgeschützt wird.[567] So müssen bei bestimmten baurechtlichen Bestimmungen die Interessen

562 So auch explizit *Freund*, Innenrecht und Außenrecht, 1984, S. 196; *Sauerland*, Die Verwaltungsvorschrift, 2005, S. 99; *W. Schmidt*, JuS 1971, 184 (188); *Maurer*, Allg VerwR, 14. Aufl. 2002, § 24 Rn. 4; *Ko*, Verwaltungsvorschriften, 1991, S. 88f. Für außengerichtete Verwaltungsvorschriften; a.A.: *vOlshausen*, JA 1983, 177 (184); *Stober* in: Wolff/Bachof/Stober, VerwR I, 12. Aufl. 2007, § 24 Rn. 20

563 BVerfGE 78, 214 (226)

564 BVerwG, DÖV 2005, 605 (606); BVerwGE 94, 335 (338); 79, 249 (251)

565 *Erichsen*, FS Kruse, 2001, 39 (58)

566 *Erichsen*, FS Kruse, 2001, 39 (58); *Reiling*, Zu individuellen Rechten, 2004, S. 150

567 *Lange* in: Hoffmann-Riem/Schmidt-Aßmann/Schuppert, Reform, 1993, 307 (326); *Sauerland*, Die Verwaltungsvorschrift, 2005, S. 407; *Brohm*, Drittes Deutsch-Polnisches Verwaltungssymposium, 1983, 11 (30)

eines Nachbarn des Bauherrn berücksichtigt werden,[568] so ist bei verschiedenen Amtspflichten ihre Drittgerichtetheit in der Rechtsprechung anerkannt und aus ihrer Missachtung die Pflicht zum Schadensersatz gegenüber einem Bürger begründet worden.[569]

Es gelten daher die allgemeinen Regeln für das Bestehen subjektiver öffentlicher Rechte.

I. Rechtstheoretische Möglichkeit

Ein subjektives Recht ist ein rechtlich geschütztes Interesse, zu dessen Sicherung dem Rechtsträger eine Rechtsmacht eingeräumt wird.[570] Ob eine Norm subjektive Rechte vermittelt, wird traditionell nach der so genannten Schutznormlehre ermittelt.[571] Ein subjektives öffentliches Recht ist danach gegeben, wenn die anzuwendende Norm zumindest auch den Interessen des Einzelnen zu dienen bestimmt ist.[572] Maßgeblich ist der bezweckte Interessenschutz.[573] Dass eine Rechtsvorschrift dem Bürger tatsächlich Vorteile bringt, begründet allein noch kein subjektives Recht, sondern stellt lediglich einen vorteilhaften Rechtsreflex dar.[574]

Weil es zumeist an einer Regelung des Drittschutzes durch die Vorschrift selbst fehlt, ist durch Auslegung zu ermitteln, ob eine Vorschrift individuelle Interessen zu schützen bestimmt ist.[575] Welche Auslegungsmethoden (nach dem Wortlaut, grammatikalisch, teleologisch oder historisch) dafür heranzuziehen sind und wie gegebenenfalls abweichende Ergebnisse gegeneinander zu gewichten sind, ist bisher nicht eindeutig geklärt. So lag früher der Schwerpunkt bei der historischen Interpretation nach dem Willen des Normgebers wie er sich insbesondere aus den Materialien ergab.[576] Auch die tatsächlichen Normwirkungen wurde im Sinne der Vermutung herangezogen, dass im Zweifel ein Drittschutz bezweckt ist, wenn sich die Begünstigungswirkung dem Normgeber aufdrängen und er sie daher in seinen Normgebungswillen aufnehmen musste.[577] Heute werden dagegen stärker die objektiven Elemente der Auslegung betont: Im Vordergrund steht die teleologische Auslegung

568 *Sauerland*, Die Verwaltungsvorschrift, 2005, S. 407

569 *Dolde*, FS Menger, 1985, 423 (437); *Sauerland*, Die Verwaltungsvorschrift, 2005, S. 408

570 *Baumeister*, Das Rechtswidrigwerden von Normen, 1996, S. 156; *Maurer*, Allg VerwR, 14. Aufl. 2002, § 8 Rn. 2

571 *Bauer*, AöR 113 (1988), 582 (583); *Reiling*, Zu individuellen Rechten, 2004, S. 88

572 *Bauer*, AöR 113 (1988), 582 (583f.); *Sauerland*, Die Verwaltungsvorschrift, 2005, S. 407; *Stober* in: Wolff/Bachof/Stober/Kluth, VerwR I, 12. Aufl. 2007, § 43 Rn. 12

573 *Bauer*, AöR 113 (1988), 582 (584); *Maurer*, Allg VerwR, 14. Aufl. 2002, § 8 Rn. 8; *Stober* in: Wolff/Bachof/Stober/Kluth, VerwR I, 12. Aufl. 2007, § 43 Rn. 10

574 *Sauerland*, Die Verwaltungsvorschrift, 2005, S. 407; *Maurer*, Allg VerwR, 14. Aufl. 2002, § 8 Rn. 8; *Reiling*, Zu individuellen Rechten, 2004, S. 88

575 *Bauer*, AöR 113 (1988), 582 (591); *Maurer*, Allg VerwR, 14. Aufl. 2002, § 8 Rn. 9

576 *Bauer*, AöR 113 (1988), 582 (589); *Reiling*, Zu individuellen Rechten, 2004, S. 87

577 *Bauer*, AöR 113 (1988), 582 (589); *Reiling*, Zu individuellen Rechten, 2004, S. 87

nach dem Gesetzeszweck unter Berücksichtigung der gegenwärtigen Rechtsanschauung.[578]

Je nachdem welcher Auslegungsmethode man den Vorrang einräumt, kann die Schutznormlehre zu unterschiedlichen Ergebnissen führen. Diese Ergebnisoffenheit wird teilweise positiv hervorgehoben und sogar für notwendig gehalten, um Vorschriften den geänderten Verhältnissen anpassen zu können.[579] Andere Stimmen hingegen kritisieren diese „Beliebigkeit", die die Schutznormtheorie zum dogmatischen Einfallstor für rechtspolitische Vorstellungen mache.[580]

Als Alternative wird die Lehre vom Verwaltungsrechtsverhältnis vorgestellt.[581] Auf dem Boden dieser Herangehensweise sei es möglich eine Gesamtbetrachtung des Regelungszusammenhangs der fraglichen Norm vorzunehmen, sowohl Verwaltungs- als auch Verfassungsrecht in die Auslegung zu integrieren und dabei die faktischen Normwirkungen nicht zu vernachlässigen.[582] Wie die Befürworter dieser Ansicht selbst feststellen, werden auf diese Weise jedoch oft die gleichen Ergebnisse erzielt wie mit der Schutznormlehre.[583] Auch nach dieser Ansicht sind die einzelnen Auslegungsdirektiven nicht starr und zweifelsfrei zu handhaben.[584] Damit lässt sich als Ergebnis festhalten, dass es sich bei der Frage, ob ein subjektives öffentliches Recht vorliegt, letztendlich um eine Auslegungsfrage handelt, die nur für den Einzelfall beantwortet werden kann.

Die dabei anzuwendenden Auslegungsmethoden können je nach Normsituation variieren. Erkennt man an, dass es sich bei den Verwaltungsvorschriften um Rechtssätze handelt, die als solche unabhängig von einer etwaigen tatsächlichen Verwaltungspraxis normative Wirkung zeitigen, sind keine Gründe ersichtlich, warum sich bei ihrer Auslegung Besonderheiten gegenüber anderen Rechtssätzen ergeben sollten. Daher kann auch bei Verwaltungsvorschriften nach der Schutznormlehre verfahren werden. Es ist rechtstheoretisch nicht ausgeschlossen, dass Verwaltungsvorschriften subjektive öffentliche Rechte vermitteln.

II. Zulässigkeit

Offen ist bis hierher noch, ob die Gewährung subjektiver öffentlicher Rechte durch Verwaltungsvorschriften zulässig ist. Die Reichweite dessen, was die Verwaltung

578 *Reiling*, Zu individuellen Rechten, 2004, S. 93

579 *Bauer*, AöR 113 (1988), 582 (607f.)

580 *Bauer*, AöR 113 (1988), 582 (598f.); *Reiling*, Zu individuellen Rechten, 2004, S. 103; *Stober* in: Wolff/Bachof/Stober/Kluth, VerwR I, 12. Aufl. 2007, § 43 Rn. 16

581 *Bauer*, AöR 113 (1988), 582 (611ff.); *Reiling*, Zu individuellen Rechten, 2004, S. 113ff.; *Stober* in: Wolff/Bachof/Stober/Kluth, VerwR I, 12. Aufl. 2007, § 43 Rn. 26

582 *Bauer*, AöR 113 (1988), 582 (612ff.); *Reiling*, Zu individuellen Rechten, 2004, S. 114; *Stober* in: Wolff/Bachof/Stober/Kluth, VerwR I, 12. Aufl. 2007, § 43 Rn. 26

583 *Bauer*, AöR 113 (1988), 582 (631)

584 *Bauer*, AöR 113 (1988), 582 (615); *Reiling*, Zu individuellen Rechten, 2004, S. 115

inhaltlich durch abstrakt-generelle Rechtsetzung regeln darf, wird durch das Prinzip der Gesetzmäßigkeit der Verwaltung begrenzt.

Im gesetzesakzessorischen Bereich, d.h. für das Feld der norminterpretierenden und ermessenslenkenden Verwaltungsvorschriften, kommt der Vorrang des Gesetzes zum Tragen. Die Verwaltung darf durch eigene Regeln nicht gegen den Inhalt der Gesetze bzw. Rechtsverordnungen oder Satzungen verstoßen.[585] Daher ist für das Bestehen eines subjektiven Rechtes die Norm maßgeblich, die durch die gesetzesabhängige Verwaltungsvorschrift konkretisiert wird.[586] Räumt zum Beispiel bei einer Ermessensrichtlinie die Ermessensermächtigung dem einzelnen Bürger subjektive Rechte ein, kann dieser subjektiv-rechtliche Charakter durch die Verwaltungsvorschrift nicht aufgehoben werden, sondern setzt sich in ihr fort. Ist umgekehrt die Ermessensermächtigung nicht individualschützend, können durch die Ermessensrichtlinie nicht entgegen dieser Entscheidung des Gesetzgebers subjektive Rechte gewährt werden.

Im gesetzesunabhängigen Bereich handelt die Verwaltung allein auf Grund einer Aufgabenzuweisung durch Verwaltungs- oder Verfassungsrecht. Hier wirkt sich der Vorrang des Gesetzes bzw. der Verfassung nur aus, wenn sich schon aus der Aufgabenzuweisung das Tätigwerden zum Schutz bestimmter Individualinteressen ergibt. So etwa im Fall der Beihilfevorschriften; diese konkretisieren die beamtenrechtliche Fürsorgepflicht der §§ 48 BRRG, 79 BBG und dienen damit in ihrer Gesamtheit den Interessen der Beamten.

Oft wird sich dagegen die gesetzliche Aufgabenzuweisung nicht schon (ausdrücklich) zu einem möglichen Interessenschutz äußern. Dann ist es Sache der Verwaltung, durch die eigene Rechtsetzung einen subjektiv-rechtlichen Charakter auszugestalten oder nicht.[587] Dabei wird sie nur durch den Vorenthalt des Gesetzes beschränkt. D.h. solange die Wesentlichkeitsschwelle nicht überschritten wird, kann die Verwaltung durch gesetzesunabhängige Verwaltungsvorschriften subjektive öffentliche Rechte schaffen. Es ist zu beachten, dass im Allgemeinen nicht allein deswegen ein Umschlag ins Wesentliche stattfindet, weil zu einem – als solchem unwesentlichen – objektiven Rechtssatz ein korrespondierender Rechtsanspruch hinzutritt.[588]

Subventionsrichtlinien sind ein typisches Beispiel für Verwaltungsvorschriften, die eigenständig subjektive Rechte begründen. Sofern solche Regelungen in Form von Verwaltungsvorschriften ergehen dürfen, die Subventionsrichtlinien also nicht gegen den Vorenthalt des Gesetzes dadurch verstoßen, dass sie tiefgreifenden Einfluss auf die Wettbewerbsverhältnisse nehmen, bilden sie in Verbindung mit dem

585 *Erichsen*, FS Kruse, 2001, 39 (59); *Lange*, NJW 1992, 1193 (1195)

586 So auch *Lange* in: Hoffmann-Riem/Schmidt-Aßmann/Schuppert, Reform, 1993, 307 (328); *Sauerland*, Die Verwaltungsvorschrift, 2005, S. 409; vgl. auch BVerwGE 34, 278 (283)

587 *Schröder*, Verwaltungsvorschriften, 1987, 28; *Sauerland*, Die Verwaltungsvorschrift, 2005, S. 410; *Brohm*, Drittes Deutsch-Polnisches Verwaltungssymposium, 1983, 11 (30f.); a.A.: *vDanwitz*, VerwArch 1984 (1993), 73 (89)

588 Vgl. *Sauerland*, Die Verwaltungsvorschrift, 2005, S. 410. So aber *Ossenbühl*, Verwaltungsvorschriften und Grundgesetz, 1968, S. 242f.

entsprechenden Haushaltstitel die Grundlage für die Leistungsbeziehung zwischen Bürger und Staat.[589] Das Haushaltsgesetz als solches begründet keine Rechtsansprüche für Private, sondern stellt lediglich eine Ausgabeermächtigung an die Exekutive dar. Solange die zur Verfügung gestellten Haushaltsmittel noch nicht verbraucht sind, hat der Anspruchsteller ein subjektives Recht auf die in der entsprechenden Subventionsrichtlinie angebotene Leistung, wenn er zum Kreis der Begünstigten zählt.[590]

B Sonderfallvorbehalt

Oft kann man lesen, dass sich die Verwaltungsvorschrift durch ihre besondere Flexibilität von der Rechtsverordnung abhebe.[591] Diese Flexibilität soll nicht nur in der leichten und schnellen Abänderbarkeit wegen der weitgehenden Formfreiheit der Handlungsform liegen, sondern es soll noch ein Weiteres hinzukommen: In atypischen Fällen könne die Verwaltungsvorschrift auch ohne das Vorliegen eines ausdrücklichen Sonderfallvorbehaltes außer Acht gelassen werden.[592] Eine Begründung dafür liefert die Selbstbindungskonstruktion. Art. 3 I GG verlange nur, dass wesentlich Gleiches gleich behandelt werde, gebe es hingegen Unterschiede von erheblichem Gewicht, dürfe (oder müsse sogar) differenziert werden.[593] In einem atypischen Fall, der völlig aus dem Rahmen herausfalle, könne sich der übergangene Bürger daher nicht auf die Verwaltungsvorschrift berufen, weil in seinem Fall Art. 3 I GG gerade keine Bindung der Verwaltung vermittele.[594]

Wie oben dargestellt, ist die Selbstbindungskonstruktion abzulehnen. Verwaltungsvorschriften kommt auch im Außenverhältnis kraft eigener Normativität unmittelbare Verbindlichkeit zu. Die abstrakt-generelle Fassung von Normen bedingt notwendig eine gewisse Typisierung und Generalisierung.[595] Im Tatbestand wird eine Vielzahl von Fällen ungeachtet bestehender kleiner Unterschiede und Abwei-

589 *Rogmann*, Die Bindungswirkung von Verwaltungsvorschriften, 1998, S. 229; *Schwerdtfeger*, NVwZ 1984, 486 (488)

590 *Rogmann*, Die Bindungswirkung von Verwaltungsvorschriften, 1998, S. 228; *Klein*, FS Forsthoff, 1967, 163 (184); *Möstl* in: Erichsen/Ehlers, Allg VerwR, 13. Aufl. 2006, § 18 Rn. 4

591 *Gusy*, NVwZ 1995, 105 (111); *Ossenbühl*, Verwaltungsvorschriften und GG, 1968, S. 523; *Erichsen*, FS Kruse, 2001, 39 (47); *Guckelberger*, DV 35 (2002), 61 (67); *Ladeur*, DÖV 2000, 217 (225); *Lange* in: Hoffmann-Riem/Schmidt-Aßmann/Schuppert, Reform, 1993, 307 (326f.); *Lange*, NJW 1992, 1193 (1195); *Uerpmann*, BayVBl 2000, 705 (709); *Möstl* in: Erichsen/Ehlers, Allg VerwR, 13. Aufl. 2006, § 18 Rn. 33

592 *Starck*, Der Gesetzesbegriff, 1970, S. 276; *Jachmann*, StuW 1994, 347 (351); *Uerpmann*, BayVBl 2000, 705 (709); *vOlshausen*, JA 1983, 177 (184); *Rudisile*, Verwaltungsvorschriften, 1987, S. 327; *vBogdandy*, Gubernative Rechtsetzung, 2000, S. 468

593 *Ossenbühl*, Verwaltungsvorschriften und GG, 1968, S. 523; *Berg*, JuS 1980, 418 (419); *Kautz*, GewArch 2000, 230 (232)

594 *Ossenbühl*, Verwaltungsvorschriften und GG, 1968, S. 523; *Erichsen/Klüsche*, Jura 2000, 540 (545); *Kautz*, GewArch 2000, 230 (232)

595 *Jarass*, JuS 1999, 105 (111); *Hill*, NVwZ 1989, 401 (409)

chungen im Einzelfall zusammengefasst. Bei der Behandlung stark atypischer Fälle ist zu prüfen, ob sie überhaupt vom Regelungsgehalt der Norm erfasst werden. Werden sie es nicht, weil die Verwaltungsvorschrift insofern lückenhaft ist, findet sie keine Anwendung. Ein Fall, der nicht unter den Tatbestand einer Norm subsumiert werden kann, wird naturgemäß nicht ihrem Regelungsgehalt unterworfen.[596] Insofern besteht jedoch kein Unterschied zu anderen Rechtssätzen wie Rechtsverordnungen oder Satzungen.[597]

Bei einem subsumtionsfähigen Fall die Verwaltungsvorschrift unbeachtet zu lassen, kommt hingegen nicht in Betracht.[598] Einen Rechtssatz ohne ausdrücklichen Sonderfallvorbehalt einmal anzuwenden und ein anderes Mal nicht, widerspricht in eklatanter Weise grundlegenden rechtsstaatlichen Anforderungen.[599] Ist die Bezugnahme der Norm auf den atypischen Fall nicht so „falsch", dass die Norm insgesamt rechtswidrig wird, ist die Besonderheit des Einzelfalls auch nicht erheblich genug, dass eine Umgehung ihres Wortlauts gerechtfertigt wäre.[600] Dieses Ergebnis wird nicht zuletzt dadurch bestätigt, dass dem einzelnen Amtswalter, der der Verwaltungsvorschrift gehorchen muss, keine Dispositionsbefugnis über sie zusteht.[601]

Die vielbeschworene Flexibilität von Verwaltungsvorschriften ist damit nichts Anderes als die Tatsache, dass für den Erlass von Verwaltungsvorschriften im Allgemeinen nur geringe formelle Anforderungen bestehen und sie daher ohne aufwändiges Verfahren an veränderte Umstände angepasst werden können. Die Bindungsintensität, d.h. der grundsätzliche Verbindlichkeitsanspruch weicht gegenüber anderen Normtypen nicht ab.

596 *Gusy*, NVwZ 1995, 105 (111); *Rogmann*, Die Bindungswirkung von Verwaltungsvorschriften, 1998, S. 227; *Ossenbühl*, Verwaltungsvorschriften und GG, 1968, S. 523

597 *Gusy*, NVwZ 1995, 105 (111); *Rogmann*, Die Bindungswirkung von Verwaltungsvorschriften, 1998, S. 223; *A. Leisner*, JZ 2002, 219 (230); *Remmert*, Jura 2004, 728 (733)

598 *Rogmann*, Die Bindungswirkung von Verwaltungsvorschriften, 1998, S. 227; *A. Leisner*, JZ 2002, 219 (230); *Sauerland*, Die Verwaltungsvorschrift, 2005, S. 146; *Schröder*, Verwaltungsvorschriften, 1987, S. 86

599 *Rogmann*, Die Bindungswirkung von Verwaltungsvorschriften, 1998, S. 227; *Wittling*, Die Publikation, 1991, S. 200

600 *Ko*, Verwaltungsvorschriften, 1991, S. 112

601 *Gusy*, NVwZ 1995, 105 (112); *Ko*, Verwaltungsvorschriften, 1991, S. 112; *Rogmann*, Die Bindungswirkung von Verwaltungsvorschriften, 1998, S. 221; *Bumke*, Relative Rechtswidrigkeit, 2004, S. 127; *Sauerland*, Die Verwaltungsvorschrift, 2005, S. 146

2. Teil: Rechtsfolgen fehlerhafter Verwaltungsvorschriften

Im zweiten Teil dieser Arbeit soll die Frage nach den Rechtsfolgen fehlerhafter Verwaltungsvorschriften gestellt und beantwortet werden.

Als erstes wird untersucht, was die Fehlerhaftigkeit einer Verwaltungsvorschrift bedeutet. Das Kapitel „Rechtswidrigkeit“ befasst sich dazu zunächst mit den allgemeinen Voraussetzungen der Rechtswidrigkeit und der Beurteilung von Verwaltungsvorschriften und ihren Ausgangsbedingungen. Es folgt eine getrennte Analyse nach formellen und materiellen Rechtmäßigkeitsanforderungen. Hierbei wird ein besonderes Augenmerk auf die Rolle der Verwaltungsvorschriften im Aufbau der Rechtsordnung gerichtet. An Hand dessen wird dargelegt, wann von der materiellen Unrichtigkeit und Rechtswidrigkeit einer Verwaltungsvorschrift zu sprechen ist. Weiter sind die Vorschriften, die für den Erlass von Verwaltungsvorschriften gelten, zu sammeln und festzustellen, welche Fehler eine Verwaltungsvorschrift formell rechtswidrig machen.

Sodann schließt sich eine Untersuchung der Rechtsfolgen an, die mit dem Tatbestand der materiellen und auch der formellen Rechtswidrigkeit verbunden sind. Von Interesse ist insbesondere, welche Auswirkungen für die Wirksamkeit der Verwaltungsvorschrift bestehen, welche Folgerungen aus der Unterscheidung von formeller und materieller Rechtswidrigkeit zu ziehen sind und welche allgemeinen Fehlerfolgenregeln es gibt. Dabei sind die Besonderheiten, die gerade für Verwaltungsvorschriften gelten, zu ermitteln und in Rechnung zu stellen. Außerdem wird erörtert, wie Verwaltungsstellen und Gerichte mit rechtswidrigen Verwaltungsvorschriften umgehen und was das für den Bürger bedeutet. Die Beantwortung dieser Fragen ist Thema des mittleren Kapitels „Rechtsfolgen von Normanwendungskollisionen“, bei dem die Folgen materieller Fehlerhaftigkeit im Vordergund stehen, und des letzten Kapitels „Rechtsfolgen von Normsetzungskollisionen“, bei dem auf die Auswirkungen von Fehlern beim Erlass der Verwaltungsvorschrift in formeller Hinsicht eingegangen wird.

§ 1 Rechtswidrigkeit

Der Begriff der Rechtswidrigkeit ist in vielerlei Hinsicht nicht vollständig geklärt. Es handelt sich nur um einen vermeintlich eindeutigen juristischen Gebrauchsbegriff. So findet sich in der Literatur vielfach keine allgemeine Definition, sondern es werden für verschiedene Handlungen und Handlungsformen Fehlerkataloge aufgestellt, die zur Rechtswidrigkeit führen sollen. Wegen der stiefmütterlichen Behandlung, die Verwaltungsvorschriften in der Rechtslehre erfahren haben, sind insbesondere die Ausführungen zur Rechtswidrigkeit von Verwaltungsvorschriften thematisch beschränkt und auf Spezialprobleme bezogen.[602] Um ein vollständiges Bild zu erhalten, sind daher zunächst die allgemeinen dogmatischen Grundlagen des Rechtswidrigkeitsurteils zu klären.

A Ausgangspunkt

Um allgemein die Rechtswidrigkeit von Rechtsakten zu bestimmen, finden sich zwei verschiedene Herangehensweisen. Nach der Lehre vom Verhaltensunrecht wird Rechtswidrigkeit im Sinne der Pflichtwidrigkeit der erlassenden Stelle beim Erlass des Rechtsaktes verstanden.[603] Im Vordergrund steht dabei der Regelungsvorgang als solcher. Die Bezeichnung des Rechtsaktes als rechtswidrig ist dann eine verkürzende Sprechweise für die Beurteilung der dem Rechtsakt zu Grunde liegenden menschlichen Handlung.[604] Der Rechtsakt ist rechtswidrig, wenn sein Urheber bei seinem Erlass in irgendeiner Form gegen die Bindungen, denen er bei der Rechtsetzung unterliegt, verstoßen hat.

Gegenströmung ist die Lehre vom Zustandsunrecht. Danach wird für das Rechtswidrigkeitsurteil unmittelbar an den vom Erlassvorgang losgelösten Rechtsakt als solchen, d.h. das schlussendliche Regelungsprodukt, angeknüpft.[605] Ein Rechtsakt ist demzufolge rechtswidrig, wenn er nicht im Einklang mit dem Recht steht.[606]

Ob diese beiden Betrachtungsweisen sich zueinander äquivalent verhalten, lässt sich zumindest auf den ersten Blick nicht ohne weiteres sagen. Erst die weitere Untersuchung kann zeigen, ob es Fälle gibt, in denen sich der Rechtsakt nicht in die Rechtsordnung einfügt, obwohl sich die erlassende Stelle nicht pflichtwidrig verhalten hat, oder Fälle, in denen der Pflichtverstoß beim Erlass des Rechtsaktes nicht zugleich auf diesen „durchschlägt“. Es wird folgende vorläufige Definition gegeben: Eine Verwaltungsvorschrift ist rechtswidrig, wenn sie gegen das zu beachtende Recht verstößt. Wobei zunächst offengelassen wird, ob es dabei auf den abstrakten Rechtsakt oder das entsprechende Erlassverhalten ankommt.

602 Z.B. zum rechtswidrigen bindenden Befehl: *Felix*, Das Remonstrationsrecht, 1993, S. 54ff.; *Risken*, Grenzen amtlicher und dienstlicher Weisungen, 1969

603 *Baumeister*, Das Rechtswidrigwerden von Normen, 1996, S. 75; *Rupp* in: Weber/Ule/Bachof, Rechtsschutz im Sozialrecht, 1965, 173 (181); *Kleinlein*, VerwArch 81 (1990), 149 (157) spricht für Verwaltungsakte vom „Befehlsvorgang“ im Gegensatz zum „Befehlsinhalt“.

604 *Rupp* in: Weber/Ule/Bachof, Rechtsschutz im Sozialrecht, 1965, 173 (181ff.). So wohl auch: *Ipsen*, Rechtsfolgen der Verfassungswidrigkeit von Norm und Einzelakt, 1980, S. 147

605 *Heckmann*, Geltungskraft und Geltungsverlust von Rechtsnormen, 1997, S. 50; *Bumke*, Relative Rechtswidrigkeit, 2004, S. 222; *Engisch*, Die Einheit der Rechtsordnung, 1935, S. 58; *Rauschnig*, Die Sicherung der Beachtung von Verfassungsrecht, 1969, S. 217; *Kirchhof*, Unterschiedliche Rechtswidrigkeiten in einer einheitlichen Rechtsordnung, 1978, S. 18; *Baumeister*, Das Rechtswidrigwerden von Normen, 1996, S. 75; *Kleinlein*, VerwArch 81 (1990), 149 (166); siehe dazu auch: *Kramer*, Jur. Methodenlehre, 2.Aufl. 2005, S. 114

606 *Engisch*, Die Einheit der Rechtsordnung, 1935, S. 58; *Kleinlein*, VerwArch 1981 (1990), 149 (160f.)

I. Betroffene Rechtsverhältnisse

Beim Erlass ebenso wie bei der Anwendung von Verwaltungsvorschriften werden mehrere Rechtsbeziehungen zwischen unterschiedlichen Rechtssubjekten angesprochen. Dass sich dieses Beziehungsgeflecht nicht allein nach der verwendeten Handlungsform in Außenrecht und Innenrecht aufteilen lässt, ist nach der Darstellung der Außenwirkung von Verwaltungsvorschriften klar. Maßgeblich für die Zurechnung zum einen oder anderen Bereich ist vielmehr der inhaltliche Regelungsgehalt.

Vereinfachend soll hier vom Grundfall des staatlichen Handelns ausgegangen werden, bei dem ein Gesetz durch den Erlass eines Verwaltungsakts vollzogen wird, wobei dieser Vorgang durch eine Verwaltungsvorschrift gesteuert wird. Den äußeren Rahmen bildet die eindeutige Außenrechtsbeziehung zwischen der juristischen Person des öffentlichen Rechts, die als Zurechnungsendsubjekt auf staatlicher Seite auftritt, und dem einzelnen Bürger. Daneben besteht die eindeutige Innenrechtsbeziehung zwischen der vorgesetzten Stelle, die die Verwaltungsvorschrift gesetzt hat, und dem nachgeordneten Amtswalter, der den Verwaltungsakt erlässt. Es bestehen außerdem noch die Verbindungslinien zwischen Verwaltungsvorschriftengeber und Bürger sowie Amtswalter und Bürger.

Diese vier verschiedenen Beziehungen werden durch die drei Rechtsakte Gesetz, Verwaltungsvorschrift und Verwaltungsakt beeinflusst. Umgekehrt wirken diese Zusammenhänge wiederum aber auch auf die Rechtsakte ein. Das Gesetz erst räumt dem Bürger einen Anspruch ein oder begründet eine Pflicht. Der Verwaltungsakt aktualisiert diese Pflicht oder den Anspruch für einen bestimmten Bürger, der damit in Beziehung zum Staat tritt. Die Außenrechtsbeziehung zwischen Staat und Bürger kann jedoch niemals zu einem Rechtserfolg führen, wenn nicht innerhalb des abstrakten Rechtsgebildes Staat ein Amtswalter tätig wird und für den Staat handelt.

Weil die verschiedenen angesprochenen Rechtsverhältnisse nicht parallel laufen müssen, sind der gegenseitige Einfluss und ihre Bedeutung für die zwischengeschalteten Rechtsakte einzeln zu bestimmen.

1. Staat und Bürger

Die Beziehung zwischen Staat und Verwaltungsaktadressaten ist die klassische Außenrechtsbeziehung. Der Verwaltungsakt definiert das Rechtsverhältnis, indem er im Einzelfall bestimmt, was für den Bürger Rechtens ist.[607] Dabei gelten die Regeln des Allgemeinen Verwaltungsrechts und des Verfassungsrechts, insbesondere die Grundrechte sowie Vorrang und Vorbehalt des Gesetzes. Durch sie wird der Staat gegenüber dem Einzelnen verpflichtet. Jeder Akt in der Konkretisierungskette muss mit allen davor liegenden Rechtsakten und auch der Rechtsordnung insgesamt im Einklang stehen.

607 So die klassische Formulierung von *Otto Mayer*, Dt. VerwR, Bd. I, 1. Aufl. 1895, S. 95

In dieser Beziehung – isoliert betrachtet – scheidet es aus, bestimmte Rechtsbereiche (wie z.B. Regelungen durch Verwaltungsvorschriften) vorweg als Maßstab des Staatshandelns auszuschließen. Wenn der Staat mit dem Anspruch auftritt, mit den Mitteln des Rechts zu regeln, muss er sich auch gerade dem Bürger gegenüber daran festhalten lassen.

Nicht gesagt ist damit, dass ein möglicherweise in den anderen Beziehungen abweichend zu Stande gekommenes Rechtswidrigkeits- bzw. Rechtmäßigkeitsurteil sich nicht auch hier durchsetzen kann.

2. Amtswalter und Bürger

Die Gegenüberstellung von Amtswalter und Bürger muss als in gewisser Weise uneigentliche, unselbständige Rechtsbeziehung gesehen werden: Der Amtswalter operiert nicht mit eigener Rechtssubjektivität, sondern handelt für das Rechtsgebilde Staat (oder eine andere juristische Person des öffentlichen Rechts), dem sein Handeln zugerechnet wird. Eine eigene Rechtsbeziehung ist dies dennoch, weil es der Amtswalter ist, der dem Bürger in Person gegenüber tritt. Der Amtswalter agiert zwar für den Staat, ist dabei jedoch nicht nur Amtsperson, sondern auch Mensch. Er ist nicht nur willenloses Rädchen im Getriebe, kein bloßer Subsumtionsautomat.[608] Daher können sich beim Vollzug Fehler einschleichen, die dann unter Umständen nicht mehr dem Staat zuzurechnen sind, gleichwohl jedoch – zumindest für den Laien – einen gegenteiligen Rechtsschein erwecken. Spätestens in diesem pathologischen Fall kommt dem „Zurechnungszwischensubjekt"[609] Amtswalter und seiner Gegenüberstellung zum betroffenen Bürger eigenständige Bedeutung zu. Für ein vollständiges Verständnis des komplexen Beziehungsgeflechts darf daher das Verhältnis zwischen Amtswalter und Bürger nicht außer Betracht bleiben.

Welches Recht ist es nun also, das der Amtswalter gegenüber dem Bürger zu beachten hat? Außenrechtssätze in Form von Gesetzen regeln das Verhältnis zwischen Staat und Bürger. Beziehungspunkt ist der verwaltende Staat insgesamt. Nur er als Inbegriff der Hoheitsgewalt ist Inhaber der Verwaltungsfunktion.[610] Der einzelne Amtswalter erscheint nach außen lediglich als Repräsentant des durch ihn handelnden Verwaltungsapparates. Er wird also durch jenes Außenrecht nicht unmittelbar verpflichtet.[611] Um die Außenpflicht des Staates zur Pflicht des handelnden Verwaltungsgliedes zu machen, bedarf es eines Vermittlungsmechanismus, der die Staatspflicht an den Amtswalter weiterreicht. Diese Funktion erfüllt die Amtswahrneh-

608 *Rauschnig*, Die Sicherung der Beachtung von Verfassungsrecht, 1969, S. 263
609 Siehe dazu: *Achterberg*, Rechtsverhältnisordnung, 1982, S. 42
610 *Rupp*, Grundfragen, 1965, S. 48; *Depenheuer*, DVBl 1992, 404
611 *Depenheuer*, DVBl 1992, 404; *Schnapp*, Amtsrecht und Beamtenrecht, 1977, S. 174; *Rupp*, Grundfragen, 1965, S. 49

mungspflicht.[612] Sie begründet die Verpflichtung des Amtswalters, in Ausfüllung seines Amtes so zu handeln, dass der vertretene Staat seinen Außenpflichten gerecht wird.[613] Auf diese Weise wird das Außenrecht zum Maßstab für die Handlungen des einzelnen Amtswalters.

Der springende Punkt dabei ist, dass das Außenrecht grundsätzlich für den Amtswalter nicht unmittelbar gilt. Es muss also noch geklärt werden, ob die Vermittlung durch die Amtswahrnehmungspflicht das Außenrecht gegenüber seiner unmittelbaren Wirkung im Außenverhältnis „verfälschen“ kann oder ob es andere Mechanismen im Amtswalterverhältnis zwischen Amtswalter und Amt gibt, die auf die Amtswahrnehmungspflicht einwirken und sie modifizieren.

3. Vorgesetzter und Nachgeordneter

Das Verhältnis zwischen vorgesetzten und nachgeordneten Verwaltungsbediensteten hat sowohl amtliche als auch dienstliche Aspekte.[614] Dienstlich ist die Beziehung, sofern es um die persönliche Rechtsstellung des angewiesenen Beamten bzw. Angestellten im öffentlichen Dienst geht.[615] Dieser Faktor spielt im vorliegenden Zusammenhang keine Rolle. Die Aufmerksamkeit muss vielmehr der amtlichen Beziehung gelten, die die Amtserfüllung auf sachlicher Ebene betrifft.[616] Dabei handelt es sich um ein typisches Innenrechtsverhältnis, weil sich zwei Innenrechtssubjekte gegenüberstehen.

Dieses Verhältnis wird bestimmt durch die Einordnung in das hierarchisch geordnete Gesamtsystem der Verwaltung. Das System ist auf eine effektive Aufgabenerfüllung ausgerichtet. Dazu hat der Vorgesetzte seine Nachgeordneten anzuleiten und zu kontrollieren. Das Verhältnis zwischen zwei sich vertikal gegenüberstehenden Stellen wird daher durch die Pflicht des Nachgeordneten zum Gehorsam gegenüber seinem Vorgesetzten dominiert. Durch Befehle und Weisungen des Vorgesetzten wird Herrschaft ausgeübt.

Der amtliche Gehorsam ist jedoch kein Selbstzweck, sondern dient dem übergeordneten Zweck der (Außen-)Verwaltung. Auf diesen Zweck sind sowohl der Nachgeordnete als auch der Vorgesetzte durch ihre jeweilige Amtswahrnehmungspflicht eingeschworen. Erlässt der Vorgesetzte eine Weisung, die mit einem anderen einschlägigen Rechtssatz nicht vereinbar ist, kommt es in der Person des Nachgeordne-

612 *Schnapp*, Amtsrecht und Beamtenrecht, 1977, S. 174; *Rauschnig*, Die Sicherung der Beachtung von Verfassungsrecht, 1969, S. 265; *Depenheuer*, DVBl 1992, 404; *Freund*, Innenrecht und Außenrecht, 1984, S. 179

613 *Rupp*, Grundfragen, 1965, S. 54; *Schnapp*, Amtsrecht und Beamtenrecht, 1977, S. 174; *Depenheuer*, DVBl 1992, 404

614 Genaue Darstellungen bei *Schnapp*, Amtsrecht und Beamtenrecht, 1977 und *Risken*, Grenzen amtlicher und dienstlicher Weisungen, 1969; siehe auch: *Zängl* in: Fürst, GKÖD, Bd. I, Lfg. 5/00, § 55 Rn. 39ff.

615 Vgl. *Zängl* in: Fürst, GKÖD, Bd. I, Lfg. 5/00, § 55 Rn. 43

616 Vgl. *Zängl* in: Fürst, GKÖD, Bd. I, Lfg. 5/00, § 55 Rn. 39

ten zum Konflikt zwischen der Pflicht zum Gehorsam und der Pflicht zur Amtswahrnehmung. Für verbeamtete Amtswalter wird diese Pflichtenkollision durch die gesetzliche Regelung des Remonstrationsverfahrens aufgelöst: Gemäß §§ 36 II BeamtStG, 56 II BBG hat der Beamte Bedenken gegen eine dienstliche Anordnung gegenüber seinem Vorgesetzten geltend zu machen. Wird die Anordnung im Laufe des Remonstrationsverfahrens bestätigt, muss der Beamte sie ausführen. Dies gilt nur dann nicht, wenn das aufgetragene Verhalten erkennbar strafbar oder ordnungswidrig ist oder die Würde des Menschen verletzt. Der Gesetzeswortlaut ist eindeutig: Nach erfolgloser Remonstration ist die bestätigte Weisung für den Amtswalter verbindlich.[617] Im Ergebnis setzt sich damit im Verhältnis zwischen Vorgesetztem und Nachgeordnetem die Gehorsamspflicht gegenüber der Amtswahrnehmungspflicht durch. Verlief das Remonstrationsverfahren erfolglos, ist der Beamte im Innenverhältnis verpflichtet auch eine die Außenpflichten des Staates missachtende Anordnung auszuführen.

II. Relativität des Rechtswidrigkeitsurteils

Beim Vollzug von Verwaltungsvorschriften sind nach obiger Darstellung die Beziehungsebenen Staat – Bürger, Vorgesetzter – Nachgeordneter und Amtswalter – Bürger betroffen. Verbindungsglied ist der für den Staat handelnde Amtswalter, der in allen drei Ebenen auftaucht. Sein Handeln wird an den ihn treffenden Pflichten gemessen. Ein Pflichtverstoß führt zur Rechtswidrigkeit seines Verhaltens.

Seine Pflichten sind jedoch abhängig vom betrachteten Rechtsverhältnis. Sie laufen nicht parallel. Gegenüber dem Bürger muss der Amtswalter in Übereinstimmung mit den das Außenverhalten des Staates regelnden Rechtssätzen handeln. Im Verhältnis zu seinem Vorgesetzten ist er jedoch unter Umständen – wenn das Remonstrationsverfahren erfolglos verlief – verpflichtet, eine davon abweichende Weisung zu befolgen. Besteht die eine Person treffende Rechtspflicht nur für ein konkretes Rechtsverhältnis, ist das daran anknüpfende Rechtswidrigkeits- bzw. Rechtmäßigkeitsurteil über das (menschliche) Verhalten entsprechend relativ.

Wie zu Beginn des Abschnitts angesprochen, kann man die Rechtswidrigkeit eines Rechtsaktes auf das zu Grunde liegende Erlassverhalten beziehen. Gilt damit das Urteil über die Rechtsmäßigkeit oder Rechtswidrigkeit eines Rechtsaktes stets nur für eine bestimmte Rechtsbeziehung?[618]

Wie ebenfalls oben dargelegt ist noch ein anderer Blickwinkel auf die Rechtswidrigkeit denkbar. Dazu kommt es nicht auf das den Akt erzeugende menschliche

617 *Felix*, Das Remonstrationsrecht, 1993, S. 59; *Freund*, Innenrecht und Außenrecht, 1984, S. 264; *Hill*, Das fehlerhafte Verfahren, 1986, S. 91

618 So *Risken*, Grenzen amtlicher und dienstlicher Weisungen, 1969, S. 133; *Rupp*, Grundfragen, 1965, S. 48; *Freund*, Innenrecht und Außenrecht, 1984, S. 54; *Sauerland*, Die Verwaltungsvorschrift, 2005, S. 110; *Schwabe*, JA 1975, 45 (46). Dagegen: *Arndt*, DVBl 1959, 624 (625)

Verhalten an, sondern es wird der Rechtsakt als abstrakter Bestandteil der objektiven Rechtsordnung beurteilt. Diese Betrachtungsweise ist dann nicht verhältnisbezogen, sondern misst den Rechtsakt am Gesamtsystem des Rechts. Denn bei einer solchen von den einzelnen betroffenen Rechtsverhältnissen losgelösten Betrachtung kann es nur eine einheitliche Beurteilung eines Rechtsaktes als rechtmäßig oder rechtswidrig geben, soll nicht die Auffassung einer einheitlichen Rechtsordnung ihren Sinn verlieren.

Fraglich ist, ob es mit dem geltenden Recht vereinbar ist, den Systemgedanken so in den Vordergrund zu stellen und für die rechtliche Beurteilung das Verhaltensprodukt vom menschlichen Verhalten zu trennen.

1. Rechtstheoretischer Hintergrund

Für die rechtstheoretische Auseinandersetzung kann im Wesentlichen auf die ausführliche Darstellung bei *Baumeister*[619] verwiesen werden.

Die Lehre vom Verhaltensunrecht, die von einer Abstraktion des Verhaltensprodukts absieht und sich ganz auf das Erlassverhalten konzentriert, beruht auf der Imperativentheorie. Recht ist danach darauf gerichtet, eine Ordnung des Gemeinwesens zu schaffen.[620] Das Zusammenleben kann nur bei allgemein akzeptierten bzw. allgemein verpflichtenden Regeln funktionieren.[621] Durch Verhaltensanweisungen soll daher ein bestimmter tatsächlicher Zustand der Gemeinschaft erreicht werden.[622] Alles Recht besteht auf Grund seiner Ausrichtung auf den Menschen nur aus Imperativen, d.h. Geboten und Verboten.[623] Die Rechtsordnung baut sich aus den selbständigen Rechtssätzen in Form von Imperativen oder Sollenssätzen auf.[624] Unter einem selbständigen Rechtssatz wird dabei nicht jeder einzelne Artikel oder Paragraph oder grammatikalische Satz eines Gesetzbuches verstanden. Ein selbständiger Rechtssatz kann sich auch aus der Kombination mehrerer unselbständiger Rechtssätze ergeben, die erst im Zusammenhang gesehen ein Gebot oder Verbot bilden.[625] Da sich die Imperative unzweifelbar nur an den Menschen richten können, kann auch nur der Mensch gegen das Recht verstoßen, indem er die vom Recht gesetzten

619 Das Rechtswidrigwerden von Normen, 1996, S. 121-170

620 *Baumeister*, Das Rechtswidrigwerden von Normen, 1996, S. 126; *Kirchhof*, Unterschiedliche Rechtswidrigkeiten in einer einheitlichen Rechtsordnung, 1978, S. 12; *Rupp* in: Weber/-Ule/Bachof, Rechtsschutz im Sozialrecht, 1965, 173 (181)

621 *Baumeister*, Das Rechtswidrigwerden von Normen, 1996, S. 126

622 *Baumeister*, Das Rechtswidrigwerden von Normen, 1996, S. 127

623 *Baumeister*, Das Rechtswidrigwerden von Normen, 1996, S. 128; *Schilling*, Rang und Geltung von Normen, 1994, S. 35; *Kelsen*, Reine Rechtslehre, 2. Aufl. 1960, S. 5; *Jacobi*, Methodenlehre, 2008, S. 57

624 *Baumeister*, Das Rechtswidrigwerden von Normen, 1996, S. 128; *Kelsen*, Reine Rechtslehre, 2. Aufl. 1960, S. 5; *Schilling*, Rang und Geltung von Normen, 1994, S. 39; *Lippold*, RT 19 (1988), 463 (465)

625 *Baumeister*, Das Rechtswidrigwerden von Normen, 1996, S. 128; *Lippold*, RT 19 (1988), 463 (466)

Gebote und Verbote nicht beachtet.[626] Der Begriff der Rechtswidrigkeit könne daher rechtslogisch nur ein menschliches Verhalten bezeichnen.[627]

Die Imperativentheorie bietet trotz ihres geschlossenen Gedankengerüstes vielfältige Angriffsmöglichkeiten. Sie widerspricht dem heutigen Rechtsverständnis, indem nur der verpflichtende Teil des Rechts in den Vordergrund gestellt und der positive Gehalt, der dem Einzelnen subjektive Rechte einräumt, übersehen wird.[628] Gerade auch weil in der Rechtsordnung die so genannten unselbständigen Rechtssätze überwiegen und nicht einmal in den Imperativen par exellence, den Strafgesetzen, unmittelbare Verbote formuliert sind, zeichnet die Betonung des Befehlscharakters des Rechts möglicherweise eine schiefes Bild der Rechtsordnung.[629] Die Verkehrung des Rechts zur Pflicht widerspricht vollkommen der äußeren Erscheinungsform des Rechts.[630] Es heißt *Rechts*system, *Rechts*ordnung, *Rechts*gemeinschaft, nicht *Pflicht*system, *Pflicht*ordnung, usw.[631]

Mit der Erlaubnis, etwas tun zu dürfen, und der Freistellung, etwas unterlassen zu dürfen, enthält die Rechtsordnung zudem neben den Geboten und Verboten zusätzliche Normenarten, die sich nicht ohne Weiteres in Imperative überführen lassen.[632] Vollkommen aus dem Rahmen fällt auch die Normengruppe der Ermächtigungen. Die Ermächtigung, als Kompetenz zur Setzung von Verhaltensnormen, schafft bei ihrem Gebrauch, falls nicht wiederum neue Ermächtigungen begründet werden, ein Gebot oder Verbot. Es ist nicht möglich, sie dann als bloß unselbständigen Teil von Verhaltensnormen, die erst auf ihrer Grundlage existieren können, anzusehen.[633] Sie fügt sich daher nicht in das Schema von bloßen Ge- und Verboten ein.

Auch wenn sich das Recht unzweifelbar nur an Menschen richtet, müssen Imperative, d.h. Bestimmungssätze, nicht in allem Recht gesehen werden.[634] Durch die Aufstellung von Bestimmungssätzen, gibt das Recht eine bestimmte Bewertung zu erkennen.[635] Diese Bewertungsfunktion des Rechts wird durch die alleinige Orientierung an der Bestimmungsfunktion verdeckt.[636] Indem das Recht Aussagen über die gewünschte Ordnung macht, können auch Zustände und nicht nur menschliches

626 *Baumeister*, Das Rechtswidrigwerden von Normen, 1996, S. 129

627 *Baumeister*, Das Rechtswidrigwerden von Normen, 1996, S. 129, vgl. *Rupp* in: Weber/-Ule/Bachof, Rechtsschutz im Sozialrecht, 1965, 173 (181)

628 *Baumeister*, Das Rechtswidrigwerden von Normen, 1996, S. 137; *Reiling*, Zu individuellen Rechten, 2004, S. 184

629 *Baumeister*, Das Rechtswidrigwerden von Normen, 1996, S. 138

630 *Baumeister*, Das Rechtswidrigwerden von Normen, 1996, S. 138

631 *Baumeister*, Das Rechtswidrigwerden von Normen, 1996, S. 139

632 *Schilling*, Rang und Geltung von Normen, 1994, S. 36

633 *Baumeister*, Das Rechtswidrigwerden von Normen, 1996, S. 142; *Schilling*, Rang und Geltung von Normen, 1994, S. 36; *Bumke*, Relative Rechtswidrigkeit, 2004, S. 20

634 *Baumeister*, Das Rechtswidrigwerden von Normen, 1996, S. 168; *Rauschnig*, Die Sicherung der Beachtung von Verfassungsrecht, 1969, S. 46

635 *Baumeister*, Das Rechtswidrigwerden von Normen, 1996, S. 168; *Rauschnig*, Die Sicherung der Beachtung von Verfassungsrecht, 1969, S. 47; *Jacobi*, Methodenlehre, 2008, S. 58f.

636 *Baumeister*, Das Rechtswidrigwerden von Normen, 1996, S. 169

Verhalten am Recht gemessen werden.[637] Wenn dem mit Unbehagen begegnet wird, liegt das oft daran, dass mit dem Rechtswidrigkeitsurteil eine (zumindest gefühlte) Missbilligung, ein Vorwurf verbunden wird.[638] Dabei handelt es sich jedoch um Relikte des 19. Jahrhunderts, als im strafrechtlichen Deliktsaufbau noch nicht zwischen Rechtswidrigkeit und Schuld unterschieden wurde.[639]

Zwar erscheint es absurd, Naturereignisse, die ebenfalls rechtlich nicht erwünschte Zustände, insbesondere Schäden, hervorrufen können, als rechtswidrig zu bezeichnen.[640] Deshalb muss die Möglichkeit eines Rechtswidrigkeitsurteils jedoch nicht auf menschliches Verhalten beschränkt werden, neben konkreten Handlungen oder Unterlassungen, kann die Rechtsordnung durchaus auch Rechtsprodukte, die als solche eben nicht naturgegeben, sondern auf einen menschlichen Kreationsakt zurückzuführen sind, setzen.[641]

Als Ergebnis kann also festgehalten werden, dass der rechtstheoretische Hintergrund unschlüssig ist. Die Imperativentheorie ist logisch nicht zwingend. Es ist zumindest nicht klar, welche Rolle sie Rechtsakten zuweisen will, sind diese doch zweifelsfrei weder den Zuständen noch dem einfachen menschlichen Verhalten zuzurechnen. Damit kommt es für die Frage, an welchem Maßstab die Rechtmäßigkeit oder Rechtswidrigkeit eines Rechtsaktes festzumachen ist, entscheidend auf rechtsdogmatische Argumente an.

2. Rechtsdogmatische Analyse

Rechtsdogmatische Argumente finden sich in der verwaltungsrechtlichen Formenlehre. Die Lehre von den Rechtsformen des Verwaltungshandelns hat die Katalogisierung der einzelnen Handlungsformen und die sie betreffenden Rechtsregeln zum Gegenstand. Sie wird als Kernstück der verwaltungsrechtlichen Systembildung bezeichnet.[642] Sie beruht auf einer Verbindung von Formungsidee und Systemidee.[643] Formung isoliert aus der komplexen Realität des Lebenssachverhalts einzel-

637 *Baumeister*, Das Rechtswidrigwerden von Normen, 1996, S. 135, *Bettermann*, FS H. Huber, 1981, 25 (28); a.A.: *Rupp* in: Weber/Ule/Bachof, Rechtsschutz im Sozialrecht, 1965, 173 (182)

638 *Baumeister*, Das Rechtswidrigwerden von Normen, 1996, S. 135

639 *Baumeister*, Das Rechtswidrigwerden von Normen, 1996, S. 137

640 *Baumeister*, Das Rechtswidrigwerden von Normen, 1996, S. 143f.

641 *Baumeister*, Das Rechtswidrigwerden von Normen, 1996, S. 170; *Baumeister*, Der Beseitigungsanspruch, 2006, S. 133; *Freund*, Innenrecht und Außenrecht, 1984, S. 167; a.A. wiederum: *Rupp* in: Weber/Ule/Bachof, Rechtsschutz im Sozialrecht, 1965, 173 (183), der allerdings ausdrücklich (S. 183ff.) zwischen Normen und Verwaltungsakten differenziert. Die „Rechtswidrigkeit" von Rechtsnormen habe mit der Pflichtwidrigkeit nichts zu tun (S. 183).

642 *Schmidt-Aßmann*, DVBl 1989, 533 (534); *Ossenbühl*, JuS 1979, 681; *Thieme*, DÖV 1996, 757 (761)

643 *Schmidt-Aßmann*, DVBl 1989, 533

ne Elemente und analysiert ihre Bedeutung im Handlungszusammenhang.[644] Die solchermaßen herauspräparierten Elemente werden zu Kristallisationspunkten für die Anknüpfung fester Systemfolgen.[645] Rechtsformen sind folglich Vertypungen. Menschliches Verhalten wird nach charakteristischen Merkmalen bestimmten Formen zugeordnet, die dann bestimmte Wirkungen und Folgen nach sich ziehen, ohne dass es im konkreten Einzelfall einer entsprechenden Explikation bedarf.

Damit hat die Handlungsformenlehre eine Bereitstellungs- und eine Begrenzungsfunktion.[646] Sie stattet den Staat mit den notwendigen Instrumenten aus, die er für eine effektive Wahrnehmung seiner Aufgaben benötigt.[647] Jede Handlungsform wird jedoch auch einem Rechtsregime unterworfen, das „die in ihrer Vielfalt unüberschaubare, amorphe Tätigkeit der Verwaltung" in die ordnende Welt des Rechts einschleust.[648] Das Verwaltungshandeln wird kanalisiert.[649] Die Rechtsformen werden auf diese Weise zu Speichern, die das Auffinden konkreter Lösungen erleichtern.[650] Diese Vereinfachung ist geboten, um komplexe Lebenssachverhalte durch die Rechtsordnung normativ erfassbar zu machen.[651] Rechtlich typisierte Handlungsformen haben damit eine rationalisierende Funktion.[652] Rechtssicherheit und Rechtsklarheit verlangen nach einer solchen Typisierung.[653]

Mit der Typisierung geht zugleich Abstraktion einher. Die Handlungsformenlehre bezieht sich auf das Typische verschiedener Handlungen und fasst es zu allgemeinen, übergeordneten Begriffen zusammen. So werden einer Handlung, die nach einzelnen charakteristischen Merkmalen einer bestimmten Handlungsform zugeordnet werden kann, bestimmte Rechtsfolgen zugeschrieben.[654] Diese Wirkungen knüpfen allein an die Handlungsform an. Handelt die Verwaltung durch Rechtsakt, bewirkt die Rechtsform ein Rechtsprodukt, für das spezifische Regeln gelten. Die Vertypung der Handlungsformen hat zur Folge, dass aus dem Verwaltungshandeln ein selbständiges Handlungsprodukt zur Entstehung gelangt.

Es entspricht daher der gängigen Verwaltungsrechtsdogmatik und Systembildung, Rechtsakte als abstrakte, der Rechtsordnung absolut eingeordnete Regelungsproduk-

644 *Schmidt-Aßmann*, DVBl 1989, 533

645 *Schmidt-Aßmann*, DVBl 1989, 533; *Stober* in: Wolff/Bachof/Stober/Kluth, VerwR I, 12. Aufl. 2007, § 44 Rn. 3

646 *Uerpmann*, BayVBl 2000, 705; *Stober* in: Wolff/Bachof/Stober/Kluth, VerwR I, 12. Aufl. 2007, § 44 Rn. 2

647 *Uerpmann*, BayVBl 2000, 705

648 *Uerpmann*, BayVBl 2000, 705; *Ossenbühl*, JuS 1979, 681; *Bull*, FS Maurer, 2001, 545 (552)

649 *Ossenbühl*, JuS 1979, 681

650 *Schmidt-Aßmann*, DVBl 1989, 533

651 *Uerpmann*, BayVBl 2000, 705; *Stober* in: Wolff/Bachof/Stober/Kluth, VerwR I, 12. Aufl. 2007, § 44 Rn. 3

652 *Ossenbühl*, JuS 1979, 681; *Schmidt-Aßmann*, DVBl 1989, 533 (534); vgl. *Kirchhof* in: Isensee/Kirchhof, Hdb. d. StaatsR, Bd. III, 1988, § 59 Rn. 44; *Bull*, FS Maurer, 2001, 545 (553)

653 *Uerpmann*, BayVBl 2000, 705; *Schmidt-Aßmann*, DVBl 1989, 533 (540); *Kirchhof* in: Isensee/Kirchhof, Hdb. d. StaatsR, Bd. III, 1988, § 59 Rn. 40

654 *Stober* in: Wolff/Bachof/Stober/Kluth, VerwR I, 12. Aufl. 2007, § 44 Rn. 3

te zu betrachten, für die das menschliche Handeln zwar Voraussetzung, nicht jedoch der (alleinige) Wirkungsmaßstab ist.

Die absolute Rechtswidrigkeit bzw. Rechtmäßigkeit von Rechtsakten bedeutet nicht, dass die zu Grunde liegende Erlasshandlung und etwaige Befolgungshandlungen nicht nach jeweils anderen Maßstäben gemessen und abweichend beurteilt werden können.[655] Erhellung verspricht hier die Lehre vom Verwaltungsrechtsverhältnis. Da dieser Aspekt bisher von der verwaltungsrechtlichen Literatur wenig beachtet worden ist, handelt es sich jedoch (noch) nicht um ein verwaltungsrechtsdogmatisches Institut, sondern nur um einen heuristischen Begriff.[656] Die absolutistische Sichtweise der Formenlehre kann sinnvoll durch die Lehre vom Verwaltungsrechtsverhältnis Ergänzung erhalten.[657]

B Rechtsverstoß

Ausgangspunkt jedes Rechtswidrigkeitsurteils ist die Feststellung eines Rechtsverstoßes. Dafür genügt nicht jeder Fehler, sondern es müssen zwei Rechtssätze miteinander in Konflikt geraten. Dabei sind verschiedene Konstellationen möglich.

I. Normanwendungskollision

Eine Normanwendungskollision liegt vor, wenn sich mehrere Normen an denselben Adressaten richten, einander zumindest teilweise tatbestandlich entsprechen, in ihren Rechtsfolgeanordnungen jedoch zumindest teilweise widersprechen.[658] Der Adressat kann dann nicht beiden Rechtsnormen zugleich gerecht werden. Mit dem Urteil über die Rechtswidrigkeit bzw. Rechtmäßigkeit wird ein erster Schritt zur Auflösung dieser Unstimmigkeit gegangen. Es wird eine Aussage darüber getroffen, welchen von beiden Rechtssätzen die Rechtsordnung grundsätzlich anerkennen und welchen sie ablehnen will.

Dabei handelt es sich nur um einen ersten Konfliktlösungsschritt, weil mit dem Rechtmäßigkeits- oder Rechtswidrigkeitsurteil noch nichts über die Wirksamkeit und Anwendbarkeit des betreffenden Rechtsaktes gesagt ist. Die Rechtsordnung kennt Rechtsakte wie den bestandskräftigen Verwaltungsakt, die trotz Rechtswidrigkeit wirksam sind oder nur im Einzelfall suspendiert werden, wie die europa-

655 So auch *Günther*, ZBR 1988, 297 (300)

656 *Maurer*, Allg. VerwR, 14. Aufl. 2002, § 8 Rn. 24; *Schmidt-Aßmann*, DVBl 1989, 533 (540); *Thieme*, DÖV 1996, 757 (762); *Stober* in: Wolff/Bachof/Stober/Kluth, VerwR I, 12. Aufl. 2007, § 44 Rn. 2; *Ehlers*, DVBl 1986, 912

657 *Stober* in: Wolff/Bachof/Stober/Kluth, VerwR I, 12. Aufl. 2007, § 44 Rn. 2; *Ehlers*, DVBl 1986, 912 (915)

658 *Wehr*, Inzidente Normverwerfung, 1998, S. 29f.

rechtswidrige Verfahrensvorschrift. Die Rechtsfolgen, die mit einem Rechtswidrigkeitsurteil über eine Verwaltungsvorschrift verbunden sind, sollen später erörtert werden.

Von der Normanwendungskollision ist die bloße Normenkonkurrenz zu unterscheiden. Darunter wird das Zusammentreffen mehrerer Rechtssätze in dem Sinne verstanden, dass sich deren Tatbestände (teilweise) entsprechen und derselbe Sachverhalt von ihnen erfasst wird.[659] Normenkonkurrenzen können schon im Wege der Auslegung auf der Tatbestandsseite aufgelöst werden.[660] Ein Rechtsverstoß entsteht erst gar nicht.[661]

II. Normsetzungskollision

Als Normsetzungskollision wird die Kollisionslage bezeichnet, bei der zwei Normen zwar nicht tatbestandlich konkurrieren, von denen jedoch eine den Maßstab für die Andere bildet, dem diese Andere nicht genügt.[662] Gemeint ist der Fall, dass verschiedene Regelungsebenen zueinander in ein Spannungsverhältnis geraten. Die eine Norm gibt Anweisungen an den Normgeber für den Erlass einer anderen Norm.

Damit wird der Fragenkreis der formellen Rechtmäßigkeit bzw. Rechtswidrigkeit angesprochen. Hier konfligieren nicht zwei inhaltliche Regelungen, sondern es wird der Regelungsvorgang der einen Norm am Regelungsinhalt einer anderen Norm gemessen. Auch wenn sich die so gesetzte Norm möglicherweise inhaltlich bruchlos in die Rechtsordnung einfügt, kann sie fehlerhaft sein. Dies soll hier als eine eigene Form des Rechtsverstoßes behandelt werden.

III. Geltung als Kollisionsvoraussetzung

Das Bestehen einer Kollisionslage setzt voraus, dass zwei geltende Rechtssätze gleichzeitig aufeinandertreffen. Selten wird es jedoch geschehen, dass zwei Normen simultan in Kraft treten. Es ist daher auf den Unterschied zwischen der Kollision von Rechtssätzen, die zur Rechtswidrigkeit führt, und der Normaufhebung durch abweichenden Normerlass, die womöglich eine Kollision durch den Geltungsfortfall der einen Norm vermeidet, einzugehen. Ebenfalls diskussionsbedürftig ist die Frage, ob neben Veränderungen des rechtlichen Umfeldes einer Norm Änderungen der tatsächlichen Normsituation Einfluss auf eine etwaige Kollisionslage haben.

659 *Wehr*, Inzidente Normverwerfung, 1998, S. 28; *Risken*, Grenzen amtlicher und dienstlicher Weisungen, 1969, S. 156
660 *Wehr*, Inzidente Normverwerfung, 1998, S. 29
661 *Risken*, Grenzen amtlicher und dienstlicher Weisungen, 1969, S. 156
662 *Wehr*, Inzidente Normverwerfung, 1998, S. 30

1. Konkludente Aufhebung

Es ist fraglich, ob die Aufhebung eines Rechtsaktes nur ausdrücklich oder auch konkludent erfolgen kann.[663] Soweit eine frühere Norm ausdrücklich durch einen actus contrarius oder im Rahmen einer Neuregelung aufgehoben wird, ist eine Kollision zwischen früherer und neuerer Norm ausgeschlossen. Die Aufhebungsregelung beendet die Geltung des aufgehobenen Satzes, während die Geltung des neuen Satzes erst in diesem Moment beginnt.[664]

Im Fall der konkludenten Aufhebung macht die spätere Norm keine eigenen Angaben über ihr Verhältnis zu anderen bzw. früheren Rechtssätzen. Es stellt sich dann die Frage, ob es einen Aufhebungsautomatismus derart gibt, dass durch den Normerlass sämtliche entgegenstehenden Rechtssätze, für die die neuerlassene Regelung „zu beachtendes Recht“ darstellt, aufgehoben werden. Das ist eine Frage der beim Normerlass in Anspruch genommenen bzw. nehmbaren Regelungskompetenz sowie der Geltungsklarheit.

Hinsichtlich der inhaltlichen Regelungskompetenz ist insbesondere der Gesetzgeber nicht beschränkt. Er kann auf jeden beliebigen Regelungsbereich zugreifen und diesen im Rahmen der Verfassung nach seinem Belieben gestalten. Er hat dabei jedoch die verfassungsmäßige Kompetenzordnung zu beachten. Damit wäre es z.B. nicht zu vereinbaren, wenn das Parlament Rechtsprechung betriebe. Organe des Bundes müssen zudem die Eigenstaatlichkeit der Länder respektieren. Fraglich ist es dann, ob ein Normgeber über ein fremdes, weil von einer anderen Instanz gesetztes Normprogramm verfügen darf.

Bezüglich des Verhältnisses von Gesetzgeber und Verordnungsgeber kann das bejaht werden.[665] Rechtsverordnungen sind nur Ausdruck delegierter Rechtsetzungsbefugnisse, der Gesetzgeber kann diese Befugnisse jederzeit wieder an sich ziehen, selbst ausüben und den früheren Rechtszustand vernichten.

Verwaltungsvorschriften hingegen sind Emanation originärer Administrativbefugnisse. Ohne weiteres kann der Gesetzgeber zwar den bisherigen Inhalt einer Verwaltungsvorschrift selbst gesetzlich festlegen und die Verwaltungsvorschrift dadurch gegenstandslos machen. Er kann jedoch selbst keine (eigenen) Verwaltungsvorschriften erlassen, ebensowenig wie er in Form einer Rechtsverordnung handeln könnte.[666]

Hinzu kommt eine weitere Besonderheit: Verwaltungsvorschriften sind für den handelnden Amtswalter verbindlich, auch wenn sie rechtswidrig sind. Eine Aufhebung würde jedoch die Geltung der Norm beseitigen, eine fortbestehende Verbind-

663 *Baumeister*, Das Rechtswidrigwerden von Normen, 1996, S. 273; *Schneider*, Gesetzgebung, 3. Aufl. 2002, Rn. 553

664 *Baumeister*, Das Rechtswidrigwerden von Normen, 1996, S. 274

665 *Maunz/Dürig*, GG, Stand: Juni 1978, Art. 80 GG, Rn. 37

666 *Maunz/Dürig*, GG, Stand: Juni 1978, Art. 80 GG, Rn. 37; *Lippold*, ZRP 1991, 254; *Heckmann*, Geltungskraft und Geltungsverlust von Rechtsnormen, 1997, S. 363

lichkeit wäre ausgeschlossen. Ein automatisches Außerkrafttreten von Verwaltungsvorschriften bei inhaltlich abweichender Neuregelung würde mithin zu Widersprüchen und Brüchen im System des Amtsgehorsams, der auf eine möglichst weitgehende Aufrechterhaltung des Vorgesetztenbefehls ausgerichtet ist, führen.

Ebenfalls zu beachten sind praktische Schwierigkeiten. Vor der Anwendung einer Verwaltungsvorschrift müsste sich der Amtswalter über deren Einordnung in den zeitlichen Geltungszusammenhang anderer Vorschriften informieren. Erst recht käme es zu unerwünschten Verunsicherungen, wenn Teile einer Verwaltungsvorschrift aufgehoben würden und andere Teile bestehen blieben, ohne dass dies im Einzelnen ausdrücklich bestimmt würde.

Daher ist ein konkludenter Aufhebungsmechanismus abzulehnen. Verwaltungsvorschriften, die nicht im Einklang mit später erlassenem zu beachtenden Recht stehen, werden von diesem nicht automatisch und selbsttätig aufgehoben. Vielmehr ist bei jeder Unvereinbarkeit ungeachtet des zeitlichen Moments eine Kollision anzunehmen. Die Änderung der rechtlichen Bezugsgrößen führt zur Rechtswidrigkeit der Verwaltungsvorschrift, nicht zu ihrer Aufhebung.[667]

2. Obsoletwerden

Ebenfalls in das Spannungsverhältnis von Recht und Zeit fällt der Problemkreis des „Außerkrafttretens von Normen wegen völliger Veränderung der Verhältnisse". Unter diesem Oberbegriff wird eine Reihe teilweise recht unterschiedlicher Fälle diskutiert, bei denen die Geltung oder zumindest die Anwendbarkeit einer Norm im Einzelfall ausscheiden soll, weil sie wegen zwischenzeitlich eingetretener Veränderungen rechtlicher oder tatsächlicher Art ihren ursprünglichen Regelungszweck nicht erreichen kann und das Festhalten an der Norm dem Gerechtigkeitsempfinden zuwiderläuft.

So hat das Bundesverwaltungsgericht die Figur des Funktionsloswerdens eines Bebauungsplans entwickelt.[668] Das Recht sei um seiner Ordnungsfunktion Willen außer Stande, etwas zu bestimmen, das überhaupt keinen sinnvollen Gegenstand oder keinen denkbaren Adressaten habe oder eine schlechthin unmögliche Regelung treffe.[669] Recht mit einem derart funktionslosem Inhalt könne nicht in Kraft treten, und es trete außer Kraft, wenn sich der Mangel der Funktionslosigkeit nachträglich einstelle.[670] Für das Außerkrafttreten eines Bebauungsplans oder einzelner seiner Festsetzungen wegen Funktionslosigkeit setze das voraus, dass die Verhältnisse, auf

667 So auch *Heckmann*, Geltungskraft und Geltungsverlust von Rechtsnormen, 1997, S. 411; *Bettermann*, FS H. Huber, 1981, 25 (39); a.A. ohne weitere Begründung: *Baumeister*, Das Rechtswidrigwerden von Normen, 1996, S. 275

668 Vgl. BVerwGE 54, 5ff. und 85, 273ff.

669 BVerwGE 54, 5 (8); 85, 273 (281)

670 BVerwGE 54, 5 (8); 85, 273 (281)

die er sich beziehe, in der tatsächlichen Entwicklung einen Zustand erreicht hätten, der eine Verwirklichung auf unabsehbare Zeit ausschließe, wobei nicht isolierend auf einzelne Grundstücke abzustellen sei, sondern auf die Festsetzung in ihrer gesamten Reichweite und in ihrer Bedeutung für den Plan in seiner Gesamtheit.[671] Hinzutreten müsse, dass dies offenkundig und für jedermann erkennbar sei.[672]

Diese Rechtsprechung ist nicht ohne Kritik geblieben. Für das Funktionsloswerden von Bebauungsplänen wie auch für andere Fälle des Obsoletwerdens von Normen hat sich *Baumeister* in seiner Dissertation um den Nachweis bemüht, dass es dabei in Wirklichkeit nicht um einen Geltungsfortfall, sondern um ein Rechtswidrigwerden der betreffenden Rechtsvorschriften geht.[673] Fraglich ist, wie sich die Sachlage für Verwaltungsvorschriften darstellt.

Ein Obsoletwerden von Verwaltungsvorschriften wird in der Literatur insbesondere für veraltete Verwaltungsvorschriften angenommen.[674] Verwaltungsvorschriften, die auf Berechnungen und Annahmen beruhen, die inzwischen durch Kenntnisfortschritte in Wissenschaft und Technik überholt wurden, verlieren ihre Bindungswirkung.[675] Die neuen Erkenntnisse müssen jedoch gesichert sein.[676] Voraussetzung ist eine gewisse Festigung; es genügt nicht, dass es in der Wissenschaft Stimmen gibt, die abweichende Positionen vertreten.[677] Die der Verwaltungsvorschrift zu Grunde liegenden Annahmen müssen unter Berücksichtigung aller zu dem Problem vertretenen Auffassungen als widerlegt oder zumindest als zentral in Frage gestellt eingestuft werden können.[678]

Eine solche Überholung der Verwaltungsvorschrift durch Erkenntnisfortschritte kann jedoch nicht als Fall eines außergewöhnlichen Geltungsfortfalls angesehen werden. Zu Recht wird vielmehr die Veraltung der zu Grunde liegenden Annahmen und Methoden mit der Rechtmäßigkeit bzw. Rechtswidrigkeit der Norm in Verbindung gebracht.[679] Eine Verwaltungsvorschrift, die nicht mehr dem Stand von Wis-

671 BVerwGE 54, 5 (11); 85, 273 (281f.)

672 BVerwGE 54, 5 (11); 85, 273 (281f.)

673 *Baumeister*, Das Rechtswidrigwerden von Normen, 1996; ebenso: *Speidel*, BaWüVBl 1964, 177; zustimmend: *Kopp/Schenke*, VwGO, 14. Aufl. 2005, § 47 Rn. 139

674 *Gusy*, NVwZ 1995, 105 (111); *Hill*, NVwZ 1989, 401 (410); *Kautz*, GewArch 2000, 230 (237f.); *Birk*, Die arbeitsrechtliche Leitungsmacht, 1973, S. 255, der sich nicht nur auf Erkenntnisfortschritte bezieht.

675 BVerwGE 110, 216 (219); 107, 338 (341); BVerwG, NVwZ 1988, 824 (825); VGH B.-W., NVwZ 1995, 292 (294); *Gusy*, NVwZ 1995, 105 (111); *Jarass*, JuS 1999, 105 (110); *Guckelberger*, DV 35 (2002), 61 (67f.); *Hill*, NVwZ 1989, 401 (410); *Ossenbühl*, DVBl 1999, 1 (5); *Uerpmann*, BayVBl 2000, 705 (709)

676 VGH B.-W., NVwZ 1995, 292 (294); *Jarass*, JuS 1999, 105 (111); *Gusy*, NVwZ 1995, 105 (111 Fn. 57); *Hill*, NVwZ 1989, 401 (410)

677 *Jarass*, JuS 1999, 105 (111)

678 BVerwG, NVwZ 1988, 824 (825); *Jarass*, JuS 1999, 105 (111)

679 *Jarass*, JuS 1999, 105 (110); *Rogmann*, Die Bindungswirkung von Verwaltungsvorschriften, 1998, S. 231; *Remmert*, Jura 2004, 728 (734); *Sauerland*, Die Verwaltungsvorschrift, 2005, S. 149

senschaft und Technik entspricht, sondern auf falschen Grundlagen beruht, stellt keine korrekte Konkretisierung der Gesetze dar.[680] Sie ist schlicht mit dem zu beachtenden Recht nicht vereinbar und daher rechtswidrig.[681]

Jenseits des technischen Fachrechts muss Gleiches gelten, wenn in einer Verwaltungsvorschrift veraltete gesellschaftliche Anschauungen und ein überholtes Weltbild zum Ausdruck kommen und sich der Bedeutungswandel nicht innerhalb des Textverständnisses der Verwaltungsvorschrift kompensieren lässt.

Eine Veraltung von Verwaltungsvorschriften findet außerdem noch unter einem weiteren Aspekt statt: Wird das der Vorschrift zu Grunde liegende Gesetz geändert oder ganz aufgehoben, ohne dass damit eine entsprechende Aktualisierung der Verwaltungsvorschrift einhergeht, stimmt diese unter Umständen mit ihrem gesetzlichen Rahmen nicht mehr überein.

Oben wurde eine konkludente Aufhebung von Verwaltungsvorschriften durch höherrangiges Recht abgelehnt. Wird das Gesetz völlig aufgehoben, entfällt damit nicht zugleich ohne weiteres die Geltung der Verwaltungsvorschrift. Denn ein Rechtssatz löst sich mit seinem ordnungsgemäßen Entstehen von der Ermächtigungsnorm und gewinnt eine eigene juristische Existenz.[682] Die Verwaltungsvorschrift hat ohne das Gesetz, dessen Durchführung sie betrifft, zwar keinen Anwendungsbereich mehr. Dann stellt sich allerdings auch nicht mehr die (nun rein akademische) Frage nach der Geltung und Verbindlichkeit einer solchen Vorschrift.[683] Die lediglich faktische Nichtanwendung eines Rechtssatzes – und sei sie noch so endgültig – kann nicht den rechtlichen Untergang der Vorschrift zur Folge haben.[684]

Wird das Gesetz nur geändert, kann es zu einer Gemengelage von Verwaltungsvorschriftsteilen, die keinen Anwendungsbereich haben, weil die entsprechenden Gesetzesteile weggefallen sind, Verwaltungsvorschriftsteilen, die rechtswidrig sind, weil sie zu den geänderten Gesetzesabschnitten nicht mehr passen, und Verwaltungsvorschriftsteilen, die weiterhin rechtmäßig sind, kommen. Eine solche Verwaltungsvorschrift mag unpraktikabel sein, ein Geltungsfortfall ist damit jedoch erst Recht nicht verbunden. Der Geltungsanspruch einer Norm kann unter ihrer schlichten Nichtbefolgung oder Schlechterfüllung nicht leiden, weil sich das Recht durch seine Durchsetzungsfähigkeit gerade bei Nichtbefolgung definiert, seine Geltung durch die Mittel der Sekundärnormen staatlichen Zwangs sichergestellt wird.[685] Es sind daher strenge Anforderungen an eine dem Rechtsdenken fremde Derogation

680 *Rogmann*, Die Bindungswirkung von Verwaltungsvorschriften, 1998, S. 231; *Kautz*, GewArch 2000, 230 (238)

681 *Remmert*, Jura 2004, 728 (734); *Sauerland*, Die Verwaltungsvorschrift, 2005, S. 149

682 *Maunz/Dürig*, GG, Stand: Juni 1978, Art. 80 GG, Rn. 24; *Schmidt-Jortzig*, RT 12 (1981), 395 (406); *Heckmann*, Geltungskraft und Geltungsverlust von Rechtsnormen, 1997, S. 368

683 Ebenso allgemein für Rechtssätze: *Speidel*, BaWüVBl 1964, 177 (179)

684 *Schmidt-Jortzig*, RT 12 (1981), 395 (415f.); *Heckmann*, Geltungskraft und Geltungsverlust von Rechtsnormen, 1997, S. 464

685 *Heckmann*, Geltungskraft und Geltungsverlust von Rechtsnormen, 1997, S. 464; *Bumke*, Relative Rechtswidrigkeit, 2004, S. 202

von Recht durch geänderte Umstände zu stellen.[686] Eine durchgreifende Besonderheit von Verwaltungsvorschriften gegenüber anderen untergesetzlichen Rechtsnormen, etwa auf Grund einer anders gearteten, besonderen Ordnungsfunktion vergleichbar den Plänen, ist gerade nicht ersichtlich und auch nicht in ihrer „stärkeren Vollzugsnähe" zu sehen. Es besteht auch hier daher lediglich eine Pflicht des Verwaltungsvorschriftenurhebers, der Verantwortung für sein geschaffenes Normenprogramm gerecht zu werden und die Verwaltungsvorschrift entsprechend den Gesetzesänderungen zu aktualisieren oder sie ganz aufzuheben.[687]

C Zu beachtendes Recht

Eine Verwaltungsvorschrift ist rechtswidrig, wenn sie gegen das zu beachtende Recht verstößt. Aus dieser Definition ergeben sich zwei Problemschwerpunkte. Zum einen ist zu fragen, welches Recht für Verwaltungsvorschriften gilt. Gibt es Bereiche, bei denen von vornherein eine Kollision mit dem in Verwaltungsvorschriften gesetzten Recht ausgeschlossen ist? Zum anderen ist zu fragen, welches Recht in dem Sinne stärker als das in Verwaltungsvorschriften gesetzte ist, dass es sich im Falle der Kollision ihm gegenüber durchsetzt und so die Rechtswidrigkeit der Verwaltungsvorschrift herbeiführt.

I. Fall der Normanwendungskollision

Normanwendungskollisionen betreffen die inhaltliche Widerspruchsfreiheit der Rechtsordnung. Das objektive Recht als Einheit und System muss feste Aussagen darüber treffen, wie die rechtliche Lage ist.[688] Damit ist es nicht vereinbar, wenn zwei Normen für den gleichen Tatbestand voneinander abweichende Rechtsfolgen anordnen. Tritt ein solcher Konfliktfall dennoch auf, muss die Rechtsordnung Regeln aufstellen, wie die Situation zu bereinigen ist. Ein Mechanismus dafür ist die Rangordnung der Rechtssätze.[689]

1. Rangordnung

Das Merkl-Kelsensche Denkmodell vom Stufenbau der Rechtsordnung propagiert als mögliches Ordnungsprinzip den Geltungszusammenhang des Rechts. Ein

686 VGH B.-W., NVwZ 1987, 241 (243)

687 *Trips*, Das Verfahren der exekutiven Rechtsetzung, 2006, S. 240

688 *Diederichsen* in: Starck, Rangordnung der Gesetze, 1995, 39 (42); *Ossenbühl*, Verwaltungsvorschriften und GG, 1968, S. 468

689 *Diederichsen* in: Starck, Rangordnung der Gesetze, 1995, 39 (42); *Ossenbühl*, Verwaltungsvorschriften und GG, 1968, S. 468

Rechtssatz Eins gilt, weil es einen Rechtssatz Zwei gibt, der besagt, dass Eins gelten soll. Rechtssatz Zwei ist Rechtssatz Eins logisch übergeordnet und daher von höherem Rang.[690] Geltungsgrund einer Norm kann nur wiederum eine andere Norm sein[691] Eine Norm kann daher nur Geltung erlangen, wenn sie den Anordnungen einer sie in Geltung setzenden zweiten Norm entspricht.[692] Solche Geltungsanordnungen können dynamisch oder statisch formuliert sein. Beim dynamischen Typus wird eine Autorität zur Normsetzung ermächtigt.[693] Eine inhaltliche Festlegung erfolgt nicht.[694] Beim statischen Typus bilden die Normen der Rechtsordnung einen inhaltlichen Zusammenhang. Die höheren Normen enthalten die niederen bereits in ihrem Regelungsgehalt; die niederen Normen können durch den logischen Schluss vom Allgemeinen auf das Besondere aus den Höheren inhaltlich entwickelt werden.[695]

Im Grundgesetz wird eine gewisse Stufenordnung durch die Art. 1 III, 20 III, 79 III GG angelegt.[696] Dabei finden sich sowohl dynamische als auch statische Elemente.[697] Neben zahlreichen materiellen Vorgaben wie insbesondere dem Grundrechtskatalog, die das GG als oberste Werteordnung auszeichnen, enthält es auch Rahmen- und Organisationsbestimmungen, die dem Gesetzgeber einen eigenen Gestaltungsauftrag erteilen.[698]

Verfassungsgemäß zu Stande kommt nach dem GG also nur ein Gesetz, das neben den formellen Anforderungen an das Gesetzgebungsverfahren zugleich auch den Verfassungsbestimmungen in inhaltlicher Hinsicht entspricht. Ein inhaltlich verfassungswidriges (und damit auch rechtswidriges) Gesetz ist nach Kelsen überhaupt kein Gesetz und gilt nicht.[699] Diese Gleichsetzung von Geltung und Rechtmäßigkeit entspricht jedoch nicht dem allgemeinen Rechtsverständnis. Auch ein rechtswidriges Gesetz ist ein Gesetz. Für die Geltung, d.h. die grundsätzliche Zugehörigkeit eines Rechtssatzes zur Rechtsordnung reicht es aus, wenn eine hinreichende Ähnlichkeit mit einem fehlerlosen Rechtsakt besteht.[700] Damit ist der Geltungszusammenhang als isoliertes Rangordnungskriterium in der Rechtsordnung des Grundgesetzes nicht (zumindest nicht rein) verwirklicht. Vom Stufenbau der Rechtsordnung nach der rechtlichen Bedingtheit ist der Derogationszusammenhang zwischen den verschiedenen Normenkategorien zu unterscheiden.[701]

690 *Engisch*, Die Einheit der Rechtsordnung, 1935, S. 10f.; *Achterberg*, ZG 1986, 221 (224)
691 *Kelsen*, Reine Rechtslehre, 1960, S. 196; *Schnelle*, Eine Fehlerfolgenlehre für Rechtsverordnungen, 2007, S. 126
692 *Schnelle*, Eine Fehlerfolgenlehre für Rechtsverordnungen, 2007, S. 125f.
693 *Schnelle*, Eine Fehlerfolgenlehre für Rechtsverordnungen, 2007, S. 126
694 *Schnelle*, Eine Fehlerfolgenlehre für Rechtsverordnungen, 2007, S. 126
695 *C. Böckenförde*, Die sog. Nichtigkeit verfassungswidriger Gesetze, 1966, S. 27
696 *Achterberg*, ZG 1986, 221 (225)
697 *Schnelle*, Eine Fehlerfolgenlehre für Rechtsverordnungen, 2007, S. 126
698 *Schnelle*, Eine Fehlerfolgenlehre für Rechtsverordnungen, 2007, S. 126
699 *Kelsen*, Reine Rechtslehre, 1960, S. 275; *Rauschnig*, Die Sicherung der Beachtung von Verfassungsrecht, 1969, S. 197
700 *Bumke*, Relative Rechtswidrigkeit, 2004, S. 16
701 *Achterberg*, ZG 1986, 221 (225)

Als ein anderes Ordnungsprinzip kommt die Hierarchieposition des Rechtssatzgebers in Betracht.[702] Die durch die hierarchische Überordnung begründeten Weisungsbefugnisse und korrespondierenden Achtungspflichten wirken auch im Verhältnis verschiedener allgemeiner Regelungen zueinander. Hierarchie kommt jedoch nur innerhalb einer (geschlossenen) Organisation zum Tragen. Werden die Grenzen der Organisation überschritten, kann die Hierarchieposition keinen Einfluss auf die Rangbeziehung haben. Die Hierarchieposition des Autors ist daher nur dann das entscheidende Rangkriterium, wenn zwei Normen des gleichen Rechtsquellentyps verglichen werden, deren Autoren tatsächlich in einem Über-Unterordnungsverhältnis zueinander stehen.

Die konkret verwirklichte Derogationsordnung der Bundesrepublik Deutschland richtet sich nicht nach einem einzigen Ordnungsprinzip, sondern hat sich aus verschiedenen Grundsätzen heraus entwickelt.

Den höchsten Rang nimmt das Grundgesetz als Verfassung ein. Die rechtliche Grundordnung des Staates ist nicht beliebig; die Verfassung begrenzt und konstituiert die Formen und Bedingungen der Ausübung staatlicher Macht und schließt alle Macht aus, die außerhalb dieser Bedingungen und Formen ausgeübt wird.[703] Der Vorrang der Verfassung ist in Art. 1 III, 79 I 1, II GG niedergelegt.[704] Weil das Grundgesetz nur durch ausdrücklich verfassungsändernde Gesetze geändert werden kann, hat es Vorrang gegenüber den einfachen Gesetzen.[705] Innerhalb der Verfassung wiederum sind die durch Art. 79 III GG als unveränderbar festgelegten Verfassungsbestimmungen höchstrangig.[706]

Auf der zweiten Rangstufe stehen die Gesetze. Der Vorrang des Gesetzes gegenüber allen anderen staatlichen Handlungsformen wird aus Art. 20 III GG hergeleitet.[707]

Es folgen die Rechtsverordnungen. Als delegierte Rechtssätze haben sie in gewissem Umfang an der Dignität des ermächtigenden Gesetzes teil.[708] Die Selbstverwaltungsautonomie wird demgegenüber nur im Rahmen der Gesetze gewährt.[709] Dieser Gesetzesvorbehalt, der auch durch Rechtsverordnungen ausgefüllt werden kann, führt zur Nachrangigkeit der Satzungen als autonomen Handlungsformen sowohl gegenüber Gesetzen als auch gegenüber Rechtsverordnungen.[710]

702 So *Freund*, Innenrecht und Außenrecht, 1984, S. 187
703 *Starck* in: Starck, Rangordnung der Gesetze, 1995, 29
704 *Rauschnig*, Die Sicherung der Beachtung von Verfassungsrecht, 1969, S. 207
705 *Starck* in: Starck, Rangordnung der Gesetze, 1995, 29 (30f.)
706 *Ehlers* in: Erichsen/Ehlers, Allg. VerwR, 13. Aufl. 2006, § 2 Rn. 109
707 BVerfGE 40, 237 (247); *Heintzen*, DV 29 (1996), 17 (18)
708 *Freund*, Innenrecht und Außenrecht, 1984, S. 198; *Herdegen*, AöR 114 (1989), 607 (623)
709 BVerfGE 79, 127 (143); *Heintzen*, DV 29 (1996), 17 (38)
710 *Heintzen*, DV 29 (1996), 17 (40); *Maurer*, DÖV 1993, 184 (185)

Das Verhältnis von Bundesrecht zu Landesrecht ist komplex. Das Grundgesetz enthält als Kollisionsregel die Grundsatznorm des Art. 31 GG.[711] Danach ist eine landesrechtliche Vorschrift, die denselben Gegenstand wie eine kompetenzgemäß erlassene Norm des Bundesrechts regelt, unwirksam. Derartiges Landesrecht kann nicht wirksam entstehen, und es kann, sofern die Bundesnorm später in Geltung tritt, nicht wirksam fortbestehen.[712] Dabei ist es das Eigentümliche des Bundesstaates, dass sowohl der Gesamtstaat und als auch die Einzelstaaten Staatsqualität besitzen.[713] Daher teilt das Grundgesetz die Gesetzgebungsbefugnisse zwischen dem Bund und den Ländern trennscharf auf. Kollisionsprobleme von Bundes- und Landesrecht sind zuallererst Kompetenzprobleme und keine echten Rangprobleme.[714]

Für das Verhältnis von Landesverfassung und Bundesverfassung gilt mit dem Homogenitätsgebot des Art. 28 I GG eine weitere Sonderbestimmung.

Innerhalb des Landesrechts steht das Verfassungsrecht an der Rangspitze, ihm folgen in entsprechender Weise zum Bundesrecht die Landesgesetze, Landesverordnungen und Satzungen.

Aus dem Rechtsquellencharakter von Verwaltungsvorschriften folgt, dass sie als Rechtssätze eigener Art in dieses Rangordnungsschema eingepasst werden müssen.

a) Rangverlust des Außenrechts

In seiner Monographie *„Grundfragen der heutigen Verwaltungsrechtslehre"* stellt *Rupp* die These vom „Rangverlust des Außenrechts" auf. In ihrer Konsequenz führt sie zum Nebeneinander zweier inkommensurabler Parallelrechtsordnungen im Staat, dem Innenrecht und dem Außenrecht. Verwaltungsvorschriften, die dem Innenrecht angehören sollen, würden daher gerade nicht in die einheitliche Rangpyramide des Außenrechts passen.

aa) Darstellung der Ansicht

Rupp nimmt zunächst zu den Einzelheiten des Organ- bzw. Amtswalterverhältnisses zwischen dem Staat und seinem Bediensteten Stellung. Ausgehend von der Erkenntnis, dass den Amtswalter die Außenpflichten des Staates nicht unmittelbar treffen, weil nur der Staat oder die anderen juristischen Personen des öffentlichen Rechts unmittelbare Träger der Verwaltungsbefugnisse sind, erkennt er einen eigenständigen Rechtskreis des Amtswalters.[715] Die Rangpyramide, in welcher das Gesetzesrecht seinen Platz habe, könne lediglich als Umwölbung der Bürger-Staat-Be-

711 *Badura* in: Starck, Rangordnung der Gesetze, 1995, 107 (113)

712 *Badura* in: Starck, Rangordnung der Gesetze, 1995, 107 (113); *Ehlers* in: Erichsen/Ehlers, Allg. VerwR, 13. Aufl. 2006, § 2 Rn. 109

713 BVerfGE 36, 342 (360f.)

714 *Badura* in: Starck, Rangordnung der Gesetze, 1995, 107 (113)

715 *Rupp*, Grundfragen, 1965, S. 50

ziehungen gedacht werden, decke aber keineswegs zugleich den ganz anderen Beziehungskomplex innerhalb des Funktionskörpers Verwaltung.[716] Es werde offenbar, dass der Inhalt der Organwalterpflicht nicht identisch sei mit der den Staat treffenden Pflicht und dass besondere Normen des Innenrechts bestünden, die eine andere Funktion, aber auch einen anderen Inhalt haben als diejenigen des Außenrechts.[717]

Die Umprägung der Außenpflichten des Staates zur Organwalterpflicht könne niemals ohne gewichtige Modifikationen vollzogen werden, weil der einzelne Organwalter an der Verwirklichung sowohl einer Staats- wie auch einer Organfunktion nur jeweils kraft seiner personellen Amts- und Ressortzuständigkeit mitzuwirken habe und zwar in einer ganz bestimmten, allein auf ihn bezogenen Weise.[718] Das geltende deutsche Recht berücksichtige die Verschiedenheit von Staatspflicht und Amtswalterpflicht durch die Regelung des Remonstrationsverfahrens. Bei dessen erfolgloser Durchführung werde der Amtswalter an eine Weisung seines Vorgesetzten gebunden, auch wenn das aufgetragene Außenhandeln (objektiv) eine Außenpflicht des Staates verletze.[719] Würde man die unmittelbare Geltung des Außenrechts einschließlich des ihm anhaftenden Vorrangs auch für den organwalterschaftlichen Innenbereich bejahen, würde man zu der absonderlichen Schlussfolgerung gelangen, dass das Recht offenbar dem Organwalter etwas verbiete, was es im gleichen Atemzug gebiete.[720]

Das Innenrecht lege also fest, dass Einzelweisungen ohne Rücksicht auf ihre Deckung mit dem Außenrecht für den Befehlsempfänger verbindlich seien.[721] Dies könne nichts anderes bedeuten, als dass allgemein der Rechtsimpuls der Einzelweisung dem Norminhalt des zu Innenrecht gewordenen Außenrechts vorgehe.[722]

Aus der Verbindlichkeit außenrechtswidriger Befehle für den angewiesenen Beamten folgert Rupp also einen im Innenbereich modifizierten Rechtmäßigkeitsbegriff. Dieser kommt zu Stande durch den Rangverlust des Außenrechts bei seiner Umwandlung in Innenrecht über die Amtswahrnehmungspflicht des handelnden Amtswalters. Diese Konstruktion erläutert Rupp später so, dass das Innenrecht grundsätzlich rangfrei sei.[723] Gäbe es Rangabstufungen und könnte sich der einzelne Amtswalter darauf berufen, käme es zu peripheren Entscheidungs- bzw. Erkenntniszuständigkeiten.[724] Dienstweg und Hierarchie könnten unterlaufen werden, was die Effektivität der Verwaltung aus den Angeln heben müsste. Zu Innenrecht gewordenes Außenrecht und originäres Innenrecht befinden sich also auf der Ebene der Ranggleichheit. Damit könne der Satz lex specialis derogat legi generali zur An-

716 *Rupp*, Grundfragen, 1965, S. 47
717 *Rupp*, Grundfragen, 1965, S. 49
718 *Rupp*, Grundfragen, 1965, S. 54
719 *Rupp*, Grundfragen, 1965, S. 49
720 *Rupp*, Grundfragen, 1965, S. 45
721 *Rupp*, Grundfragen, 1965, S. 55
722 *Rupp*, Grundfragen, 1965, S. 55f.
723 *Rupp*, Grundfragen, 1965, S. 62, 70f.
724 *Rupp*, Grundfragen, 1965, S. 62

wendung kommen.[725] Dienstbefehle und auch Verwaltungsvorschriften, die nichts anderes seien als ein Bündel von Einzelweisungen, würden als spezielle Regelungen den ursprünglichen allgemeinen Außenrechtssätzen vorgehen.[726]

bb) Stellungnahme

Auch wenn sich Rupp vehement gegen die Ausgrenzung des Innenbereichs aus der Sphäre des Rechts zur Wehr setzt, trägt seine eigene Idee zur Zementierung der Trennung von Innen und Außen bei. Er geht davon aus, dass Innenrechtskreis und Außenrechtskreis völlig voneinander abgeschottet sind und daher die Beziehungsgeltung eines Rechtsaktes in beiden Bereichen eine zwischengeschaltete Modifikation voraussetzt. Damit bleibt das Innenrecht in einem gewissen Sinne impermeabel für das Außenrecht.[727]

Hier wurde die Außenwirkung von Verwaltungsvorschriften festgestellt. Innenrecht und Außenrecht können daher nicht mehr nach der Handlungsform sondern allein nach ihren Inhalten unterschieden werden. Insoweit Rupp darlegt, dass der Amtswalter als Person zunächst nicht von der Außenpflicht des Staates getroffen wird, sondern das Außenrecht erst darum bei der Amtswahrnehmung zu beachten hat, weil er als Vertreter des Staates Sorge dafür zu tragen hat, dass das Staatshandeln nach außen korrekt ist, ist ihm zuzustimmen. Die angesprochene Unterscheidung zwischen Innen- und Außenrechtskreis ist richtigerweise zu verstehen als Unterscheidung zwischen Rechtssätzen, die eine unmittelbare Amtswalterpflicht begründen und solchen, die eine „vertretungsweise" vom Amtswalter zu erfüllende Staatspflicht statuieren. Wie oben dargelegt[728] erschöpfen sich Rechtsakte jedoch nicht lediglich im Imperativ, in der Verhaltensanweisung, die sie für den unmittelbaren Adressaten statuieren, sondern bilden als Rechtsordnung eine Systematik objektiver Werturteile. Zudem geht die Wirkung von Verwaltungsvorschriften über den verwaltungsinternen Befehl an die nachgeordneten Amtswalter gerade hinaus. Sie sind nicht nur Innenrecht, sondern setzen zugleich Maßstäbe für Bürger und Gerichte. Die Innen-Außen-Differenzierung kann daher die Ablehnung eines gemeinsamen Rangverhältnisses zu den übrigen Rechtsquellen im Staat nicht begründen.

Rupp geht weiter davon aus, dass es für das Innenrecht keine Rangordnung geben könne. Dabei übersieht er, dass die mit der hierarchischen Gliederung einhergehenden Weisungsbefugnisse sich nicht in der Zweier-Beziehung von unmittelbarem Vorgesetzten und Nachgeordneten erschöpfen, sondern sämtliche untergeordneten Ebenen erfassen. Entsprechend muss eine dienstliche Weisung mit den Weisungen noch höherer Stellen vereinbar sein. Eine untergeordnete Stelle ist nicht kompetent, mit einer eigenen Weisung die Verwaltungsvorschrift einer höheren Ebene aufzuheben, sei es für den Einzelfall oder generell. Dass ein Amtswalter nicht die Befugnis

725 *Rupp*, Grundfragen, 1965, S. 61, 71
726 *Rupp*, Grundfragen, 1965, S. 61
727 *Freund*, Innenrecht und Außenrecht, 1984, S. 203
728 § 1 A II 2

hat, eine höhere Anordnung zu missachten, ergibt sich schon aus den Regelungen des Remonstrationsverfahrens. Einer nachgeordneten Stelle der Verwaltung ist es untersagt, aus eigenem Entschluss Anordnungen zu missachten. Für Abweichungen ist der Weg über eine Remonstration zu höheren Autoritäten einzuschlagen. Die Verbindlichkeit des direkten Vorgesetztenbefehls, die gleichsam den Gegenstrom zur von oben nach unten fließenden Weisungsmacht bildet, setzt die Rangordnung des Innenrechts nicht außer Kraft, sondern schließt nur die Gehorsamspflicht des einzelnen Amtswalters im Verhältnis zu seinem unmittelbaren Vorgesetzten kurz.[729]

Weil im Innenrecht wegen des hierarchischen Verwaltungsaufbaus und der gestuften Autorität der verschiedenen Weisungsurheber eben nicht absolute Gleichrangigkeit herrscht, kann die lex-specialis-Regel nicht zur Anwendung kommen. Sie würde allerdings auch einen Vorrang der Verwaltungsvorschriften nicht generell begründen können. Insbesondere Verwaltungsvorschriften der Ministerien stellen mitunter komplexe Regelwerke dar. Ihr Verständnis als ein Bündel von Einzelweisungen gibt die Realität nicht angemessen wieder.[730] Die Regelungen in Verwaltungsvorschriften können umfassend und ihrerseits auslegungsbedürftig sein, so dass sie etwa bei Subventionsrichtlinien den Abstraktionsgrad von Verordnungen erreichen. Eine Verwaltungsvorschrift, die inhaltlich mit gesetzlichen Bestimmungen nicht vereinbar ist, ist nicht spezieller, sondern falsch.

Ein weiterer Kritikpunkt ergibt sich aus Rupps Rechtswidrigkeitsbegriff. Das Rechtswidrigkeitsurteil ist für ihn relativ und kann nur im Rahmen des konkreten Rechtsverhältnisses gefällt werden.[731] Der Rangverlust des Außenrechts gilt nur für das Amtswalterverhältnis.[732] Nur dem ausführenden Verwaltungsbediensteten gegenüber ist eine außenrechtswidrige Weisung rechtmäßig.[733] Eine ganz andere Beurteilung soll sich etwa im Schadensersatzprozess des Bürgers gegen den Staat ergeben oder bei der Frage, ob Notwehr gegen das Verwaltungsaußenhandeln zulässig ist.[734]

Wie oben gezeigt[735] ist ein Rechtswidrigkeitsurteil jedoch nur relativ, wenn es um die Bewertung des Verhaltens der einzelnen Akteure geht. Rechtsakte als Teil der objektiven und einheitlichen Rechtsordnung sind demgegenüber absolut an dieser Rechtsordnung zu messen. Für Verwaltungsvorschriften, die zwar unmittelbar nur an Amtswalter adressiert sein, aber dennoch Außenwirkung haben können und somit in mehreren Verhältnissen gelten, muss es eindeutige Rangregeln geben.

729 *Ossenbühl*, Verwaltungsvorschriften und GG, 1968, S. 473
730 *Ossenbühl*, Verwaltungsvorschriften und GG, 1968, S. 471
731 *Rupp*, Grundfragen, 1965, S. 48
732 *Rupp*, Grundfragen, 1965, S. 46
733 *Rupp*, Grundfragen, 1965, S. 63
734 *Rupp*, Grundfragen, 1965, S. 63f.
735 Siehe § 1 A II 2

Nach alldem beruht die Idee vom Rangverlust des Außenrechts in ihren Voraussetzungen auf einem streckenweise überholten Rechtsverständnis.[736] Eine strikte Trennung zwischen Außen und Innen lässt sich mit dem Rechtscharakter der Innenrechtshandlungsformen nicht durchhalten. Daher ist auch ein geschlossener, nur verhältnisbezogener Rechtswidrigkeitsbegriff, wie ihn die These vom Rangverlust des Außenrechts vorgibt, nicht mit dem geltenden Recht vereinbar. Verwaltungsvorschriften sind in die Rangordnung des (Außen-)Rechts – ebenso wie andere Rechtsakte auch – einzuordnen.

b) Einordnung der Verwaltungsvorschriften

Die Rechtsetzung in Form von Verwaltungsvorschriften dient der Lückenfüllung und der primär verwaltungsinternen Steuerung außerhalb des Vorenthalts des Gesetzes, d.h. unterhalb der Wesentlichkeitsschwelle. Durch Verwaltungsvorschriften kann nur neu geregelt werden, was nicht schon durch Verfassung, Gesetze oder Rechtsverordnungen festgelegt wurde.[737] Diesen Handlungsformen gegenüber sind die Verwaltungsvorschriften daher nachrangig.[738]

Satzungen sind das besondere Instrument der Selbstverwaltung. Sie verwirklichen die Demokratie im Kleinen. Auch sie haben daher gegenüber den Verwaltungsvorschriften eine hervorgehobene Funktion. Verwaltungsvorschriften von Stellen der gleichen Hierarchieebene wie Satzungen sind diesen gegenüber daher nachrangig. Fraglich ist, wie es für das Verhältnis von Satzungen und Verwaltungsvorschriften einer höheren Hierarchieebene aussieht. Die Satzungsautonomie wird zwar nicht absolut, sondern unter Gesetzesvorbehalt gewährt, jede Einschränkung von grundsätzlich bestehenden Selbstverwaltungsbefugnissen stellt jedoch wegen der Bedeutung der Selbstverwaltung eine wesentliche Angelegenheit dar. Selbst wenn die Satzungsmaterie von der Geschäftsleitungsgewalt des höheren Verwaltungsvorschriftengebers umfasst sein sollte, kann durch die Verwaltungsvorschrift allein die Wesentlichkeitsschwelle nicht überwunden werden. Auch Verwaltungsvorschriften, die durch eine weiter oben in der Verwaltungshierarchie angesiedelte Stelle erlassen worden sind, sind gegenüber Satzungen nicht vorrangig.

Bei den Verwaltungsvorschriften handelt es sich also um Rechtsquellen der untersten Rangstufe.[739] Die Rangfolge in den staatlichen Rechtsordnungen verläuft damit von der Verfassung zu den Gesetzen, zu den Rechtsverordnungen, zu den Satzungen und schließlich zu den Verwaltungsvorschriften. Das Rangverhältnis

736 *Ossenbühl*, Verwaltungsvorschriften und GG, 1968, S. 478

737 *Brohm*, Drittes Deutsch-Polnisches Verwaltungssymposium, 1983, 11 (28)

738 *Brohm*, Drittes Deutsch-Polnisches Verwaltungssymposium, 1983, 11 (28)

739 So auch *Freund*, Innenrecht und Außenrecht, 1984, S. 198; *Erichsen/Klüsche*, Jura 2000, 540 (545); *Jarass*, JuS 1999, 105 (110); *Brohm*, Drittes Deutsch-Polnisches Verwaltungssymposium, 1983, 11 (28)

verschiedener Verwaltungsvorschriften untereinander richtet sich nach der Stellung ihrer Urheber im hierarchischen Aufbau der Exekutive.[740]

2. Kollision von Verwaltungsvorschriften und rangverschiedenen Rechtssätzen

Normanwendungskollisionen verschiedenrangiger Rechtssätze werden gewöhnlich nach dem Satz „lex superior derogat legi inferiori" aufgelöst.[741] Die höherrangige Norm setzt sich durch, die vom niederen Rang ist rechtswidrig. Fraglich ist, ob für Verwaltungsvorschriften Sonderregeln gelten.

a) Materielle Derogation

Solche Sonderregeln sieht die These von der materiellen Derogation in der beamtenrechtlichen Gehorsamspflicht.

aa) Darstellung der Ansicht

Risken geht in seiner Dissertation *„Grenzen amtlicher und dienstlicher Weisungen im öffentlichen Dienst"* davon aus, dass nicht jeder gesetzesinkongruente Rechtsimpuls ipso iure rechtswidrig sei.[742] Es bestehe die Möglichkeit, dass das verbietende Gesetz im Einzelfall seiner Geltung beraubt werde.[743]

Jede Normenkollision sei zu lösen, indem man versuche, von den widersprechenden Normen die eine als die Stärkere zu erweisen.[744] Im Falle von Weisungen komme es nicht auf formale Derogationskriterien wie den Rang an.[745] Stärker sei vielmehr die Norm, die sich durch inhaltlich wertende Betrachtung als schwerer wiegend ergebe.[746] Das materiale Prinzip zur Feststellung der stärkeren Norm sei eine Güter- und Interessenabwägung.[747]

Die Derogation sei rechtstechnisch als Auslegungsregel zu qualifizieren.[748] Rechtsetzende Tätigkeit sei nicht schrankenlos möglich.[749] Aus Rechtstaatsmaßstäben folge die jeder Norm immanente Auslegungsregel, dass sie nur entgegenstehenden schwächeren Rechtssätzen derogieren wolle.[750] Greife dieser Interpretations-

740 *Freund*, Innenrecht und Außenrecht, 1984, S. 199; *Ossenbühl*, Verwaltungsvorschriften und GG,1968, S. 469
741 *Achterberg*, ZG 1986, 221 (228)
742 *Risken*, Grenzen amtlicher und dienstlicher Weisungen, 1969, S. 154
743 *Risken*, Grenzen amtlicher und dienstlicher Weisungen, 1969, S. 154
744 *Risken*, Grenzen amtlicher und dienstlicher Weisungen, 1969, S. 157
745 *Risken*, Grenzen amtlicher und dienstlicher Weisungen, 1969, S. 156f.
746 *Risken*, Grenzen amtlicher und dienstlicher Weisungen, 1969, S. 157
747 *Risken*, Grenzen amtlicher und dienstlicher Weisungen, 1969, S. 158
748 *Risken*, Grenzen amtlicher und dienstlicher Weisungen, 1969, S. 160
749 *Risken*, Grenzen amtlicher und dienstlicher Weisungen, 1969, S. 157
750 *Risken*, Grenzen amtlicher und dienstlicher Weisungen, 1969, S. 160

grundsatz ein, sei nicht Nichtigkeit des derogierten Rechtssatzes die Folge, sondern er werde auf Grund der Autorität der erlassenden Stelle insoweit außer Kraft gesetzt als er dem anderen Rechtssatz widerspreche.[751]

Für den Amtswalter, der eine gesetzesinkongruente Weisung befolgen solle, konfligieren das Gesetz und die beamtenrechtliche Gehorsamspflicht.[752] Ähnlich wie Rupp folgert Risken dann aus der Verbindlichkeit auch gesetzeswidriger Weisungen bei erfolgloser Remonstration, dass die betreffende Weisung rechtmäßig sein müsse.[753] Sie sei es, weil sich die Gehorsamspflicht, abgesehen von den in §§ 36 II 4 BeamtStG, 56 II 3 BBG genannten Ausnahmen der strafrechtlichen und ordnungswidrigkeitenrechtlichen Verbotsgesetze sowie der Grundrechte als ungenanntem Fall, gegen alle anderen Normen als höherwertig durchsetze.[754]

bb) Stellungnahme

Risken baut sein Derogationskonzept darauf auf, dass letztlich nicht die Weisung und der inhaltlich unvereinbare Rechtssatz kollidieren, sondern jener Rechtssatz und die gesetzliche Regelung der Gehorsamspflicht, die die Verbindlichkeit der Weisung ohne Rücksicht auf deren Vereinbarkeit mit den Gesetzen anordnet.

Dieses Konzept ist nur verständlich vor dem Hintergrund der Ansicht, dass Verwaltungsvorschriften keine eigene Normativwirkung besitzen, sondern lediglich Konkretisierungen der grundsätzlich bestehenden Gehorsamspflicht im besonderen Gewaltverhältnis darstellen. Diese Vorstellung ist mit der Rechtssatzeigenschaft der Verwaltungsvorschriften jedoch nicht vereinbar. Verwaltungsvorschriften sind Teil der objektiven Rechtsordnung, sie gelten für alle, die sie angehen, kraft eigener Normativität.

Die gesetzliche Ausgestaltung der Gehorsamspflicht ist nicht Ausdruck einer spezifisch auf das Amtswalterverhältnis zugeschnittenen Auflösung der Kollisionslage, sondern regelt bloß das Amtswalterverhalten. Die Gehorsamspflicht allein kann einen gesonderten Rechtswidrigkeitsbegriff für Verwaltungsvorschriften nicht begründen.

Riskens Konzept der materiellen Derogation ist darüber hinaus in sich widersprüchlich und praktisch nicht durchzuführen.[755] Weisungen sollen sich nur nicht gegenüber Straf- und Ordnungswidrigkeitsgesetzen sowie Grundrechten durchsetzen. Damit werden jedoch nicht alle Fälle möglicher Verfassungsverstöße erfasst. Nicht in allen Fällen muss dann die Gehorsamspflicht, die dem besonderen Schutzgut der Funktionsfähigkeit der Verwaltung dient, den höheren Wert verkörpern.[756]

751 *Risken*, Grenzen amtlicher und dienstlicher Weisungen, 1969, S. 160f.
752 *Risken*, Grenzen amtlicher und dienstlicher Weisungen, 1969, S. 155
753 *Risken*, Grenzen amtlicher und dienstlicher Weisungen, 1969, S. 158f.
754 *Risken*, Grenzen amtlicher und dienstlicher Weisungen, 1969, S. 167 u. 169
755 So auch *Depenheuer*, DVBl 1992, 404 (407)
756 *Depenheuer*, DVBl 1992, 404 (407)

Risken plädiert daher für die Anerkennung weiterer ungenannter Fälle absolut unverbindlicher Weisungen, sogar gegen den Wortlaut der §§ 56 BBG, 36 BeamtStG, bei denen die Gehorsamspflicht weichen soll.[757]

Aus Gründen der Rechtssicherheit bestehen aber erhebliche Bedenken dagegen, dass über die Rechtmäßigkeit einer Weisung nach freier Abwägung der zu Grunde liegenden Rechtswerte entschieden werden soll. Auch wenn man davon ausgeht, dass das Grundgesetz eine materielle Wertordnung aufstellt, sind die Einzelheiten bisher ungeklärt.[758] Es ist noch nicht gelungen, ein vollständig hierarchisiertes Wertesystem auszuformulieren. Mit Recht wird bezweifelt, dass ein solches Unterfangen überhaupt möglich sein soll.[759]

Dann werden sich aber schwerlich zwei verschieden Personen über das Ergebnis einer solchen Rechtmäßigkeitsabwägung einigen können. Soll nicht das Recht als Ordnung und System völlig aufgelöst werden, muss auf die Frage nach der Rechtswidrigkeit oder Rechtmäßigkeit eines Rechtssatzes jedoch eine deutliche Antwort möglich sein.

Aus der materiellen Derogation soll die Rechtmäßigkeit der Weisung folgen. Diese Konstruktion beruht nicht zuletzt darauf, dass Risken davon ausgeht, dass nur eine rechtmäßige Weisung strafrechtlich rechtfertigen könne, weil das Rechtswidrige nichts Rechtmäßiges bewirken könne.[760] Dieser Ansatz ist jedoch nicht zwingend. Die Rechtsordnung kennt sehr wohl Situationen, in denen ein rechtswidriger Rechtsakt gleichwohl verbindlich ist und derjenige, der ihn befolgt rechtmäßig handelt; zu denken ist etwa nur an den bestandskräftigen Verwaltungsakt.[761]

Dann ist ein Rechtswidrigkeitsbegriff wie derjenige Riskens konstruiert und geht im Übrigen zu weit. Auch Risken muss die angebliche Rechtmäßigkeit der Weisung relativieren und auf das Amtswalterverhältnis beschränken, andernfalls wäre es mit der Bindung der Verwaltung an Gesetz und Verfassung nicht weit her. Verwaltungsstellen hätten es durch den Erlass entsprechender Weisungen in der Hand, sämtliche bestehenden Vorrangregeln zu missachten und eine eigene stärkere Parallelrechtsordnung aufzustellen. Dass allerdings für Rechtssätze ein relativer Rechtswidrigkeitsbegriff gelten soll, wurde bereits oben widerlegt.[762]

Auch das Konzept der materiellen Derogation ist also abzulehnen. Es bleibt dabei, dass Verwaltungsvorschriften Rechtsquellen der untersten Rangstufe sind. Hin-

757 *Risken*, Grenzen amtlicher und dienstlicher Weisungen, 1969, S. 167, 169f. u. 174

758 *Diederichsen* in: Starck, Rangordnung der Gesetze, 1995, 39 (88f.); *Schlink*, EuGRZ 1984, 457 (461)

759 *Diederichsen* in: Starck, Rangordnung der Gesetze, 1995, 39 (89)

760 *Risken*, Grenzen amtlicher und dienstlicher Weisungen, 1969, S. 158f.; so auch: *Arndt*, DVBl 1959, 624 (626)

761 *Hansen*, Fachliche Weisung, 1971, S. 235f.; *Sauerland*, Die Verwaltungsvorschrift, 2005, S. 110

762 § 1 A II

sichtlich der Bestimmung ihrer Rechtswidrigkeit im Falle von Normanwendungskollisionen sind keine Sonderegeln zu beachten.

b) Rangderogation

Normanwendungskollisionen von Rechtssätzen führen zur Rechtswidrigkeit des niederrangigen Rechtssatzes. Dies ist Ausdruck der Bindungskraft des höherrangigen Rechts.[763] Normanwendungskollisionen wurden bisher unter Außerachtlassung zeitlicher Momente als das Aufeinandertreffen zweier Rechtssätze bezeichnet, die für den gleichen Tatbestand unterschiedliche Rechtsfolgen anordnen. Betrachtet man die Kollisionssituation im Fall von Verwaltungsvorschriften genauer, stellt sich die Frage, ob es überhaupt in diesem Sinne materiell rechtswidrige Verwaltungsvorschriften geben kann.

Verwaltungsvorschriften sind Ausfluss originärer Administrativrechtsetzungsbefugnisse. Diese Befugnisse sind der Exekutive in der gewaltenteilenden Demokratie als Komplementärfunktion zu den anderen beiden Gewalten zugewiesen. Die Verwaltung darf daher nur dort eigene Rechtsetzung betreiben, wo sich das Parlament in zulässiger Weise der Gesetzgebung enthält. Rangprobleme können jedoch nur dort auftreten, wo eine Doppelkompetenz gegeben ist.[764] Ist ein Tatbestand gesetzlich vollständig geregelt, könnte man sagen, dass keine Regelungsbefugnisse für die Verwaltung übrig gelassen wurden. Verwaltungsvorschriften, die mit zeitlich früher erlassenen Gesetzen unvereinbar sind, wären demnach kein Fall einer Normanwendungskollision, sondern schlicht kompetenzwidriges Recht.[765]

Anders als im Verhältnis von Bundesrecht zu Landesrecht muss hier jedoch nicht auf die Besonderheit der Eigenstaatlichkeit Rücksicht genommen werden. Daher ist es nicht notwendig, den Kompetenzbegriff solcherart zu strapazieren. Eine Kompetenz zum Erlass von Verwaltungsvorschriften besteht schon, wenn die erlassende Stelle generell für das Aufgabengebiet zuständig ist. Über inhaltliche Beschränkungen bei der konkreten Ausführung ist damit nichts gesagt. Auch im Verhältnis zwischen Gesetzen und Verwaltungsvorschriften kann es daher zu Normanwendungskollisionen kommen.

Verwaltungsvorschriften als Rechtssätze der untersten Rangstufe müssen mit sämtlichen anderen Rechtsetzungsformen inhaltlich vereinbar sein. Jede Abweichung führt zur Rechtswidrigkeit der Verwaltungsvorschrift.

Auch Verwaltungsvorschriften untereinander müssen widerspruchsfrei sein. Im Verhältnis verschiedener Verwaltungsvorschriften zueinander ist diejenige vorran-

763 *Bumke*, Relative Rechtswidrigkeit, 2004, S. 43

764 *Ossenbühl*, Verwaltungsvorschriften und GG, 1968, S. 468

765 So *Heintzen*, DV 29 (1996), 17 (43f.) für das Verhältnis von Rechtsverordnungen und Satzungen.

gig, die von der weiter oben in der Hierarchie angesiedelten Stelle erlassen wurde.[766] Zu beachten sind die Grenzen ihres Geltungsbereichs. Verwaltungsvorschriften können nur (soweit nicht etwas anderes wie in den Art. 84, 85 GG bestimmt ist) untergeordnete Stellen innerhalb desselben Verwaltungsträgers verpflichten.

Verwaltungsvorschriften sind demnach rechtswidrig, wenn sie nicht mit sämtlichen Regelungen in anderen Rechtsquellen oder Verwaltungsvorschriften vorgesetzter Stellen inhaltlich vereinbar sind.

3. Kollision von rangverschiedenen Verwaltungsvorschriften und Einzelweisungen

Eine Normanwendungskollision kann auch in der Weise zu Stande kommen, dass ein bestimmter Tatbestand Gegenstand einer abstrakt-generellen Verwaltungsvorschrift ist, zugleich aber auch durch eine konkrete Einzelfallweisung geregelt wird. Sehen Verwaltungsvorschrift und Weisung voneinander abweichende Rechtsfolgen vor, besteht eine Normanwendungskollision, wenn auch nur für den Einzelfall.

Stammt die Verwaltungsvorschrift von einer höherrangigen Stelle innerhalb der Verwaltungsorganisation als die Einzelweisung, derogiert die Verwaltungsvorschrift die Weisung. Diese ist rechtswidrig.

Nicht so einfach zu entscheiden ist die Situation, wenn der Autor der Einzelweisung dem Verwaltungsvorschriftengeber übergeordnet ist.
Wird die Verwaltungsvorschrift zu einem Zeitpunkt erlassen, zu dem die Weisung schon in der Welt ist, ist die erlassende Stelle auf Grund ihrer Stellung in der Hierarchie an die Weisung des Vorgesetzten gebunden. Die Weisung hat für ihre Materie bestehende Regelungsbedarfe und Regelungsbefugnisse im Verhältnis zu den nachgeordneten Stellen aufgebraucht. Der subordinierte Autor der Verwaltungsvorschrift darf nicht von der Weisung abweichen. Eine dennoch erlassene Verwaltungsvorschrift ist daher rechtswidrig.

Wird die Einzelweisung der Verwaltungsvorschrift nachfolgend erlassen, stellt sich die Frage, ob die höhere Instanz ohne Weiteres durch eigene Einzelakte die Verwaltungsvorschrift punktuell durchbrechen darf, ohne sie zuvor insgesamt und ausdrücklich für die Zukunft aufgehoben zu haben. Angesprochen ist der Problemkreis der so genannten „zweiseitigen Verbindlichkeit von Rechtsnormen“[767].

766 *Risken*, Grenzen amtlicher und dienstlicher Weisungen, 1969, S. 109; *Schröder*, Verwaltungsvorschriften, 1987, S. 80
767 Vgl. *Hansen*, Fachliche Weisung, 1971, S. 35

Teilweise wird davon ausgegangen, dass ein genereller Vorrang von Verwaltungsvorschriften gegenüber Einzelweisungen bestehe.[768] Um von ihnen abzuweichen, sei eine Aufhebung durch einen actus contrarius erforderlich, der in Form und Verfahren seines Zustandekommens dem ursprünglichen Rechtsetzungsprozess entsprechen müsse.[769] Teilweise wird die zweiseitige Verbindlichkeit von Verwaltungsvorschriften geleugnet. Von ihnen könne jederzeit durch Einzelweisung abgewichen werden.[770]

Vermittelnd betont *Ossenbühl* den rechtsstaatlichen Garantiecharakter zumindest einiger Verwaltungsvorschriften wie z.B. der Ermessensrichtlinien.[771] Je stärker diese Schutzfunktion ausgeprägt sei, desto mehr wüchsen sie in den „Aggregatzustand unverbrüchlicher Starrheit, in dem sie gegen die Derogationswirkung des Einzelbefehls immun" seien, hinein.[772] Kriterien, anhand derer sich der Grad der Unverbrüchlichkeit feststellen ließe, werden jedoch nicht genannt. Mithin liefert die These vom abgestuften Garantiecharakter der Verwaltungsvorschriften kein eindeutiges Rangkriterium.[773] Wie oben dargelegt, muss jedoch aus Ordnungsgründen eine eindeutige Auflösung von Kollisionslagen möglich sein.[774]

Auf übergeordnete Stellen erstreckt sich die Geschäftsleitungsgewalt der erlassenden Stelle naturgemäß nicht. Im Verhältnis zu höheren Ebenen der Verwaltungshierarchie tritt daher eine Bindung an Verwaltungsvorschriften grundsätzlich nicht ein. Kraft eigener Geschäftsleitungsgewalt können daher vorgesetzte Stellen jederzeit eigene Verwaltungsvorschriften erlassen und so die Regelungen untergeordneter Ebenen gegenstandslos machen oder deren Verwaltungsvorschriften aufheben.

Das Problem zeigt sich jedoch deutlich, wenn nur im Einzelfall von einer Verwaltungsvorschrift abgegangen werden soll. Zum Verwaltungsvorschriftengeber superordinierte Stellen sind zwar an die Verwaltungsvorschrift nicht gebunden, steht es ihnen jedoch frei, sie ohne vorherige Aufhebung zu durchbrechen, verliert die Verwaltungsvorschrift ihre Maßstabswirkung und Vereinheitlichungsfunktion.[775]

768 *Risken*, Grenzen amtlicher und dienstlicher Weisungen, 1969, S. 173; *Sauerland*, Die Verwaltungsvorschrift, 2005, S. 140

769 *Sauerland*, Die Verwaltungsvorschrift, 2005, S. 142; *Heckmann*, Geltungskraft und Geltungsverlust von Rechtsnormen, 1997, S. 120; *E.-W. Böckenförde*, Gesetz und gesetzgebende Gewalt, 2. Aufl. 1981, S. 397; *Rogmann*, Die Bindungswirkung von Verwaltungsvorschriften, 1998, S. 219; *Rudisile*, Verwaltungsvorschriften, 1987, S. 326. *Guckelberger*, DV 35 (2002), 61 (70) einschränkend für „Verwaltungsvorschriften mit unmittelbarer Außenwirkung".

770 *Hansen*, Fachliche Weisung, 1971, S. 35; *Freund*, Innenrecht und Außenrecht, 1984, S. 221; *Brohm*, DÖV 1964, 238 (240); *Hill*, Jura 1986, 286; *Schröder*, Verwaltungsvorschriften, 1987, S. 81

771 *Ossenbühl*, Verwaltungsvorschriften und GG, 1968, S. 471f.

772 *Ossenbühl*, Verwaltungsvorschriften und GG, 1968, S. 472

773 *Sauerland*, Die Verwaltungsvorschrift, 2005, S. 139

774 *Schnapp*, Amtsrecht und Beamtenrecht, 1977, S. 192; *Kirchhof*, Unterschiedliche Rechtswidrigkeiten in einer einheitlichen Rechtsordnung, 1978, S. 8

775 *Risken*, Grenzen amtlicher und dienstlicher Weisungen, 1969, S. 173

Durch die Regelung in einer generell-abstrakten Verwaltungsvorschrift gibt der Normautor zu verstehen, dass er sich in den geregelten Fällen für eine bestimmte Vorgehensweise entschieden hat. Soll keine festgelegte Handlungsanweisung gegeben, sondern von Fall zu Fall entschieden werden, darf eben keine Verwaltungsvorschrift erlassen werden. Die „Selbstbindung", die mit der Normierung bewirkt wird, hat eine ähnliche Tatbestandswirkung wie sie auch einem (bestandskräftigen) Verwaltungsakt zukommt: Sie ist auch von einer vorgeordnete Stelle zu respektieren. Diese muss die Verwaltungsvorschrift, wenn sie von ihr abweichen will, formell aufheben.[776] Ohne zureichenden Grund, d.h. die Absicht einer entsprechenden Änderung des Verwaltungsvorgehens in der Zukunft, darf eine Verwaltungsvorschrift nicht außer Acht gelassen werden.[777]

Zu beachten ist jedoch der auf den Einzelfall beschränkte Wirkungskreis einer Weisung. Durch Auslegung ist zu ermitteln, ob wirklich eine Kollision vorliegt oder nur eine Konkurrenzsituation besteht, die einen von der Verwaltungsvorschrift gar nicht bedachten und erfassten Sonderfall betrifft.

Bei der Kollision von Verwaltungsvorschriften und Einzelweisungen kommt es mithin auf das Rangverhältnis der erlassenden Stellen sowie auf den Zeitfaktor an. Die Kollision führt zur Rechtswidrigkeit der Einzelweisung und nicht der Verwaltungsvorschrift, wenn letztere früher als die Einzelweisung oder von einer superordinierten Stelle normiert wurde. Eine Durchbrechung der Verwaltungsvorschrift nur für den Einzelfall ohne ihre formelle Aufhebung ist ausgeschlossen. In diesem Sinne ist die Verwaltungsvorschrift ebenso unverbrüchlich wie andere Handlungsformen.

4. Aufeinandertreffen ranggleicher Verwaltungsvorschriften und Einzelweisungen

Prallen Verwaltungsvorschriften der gleichen Hierarchiestufe aufeinander, kann das Rechtmäßigkeits- bzw. Rechtswidrigkeitsurteil nicht nach Rangregeln gefällt werden. Es bleiben die übrigen Derogationsregeln „lex specialis derogat legi generali" und „lex posterior derogat legi priori".[778]

Im Regelfall wird durch die spätere Vorschrift die frühere gegenstandslos. Verwaltungsvorschriften dienen der Eigensteuerung der Verwaltung. Sie können jederzeit geändert werden, wenn die erlassende Instanz sich einer anderen Rechtsauffassung anschließen oder eine andere Politik verfolgen will.[779] Dafür ist jedoch ein

776 Ebenso: *Sauerland*, Die Verwaltungsvorschrift, 2005, S. 142

777 BVerwGE 104, 220 (223); *Erichsen/Klüsche*, Jura 2000, 540 (545); *Ossenbühl*, DVBl 1981, 857 (862); *Möstl* in: Erichsen/Ehlers, Allg VerwR, 13. Aufl. 2006, § 19 Rn. 21

778 *Röhrs*, Fehlerhafte Verwaltungsvorschriften, 1932, S. 140f.; *Mayer-Maly* in: Starck, Rangordnung der Gesetze, 1995, S. 123 (140); *Achterberg*, ZG 1986, 221 (228); *Sauerland*, Die Verwaltungsvorschrift, 2005, S. 143

779 BVerwGE 104, 220 (223); *Erichsen/Klüsche*, Jura 2000, 540 (545); *Ossenbühl*, Verwaltungsvorschriften und GG,1968, S. 526; *Ossenbühl*, DVBl 1981, 857 (862); *Möstl* in: Erich-

entsprechender – auch unspezifischer – Änderungswille oder zumindest ein Änderungsbewusstsein des Normautors erforderlich.[780] Hat dieser übersehen, dass bereits eine speziellere Verwaltungsvorschrift besteht und strebt er nicht eine eigene generelle Neuordnung an, ist die neue Verwaltungsvorschrift fehlerhaft, lex posterior generalis non derogat priori speciali.

Grundsätzlich führt der Neuerlass einer jüngeren ranggleichen Verwaltungsvorschrift also zur Rechtswidrigkeit der älteren Regelung. Nur für den Fall, dass jene spezieller ist und beim Neuerlass kein entsprechender Neuordnungswille besteht, ist die jüngere rechtswidrig.

Wie oben gezeigt ist die Verwaltungsvorschrift schon gegenüber vorgeordneten Stellen unverbrüchlich. Dann muss erst Recht eine Selbstverpflichtung eintreten. Auch die erlassende Stelle kann ihre eigenen Verwaltungsvorschriften nicht rechtmäßig durch Einzelweisungen durchbrechen. Verwaltungsvorschriften binden nicht nur ihre Adressaten, sondern auch ihren Autor. Sie sind zweiseitig verbindlich.

5. Verhältnis von Verwaltungsvorschriften und abweichender Verwaltungspraxis

Es kommt vor, dass das tatsächliche Verwaltungshandeln und das durch die Regelung in Verwaltungsvorschriften intendierte Verwaltungshandeln nicht übereinstimmen. Es stellt sich dann die Frage, ob eine von Verwaltungsvorschriften abweichende Verwaltungsübung als Normverstoß generell rechtswidrig ist oder ob andersherum die Verwaltungspraxis die Verwaltungsvorschrift durch Nichtbeachtung rechtswidrig machen kann.

Die Verwaltungspraxis als etwas Tatsächliches kann grundsätzlich keine normative Wirkung haben und somit auch nicht unmittelbar die Rechtmäßigkeit oder Rechtswidrigkeit einer Rechtsvorschrift beeinflussen.[781] Denkbar ist es jedoch, dass durch die Verwaltungsübung Gewohnheitsrecht geschaffen wird, das gegenüber der Verwaltungsvorschrift derogierende Kraft entfaltet. Es muss daher erstens untersucht werden, ob Gewohnheitsrecht in dieser Weise wirksam entstehen kann und zweitens auf welche Weise eine Kollision von Verwaltungsvorschriften und Gewohnheitsrecht aufgelöst wird.

Gewohnheitsrecht entsteht, wenn sich die Rechtsgenossen über einen gewissen längeren Zeitraum hinweg nach einer normmäßig formulierbaren Regel verhalten (longa consuetudo) mit der Überzeugung, dass dies rechtlich geboten sei (opinio

sen/Ehlers, Allg VerwR, 13. Aufl. 2006, § 19 Rn. 21; *Rogmann*, Die Bindungswirkung von Verwaltungsvorschriften, 1998, S. 219; *Guckelberger*, DV 35 (2002), 61 (68)

780 *Mayer-Maly* in: Starck, Rangordnung der Gesetze, 1995, S. 123 (140); *Engisch*, Die Einheit der Rechtsordnung, 1935, S. 48

781 *Schmidt-Jortzig*, RT 12 (1981), 395 (401)

iuris).[782] Dass durch eine andauernde Verwaltungspraxis Verwaltungsgewohnheitsrecht geschaffen wird, ist unproblematisch.[783] Problematisch wird das Bestehen einer Rechtsüberzeugung jedoch, wenn eine solche Verwaltungsübung in Widerspruch zu bestehenden Verwaltungsvorschriften gerät. Das Abweichen von einer Verwaltungsvorschrift ist ein Fall dienstlichen Ungehorsams, mithin eine Pflichtverletzung des handelnden Amtswalters.[784] Ist dem Amtswalter bewusst, dass er gegen eine Verwaltungsvorschrift verstößt, handelt es sich um einen offenen Rechtsbruch, er kann nicht zugleich die erforderliche Rechtsüberzeugung besitzen, in rechtlich gebotener Weise zu handeln.[785]

Denkbar ist jedoch, dass der handelnde Amtswalter die Billigung der Exekutivspitze besitzt, wenn etwa zuvor mehrfach durch Einzelweisungen eine Durchbrechung der Verwaltungsvorschrift befohlen worden ist oder wenn irrtümlich davon ausgegangen wird, dass die Verwaltungsvorschrift aufgehoben wurde.[786] Die opinio iuris im Sinne eines „Gegenrechtsbewusstseins" muss nicht schon mit dem ersten Fall der abweichenden Verwaltungsübung vorliegen, sondern es reicht aus, wenn nach einer längeren Phase des unbewussten Abweichens sich erst allmählich ein Derogationsbewusstsein bildet.[787]

Mithin ist es nicht ausgeschlossen, dass sich Gewohnheitsrecht auch entgegen bestehender Verwaltungsvorschriften bildet. Fraglich ist, welche Rangstufe ihm dann zukommt, wie es also im Kollisionsfalle zur Verwaltungsvorschrift steht.

Diese zweite Frage wirkt in gewisser Weise zirkelschlüssig. Hat man zuerst bejaht, dass Gewohnheitsrecht entstanden ist und verneint man dann den Vorrang, muss das Gewohnheitsrecht rechtswidrig sein. Rechtswidriges Gewohnheitsrecht erscheint unsinnig.

Die Annahme der rechtlichen Existenz auch rechtswidrigen Gewohnheitsrechts ist jedoch eine Folge der strikten Trennung zwischen dem Tatbestand der Rechtswidrigkeit eines Rechtssatzes und seinen möglichen Rechtsfolgen, wie etwa Wirksamkeit oder Nichtigkeit. Es spricht vieles für die Annahme, dass rechtswidriges Gewohnheitsrecht nichtig, d.h. unwirksam ist. Nichtsdestotrotz ist es als Rechtstatsache in der Welt. Es ist durchaus denkbar, dass die Rechtsgenossen eine falsche Rechtsüberzeugung teilen. Auf Grund einer falschen Rechtsüberzeugung entsteht

782 *Schilling*, Rang und Geltung von Normen in gestuften Rechtsordnungen, 1994, S. 172; *Schmidt-Jortzig*, RT 12 (1981), 395 (407f.); *vOlshausen*, JA 1983, 177 (179); *Maurer*, Allg VerwR, 14. Aufl. 2002, § 4 Rn. 19

783 *Ossenbühl*, Verwaltungsvorschriften und GG, 1968, S. 479; *Maurer*, Allg VerwR, 14. Aufl. 2002, § 4 Rn. 22

784 *Ossenbühl*, Verwaltungsvorschriften und GG, 1968, S. 479; *Sauerland*, Die Verwaltungsvorschrift, 2005, S. 144; *Schröder*, Verwaltungsvorschriften, 1987, S. 82f.

785 *Baumeister*, Das Rechtswidrigwerden von Normen, 1996, S. 278; *Schmidt-Jortzig*, RT 12 (1981), 395 (408)

786 Vgl. *Schröder*, Verwaltungsvorschriften, 1987, S. 83

787 *Baumeister*, Das Rechtswidrigwerden von Normen, 1996, S. 278; a.A.: *Schmidt-Jortzig*, RT 12 (1981), 395 (408f.)

Gewohnheitsrecht auch dort, wo von Rechts wegen keines bestehen dürfte, eben rechtswidriges Gewohnheitsrecht.

Grundsätzlich kann Gewohnheitsrecht auf jeder Rangstufe der Rechtsordnung entstehen.[788] So gibt es Verfassungsgewohnheitsrecht und Gewohnheitsrecht mit dem Rang von Parlamentsgesetzen. Gewohnheitsrecht in Form einer andauernden Verwaltungspraxis gehört der Rangstufe an, die einer Verwaltungsvorschrift zukäme, die von den handelnden Verwaltungsstellen erlassen würde.

Hier wirkt sich wiederum die opinio iuris aus. Eine Verwaltungsvorschrift kann durch entgegengesetztes Verwaltungsgewohnheitsrecht nur derogiert werden, wenn das Verwaltungsgewohnheitsrecht von Verwaltungsstellen begründet wird, die einer höheren Hierarchieebene angehören als der Verwaltungsvorschriftengeber oder einer gleich hohen. Erforderlich ist es also, dass die Verwaltungsübung zumindest dadurch von einer entsprechenden Verwaltungsebene unterstützt wird, dass dort die entsprechende Rechtsüberzeugung geteilt wird.

II. Fall der Normsetzungskollision

Eine Normsetzungskollision ist gegeben, wenn eine Vorschrift Regelungen für den Erlass einer anderen aufstellt und diese beim Erlass missachtet wurden. Es geht also um die Kollision von Normen, bei denen die eine handlungsbezogen ist und nicht regelungsbezogen wie bei der Normanwendungskollision.

1. Bedingungen formeller Fehlerhaftigkeit

Es stellt sich die Frage, ob und wie sich der Verstoß der erlassenden Stelle gegen an sie gerichtete Handlungsanweisungen im Handlungsprodukt niederschlägt und dieses rechtswidrig macht.

Eine Normsetzungskollision ist keine direkte Normenkollision. Die Kollisionsnorm schreibt ein bestimmtes Verhalten des Normgebers der „kollidierenden" Norm vor. Die „kollidierende" Norm ist als Verwaltungsrechtsakt selbst kein Verhalten, sie kann also nicht gegen eine Verhaltensregel verstoßen.[789] Es gibt daher keinen Automatismus, um vom Verstoß des Normgebers gegen Verhaltensvorschriften auf die Rechtswidrigkeit seines Rechtsetzungsprodukts zu schließen.[790] Hinzutreten muss vielmehr ein weiteres Kriterium. Es lässt sich umschreiben als die fehlende

788 *Maurer*, Allg VerwR, 14. Aufl. 2002, § 4 Rn. 43

789 *Sachs*, VerwArch 97 (2006), 573 (580); *Papier*, Der verfahrensfehlerhafte Staatsakt, 1973, S. 26

790 *Sachs* in: Stelkens/Bonk/Sachs, VwVfG, 7. Aufl. 2008, § 45 Rn. 6; *Freund*, Innenrecht und Außenrecht, 1984, S. 208; *Wehr*, Inzidente Normverwerfung, 1998, S. 34

Rechtsanerkennung des Rechtsetzungsprodukts durch die Rechtsordnung wegen des bei ihrem Erlass unterlaufenen Fehlers.[791]

Teilweise wird angenommen, diese fehlende Rechtsanerkennung sei der Rechtsordnung rechtslogisch oder verfassungsrechtlich zwingend immanent.[792] Diese Vorstellung beruht jedoch darauf, dass nicht sauber zwischen dem Erfordernis der rechtlichen Sanktionierung des Verfahrensfehlers auf der Handlungsebene und seiner Behandlung hinsichtlich des Verfahrensprodukts getrennt wird.[793] Dass bei Verwaltungsakten z.B. nicht der Verstoß gegen jede Verfahrensvorschrift zur (formellen) Rechtswidrigkeit führt, ist anerkannt.[794]

Richtigerweise muss die negative Rechtsanerkennung des Rechtsakts aus der im Einzelfall verletzten Verfahrensvorschrift selbst hergeleitet werden.[795] Dies ist durch Auslegung zu ermitteln.

Sachs nennt dazu verschiedenene Kriterien, die Anhaltspunkte liefern sollen:[796] Sog. absolute Form- oder Verfahrensfehler führten unabhängig von jeder weiteren Voraussetzung zur Rechtswidrigkeit eines Verwaltungsakts. Solche Fälle fänden sich in § 44 II Nr. 1-3 VwVfG sowie in § 45 I VwVfG i.V.m. § 46 VwVfG. Einschlägig seien weiter solche Vorschriften, die Ausdruck der dienenden Funktion des Verwaltungsverfahrens seien und durch deren Beachtung ein der Rechtsordnung inhaltlich entsprechendes Verfahrensergebnis erreicht werden soll.

Diese Fallgruppen lassen auf einen der Verfahrensvorschrift zu Grunde liegenden Regelungswillen schließen, das dagegen verstoßende Verfahrensprodukt rechtlich nicht anzuerkennen. Erforderlich ist ferner die entsprechende Regelungskompetenz des Autors der negativen Rechtsanerkennungsnorm. Er muss in der Lage sein, über das betreffende Normsetzungsverfahren zu bestimmen.

a) Regelungswille

Der Regelungswille fehlt einmal, soweit es sich bei den formellen Anforderungen um bloße Ordnungsvorschriften handelt.[797] Ordnungsvorschriften werden im Interesse bestimmter Zweckmäßigkeitsgesichtspunkte für die Verwaltungstätigkeit er-

791 *Sachs*, VerwArch 97 (2006), 573 (580f.); *Sachs* in: Stelkens/Bonk/Sachs, VwVfG, 7. Aufl. 2008, § 45 Rn. 6

792 *Sachs* in: Stelkens/Bonk/Sachs, VwVfG, 7. Aufl. 2008, § 45 Rn. 6

793 *Sachs*, VerwArch 97 (2006), 573 (581)

794 *Sachs*, VerwArch 97 (2006), 573 (587) unter Verweis auf § 59 VwGO, §§ 10, 24, 30 VwVfG; so auch *Martin*, Heilung, 2004, S. 246; *Hill*, Das fehlerhafte Verfahren, 1986, S. 428; *Baumeister*, Der Beseitigungsanspruch, 2006, S. 136

795 *Sachs*, VerwArch 97 (2006), 573 (589); *Sachs* in: Stelkens/Bonk/Sachs, VwVfG, 7. Aufl. 2008, § 45 Rn. 7

796 Vgl. *Sachs*, VerwArch 97 (2006), 573 (589ff.); ähnlich: *Freund*, Innenrecht und Außenrecht, 1984, S. 212

797 *Hill*, Das fehlerhafte Verfahren, 1986, S. 308; *Freund*, Innenrecht und Außenrecht, 1984, S. 212

lassen, ohne dass ihre Befolgung überhaupt Einfluss auf die materielle Richtigkeit schon des Verwaltungshandelns hat.[798] Für eine negative Rechtsanerkennungsnorm muss jedoch nicht nur die Verbindlichkeit für das Amtswalterhandeln gegeben sein, sondern muss gerade eine Auswirkung auf das letztendliche Verfahrensprodukt gewollt sein. Ob dies der Fall ist, muss durch Auslegung ermittelt werden.[799] Diese muss insbesondere dem Zweck und der Wirkung der Verfahrensvorschrift Rechnung tragen. Dazu können die oben erwähnten Kriterien von *Sachs*, Wesentlichkeit und Kausalität, eine Rolle spielen. Zu berücksichtigen ist auch der konkrete Verfahrensbezug der Regelung: Liegt sie im Vorfeld des Verfahrens oder betrifft sie das abschließende Verfahrensprodukt?[800] Ein Regelungswille ist ferner bei sog. verfassungsgebotenen Verfahrensvorschriften[801] anzunehmen. Solche Verfahrens- und Formvorschriften, die verfassungsrechtlich geboten sind, stehen nicht zur Disposition des Gesetzgebers.[802] Wann eine verfassungsgebotene Vorschrift vorliegt, ist noch nicht abschließend geklärt.[803] Vor der vorschnellen Annahme wird jedoch gewarnt, um eine Zementierung der Verfahrensordnungen zu vermeiden.[804]

Der Verstoß gegen bloße Verhaltensvorschriften macht eine Verwaltungsvorschrift jedenfalls nicht rechtswidrig.[805]

b) Regelungskompetenz

Eine Normsetzungskollision führt weiter nur dann zur Rechtswidrigkeit der erlassenen Verwaltungsvorschrift, wenn die Stelle, die die Verfahrensvorschrift normiert hat, überhaupt kompetent ist, dem Verfahrensprodukt die Rechtsanerkennung zu versagen.[806]

Innerhalb der Verwaltungshierarchie können vorgesetzte Stellen ihren Nachgeordneten jederzeit Verhaltensanweisungen geben. Die nachgeordneten Stellen sind an solche Anweisungen gebunden. Verstoßen sie dagegen, ist ihr Handeln rechtswidrig. Davon zu unterscheiden ist jedoch die Frage, ob auch das Handlungsprodukt als solches betroffen wird. Das erfordert die weitergehende Kompetenz, auf das Zustandekommen des Verfahrensproduktes einwirken zu können.

798 *Diekötter*, Die Auswirkung von Verfahrensfehlern, 1997, 93f.
799 *Diekötter*, Die Auswirkung von Verfahrensfehlern, 1997, 94
800 *Baumeister*, Der Beseitigungsanspruch, 2006, S. 154; vgl. auch BVerwG, NJW 1980, 1763 (LS)
801 Ausdruck nach *Ossenbühl*, NJW 1986, 2805 (2811)
802 *Ossenbühl*, NJW 1986, 2805 (2811)
803 *Ossenbühl*, NJW 1986, 2805 (2811)
804 *Ossenbühl*, NJW 1986, 2805 (2811f.); *Trips*, Das Verfahren der exekutiven Rechtsetzung, 2006, S. 252
805 *Sachs*, VerwArch 97 (2006), 573 (587)
806 *Freund*, Innenrecht und Außenrecht, 1984, S. 214

Das Bestehen einer solchen Regelungskompetenz in Bezug auf den Erlass von Verwaltungsvorschriften ist bei Verfahrensanforderungen durch Verfassung, Gesetz oder Rechtsverordnung unproblematisch, sofern dadurch nicht die Möglichkeit zum Erlass von Verwaltungsvorschriften überhaupt soweit eingeschränkt wird, dass der Kernbereich der Exekutive berührt ist.[807]

Verfahrensanforderungen für die Verwaltungsvorschriftengebung in Form von Verwaltungsvorschriften sind maßgebend, soweit sich die Geschäftsleitungsgewalt der die Verfahrensanforderungen normierenden Stelle auch auf die Rechtsanerkennungsbedingungen für die zu erlassende Verwaltungsvorschrift erstreckt. Das ist anzunehmen, wenn der Urheber der Verfahrensvorschrift gegenüber dem Verwaltungsvorschriftengeber vorgeordnet ist und der Verwaltung ein entsprechender Verfahrensspielraum zusteht.[808] Dies kann nur im Ausnahmefall verneint werden, wenn gesetzliche Vorschriften eine abschließende Verfahrensregelung treffen.

Offen ist damit noch, ob von in Verwaltungsvorschriften geregelten Verfahrensanforderungen Abweichungen möglich sind. Abweichungen nachgeordneter Stellen kommen nicht in Betracht. Auf Grund des Amtsgehorsams sind sie an die Verfahrensverwaltungsvorschriften ihrer Vorgesetzten gebunden. Umgekehrt erstreckt sich die Bindungsbefugnis nicht auf die vorgeordneten Stellen. Diese bestimmen ihr Verfahren selbst. Ob eine „Selbstbindung" eintritt, hängt davon ab, ob das eigene Verhalten der erlassenden Stelle in den Geltungsbereich der Verfahrensverwaltungsvorschrift einbezogen ist und es sich nicht nur um eine bloße Ordnungsvorschrift handelt. Dann kann nur unter formeller Aufhebung der Verfahrensvorschrift von ihr abgewichen werden.[809] Der Aufhebung bedarf es zudem, wenn die Erlassbehörde eine nachgeordnete Stelle in abweichender Weise anweisen will.[810]

Eine Normsetzungskollision führt demnach zur Rechtswidrigkeit einer Verwaltungsvorschrift, wenn die maßstabsetzende Verfahrensvorschrift mit dem Regelungswillen und der Regelungskompetenz erlassen wurde, Rechtsanerkennungsbedingungen für Verwaltungsvorschriften aufzustellen.

807 Was kaum anzunehmen ist, allenfalls bei einer erstickenden Verfahrensgestaltung, deren Einhaltung nahezu unmöglich wäre.

808 *Freund*, Innenrecht und Außenrecht, 1984, S. 217

809 So auch für Geschäftsordnungen, wenn es keine ausdrückliche Abweichungsbefugnis gibt: *Freund*, Innenrecht und Außenrecht, 1984, S. 220

810 Das in diesem Abschnitt für Verwaltungsvorschriften ausgeführte gilt in analoger Weise für Verfahrensanforderungen, die in Geschäftsordnungen geregelt sind, mit dem Unterschied, dass in den meisten Geschäftsordnungen eine Abweichungsbefugnis ausdrücklich vorgesehen ist; vgl.: § 126 GO BT, § 48 GO BRat, *Haug*, Rechtsnatur und Bindungsprobleme parlamentarischer Geschäftsordnungen, 1994, S. 147; *Schmidt*, AöR 128 (2003), 608 (631)

2. Kategorien formeller Fehlerhaftigkeit

Verwaltungsvorschriften ergehen zwar typischerweise weitgehend formfrei, dennoch gibt es auch für sie regelmäßige wie auch nur gelegentlich zu erfüllende formelle Anforderungen. Auf diese wie auf mögliche Fehler ist im Folgenden näher einzugehen.

a) Zuständigkeit

Zuständigkeit ist die Beziehung, die das Verhältnis zwischen der Verwaltungsbehörde und der von ihr wahrzunehmenden Verwaltungstätigkeit regelt.[811] Im Vordergrund dieser Definition steht die Behörde, weil sie die Verwaltungsstelle ist, die mit der Kompetenz zum Außenhandeln (im Einzelfall) ausgestattet ist.[812] Verwaltungsvorschriften ergehen jedoch nicht nur im Verhältnis verschiedener Behörden zueinander, sondern auch zwischen den verschiedenen Amtswaltern innerhalb einer Behörde. Daher muss für Verwaltungsvorschriften ein allgemeinerer Zuständigkeitsbegriff gelten, gemeint ist insofern die Beziehung zwischen einer (beliebigen) Stelle der Verwaltung und der wahrgenommenen Verwaltungstätigkeit.

Eine klare Regelung der Zuständigkeiten ist angesichts der Komplexität der Verwaltungsorganisation unerlässlich.[813] Sie liegt einmal im Interesse der Verwaltung selbst, um Doppelarbeit, Reibungsverluste und Kompetenzstreitigkeiten zu vermeiden und durch Abstimmung der Tätigkeitsbereiche die Einheit der Verwaltung zu sichern.[814] Sie liegt zum anderen aber auch im Interesse des Bürgers, der wissen will und muss, welche Behörde in seinen Angelegenheiten zu entscheiden hat.[815] Kompetenzvorschriften dienen der Berechenbarkeit und Messbarkeit staatlichen Handelns.[816] Man unterscheidet verschiedene Bereiche der Zuständigkeit.

Die Verbandszuständigkeit ist die Zuständigkeit des Rechtsträgers.[817] Eine Verwaltungsstelle kann grundsätzlich nur im Funktionsbereich ihres eigenen Rechtsträgers handeln. Verwaltungsvorschriften beruhen auf der Geschäftsleitungs- und Organisationsgewalt der erlassenden Stelle. Die Geschäftsleitungs- und Organisations-

811 *Adami*, Zuständigkeit, 1971, S. 8; *Rasch*, DVBl 1983, 617; *Maurer*, Allg. VerwR, 14. Aufl. 2002, § 21 Rn. 44; *Wehr*, Inzidente Normverwerfung, 1998, S. 124

812 *Rasch*, DVBl 1983, 617

813 *Adami*, Zuständigkeit, 1971, S. 9; *Rasch*, DVBl 1983, 617; *Maurer*, Allg. VerwR, 14. Aufl. 2002, § 21 Rn. 46

814 *Adami*, Zuständigkeit, 1971, S. 8ff.; *Rasch*, DVBl 1983, 617; *Stratenwerth*, Verantwortung und Gehorsam, 1958, S. 20; *Maurer*, Allg. VerwR, 14. Aufl. 2002, § 21 Rn. 46; *Wehr*, Inzidente Normverwerfung, 1998, S. 135

815 *Adami*, Zuständigkeit, 1971, S. 12ff.; *Rasch*, DVBl 1983, 617 (618); *Maurer*, Allg. VerwR, 14. Aufl. 2002, § 21 Rn. 46

816 *Risken*, Grenzen amtlicher und dienstlicher Weisungen, 1969, S. 107

817 *Adami*, Zuständigkeit, 1971, S. 42; *Maurer*, Allg. VerwR, 14. Aufl. 2002, § 21 Rn. 45

gewalt besteht nur in den Grenzen der juristischen Person, der der Inhaber angehört. Verwaltungsvorschriften können daher nur an in diesem Sinne nachgeordnete Verwaltungsstellen adressiert werden. Eine Ausnahme bilden die interpersonellen Verwaltungsvorschriften. In besonderen Fällen wird die Befugnis zum Erlass von Verwaltungsvorschriften über den eigentlichen Geschäftsbereich hinaus ausgedehnt, wie z.B. in Art. 84 II, 85 II 1 GG. Erforderlich ist dazu jedoch ein besonderer Ermächtigungstatbestand.[818]

Die sachliche Zuständigkeit bedeutet die Berechtigung und Verpflichtung, bestimmte Aufgaben dem Gegenstand nach wahrzunehmen.[819] Sie richtet sich nach den zugewiesenen Sachaufgaben.[820]

Bei der instanziellen Zuständigkeit geht es um die Frage, ob die richtige Hierarchieebene gehandelt hat.[821] Durch Verwaltungsvorschriften können nur die nachgeordneten Verwaltungsstellen angesprochen werden. Zuständig zum Erlass ist jede Stelle für den ihr untergeordneten Bereich.

Es kann auch darauf ankommen, dass ein bestimmtes Organ oder ein bestimmter Organwalter tätig werden; dies ist mit der funktionellen Zuständigkeit gemeint.[822] Darin liegt oft der Sinn von ausdrücklichen Regelungen über die für Verwaltungsvorschriften bestehende Zuständigkeit. Beispiele dafür sind wiederum die Art. 84 II, 85 II 1 GG, die die Bundesregierung als Kollegialorgan zur Vorschriftengebung ermächtigen und damit das Tätigwerden eines einzelnen Bundesministers ausschließen.[823]

Die örtliche Zuständigkeit schließlich grenzt die Bereiche von ansonsten gleichartigen Verwaltungsstellen in räumlicher Hinsicht voneinander ab.[824]

Unzuständigkeit liegt vor, wenn die durch die Zuständigkeit und Zuweisung bewirkte Aufgabenabgrenzung übergangen wird und dieser Übergriff nicht durch einen Rechtssatz ausdrücklich zugelassen ist.[825]

Bei Verwaltungsvorschriften können zwei Arten von Zuständigkeitsmängeln nach ihren Folgen unterschieden werden: absolute und einfache Unzuständigkeit. Besteht eine absolute Unzuständigkeit sind schon die Entstehungsbedingungen für eine

818 *Erichsen/Klüsche*, Jura 2000, 540 (542); *Hömig*, DVBl 1976, 858 (860)
819 *Trips*, Das Verfahren der exekutiven Rechtsetzung, 2006, S. 126
820 *Trips*, Das Verfahren der exekutiven Rechtsetzung, 2006, S. 126; *Maurer*, Allg. VerwR, 14. Aufl. 2002, § 21 Rn. 47
821 *Trips*, Das Verfahren der exekutiven Rechtsetzung, 2006, S. 127; *Maurer*, Allg. VerwR, 14. Aufl. 2002, § 21 Rn. 49
822 *Maurer*, Allg. VerwR, 14. Aufl. 2002, § 21 Rn. 50
823 BVerfGE 26, 338 (395ff.); 100, 249 (258ff.); *Erichsen/Klüsche*, Jura 2000, 540 (542)
824 *Adami*, Zuständigkeit, 1971, S. 54; *Maurer*, Allg. VerwR, 14. Aufl. 2002, § 21 Rn. 48
825 *Adami*, Zuständigkeit, 1971, S. 119

Verwaltungsvorschrift nicht eingehalten. Ein solcher Fehler hat nicht bloß die Rechtswidrigkeit der Verwaltungsvorschrift zur Folge, sondern führt zu einem Nicht-Akt. Es wird nicht einmal der Rechtsschein eines (wirksamen) Rechtsakts erzeugt. Die von einer absolut unzuständigen Stelle erlassene Verwaltungsvorschrift besitzt keinen Verbindlichkeitsanspruch.

Eine Verwaltungsstelle ist absolut unzuständig, wenn sie unter keinen wie immer gearteten Umständen mit der Sache befasst sein kann.[826]

Missachtet ein Verwaltungsvorschriftengeber für den Geltungsbereich der Verwaltungsvorschrift seinen Zuständigkeitsbezirk, handelt es sich ohne Weiteres um absolute Unzuständigkeit. Dass z.B. der Regierungspräsident A dem Regierungspräsidenten B Vorschriften machen dürfte, ist undenkbar. Bei Überschreiten der örtlichen Zuständigkeit entsteht keine Verwaltungsvorschrift.

Mit der örtlichen wird oft die instanzielle Unzuständigkeit einhergehen. Sie betrifft den Fall, dass der Verwaltungsvorschriftenurheber schon allein aus hierarchischer Sicht nicht Vorgesetzter des unmittelbaren Adressaten sein kann. Auch hier ist ein Fall der absoluten Unzuständigkeit gegeben.

Die Verbandsunzuständigkeit führt zur absoluten Unzuständigkeit, wenn die Organisations- und Geschäftsleitungsgewalt offensichtlich überschritten wird. Das ist der Fall, wenn Verwaltungsvorschriften für Angehörige einer fremden juristischen Person erlassen werden. Etwas anderes gilt jedoch, wenn eine Ausdehnungsvorschrift wie Art. 84 II, 85 II 1 GG in Rede steht. Dabei mag es zu Zweifelsfragen kommen, die sich nicht ohne Weiteres entscheiden lassen, sodass es bei einer einfachen Unzuständigkeit bleibt.

Ebenfalls erforderlich ist eine differenzierende Betrachtungsweise für die sachliche Unzuständigkeit. Handelt es sich um einen deutlichen Ressortübergriff, etwa wenn eine Stelle der Schulverwaltung Einkommenssteuerrichtlinien erließe, ist absolute Unzuständigkeit gegeben. Ist die Zuordnung in ein fremdes Ressort nicht so deutlich, beispielsweise bei finanzwirksamen Fachvorschriften, oder erst recht, wenn es um den konkreten Zuständigkeitsbereich im Sinne des „konkreten Amtes im funktionellen Sinne“[827] geht, ist lediglich einfache Unzuständigkeit gegeben.

Wegen der besonderen Bedeutung der Kompetenzordnung für die Funktionstüchtigkeit der Verwaltung, stellen sich Zuständigkeitsvorschriften grundsätzlich zugleich als negative Rechtsanerkennungsnormen dar. Daher führt ein Zuständigkeitsmangel, wenn er nicht schon die Entstehung einer Verwaltungsvorschrift überhaupt verhindert, generell zur Rechtswidrigkeit der Vorschrift.

826 *Kopp/Ramsauer*, VwVfG, 9. Aufl. 2005, § 44 Rn. 14; *Adami*, Zuständigkeit, 1971, S. 135; allerdings lehnt Adami im Folgenden den Begriff als bloße Zusammenfassung verschiedener Zuständigkeitsarten ab, da für Verwaltungsakte dennoch im Einzelnen geprüft werden müsse, ob die Voraussetzungen des (heutigen) § 44 I VwVfG gegeben seien und mit dem Begriff daher kein Gewinn verbunden sei. Als Entstehungsbedigung hat die absolute Unzuständigkeit für Verwaltungsvorschriften hingegen sehr wohl eine eigene Bedeutung.

827 Siehe dazu: *Erichsen*, DVBl 1982, 95 (97)

b) Inneres Verfahren

Regelungen zum inneren Erlassverfahren für Verwaltungsvorschriften finden sich oft in Geschäftsordnungen. Beispielhaft seien hier §§ 16 I, 17 GO BReg für die Beratung, §§ 20, 24 GO BReg für die Beschlussfassung und § 30 GO BReg zur Zeichnung bei Normgebung durch die Bundesregierung genannt. Diese Bestimmungen finden auch Anwendung beim Erlass von Verwaltungsvorschriften.

Werden sie nicht eingehalten und liegen die Voraussetzungen für eine Abweichung[828] nicht vor, ist ein Geschäftsordnungsverstoß gegeben.

Die rechtlichen Konsequenzen eines Geschäftsordnungsverstoßes für die Normgebung sind umstritten. Einigkeit besteht allerdings weitgehend darüber, dass jedenfalls dann, wenn sog. deklaratorisches Geschäftsordnungsrecht, d.h. Geschäftsordnungsnormen, die eine Verfassungsbestimmung lediglich wiederholen, verletzt ist, der Verstoß wegen der gleichzeitig bestehenden Verfassungswidrigkeit zur Unwirksamkeit der erlassenen Norm nach allgemeinen Regeln führt.[829] Bei originärem Geschäftsordnungsrecht folgt die vorherrschenden Meinung einer differenzierenden Betrachtungsweise: Gehe es um einen Außenrechtsakt, habe der Geschäftsordnungsverstoß aus Gründen der Rechtssicherheit und Rechtsklarheit auf dessen rechtlichen Bestand keine Auswirkungen; bei Innenrechtsakten würden diese Verfassungsforderungen nicht in gleicher Weise gelten, so dass ein geschäftsordnungswidriger Innenrechtsakt unwirksam sei.[830]

Nach obigen Ausführungen kommt es für die rechtliche Beurteilung eines Geschäftsordnungsverstoßes darauf an, ob die verletzte Geschäftsordnungsbestimmung eine negative Rechtsanerkennungsnorm ist. Zweifel daran bestehen insbesondere unter dem Aspekt des Regelungswillens. Die oben genannten Bestimmungen der Geschäftsordnung der Bundesregierung regeln ganz allgemein Einzelheiten zu Beratung, Beschlussfassung und Zeichnung. Sie beziehen sich nicht auf ein bestimmtes Verfahrensprodukt, sondern gelten in gleicher Weise für Rechtsverord-

828 Siehe dazu *T. I. Schmidt*, AöR 128 (2003), 608 (631ff.) und *Haug*, Bindungsprobleme und Rechtsnatur parlamentarischer Geschäftsordnungen, 1994, S. 147ff.

829 *Jarass/Pieroth*, GG, 9. Aufl. 2007, Art. 40 Rn. 9, Art. 76 Rn. 1, *Schmidt*, AöR 128 (2003), 608 (642f.); *Brockmeyer* in: Schmidt-Bleibtreu/Hofmann/Hopfauf, GG, 11. Aufl. 2008, Art. 65 Rn. 37; *Sauerland*, Die Verwaltungsvorschrift, 2005, S. 378; *Hill*, Das fehlerhafte Verfahren, 1986, S. 63; *Bryde*, JZ 1998, 115 (118)

830 *T. I. Schmidt*, AöR 128 (2003), 608 (643); *Brockmeyer* in: Schmidt-Bleibtreu/Hofmann/-Hopfauf, GG, 11. Aufl. 2008, Art. 65 Rn. 37; *Versteyl* in: vMünch/Kunig, GG, Bd. 2, 5. Aufl. 2001, Art. 40 Rn. 18; *Achterberg/Schulte* in: vMangoldt/Klein/Starck, GG, Bd. 2, 5. Aufl. 2005; *Hill*, Jura 1986, 286 (293); *Kopp/Schenke*, VwGO, 14. Aufl. 2005, § 47 Rn. 120; *Morlok* in: Dreier, GG, Bd. II, 2. Aufl. 2006, Art. 40 Rn. 22, der allerdings bei schweren Verstößen die Ungültigkeit auch von Außenrechtsakten annimmt; ähnlich: *Haug*, Bindungsprobleme und Rechtsnatur parlamentarischer Geschäftsordnungen, 1994, S. 144 u.146

nungen, Verwaltungsvorschriften und Regierungsbeschlüsse. Die §§ 16 I, 17, 20, 24 und 30 GO BReg sind also gerade keine verfahrensspezifischen Regelungen.

Die Literatur begründet die angenommene Folgenlosigkeit eines Geschäftsordnungsverstoßes bei Außenrechtsakten unter Hinweis auf die rechtsstaatlich gebotene Rechtssicherheit. Geschäftsordnungswidriges Handeln des Normgebers lasse sich im Nachhinein, insbesondere für Außenstehende, schwer feststellen; das gelte umso mehr, wenn man die Möglichkeit zu Abweichungen in Betracht ziehe.[831] Angesprochen, wenn auch nicht ausgesprochen, ist damit der Umstand, dass Geschäftsordnungsrecht stark an das Verhalten natürlicher Personen anknüpft.[832] Es ist daher handlungs- und nicht rechtsaktbezogen.[833] Der zu Grunde liegende Regelungswille beschränkt sich auf den Bereich der Verhaltenssteuerung.

Geschäftsordnungsvorschriften sind daher im Allgemeinen keine negativen Rechtsanerkennungsnormen. Ein Verstoß gegen sie hat keine Auswirkungen auf die Rechtmäßigkeit von Rechtsakten, unabhängig davon, ob jene dem Innenrecht oder dem Außenrecht angehören.

c) Beteiligung

In einer Vielzahl von Gesetzen wird zum Erlass von Verwaltungsvorschriften die Beteiligung von außerstaatlichen Stellen, wie z.B. von bestimmten Interessengruppen, Verbänden oder Fachleuten, vorgesehen.[834]

Es sind zwei verschiedene Formen der Beteiligung denkbar: die Mitentscheidung und die Mitwirkung. Mitentscheidung bedeutet die rechtliche Bindung des Normgebers an das Urteil des Beteiligten.[835] Eine solche Bindung ist bereits dann gegeben, wenn der Beteiligte Entscheidungsalternativen endgültig ausschließen kann, sodass der Normsetzer nicht mehr uneingeschränkt über sämtliche Handlungsmöglichkeiten verfügt.[836] Mitentscheidung in diesem Sinne ist schon bei der Beteiligung innerstaatlicher Stellen problematisch, weil sie die Entscheidungsverantwortlichkeit verwischt. Werden außerstaatliche Stellen, d.h. private Interessenträger, zur Mitentscheidung berufen, wird die Legitimationskette vom Volk über die von diesem gewählte Vertretung zu den mit den staatlichen Aufgaben betrauten, auf das von Partikularinteressen unabhängige Gemeinwohl verpflichteten Organen und Amts-

831 *T. I. Schmidt*, AöR 128 (2003), 608 (643)

832 Man betrachte z.B. § 16 II GGO: „Schreiben müssen präzise, inhaltlich vollständig, verständlich und höflich sein."

833 Vgl. auch *Freund*, Innenrecht und Außenrecht, 1984, S. 222f.

834 Z.B.: §§ 48, 51 BImSchG, § 12 II KrW-/AbfG, § 30 V GenTG, §§ 15 I 3, 34 I ArbGG, § 94 BBG, § 33 II HAG, § 116 I SGB XII

835 *Sauerland*, Die Verwaltungsvorschrift, 2005, S. 327

836 *Sauerland*, Die Verwaltungsvorschrift, 2005, S. 327

waltern zerrissen.[837] Eine Mitentscheidung nichtstaatlicher Personen ist mit dem Demokratieprinzip des Art. 20 II GG nicht zu vereinbaren und daher unzulässig.[838]

Möglich ist jedoch eine Mitwirkung in Form (unverbindlicher) Beratung und Anhörung.

Fraglich ist, ob eine solche Mitwirkung vor dem Hintergrund der Grundrechte nicht nur zulässig, sondern auch geboten ist, ob der Einzelne also einen entsprechenden individuellen Mitwirkungsanspruch besitzt. Die grundsätzliche Bedeutung von Form und Verfahren für die Grundrechtsbetätigung des Einzelnen ist anerkannt.[839] Muss also den Personen, die durch eine Verwaltungsvorschrift in ihren Grundrechten betroffen werden, entsprechend § 28 VwVfG Gelegenheit zur Stellungnahme vor ihrem Erlass gegeben werden? Dies wird abgelehnt mit der Begründung, dass Verwaltungsvorschriften wegen ihrer nur mittelbaren Wirkung eine solche Grundrechtsbetroffenheit überhaupt nicht auszulösen vermögen.[840] Wie oben gezeigt ist die Außenwirkung von Verwaltungsvorschriften jedoch eine normativ unmittelbare. In unwesentlichen Bereichen können sie die Rechtsstellung des Bürgers konkretisieren und dabei auch dessen Grundrechte betreffen. Mittelbar ist die Wirkung von Verwaltungsvorschriften allerdings insofern, als sie als abstrakt-generelle Regelungen nicht lediglich für einen festgelegten Adressatenkreis gelten, sondern im konkreten Fall der Umsetzung durch einen Einzelakt bedürfen. Wenn es darum geht, die Interessen einer unbestimmten Vielzahl von Personen zu berücksichtigen, ist eine Anhörung untunlich.[841] Dort wo eine Auseinandersetzung mit grundrechtlichen Belangen in der Weise erforderlich ist, dass dem durch Form und Verfahren Rechnung getragen werden muss, geht es mit anderen Worten um Wesentliches, ist eine Parlamentsentscheidung zwingend. Gerade dann kann der Einzelne seine Interessen über das Medium der Repräsentation wahren lassen und durch seine Wahlentscheidung bestimmen. Weil Rechtsetzung eine unbeschränkte Vielzahl von Personen betrifft, muss bei ihr ein Staatswille gebildet werden und der individuelle Wille, dem die Grundrechte dienen, dahinter zurücktreten. Aus den Grundrechten kann sich daher niemals ein hervorgehobener Anspruch Einzelner zur Beteiligung an der Staatswillensbildung ergeben.[842]

837 *Sauerland*, Die Verwaltungsvorschrift, 2005, S. 327f.; *Trips*, Das Verfahren der exekutiven Rechtsetzung, 2006, S. 144; *Evers* in: Starck, D. Allgemeinheit des Gesetzes, 1987, 96 (123, 125); *Jachmann*, ZBR 1994, 165 (180)

838 *Sauerland*, Die Verwaltungsvorschrift, 2005, S. 328; *Trips*, Das Verfahren der exekutiven Rechtsetzung, 2006, S. 144; *Evers* in: Starck, D. Allgemeinheit des Gesetzes, 1987, 96 (125); *Jachmann*, ZBR 1994, 165 (180)

839 *Erichsen*, DVBl 1985, 22 (27)

840 *Erichsen*, FS Kruse, 2001, 39 (58)

841 *Möstl* in: Erichsen/Ehlers, Allg VerwR, 13. Aufl. 2006, § 18 Rn. 18

842 *Sauerland*, Die Verwaltungsvorschrift, 2005, S. 330; *vBogdandy*, Gubernative Rechtssetzung, 2000, S. 399; *Möstl* in: Erichsen/Ehlers, Allg VerwR, 13. Aufl. 2006, § 18 Rn. 19 allerdings mit dem Hinweis auf Ausnahmen zur prozeduralen Kompensation von Determinationslücken.

Im Folgenden soll exemplarisch auf einzelne Beteiligungsregelungen eingegangen werden.

aa) § 48 I BImSchG bestimmt, dass die Bundesregierung Verwaltungsvorschriften im Bereich des Immissionsschutzrechts nach Anhörung der beteiligten Kreise erlässt. § 51 BImSchG spezifiziert die Anzuhörenden als einen näher auszuwählenden Kreis von Vertretern der Wissenschaft, der Betroffenen, der beteiligten Wirtschaft sowie des beteiligten Verkehrswesens.

Die Anhörung dient der besseren Information des Normgebers.[843] Durch Heranziehung externen Sachverstandes und Abbildung der widerstreitenden Interessen soll er eine genaue Kenntnis der Regelungssituation erhalten (Informationsfunktion).[844] Teilweise wird die Bedeutung der Vorschrift auch in ihrer Kompensationsfunktion gesehen: Die Beteiligungspflicht in Verbindung mit dem weiteren Erfordernis der Zustimmung des Bundesrates erhöhten die Legitimität der geschaffenen Verwaltungsvorschriften, nur so könne die Enthaltsamkeit des Gesetzgebers auf diesem Gebiet gerechtfertigt werden.[845] So haben §§ 48 I, 51 BImSchG auch günstige Auswirkung für die anzuhörenden Kreise.[846] Nur vereinzelt wird dabei jedoch vertreten, dass § 51 I BImSchG ein subjektives Recht auf Anhörung vermittele.[847]

Der Bundesregierung kommt bei der Anhörung ein weiter Spielraum zu.[848] Ihr obliegt die freie Auswahl der Anzuhörenden.[849] Allerdings muss von jeder der genannten Gruppen mindestens ein Vertreter beteiligt werden.[850] Zu berücksichtigen ist weiter die Informationsfunktion der Anhörung. Sie ist so zu gestalten, dass ein möglichst vollständiges Informationsbild gewonnen werden kann.[851] Es müssen gerade auch konkurrierende und abweichende Meinungen zu Wort kommen.[852]

Eine bestimmte Form ist nicht festgelegt.[853] In Betracht kommt daher auch die Aufforderung zur schriftlichen Stellungnahme.[854] Auch wenn die Bundesregierung an die Empfehlungen der beteiligten Kreise am Ende nicht gebunden ist, müssen diese doch die Möglichkeit haben, mit ihren Ausführungen Einfluss auf den staatli-

843 *Jarass*, BImSchG, 7. Aufl. 2007, § 51 Rn. 1; *Trips*, Das Verfahren der exekutiven Rechtsetzung, 2006, S. 159
844 *Trips*, Das Verfahren der exekutiven Rechtsetzung, 2006, S. 159
845 *Sauerland*, Die Verwaltungsvorschrift, 2005, S. 381
846 *Jarass*, BImSchG, 7. Aufl. 2007, § 51 Rn. 1
847 *Ule* in: Ule/Laubinger, BImSchG, § 51, 15. Lfg v. 17.08.1981, Rn. 2
848 *Jarass*, BImSchG, 7. Aufl. 2007, § 51 Rn. 2; *Sauerland*, Die Verwaltungsvorschrift, 2005, S. 332; *Hill*, Das fehlerhafte Verfahren, 1986, S. 90
849 *Trips*, Das Verfahren der exekutiven Rechtsetzung, 2006, S. 159; *Ule* in: Ule/Laubinger, BImSchG, § 51, 15. Lfg v. 17.08.1981, Rn. 2
850 *Sauerland*, Die Verwaltungsvorschrift, 2005, S. 332
851 *Jarass*, BImSchG, 7. Aufl. 2007, § 51 Rn. 2
852 *Sauerland*, Die Verwaltungsvorschrift, 2005, S. 332
853 *Jarass*, BImSchG, 7. Aufl. 2007, § 51 Rn. 3; *Ule* in: Ule/Laubinger, BImSchG, § 51, 15. Lfg v. 17.08.1981, Rn. 2
854 *Jarass*, BImSchG, 7. Aufl. 2007, § 51 Rn. 3; *Ule* in: Ule/Laubinger, BImSchG, § 51, 15. Lfg v. 17.08.1981, Rn. 2

chen Willensbildungsprozess zu nehmen.[855] Die Anhörung muss so rechtzeitig erfolgen, dass sich ihre Ergebnisse noch verwerten lassen.[856] Den Anzuhörenden müssen hinreichende Informationen zur Verfügung gestellt sowie eine gewisse Vorbereitungszeit gewährt werden.[857]

Ein Verstoß gegen die §§ 48 I, 51 BImSchG kommt demnach in Betracht, wenn eine Anhörung überhaupt nicht stattgefunden hat oder wenn lediglich die Durchführung in ihren Einzelheiten mangelhaft war, etwa indem nur einzelne Gruppierungen nicht oder zu spät beteiligt wurden. Die Auswirkungen solcher Fehler sind streitig. Teilweise wird vertreten, dass §§ 48 I, 51 BImSchG lediglich der Information des Normgebers dienten. Sei die erlassene Verwaltungsvorschrift inhaltlich rechtmäßig, komme es auf einen Anhörungsmangel nicht an.[858] Im anderen Extrem geht man davon aus, dass jeder Fehler bei der Durchführung der Beteiligung zur Rechtswidrigkeit bzw. Unwirksamkeit der Verwaltungsvorschrift führen müsse.[859] Vermittelnde Ansichten differenzieren nach Schwere oder Evidenz des Anhörungsmangels.[860]

Wie oben dargelegt kommt es für die Feststellung der formellen Rechtswidrigkeit einer Verwaltungsvorschrift nicht auf die Art des Fehlers, sondern darauf an, ob die verletzte Vorschrift dem unter Verstoß gegen sie zu Stande gekommenen Rechtsakt die rechtliche Anerkennung versagen will. Bei den §§ 48 I, 51 BImSchG handelt es sich um gesetzliche Regelungen. Die Kompetenz des Bundesgesetzgebers zur Schaffung negativer Rechtsanerkennungsnormen ist unzweifelhaft. Fraglich ist jedoch, ob hier ein entsprechender Regelungswille besteht. Schon ihrem Charakter nach sind die Beteiligungsregeln keine bloßen Ordnungsvorschriften.[861] Sie nehmen auch konkreten Bezug gerade auf den Erlass von Verwaltungsvorschriften und sind nicht etwa allgemein auf das Verhalten der Bundesregierung zugeschnitten. Dies deutet daraufhin, dass die §§ 48 I, 51 BImSchG negative Rechtsanerkennungsnormen sein sollen. Entscheidend dafür spricht jedoch ein weiterer Punkt: Mit ihrer Informationsfunktion dient die Anhörung der beteiligten Kreise in besonderer Weise der materiellen Richtigkeit der Verwaltungsvorschrift. Ein Anhörungsfehler muss dann den Verdacht wecken, dass sich dieser Fehler in der Verwaltungsvorschrift fortsetzt. Berücksichtigt man ferner die Kompensationsfunktion, zeigt sich, dass es auch um ein wesentliches Verfahrenserfordernis geht, das über die materielle Richtigkeit des

855 *Sauerland*, Die Verwaltungsvorschrift, 2005, S. 333

856 *Jarass*, BImSchG, 7. Aufl. 2007, § 51 Rn. 3; *Ule* in: Ule/Laubinger, BImSchG, § 51, 15. Lfg v. 17.08.1981, Rn. 2

857 *Sauerland*, Die Verwaltungsvorschrift, 2005, S. 333

858 *Hill*, Das fehlerhafte Verfahren, 1986, S. 90; kritisch: *vDanwitz*, VerwArch 84 (1993), 73 (90)

859 *Freund*, Innenrecht und Außenrecht, 1984, S. 211

860 *Sauerland*, Die Verwaltungsvorschrift, 2005, S. 382; *Ule* in: Ule/Laubinger, BImSchG, § 51, 15. Lfg v. 17.08.1981, Rn. 2: Rechtswidrigkeit nur, wenn überhaupt keine Anhörung stattgefunden hat.

861 So ist wohl auch *Jarass*, BImSchG, 7. Aufl. 2007, § 51 Rn. 4 zu verstehen.

Verfahrensprodukts hinausgehenden Zielen genügt. Mithin stellen §§ 48 I, 51 BImSchG nicht nur bestimmte Verhaltensanforderungen für den Erlass von Verwaltungsvorschriften im Bereich des Immissionsschutzes auf, sondern sind negative Rechtsanerkennungsnormen. Unabhängig von der Art des Fehlers führt jede Missachtung zur Rechtswidrigkeit der erlassenen Verwaltungsvorschrift.

bb) § 94 BBG bestimmt, dass die Spitzenorganisationen der zuständigen Gewerkschaften bei der Vorbereitung allgemeiner Regelungen der beamtenrechtlichen Verhältnisse zu beteiligen sind. Die dazu erlassene Allgemeine Verwaltungsvorschrift zur Beteiligung der Spitzenorganisationen der zuständigen Gewerkschaften bei der Vorbereitung allgemeiner beamtenrechtlicher Regelungen (§ 94 des Bundesbeamtengesetzes, GMBl. 1996 S. 677) entspricht einer Vereinbarung, die zwischen dem Bundesminister des Inneren und den Spitzenverbänden zum 1. Juni 1993, verlängert am 1. Juli 1996, getroffen wurde. Sie enthält Bestimmungen dazu, wie die Beteiligung genau ablaufen soll und hat das Ziel, der zuvor unbefriedigenden Praxis entgegen zu wirken.[862]

Die Beteiligungsregelung verwirklicht eine Form demokratischer Kontrolle.[863] Daneben wurde § 94 BBG auch im Interesse des zur Regelung der beamtenrechtlichen Verhältnisse im Wege eines umfassenden sozialen Ausgleichs berufenen Staates an der Einbringung des Sachverstandes und der Verantwortung der Gewerkschaften geschaffen.[864] Vor allem aber dient das Beteiligungsrecht der Wahrnehmung und Förderung der Arbeits- und Wirtschaftsbedingungen im Sinne von Art. 9 III GG und gewährt den Gewerkschaften und Berufsverbänden der Beamten einen Ausgleich für ihre fehlende Tarifmacht.[865] Dies gilt selbst dann, wenn man wie das Bundesverwaltungsgericht[866] davon ausgeht, dass das Beteiligungsrecht nicht von Verfassungs wegen gefordert ist. Denn das einmal gewährte gesetzliche Recht ist dem Gewährleistungsbereich des Art. 9 III GG zugeordnet und gestaltet das Grundrecht aus.[867]

Inhaber des Beteiligungsrechts sind die Spitzenorganisationen der Gewerkschaften und Berufsverbände. Die Einzelheiten sind umstritten. Überwiegend wird vertreten, dass als Berufsverbände nur solche Vereinigungen anzusehen sind, die sich ausschließlich aus Beamten bestimmter Fachrichtungen (Verwaltungszweigen) zusammensetzen und auf Dauer oder auch nur vorübergehend gemeinsame fach- oder zeitbedingte beamtenrechtliche Interessen verfolgen.[868] Gewerkschaften sind nach h.M. auch Organisationen, die nur aus dem Zusammenschluss von Beamten bestehen, also nicht notwendigerweise auch Angestellte und Arbeiter in ihre Organisation

862 *Battis*, BBG, 3. Aufl. 2004, § 94 Rn. 4
863 *Battis*, BBG, 3. Aufl. 2004, § 94 Rn. 2
864 BVerwG, NJW 80, 1763 (1765)
865 *Battis*, BBG, 3. Aufl. 2004, § 94 Rn. 2; *Jachmann*, ZBR 1994, 165 (177, 179)
866 BVerwG, NJW 1980, 1763 (1764)
867 *Battis*, BBG, 3. Aufl. 2004, § 94 Rn. 3; *Fürst*, GKÖD, Bd. I: BR Lfg. 2/87, § 94 Rn. 1
868 *Fürst*, GKÖD, Bd. I: BR Lfg. 2/87, § 94 Rn. 11

einbezogen haben.[869] Jedenfalls zählen zu den Berufsverbänden und Gewerkschaften nur Koalitionen im verfassungsrechtlichen Sinne (Art. 9 III GG).[870] Das Bundesverwaltungsgericht fasst diese Anforderungen dahingehend zusammen, dass mit dem beamtenrechtlichen Begriff der Gewerkschaft „alle auf überbetrieblicher Grundlage errichteten Berufsorganisationen der Beamten, die auf freiwilligem Zusammenschluss ihrer Mitglieder beruhen, unabhängig vom Wechsel derselben sind und weder unmittelbar noch mittelbar durch den Staat oder anderweitig durch öffentliche Mittel unterstützt werden, daher unabhängig von der Gegenseite sind und deren Zweck darauf gerichtet ist, ihre Mitglieder gegenüber ihrem Dienstherrn bei der Gestaltung der dienstrechtlichen Beziehungen zu vertreten und sich für ihre wirtschaftlichen Belange einzusetzen“[871] gemeint sind. Spitzenorganisationen sind Zusammenschlüsse auf Bundesebene, die Interessen der Gesamtbeamtenschaft unter Berücksichtigung der zuvor geklärten Sonderinteressen einzelner Beamtengruppen wahrnehmen, also DBB und DGB, nicht aber Einzelgewerkschaften innerhalb des DGB wie die ÖTV;[872] wobei allerdings auch hier darüber gestritten wird, ob es insoweit auf die Bedeutung der Beamtenvertretungen ankommt.[873]

Gegenstand der Beteiligung sind allgemeine Regelungen der beamtenrechtlichen Verhältnisse, also Erlass und Änderung förmlicher Gesetze, wie BBG, BDG, BBesG, BPersVG, Rechtsverordnungen und Verwaltungsvorschriften, nicht aber organisatorische und Zuständigkeitsregelungen.[874]

Literatur und Rechtsprechung haben sich bislang vergeblich um die inhaltliche Ausfüllung des Beteiligungsbegriffs bemüht.[875] Fest steht, dass sie mehr als bloße Benachrichtigung und Anhörung ist und weniger als verbindliche Mitbestimmung, die sich schon aus verfassungsrechtlichen Gründen verbietet.[876]

Die Allgemeine Verwaltungsvorschrift zu § 94 BBG sieht in ihrem § 2 schon während der Ressortabstimmung die Übersendung der Referentenentwürfe (Abs. 1) mit der Möglichkeit schriftlicher Stellungnahme innerhalb der Äußerungsfrist für die Bundesressorts (Abs. 2) vor. Werden die von den Spitzenorganisationen gemachten Vorschläge nicht berücksichtigt, ist dies schriftlich zu erläutern (Abs. 3). Nach erfolgter Ressortabstimmung verlangt § 3 die erneute Zuleitung, verbunden mit einer weiteren Einlassungsfrist. Es hat ein Beteiligungsgespräch zu folgen (Abs. 3), das bei Angelegenheiten von herausragender Bedeutung vom Minister oder Staatssekretär geleitet wird. Im Anschluss an das Beteiligungsgespräch ist den Spitzenorganisationen Gelegenheit zu einer endgültigen schriftlichen Stellungnahme zu

869 *Fürst*, GKÖD, Bd. I: BR Lfg. 2/87, § 94 Rn. 11
870 *Fürst*, GKÖD, Bd. I: BR Lfg. 2/87, § 94 Rn. 11
871 BVerwGE 15, 168 (169)
872 *Battis*, BBG, 3. Aufl. 2004, § 94 Rn. 5; *Fürst*, GKÖD, Bd. I: BR Lfg. 2/87, § 94 Rn. 12
873 *Fürst*, GKÖD, Bd. I: BR Lfg. 2/87, § 94 Rn. 12
874 *Battis*, BBG, 3. Aufl. 2004, § 94 Rn. 6
875 *Fürst*, GKÖD, Bd. I: BR Lfg. 2/87, § 94 Rn. 6
876 *Fürst*, GKÖD, Bd. I: BR Lfg. 2/87, § 94 Rn. 12; *Battis*, BBG, 3. Aufl. 2004, § 94 Rn. 6; *Jachmann*, ZBR 1994, 165 (179)

geben (Abs. 4). Bei wesentlichen Änderungen, die nicht auf Ergebnisse des Beteiligungsgesprächs zurückzuführen sind, muss das Verfahren wiederholt werden (Abs. 5). Schließlich sieht § 4 eine Beteiligung an Entwürfen von Gegenäußerungen zu Stellungnahmen des Bundesrates vor.

Die Verwaltungsvorschrift füllt § 94 BBG mithin so aus, dass die beteiligungsberechtigten Spitzenorganisationen von den für die Vorbereitung zuständigen Stellen über die beabsichtigten Regelungen so rechtzeitig und umfassend informiert werden, dass sie in einem angemessenen Zeitraum dazu mit eigenen Erwägungen, Vorschlägen und Einwendungen Stellung nehmen können und dass diese im Verlauf des Vorbereitungsverfahrens argumentativ erörtert und in sachlicher Prüfung berücksichtigt werden können.[877] Jede andere Art von Beteiligung ist sinnentleert; sie widerstreitet dem aus dem auch den Beamten zustehenden Koalitionsrecht zu folgernden freiheitlichen Mitgestaltungsrecht ihrer Dienstverhältnisse durch Beteiligung an der Vorbereitung sie betreffender allgemeiner Regelungen in den durch Art. 33 V GG gesetzten Grenzen.[878]

Bei einem Verstoß gegen die Bestimmungen der Verwaltungsvorschrift genügt das Beteiligungsverfahren damit zugleich nicht den Anforderungen des § 94 BBG.

Welche Rechtsfolgen für die Norm ein Verstoß gegen § 94 BBG in ihrem Erlassverfahren nach sich zieht, ist umstritten. Diejenigen, für die § 94 BBG Ausdruck eines verfassungsrechtlichen Erfordernisses ist, gehen von einer Grundrechtsverletzung aus, welche zur Nichtigkeit führen müsse.[879] Die Gegenansicht, die auch das Bundesverwaltungsgericht teilt, sieht die Gültigkeit einer beamtenrechtlichen Regelung hingegen nicht berührt.[880] Dies folge aus der Systematik des Beteiligungsrechts, das nicht bei den speziellen Ermächtigungen zur Rechtsetzung zu finden oder in diese eingebunden sei.[881] Aus der Verwendung der Formulierung „bei der Vorbereitung" ergebe sich zudem, dass das Beteiligungsrecht im Vorfeld des Rechtsetzungsverfahrens angesiedelt sei und nicht in das Rechtssetzungsverfahren selbst hineinreiche.[882] Dafür, dass ein Verstoß gegen § 94 BBG keine Auswirkungen für den Bestand der erlassenen Norm habe, spreche auch der Umstand, dass sich der Normgeber einseitig durchsetzen könne, wenn mit den Spitzenorganisationen keine Einigung zu Stande komme.[883] Eine mangelnde Sanktionierung der Nichtbeteiligung hinsichtlich der Gültigkeit einer erlassenen Regelung stufe § 94 BBG auch nicht zu einem bloße Programmsatz herab, denn die ausdrückliche Niederlegung im Gesetz habe durchaus Gewicht.[884] Schließlich blieben den Beamtenkoalitionen auch abseits

877 *Fürst*, GKÖD, Bd. I: BR Lfg. 2/87, § 94 Rn. 6
878 *Fürst*, GKÖD, Bd. I: BR Lfg. 2/87, § 94 Rn. 6
879 *Jachmann*, ZBR 1994, 165 (179)
880 BVerwG, NJW 1980, 1763 (LS)
881 BVerwG, NJW 1980, 1763
882 BVerwG, NJW 1980, 1763
883 BVerwG, NJW 1980, 1763 (1764)
884 BVerwG, NJW 1980, 1763 (1764)

des Beteiligungsrechts ausreichende Möglichkeiten effektiver Betätigung.[885] Nicht zuletzt könnten sie ihr Beteiligungsrecht im Streitfall durch die Anrufung der Verwaltungsgerichte sichern.[886]

Vorliegend ist der Streit danach zu entscheiden, ob es sich bei § 94 BBG in Verbindung mit der dazu ergangenen Verwaltungsvorschrift um negative Rechtsanerkennungsnormen handelt.

Dahingehend ließe sich schon an einer entsprechenden, § 94 BBG (und erst Recht der Verwaltungsvorschrift) zu Grunde liegenden, Regelungskompetenz zweifeln. § 94 BBG gilt nicht nur für den Erlass von Verwaltungsvorschriften, sondern auch für das Rechtsetzungsverfahren für Rechtsverordnungen und Gesetze. Bezieht § 94 BBG einheitlich diese verschiedenen Regelungsformen ein, dann kann die Vorschrift auch nur eine einheitliche negative Rechtsanerkennungsnorm für alle diese Normen sein. Fraglich ist, ob durch ein einfaches Bundesgesetz negative Rechtsanerkennungsnormen für Parlamentsgesetze geschaffen werden können. Da zwischen beiden Normschöpfern in dem Falle Identität besteht, ist dies im Wege der „Selbstbindung" möglich.[887] Mithin ist die Regelungskompetenz zu bejahen.

Somit kommt es auf den Regelungswillen an. Dafür, dass es sich bei § 94 BBG um eine negative Rechtsanerkennungsnorm handelt, könnte auf die verfassungsrechtliche Bedeutung vor dem Hintergrund der Koalitionsfreiheit der Beamten hingewiesen werden. Dagegen spricht jedoch maßgeblich, dass es hier nicht um eine Regelung des eigentlichen Normerlassverfahrens, sondern nur des Entwurfsverfahrens geht. Im Vordergrund steht nicht so sehr die inhaltliche Rechtmäßigkeit der Norm im Werden, sondern ihre Praktikabilität und Zweckmäßigkeit im Hinblick auf die Belange der betroffenen Beamten. Mit dem Bundesverwaltungsgericht ist § 94 BBG daher nicht als negative Rechtsanerkennungsnorm einzuordnen. Eine Verletzung der beamtenrechtlichen Beteiligungsregel beim Entwurf einer Verwaltungsvorschrift hat nicht ihre Rechtswidrigkeit zur Folge.

cc) Gemäß § 116 I SGB XII sind vor dem Erlass allgemeiner Verwaltungsvorschriften sozial erfahrene Dritte zu hören. Durch die Anhörung sollen die Kenntnisse und Erfahrungen dieser Personen genutzt werden, um dadurch eine erhöhte Richtigkeitsgewähr für die zu treffenden Regelungen zu erreichen, was sowohl im öffentlichen Interesse als auch im Interesse der von der Maßnahme betroffenen Leistungsempfänger liegt.[888] Es müssen mindestens zwei Personen gehört werden, wie sich aus der Verwendung der Mehrzahl im Gesetzestext ergibt.[889] Sozial erfahren im

885 BVerwG, NJW 1980, 1763 (1764)

886 BVerwG, NJW 1980, 1763 (1765)

887 *Fürst*, GKÖD, Bd. I: BR Lfg. 2/87, § 94 Rn. 14; *Ule*, ZBR 1962, 171

888 BVerwGE 94, 326 (334); *Grube/Wahrendorf*, SGB XII, 2005, § 116 Rn. 2; *Conradis* in: Münder/Armborst/u.A., SGB XII, 8. Aufl. 2008, § 116 Rn. 2; *D. Schoch*, ZfSH/SGB 1995, 569 (571)

889 *Grube/Wahrendorf*, SGB XII, 2005, § 116 Rn. 3; *Conradis* in: Münder/Armborst/u.A., SGB XII, 8. Aufl. 2008, § 116 Rn. 7

Sinne dieser Vorschrift ist, wer praktische Erfahrungen mit den Problemen sozial schwacher Bürger hat und wem – insbesondere durch eigene persönliche Kontakte – deren Lebensverhältnisse und Probleme vertraut sind.[890] Dabei darf es sich jedoch grundsätzlich nicht um Bedienstete der Behörden handeln.[891]

Die Anhörung kann schriftlich oder mündlich erfolgen.[892] Den sozial erfahrenen Personen ist die Möglichkeit zu geben, sich zu der geplanten Verwaltungsvorschrift zu äußern; eine Erörterung oder Diskussion mit ihnen wie auch eine Erwiderung des Trägers der Sozialhilfe darauf ist hingegen nicht vorgeschrieben.[893]

Zwar wird in der Literatur davon ausgegangen, dass eine unterbliebene oder mangelhafte Anhörung zur Rechtswidrigkeit der erlassenen Verwaltungsvorschrift führt.[894] Das habe jedoch keine weiteren Konsequenzen, da sich der Bestand von so genannten Beruhensakten, d.h. von Verwaltungsakten, die auf Grundlage der rechtswidrigen Verwaltungsvorschrift ergehen, allein nach den gesetzlichen Vorschriften des SGB XII richte und es insofern auf die Verwaltungsvorschrift nicht ankomme.[895]

Diese Anschauung hat dazu geführt, dass die Anhörung oft nicht oder nicht sachgerecht praktiziert wird.[896] In Anbetracht der geringen Bedeutung der Anhörung in der Praxis wird teilweise sogar von einer „überflüssigen Förmelei" gesprochen.[897]

Dies entspricht jedoch nicht dem Charakter von § 116 SGB XII. Die Stellung der Norm im Abschnitt „Verfahrensbestimmungen" sowie ihre Formulierung, die sich gerade auf das Erlassverfahren von Verwaltungsvorschriften bezieht, machen deutlich, dass die Beteiligung sozial erfahrener Personen eine zentrale Rolle beim Erlass allgemeiner Verwaltungsvorschriften für das Gebiet des SGB XII einnimmt. Die hohe Bedeutung, die solchen Verwaltungsvorschriften im Wohlfahrtstaat zukommt, soll dadurch zusätzlich verfahrensmäßig absichert werden. Daher handelt es sich bei § 116 SGB XII um eine negative Rechtsanerkennungsnorm. Beteiligungsfehler führen zur Rechtswidrigkeit der betreffenden Verwaltungsvorschrift.

890 *Grube/Wahrendorf*, SGB XII, 2005, § 116 Rn. 3; *Conradis* in: Münder/Armborst/u.A., SGB XII, 8. Aufl. 2008, § 116 Rn. 5; *D. Schoch*, ZfSH/SGB 1995, 569 (572)

891 *Conradis* in: Münder/Armborst/u.A., SGB XII, 8. Aufl. 2008, § 116 Rn. 6

892 *Grube/Wahrendorf*, SGB XII, 2005, § 116 Rn. 4

893 *Grube/Wahrendorf*, SGB XII, 2005, § 116 Rn. 4

894 BVerwGE 94, 326 (334); *Grube/Wahrendorf*, SGB XII, 2005, § 116 Rn. 9; *Conradis* in: Münder/Armborst/u.A., SGB XII, 8. Aufl. 2008, § 116 Rn. 11

895 *Grube/Wahrendorf*, SGB XII, 2005, § 116 Rn. 9; *D. Schoch*, ZfSH/SGB 1995, 569 (577), dort auch Fn. 52); a.A.: *Conradis* in: Münder/Armborst/u.A., SGB XII, 8. Aufl. 2008, § 116 Rn. 11

896 *Conradis* in: Münder/Armborst/u.A., SGB XII, 8. Aufl. 2008, § 116 Rn. 18; *D. Schoch*, ZfSH/SGB 1995, 569 (577)

897 *Conradis* in: Münder/Armborst/u.A., SGB XII, 8. Aufl. 2008, § 116 Rn. 18

Staatliche Stellen können am Erlass von Verwaltungsvorschriften in der Form der Mitwirkung und der Mitentscheidung beteiligt werden.

Ein bloßes Mitwirkungserfordernis sieht z.B. § 51 BImSchG mit der Anhörung der zuständigen obersten Landesbehörden vor. Für die beratende, unverbindliche Mitwirkung staatlicher Stellen gelten die gleichen Prinzipien wie für die Beteiligung nichtstaatlicher Stellen.[898] Ob die Mitwirkungsvorschrift eine negative Rechtsanerkennungsnorm ist, ist durch Auslegung im Einzelfall zu ermitteln. Maßgeblich Bedeutung kommt dabei einem konkreten Verfahrensbezug sowie den mit ihr verfolgten Zwecken zu.

Mitentscheidungsregeln werden durch Formulierungen wie „mit Zustimmung des Bundesrates", „im Einvernehmen mit" oder „nach Genehmigung durch" angezeigt.
Durch Mitentscheidungsbefugnisse wird die eigentliche Entscheidungszuständigkeit verlagert.[899] Dies kann vor dem Hintergrund rechtsstaatlich geforderter eindeutiger Entscheidungsverantwortung bedenklich sein. Andererseits dienen Mitentscheidungsbefugnisse jedoch oft auch der Rücksicht auf bestimmte Rechtssphären, wie etwa der Wahrung förderativer Interessen im Bundesstaat.[900]
Weil Mitentscheidungsbefugnisse die Entscheidungszuständigkeit betreffen, handelt es sich strenggenommen nicht um Beteiligungs-, sondern um Zuständigkeitsregelungen. Ihre Verletzung führt daher stets zur Rechtswidrigkeit des Entscheidungsproduktes.[901]

d) Begründung

§ 70 I GGO sieht für den Entwurf der Verwaltungsvorschrift eines Bundesministers eine Begründungspflicht vor, wenn der Entwurf nicht aus sich heraus verständlich oder eine Begründung aus anderen Gründen sachdienlich ist. Typischer Hauptanwendungsfall dafür sind Verwaltungsvorschriften, die lediglich konkrete Zahlenangaben enthalten und in deren Begründung die verwendeten Berechnungsmethoden dargelegt werden.

Teilweise wird darüber hinaus eine grundsätzliche Begründungspflicht für Verwaltungsvorschriften befürwortet.[902] Die Argumente dafür werden aus der Diskussi-

898 Vgl. die einheitliche Behandlung bei: *Jarass*, BImSchG, 7. Aufl. 2007, § 51; *Hufen*, Fehler im Verwaltungsverfahren, 2. Aufl. 2002, Rn. 463
899 *Adami*, Zuständigkeit, 1971, S. 122
900 Vgl. BVerfGE 26, 338 (397); 100, 249 (261) zur Zustimmung des Bundesrates
901 So auch: *Sauerland*, Die Verwaltungsvorschrift, 2005, S. 378; *Hill*, Das fehlerhafte Verfahren, 1986, S. 88
902 *Trips*, Das Verfahren der exekutiven Rechtsetzung, 2006, S. 201; *vBogdandy*, Gubernative Rechtssetzung, 2000, S. 443; *DiFabio*, DVBl 1992, 1338 (1346) und *Hill*, NVwZ 1989, 401 (408) zumindest für normkonkretisierende Verwaltungsvorschriften; ebenso *Trute*, Vorsorge-

on um eine entsprechende Begründungspflicht für Rechtsverordnungen übernommen. Die Begründung diene der Eigen- und Fremdkontrolle der Verwaltung.[903] Auch die effektive Wahrnehmung der Rechte der betroffenen Bürger verlange nach einer Information über die Hintergründe des Rechtsetzungsunternehmens.[904] Ohne Begründung werde die Rechtsdurchsetzung durch die Gerichte und für die Bürger erschwert.[905] Die Funktion der Begründung normativer Festsetzungen sei es, mögliche Indizien für eine materiell-rechtlich fehlerhafte Regelung zu liefern.[906] Eine Begründung exekutiver Rechtsnormen werde daher sowohl als rechtsstaatliche Bedingung (Art. 20 III GG) als auch durch die Garantie des effektiven Rechtsschutzes aus Art. 19 IV GG gefordert.[907] Sie erfülle zudem eine demokratische Funktion, indem sie die Akzeptanz der Norm erhöhe und sie durch Konsens zusätzlich legitimiere.[908]

Dagegen wird zu Recht die Trennung von voluntativen und kognitiven Akten gehalten: Verwaltungsvorschriften enthalten in hohem Maße kompromisshafte und politische Wertungen. Im Gegensatz zum Erkenntnisprozess sind rechtsetzende Entscheidungen einer Begründung nicht in gleicher Weise zugänglich.[909] Zwar sind Rechtssetzungsentscheidungen keineswegs zwingend irrational, sondern durchaus begründbar, wie sich aus der in der Gesetzgebungspraxis üblichen Begründung von Gesetzesentwürfen ergibt.[910] Der entscheidende Unterschied besteht jedoch nicht nur in der Frage der Wertungshaltigkeit der Entscheidung, sondern in ihrer Reichweite. Das Erfordernis der Begründung ist entstanden als ein Rechtsinstitut, das der Sicherung des Einzelnen gegen behördliche Willkür und der Möglichkeit des Rechtsschutzes dagegen dient.[911] Diese Gefährdungslage besteht gerade nicht bei Verwaltungsvorschriften, die als abstrakt-generelle Regelungen den einzelnen Bürger nicht unmittelbar betreffen.[912] Aus der minderen Gefährdungslage folgen daher allenfalls

strukturen, 1989, S. 103; a.A.: *Kopp/Schenke*, VwGO, 14. Aufl. 2005, § 47 Rn. 118; *Möstl* in: Erichsen/Ehlers, Allg VerwR, 13. Aufl. 2006, § 18 Rn. 22; *Jarass* in: Jarass/Pieroth, GG, 10. Aufl. 2009, Art. 20 Rn. 66

903 *vBogdandy*, Gubernative Rechtssetzung, 2000, S. 441; *Trips*, Das Verfahren der exekutiven Rechtsetzung, 2006, S. 196; *Ossenbühl*, NJW 1986, 2805 (2810)

904 *Sauerland*, Die Verwaltungsvorschrift, 2005, S. 336; *Trute*, Vorsorgestrukturen, 1989, S. 103; *DiFabio*, DVBl 1992, 1338 (1346)

905 *Sauerland*, Die Verwaltungsvorschrift, 2005, S. 336; *DiFabio*, DVBl 1992, 1338 (1346); *Schulze-Fielitz*, JZ 1993, 772 (781); *vDanwitz*, Jura 2002, 93 (100); *vDanwitz*, Die Gestaltungsfreiheit des Verordnungsgebers, 1989, S. 140; *Ossenbühl*, NJW 1986, 2805 (2809)

906 *vDanwitz*, Die Gestaltungsfreiheit des Verordnungsgebers, 1989, S. 141f.; *Schulze-Fielitz*, JZ 1993, 772 (781)

907 *Trips*, Das Verfahren der exekutiven Rechtsetzung, 2006, S. 196f.; *vDanwitz*, Die Gestaltungsfreiheit des Verordnungsgebers, 1989, S. 139

908 *Trips*, Das Verfahren der exekutiven Rechtsetzung, 2006, S. 198

909 *vBogdandy*, Gubernative Rechtssetzung, 2000, S. 442

910 *vBogdandy*, Gubernative Rechtssetzung, 2000, S. 442

911 *vBogdandy*, Gubernative Rechtssetzung, 2000, S. 442

912 *Möstl* in: Erichsen/Ehlers, Allg VerwR, 13. Aufl. 2006, § 18 Rn. 22. Abgesehen von Fällen des sog. selfexecuting law, die wegen des Vorenthalts des Gesetzes kaum in Form von Verwaltungsvorschriften auftreten werden.

angepasste Anforderungen an den Inhalt einer Begründung: Im Gegensatz zur Begründung eines Einzelaktes, für den die Behörde gemäß § 39 VwVfG die wesentlichen rechtlichen und tatsächlichen Gesichtspunkte mitzuteilen hat, die sie zu ihrer Entscheidung bewogen haben, müssen bei einem Rechtsetzungsakt nur die Ziele, Zwecke und wesentlichen Auswirkungen der Regelung aufgeführt werden.[913] Bei diesen Anforderungen handelt es sich um Regeln der guten fachlichen Praxis. Eine solche Begründung hilft insbesondere bei der Selbstkontrolle. Indem sich der Autor einer Verwaltungsvorschrift über die Frage klar werden muss, ob der Normerlass überhaupt notwendig ist, wird dem Anliegen nach „Entbürokratisierung" gedient.

Dabei stehen jedoch keine verfassungsrechtlichen Postulate in Rede.[914] Oft wird eine gesonderte Begründung einer Verwaltungsvorschrift schon nicht sinnvoll sein, etwa weil eine Begründung der Verwaltungsvorschrift nur die Begründung des auszuführenden Gesetzes wiederholen müsste. Ist hingegen eine Verwaltungsvorschrift schon nicht aus sich heraus verständlich und fehlt eine Begründung, wird darin zugleich ein materieller Fehler der Vorschrift liegen.

In der Regel ist jedoch eine Begründung für den Erlass von Verwaltungsvorschriften nicht erforderlich.

e) Veröffentlichung

Grundlage einer Veröffentlichungspflicht für Verwaltungsvorschriften ist der verfassungsrechtliche materielle Publikationsgrundsatz, wie er in Art. 82 GG zum Ausdruck kommt.[915] Er ist ein allgemeiner Rechtsgrundsatz aus dem Rechtsstaats- und Demokratieprinzip sowie aus Art. 3 I GG mit dem Inhalt, dass jeder Rechtsakt demjenigen bekannt gegeben werden muss, den er angeht.[916] Bei Gesetzen und Rechtsverordnungen, die mit ihrer Außenwirkung grundsätzlich eine unbestimmte Vielzahl von Personen betreffen, heißt das, dass sie veröffentlicht werden müssen, sodass sie für jeden erreichbar sind.[917]

Der Einzelne kann staatliche Äußerungen nur befolgen, wenn er die Möglichkeit hat, von ihrem Inhalt verlässlich Kenntnis zu nehmen.[918] Er muss wissen können,

913 *vDanwitz*, Die Gestaltungsfreiheit des Verordnungsgebers, 1989, S. 142

914 Vgl. *Herdegen*, AöR 114 (1989), 607 (639); *Möstl* in: Erichsen/Ehlers, Allg VerwR, 13. Aufl. 2006, § 18 Rn. 22

915 *Wittling*, Die Publikation, 1991, S. 119; *Jarass* in: Jarass/Pieroth, GG, 10. Aufl. 2009, Art. 20 Rn. 66

916 BVerwG, DÖV 2005, 605 (607); VGH B.-W., ESVGH 23, 90 (96); *Trips*, Das Verfahren der exekutiven Rechtsetzung, 2006, S. 223; *Gusy*, DVBl 1979, 720 (724)

917 *Ko*, Verwaltungsvorschriften, 1991, S. 122; *Jachmann*, ZBR 1997, 342 (349); *Maurer*, Allg VerwR, 14. Aufl. 2002, § 24 Rn. 36

918 VGH B.-W., ESVGH 23, 90 (96); *Jachmann*, ZBR 1997, 342 (349); *Jarass* in: Jarass/Pieroth, GG, 10. Aufl. 2009, Art. 20 Rn. 66

was er vom Staat zu erwarten hat.[919] Dieses grundlegende rechtsstaatliche Erfordernis kommt jedoch nur bei solchen Regelungen zum Tragen, die einen unmittelbaren Bürgerbezug aufweisen.[920] Weiter reicht die demokratische Komponente der Publikationspflicht.[921] Demokratie funktioniert nur, wenn der Bürger durch seine Wahlentscheidung wirklichen Einfluss auf das Staatsgeschehen nehmen kann. Eine solche Entscheidung kann nur getroffen werden, wenn sich der Wähler über das, was vor sich geht, ausreichend informieren kann.[922] Für die verfolgte Politik spielt die staatliche Rechtsetzungstätigkeit eine nicht zu unterschätzende Rolle. Alles, was nicht öffentlich gemacht werden soll, trägt den Verdacht der Ungerechtigkeit in sich.[923] Zudem ist eine „Verheimlichung" von Normen niemals absolut. Es gibt immer Personen, die in der Lage sind, sich die nötigen Informationen zu beschaffen; dies sind zudem typischerweise Angehörige auch sonst privilegierter Kreise.[924] Die Nichtveröffentlichung von Normen führt damit zu Ungleichheit im Staat, wenn diejenigen, die sich einen Kenntnisvorsprung verschaffen können, gegenüber den Uninformierten Vorteile für sich herausschlagen.[925] Daher sollte das „Gesetz im Panzerschrank" ebenso der Vergangenheit angehören wie die „geheime Handakte" des Beamten.[926]

Als materielles Prinzip kommt es für die Reichweite des Publikationsgrundsatzes nicht auf den formellen Adressatenkreis der in Frage stehenden Norm an, sondern es muss gefragt werden, ob die zu Grunde liegenden Schutzzwecke tangiert werden.[927]

Verwaltungsvorschriften sind Rechtsnormen mit Außenwirkung. Sie können dazu dienen, Rechte und Pflichten des Bürgers zu konkretisieren oder den Inhalt einer gesetzlichen Regelung zu verdeutlichen. Im Leistungsbereich sind sie teilweise die hauptsächliche Entscheidungsgrundlage für die Verteilung von Begünstigungen. Dann ist es unumgänglich, dass der Einzelne ihren Inhalt in Erfahrung bringen kann, um seine Chancen abzuschätzen und entsprechend disponieren zu können. Bei einigen Verwaltungsvorschriften ist ihr Außenbezug in der Rechtsprechung sowie ihre

919 BVerwGE 121, 103 (109); *Trips*, Das Verfahren der exekutiven Rechtsetzung, 2006, S. 223; *Wittling*, Die Publikation, 1991, S. 124; *Gusy*, DVBl 1979, 720 (724)

920 So wohl BVerwG, DÖV 2005, 605 (606f.); *Jarass* in: Jarass/Pieroth, GG, 10. Aufl. 2009, Art. 20 Rn. 66

921 *Wittling*, Die Publikation, 1991, S. 134

922 *Trips*, Das Verfahren der exekutiven Rechtsetzung, 2006, S. 224; *Wittling*, Die Publikation, 1991, S. 138

923 *Trips*, Das Verfahren der exekutiven Rechtsetzung, 2006, S. 223; *Wittling*, Die Publikation, 1991, S. 100; vgl. auch *Trzaskalik* in: Tipke, Grenzen der Rechtsfortbildung, 1982, 315 (319): der in der Geheimhaltung von Billigkeitserlassen ein „rechtsstaatliches Ärgernis" sieht.

924 *Trips*, Das Verfahren der exekutiven Rechtsetzung, 2006, S. 224; *Wittling*, Die Publikation, 1991, S. 110

925 *Trips*, Das Verfahren der exekutiven Rechtsetzung, 2006, S. 224; *Wittling*, Die Publikation, 1991, S. 110

926 *Ossenbühl*, Verwaltungsvorschriften und Grundgesetz, 1968, S. 464; *Gusy*, DVBl 1979, 720 (724); *Lübbe-Wolf*, DÖV 1980, 594 (595) „Relikt des Absolutismus"

927 *Wittling*, Die Publikation, 1991, S. 141f.

„normgleiche Wirkung“ und ein daraus folgendes Informationsbedürfnis anerkannt.[928]

Durch Verwaltungsvorschriften werden also einzelne Bürger wie die Öffentlichkeit insgesamt – was kostenintensive Subventionen angeht, ist das offensichtlich – betroffen. Daher ist der Publikationsgrundsatz auf sie anwendbar. Weil die Wirkung von Verwaltungsvorschriften oftmals weitergeht, als durch die Innenadressierung angezeigt, ist ihre Veröffentlichung erforderlich. Das wird von einem Großteil der Literatur auch gesehen.[929]

Mithin bedürfen Verwaltungsvorschriften der Veröffentlichung.[930] Geeignetes Organ dazu ist das entsprechende Ministerialblatt oder ein anderes öffentlich zugängliches Amtsblatt.[931] Das jeweilige Gesetzesblatt kommt hingegen nicht in Betracht.[932] Wünschenswert wäre zudem eine Veröffentlichung (übergeordneter) Verwaltungsvorschriften im Internet in Form einer zentralen Sammelstelle,[933] um Klarheit in das „Gestrüpp“ der Verkündungs- und Mitteilungsblätter, das die Suche nach Verwaltungsvorschriften oft zu einem schwierigen Unterfangen macht, zu bringen.[934]

Wie oben dargelegt, fehlt eine Entstehungsbedingung, wenn eine Verwaltungsvorschrift nicht einmal innerhalb der Verwaltung bekanntgegeben wurde. Es liegt dann ein Nichtakt vor, dem keine rechtliche Existenz zukommt. Besteht nur ein schlichter Publikationsmangel, indem die allgemeine Veröffentlichung ganz unter-

928 BVerfGE 40, 237 (255); BVerwG, DÖV 2005, 605 (606f.); *Wittling*, Die Publikation, 1991, S. 198; *Ossenbühl*, Verwaltungsvorschriften und GG, 1968, S. 503ff.; *Gusy*, DVBl 1979, 720 (724); *Lange* in: Hoffmann-Riem/Schmidt-Aßmann/Schuppert, Reform, 1993, 307 (323)

929 *Wittling*, Die Publikation, 1991, S. 215; *Trips*, Das Verfahren der exekutiven Rechtsetzung, 2006, S. 226; *Rogmann*, Die Bindungswirkung von Verwaltungsvorschriften, 1998, S. 240; *Ko*, Verwaltungsvorschriften, 1991, S. 122; *Schröder*, Verwaltungsvorschriften, 1987, S. 106; *Rudisile*, Verwaltungsvorschriften, 1987, S. 357; *Sauerland*, Die Verwaltungsvorschrift, 2005, S. 383; *vBogdandy*, Gubernative Rechtsetzung, 2000, S. 484; *E.-W. Böckenförde*, Gesetz und gesetzgebende Gewalt, 2. Aufl. 1981, S. 397; *Birk*, Die arbeitsrechtliche Leitungsmacht, 1973, S. 253; *Lübbe-Wolf*, DÖV 1980, 594 (596f.); *Gusy*, DVBl 1979, 720 (724); *Lange* in: Hoffmann-Riem/Schmidt-Aßmann/Schuppert, Reform, 1993, 307 (329); *Lange*, NJW 1992, 1193 (1196); *Pietzcker*, NJW 1981, 2087 (2090); *vDanwitz*, VerwArch 84 (1993), 73 (90f.); *Stober* in: Wolff/Bachof/Stober, VerwR I, 12. Aufl. 2007, § 24 Rn. 17; *Maurer*, Allg VerwR, 14. Aufl. 2002, § 24 Rn. 36; *Jarass* in: Jarass/Pieroth, GG, 10. Aufl. 2009, Art. 20 Rn. 66; differenzierend: *Hamann*, VerwArch 73 (1982), 28 (34f.); *Hill*, NVwZ 1989, 401 (408) für normkonkretisierende Verwaltungsvorschriften.

930 A.A.: *Hansen*, Fachliche Weisung, 1971, S. 287f.; *Erichsen/Klüsche*, Jura 2000, 540 (544); *A. Leisner*, JZ 2002, 219 (229); *Möstl* in: Erichsen/Ehlers, Allg VerwR, 13. Aufl. 2006, § 19 Rn. 23; *Jachmann*, ZBR 1997, 342 (349) für Beihilfevorschriften

931 *Wittling*, Die Publikation, 1991, S. 164; *Ko*, Verwaltungsvorschriften, 1991, S. 123; *Rudisile*, Verwaltungsvorschriften, 1987, S. 357; *Gusy*, DVBl 1979, 720 (724)

932 *Gusy*, DVBl 1979, 720 (724); *Rudisile*, Verwaltungsvorschriften, 1987, S. 359

933 Siehe dazu etwa: www.Verwaltungsvorschriften-im-Internet.de

934 *Gusy*, DVBl 1979, 720 (724)

lassen wurde oder fehlerhaft war, führt dieser Fehler wegen seiner verfassungsrechtlichen Bedeutung zur (formellen) Rechtswidrigkeit der entsprechenden Verwaltungsvorschrift.[935]

D Ergebnis

Die Rechtswidrigkeit ist ein objektives, einheitlich aus der Rechtsordnung abzulesendes Urteil über die Vereinbarkeit eines Rechtsaktes mit dem übrigen Recht.

Für Verwaltungsvorschriften, die Rechtssätze der untersten Rangstufe sind, heißt das, dass sie inhaltlich mit allen übrigen Rechtssätzen übereinstimmen müssen. Eine Verwaltungsvorschrift die vom Grundgesetz, einem anderen Gesetz, Rechtsverordnungen oder Satzungen abweicht, ist rechtswidrig. Materielle Rechtswidrigkeit besteht zudem bei einem Widerspruch zu Verwaltungsvorschriften, deren Autor höher in der Verwaltungshierarchie angesiedelt ist, zu Verwaltungsvorschriften, die neuer sind, sowie wenn sich entgegenstehendes Gewohnheitsrecht durch eine andauernde abweichende Verwaltungspraxis gebildet hat.

Eine Verwaltungsvorschrift ist formell rechtswidrig, wenn bei ihrem Erlass negative Rechtsanerkennungsnomen nicht beachtet wurden. Ob eine Zuständigkeits-, Verfahrens- oder Formvorschrift dem Rechtsakt, auf deren Erlass sie abzielt, gegebenenfalls die Rechtsanerkennung versagen will, ist durch Auslegung zu ermitteln. Entscheidend dafür sind der konkrete Bezug zum Regelungsprodukt sowie die Bedeutung der entsprechenden Norm. Eine besondere Bedeutung kann sich absolut im Hinblick auf einen besonderen übergeordneten Zweck sowie relativ in Bezug auf die Gewährleistung der inhaltlichen Rechtmäßigkeit des Regelungsprodukts ergeben. Formelle Rechtswidrigkeit einer Verwaltungsvorschrift ist danach anzunehmen, wenn ein Zuständigkeitsfehler vorliegt oder sie nicht bzw. nicht an der richtigen Stelle veröffentlicht wurde. Bei speziellen Beteiligungsvorschriften kommt es maßgeblich darauf an, ob die vorgesehene Beteiligung beim Erlass oder nur in dessen Vorfeld stattfinden soll.

§ 2 Rechtsfolgen von Normanwendungskollisionen

Eine Normanwendungskollision liegt vor, wenn zwei Rechtsnormen für den gleichen Tatbestand unterschiedliche Rechtsfolgen anordnen. Verwaltungsvorschriften, die eine Normanwendungskollision hervorrufen, sind als Rechtsnormen unterster Rangstufe rechtswidrig. Wie reagiert die Rechtsordnung auf materiell rechtswidrige Verwaltungsvorschriften? Welche Lösungsmöglichkeiten stellt sie zur Behebung solcher Normenkollisionen bereit?

935 So auch *Trips*, Das Verfahren der exekutiven Rechtsetzung, 2006, S. 272f.

Um diese Fragen im folgenden Kapitel zu beantworten, ist der Analyse der spezifischen Fehlerfolgenregelungen von Verwaltungsvorschriften eine Darstellung der allgemeinen Fehlerfolgenlehre voranzustellen. Fehlerfolgen sind dabei die Rechtsfolgen, die der Tatbestand der Rechtswidrigkeit eines Rechtsaktes nach sich zieht. Im Vordergrund stehen mögliche Auswirkungen auf seine Wirksamkeit und Verbindlichkeit. Die Fehlerfolgendiskussion entzündet sich insbesondere an der Frage, ob die Rechtsfolgen der Rechtswidrigkeit ipso iure eintreten oder von einer (staatlichen) Entscheidung abhängen.

Einige Handlungsformen, wie zum Beispiel der Verwaltungsakt mit seinen Regeln zur Bestandskraft, weisen gegenüber der allgemeinen Fehlerfolgenlehre abweichende eigene Fehlerfolgenprogramme auf. Im Folgenden ist daher auf die Besonderheiten, die möglicherweise für Verwaltungsvorschriften gelten, einzugehen. Sonderregeln für Verwaltungsvorschriften können einerseits in den beamtenrechtlichen Regelungen des Remonstrationsverfahrens (§§ 56 II, III BBG, 36 II, III BeamtStG) gefunden werden und andererseits in den Einschränkungen der Fallgruppen zur Außenwirkung von Verwaltungsvorschriften.

Um ein umfassendes Bild zu erhalten, ist die Lage sowohl aus verwaltungsinterner Sicht wie auch aus gerichtlicher Warte zu betrachten.

A Fehlerfolgenlehre

I. Nichtigkeitsdogma

Den Ausgangspunkt jeder Untersuchung der Fehlerfolgen von Rechtsakten bildet das so genannte Nichtigkeitsdogma, das ein Großteil der Rechtswissenschaft und Praxis seinen Überlegungen zu Grunde legt.[936] Dem Nichtigkeitsdogma zufolge sind rechtswidrige Rechtssätze ipso iure nichtig, sie entfalten nicht die intendierten Regelungswirkungen, sind ein „nullum“.[937] Auf diese von Rechts wegen eintretende Unwirksamkeit kann sich jedermann jederzeit berufen. Allerdings ist – insoweit kommt es zu einer Störung im Komplementärverhältnis von normausführenden Stellen und Normadressaten – nicht jede staatliche Stelle zur „Verwerfung“, d.h. zur Aufhebung des nichtigen Rechtsaktes, befugt. Eine gesetzliche Regelung einer beschränkten Verwerfungskompetenz findet sich für Parlamentsgesetze in Art. 100 GG.

Das Nichtigkeitsdogma erstreckt sich allerdings nur auf abstrakt-generelle Rechtssätze, Verwaltungsakte sind davon ausgenommen. Sie sind aus Gründen der Verwaltungseffizienz wirksam und vollstreckbar, auch wenn sie rechtswidrig sind,

936 *Pietzcker*, DVBl 1986, 806. Ein Überblick über das ältere Schrifttum findet sich bei *Moench*, Verfassungswidriges Gesetz und Normenkontrolle, 1977, S. 11 Fn. 3

937 *C. Böckenförde*, Die sog. Nichtigkeit verfassungswidriger Gesetze, 1966, S. 23; *Moench*, Verfassungswidriges Gesetz und Normenkontrolle, 1977, S. 11; *Ipsen*, Rechtsfolgen der Verfassungswidrigkeit von Norm und Einzelakt, 1980, S. 149f.

solange sie nicht an einem besonders schweren Fehler leiden. Bei ihnen obliegt es dem betroffenen Bürger, gegebenenfalls bei den Gerichten um Rechtsschutz zu ersuchen. Rechtswidrige Verwaltungsakte können nur durch eine kassatorische staatliche Entscheidung beseitigt werden.

Gilt das Nichtigkeitsdogma, müssen auch (materiell) rechtswidrige Verwaltungsvorschriften nichtig sein. Hieran kann jedoch gezweifelt werden. Das Dogma stammt aus einer Rechtstradition, die in den Verwaltungsvorschriften noch keine Rechtssätze erblickte, sondern sie der rechtsfreien Innensphäre zuordnete. Der ursprüngliche Entwurf des Dogmas bezog daher die Verwaltungsvorschriften mit ihren Besonderheiten schon nicht in seinen Wirkungsbereich ein. Dennoch wird teilweise angenommen, dass für jegliches Innenrecht Nichtigkeit als einzige Fehlerfolge in Betracht komme.[938] Andererseits wird jedoch die (uneingeschränkte) Geltung des Nichtigkeitsdogmas überhaupt bestritten. Der Nichtigkeit ipso iure wird das Erfordernis autoritativer Normbeendigung entgegengehalten oder es wird einem differenzierten Fehlerfolgenregime das Wort geredet.

Es ist daher zu untersuchen, ob das Nichtigkeitsdogma rechtstheoretisch bzw. rechtslogisch zwingend ist. Ergibt sich hier ein verneinendes Resultat, kommt es auf die konkrete Ausgestaltung der bestehenden Rechtsordnung an. Ist unter der Geltung des Grundgesetzes das Nichtigkeitsdogma für Verwaltungsvorschriften vorgesehen?

1. Rechtstheoretische Analyse

Es werden zwei Ansätze diskutiert, um die Geltung des Nichtigkeitsdogmas rechtstheoretisch zu begründen.

a) Einheit und Widerspruchsfreiheit der Rechtsordnung

Einheit und Widerspruchsfreiheit der Rechtsordnung verbieten es, dass nebeneinanderstehende Rechtssätze existieren, die einander widersprechen.[939] Daraus wird gefolgert, dass rechtswidrige Normen nicht wirksam sein dürfen.[940] Andernfalls würde sich die Rechtsordnung selbst aushebeln.[941] Dem stehe auch nicht die Bestandskraft von Verwaltungsakten entgegen. Ein rechtswidriger Verwaltungsakt

938 OVG NW, OVGE 28, 208 (214); *Papier*, DÖV 1980, 292 (299). A.A.: *Ehlers*, NVwZ 1990, 105 (108)

939 *vOlshausen*, JA 1983, 177 (186)

940 *C. Böckenförde*, Die sog. Nichtigkeit verfassungswidriger Gesetze, 1966, S. 27; *Schnelle*, Eine Fehlerfolgenlehre für Rechtsverordnungen, 2007, S. 121f.; *Arndt*, DÖV 1959, 81 (82); *Ipsen*, Rechtsfolgen der Verfassungswidrigkeit von Norm und Einzelakt, 1980, S. 192; *Freund*, Innenrecht und Außenrecht, 1984, S. 292

941 *Arndt*, DÖV 1959, 81 (82); *Risken*, Grenzen amtlicher und dienstlicher Weisungen, 1969, S. 91; *Schnelle*, Eine Fehlerfolgenlehre für Rechtsverordnungen, 2007, S. 121f.; *Freund*, Innenrecht und Außenrecht, 1984, S. 292

widerspreche der Rechtsordnung nur punktuell.[942] Die Abweichung im Einzelfall lasse die generelle Geltung der höherrangigen Norm, gegen die verstoßen wird, unberührt. Anders sehe das bei einem rechtswidrigen Rechtssatz aus. Bei einer abstrakt-generellen Regelungsweise komme es zu einer unbestimmten und unbeschränkten Vielzahl von Normverstößen.[943] Das Nichtigkeitsdogma sei der Mechanismus, mit dessen Hilfe gewissermaßen eine „Selbstreinigung" der Rechtsordnung erreicht werde, indem die Rechtswidrigkeit der inkriminierten Norm ihre Unwirksamkeit ipso iure nach sich ziehe.[944]

Damit ist jedoch eine zwingende Logik des Nichtigkeitsdogmas nicht dargetan. Die scheinbare Logik der Fehlerfolge Nichtigkeit beruht darauf, dass nicht genau zwischen der Rechtswidrigkeit als Tatbestand eines Rechtsverstoßes und der Nichtigkeit als seiner Rechtsfolge differenziert wird.[945] Schon dadurch, dass die Rechtsordnung bei einer Normenkollision die schwächere Norm als rechtswidrig und die stärkere als rechtmäßig qualifiziert, kommt es nicht zu einem unterschiedslosen Nebeneinander konfligierender Rechtsnormen. Mehr als die Feststellung, dass eine Norm höherrangiges Recht verletzt, erfordert auch der Gedanke der Unverbrüchlichkeit der Verfassung nicht.[946]

Die Rangordnung des Rechts verlangt ein Fehlerfolgensystem, dass geeignet sein muss, den vorrangigen Inhalten höherrangiger Rechtssätze zur effektiven Durchsetzung zu verhelfen.[947] Eine effektive Durchsetzung des höherrangigen Rechts ist aber z.B. ebenso gut durch Vernichtung wie durch die Nichtigkeit des niederrangigen Rechts möglich.[948]

Schließlich könnte die Nichtigkeitsfolge den Derogationssätzen, mit deren Hilfe schon die Rechtswidrigkeit des betreffenden Rechtssatzes bestimmt wird, immanent sein.[949]

Das „Brechen" einer Vorschrift kann jedoch je etwas Verschiedenes bedeuten, zur Behebung von Normenkollisionen gibt es verschiedene Rechtstechniken.[950] Dies

942 *Arndt*, DÖV 1959, 81 (82); *Ipsen*, Rechtsfolgen der Verfassungswidrigkeit von Norm und Einzelakt, 1980, S. 192; *Freund*, Innenrecht und Außenrecht, 1984, S. 293; *Diekötter*, Die Auswirkung von Verfahrensfehlern, 1997, 91f.

943 *Ipsen*, Rechtsfolgen der Verfassungswidrigkeit von Norm und Einzelakt, 1980, S. 192

944 *Papier*, Der verfahrensfehlerhafte Staatsakt, 1973, S. 27

945 *Schnelle*, Eine Fehlerfolgenlehre für Rechtsverordnungen, 2007, S. 123; *C. Böckenförde*, Die sog. Nichtigkeit verfassungswidriger Gesetze, 1966, S. 22; *Ossenbühl*, DV 1969, 393 (398f.)

946 *Schnelle*, Eine Fehlerfolgenlehre für Rechtsverordnungen, 2007, S. 122; *Moench*, Verfassungswidriges Gesetz und Normenkontrolle, 1977, S. 142f.

947 *Schnelle*, Eine Fehlerfolgenlehre für Rechtsverordnungen, 2007, S. 122

948 *Schnelle*, Eine Fehlerfolgenlehre für Rechtsverordnungen, 2007, S. 122f.; *Graßhof*, Die Vollstreckung von Normenkontrollentscheidungen, 2003, S. 74; *C. Böckenförde*, Die sog. Nichtigkeit verfassungswidriger Gesetze, 1966, S. 25; *Papier*, Der verfahrensfehlerhafte Staatsakt, 1973, S. 27; *Ossenbühl*, DV 1969, 393 (399)

949 *Schnelle*, Eine Fehlerfolgenlehre für Rechtsverordnungen, 2007, S. 124

950 *M. Breuer*, DVBl 2008, 555 (556)

zeigt sich an der Derogation nach der lex-specialis-Regel. Durch sie wird die allgemeinere Norm nicht etwa außer Kraft gesetzt, sondern nur außer Anwendung gelassen.[951] Gleiches gilt für den Fall der Europarechtswidrigkeit von Normen.[952]

Nur wenn man nicht zwischen Tatbestand und Rechtsfolgen der Rechtswidrigkeit unterscheidet, muss man bei Anwendung der Derogationssätze zur Nichtigkeit des derogierten Rechtssatzes gelangen. Richtigerweise dienen die „beiden Hauptsätze der Normderogation"[953] jedoch allein dazu, ein Urteil über die Rechtswidrigkeit bzw. Rechtmäßigkeit einer Norm zu erlauben. Eigene Rechtsfolgeanordnungen treffen sie nicht.

Mithin leidet der Schluss von der Einheit der Rechtsordnung auf die Nichtigkeit rechtswidriger Normen an einer Argumentationslücke. Das Nichtigkeitsdogma muss für eine Rechtsordnung nicht zwangsläufig gelten, um ihre Unverbrüchlichkeit zu gewährleisten.

b) Geltungszusammenhang

Eine andere rechtstheoretische Strömung beruft sich für die Begründung des Nichtigkeitsdogmas auf die Lehre vom Stufenbau der Rechtsordnung. Es wird angenommen, dass zwischen den Normen einer Rechtsordnung ein Geltungszusammenhang in der Weise bestehe, dass die Geltung jeder Norm auf der Geltungsanordnung einer anderen Norm beruhe.[954] Eine Norm trete daher überhaupt nur dann in Geltung bzw. werde wirksam, wenn sie sämtliche Voraussetzungen erfülle, die die Geltung verleihende übergeordnete Norm bestimme; demnach könne ein rechtswidriger Rechtssatz niemals wirksam werden; er sei von Anfang an nichtig.[955] Er verdiene nicht einmal die Bezeichnung als Rechtssatz.[956]

Diese extreme Auffassung entspricht nicht uneingeschränkt der herrschenden Meinung der heutigen Rechtslehre. Zwar wird einerseits gesagt, ein Gesetz erlange keine Geltung, wenn es nicht verfassungsmäßig zu Stande gekommen sei.[957] Andererseits wird doch von der (rechtlichen) Existenz verfassungswidriger Gesetze aus-

951 *Schnelle*, Eine Fehlerfolgenlehre für Rechtsverordnungen, 2007, S. 124; *Baumeister*, Das Rechtswidrigwerden von Normen, 1996, S. 273; *M. Breuer*, DVBl 2008, 555 (556)

952 *Detterbeck*, Jura 2002, 235 (236)

953 *Heckmann*, Geltungskraft und Geltungsverlust von Rechtsnormen, 1997, S. 161

954 *Kelsen*, Reine Rechtslehre, 1960, S. 196; *Engisch*, Die Einheit der Rechtsordnung, 1935, S. 11

955 *Arndt*, DÖV 1959, 81 (84); *Ipsen*, Rechtsfolgen der Verfassungswidrigkeit von Norm und Einzelakt, 1980, S. 37; *Moench*, Verfassungswidriges Gesetz, 1977, S. 99; *Graßhof*, Die Vollstreckung von Normenkontrollentscheidungen, 2003, S. 75; *Schilling*, Rang und Geltung von Normen, 1994, S. 557

956 *Arndt*, DÖV 1959, 81 (84)

957 *Schilling*, Rang und Geltung von Normen, 1994, S. 557; *Ipsen*, Rechtsfolgen der Verfassungswidrigkeit von Norm und Einzelakt, 1980, S. 73f.

gegangen, die allerdings ex tunc nichtig seien.[958] Die Wechselbezüglichkeit der verfassungsgemäßen Setzung als Geltungskriterium und der These von der ipsoiure-Nichtigkeit wird dabei oft nicht genau in den Blick genommen.[959]

Wie ganz zu Anfang dargelegt (1. Teil § 2 B II) wird hier die Geltung als konstitutive Eigenschaft von Rechtssätzen verstanden, die sich aus der Zugehörigkeit einer Norm zur Rechtsordnung ergibt. Auch ein nichtiger Rechtssatz bleibt jedoch Teil der Rechtsordnung, wie sich schon daran zeigt, dass die Rechtsordnung gerade für die Nichtigkeit von Rechtsakten weitere Rechtsfolgen vorsieht. Nichtigkeit und Nicht-Geltung treten daher nicht in unmittelbare Korrelation.[960] Der Schluss vom Einem auf das jeweils Andere kann nicht ohne weiteres gezogen werden.

Damit erweist sich die Geltung des Nichtigkeitsdogmas zumindest nicht als rechtstheoretisch zwingend.[961] Es könnte jedoch fest in der bestehenden Rechtsordnung verankert sein. Dies ist im folgenden Kapitel zu untersuchen.

2. Allgemeine rechtsdogmatische Analyse

Schnelle[962] hat sich detailliert mit einer Analyse der dogmatischen Hintergründe des Nichtigkeitsdogmas befasst. Auf seine Darstellung wird im Folgenden zurückgegriffen.

Von den Anhängern des Nichtigkeitsdogmas wird zuallererst ein historisches Argument angeführt. Das Nichtigkeitsdogma wird als in der Tradition der deutschen Rechtsordnung verankert angesehen, da es schon im Frühkonstitutionalismus entstanden sei und auch unter der Weimarer Republik uneingeschränkt gegolten habe.[963] Dem kann jedoch entgegengehalten werden, dass die Rechtsordnung des Grundgesetzes einzigartig ist und eine eigene Entwicklung mitgemacht hat.[964] Das Nichtigkeitsdogma ist auch nicht in jeder Beziehung unverrückbar. So ist man erst später von der Nichtigkeit rechtswidriger Einzelakte abgegangen und auf das Vernichtbarkeitsmodell ausgewichen.[965] Erst nachdem die Rechtspraxis diese Wende

958 *Ipsen*, Rechtsfolgen der Verfassungswidrigkeit von Norm und Einzelakt, 1980, S. 74

959 *Heckmann*, Geltungskraft und Geltungsverlust von Rechtsnormen, 1977, S. 47

960 *Freund*, Innenrecht und Außenrecht, 1984, S. 301

961 *C. Böckenförde*, Die sog. Nichtigkeit verfassungswidriger Gesetze, 1966, S. 42f.; *Schnelle*, Eine Fehlerfolgenlehre für Rechtsverordnungen, 2007, S. 136; *Moench*, Verfassungswidriges Gesetz und Normenkontrolle, 1977, S. 116; *Ossenbühl*, DV 1969, 393 (399 Fn. 11)

962 Eine Fehlerfolgenlehre für Rechtsverordnungen, 2007, S. 98-120

963 *Ipsen*, Rechtsfolgen der Verfassungswidrigkeit von Norm und Einzelakt, 1980, S. 24ff.; *Schnelle*, Eine Fehlerfolgenlehre für Rechtsverordnungen, 2007, S. 98; *Graßhof*, Die Vollstreckung von Normenkontrollentscheidungen, 2003, S. 83

964 *Schnelle*, Eine Fehlerfolgenlehre für Rechtsverordnungen, 2007, S. 98

965 *Schnelle*, Eine Fehlerfolgenlehre für Rechtsverordnungen, 2007, S. 98; *Graßhof*, Die Vollstreckung von Normenkontrollentscheidungen, 2003, S. 81; *Käß*, Inhalt und Grenzen des Grundsatzes der Planerhaltung, 2002, S. 33

vollzogen hatte, ist sie vom Gesetzgeber im VwVfG positiviert worden. Das zeigt, dass das Nichtigkeitsdogma zwar auf eine lange Tradition zurückblicken kann, aber keinesfalls ohne Alternativen dasteht.

Andere gehen davon aus, dass das Nichtigkeitsdogma in einem untrennbaren Zusammenhang mit der richterlichen Prüfungskompetenz von Normen stehe.[966] Deren Nichtigkeit, d.h. ihr Unvermögen, den Richter zu binden, sei die Voraussetzung dafür, dass Normen vor ihrer Anwendung auf Rechtsverstöße hin überprüft würden.[967] Hier werden jedoch wiederum Tatbestand und Rechtsfolgen der Rechtswidrigkeit vermengt. Das gerichtliche Prüfungsrecht ist ein Problem des richterlichen Kompetenzkreises.[968] Dessen Umfang ist allein davon abhängig, welche Befugnisse der dritten Gewalt im Rahmen der Rechtsordnung des Grundgesetzes zugewiesen sind. Es ist durchaus möglich, die Verwerfungskompetenz losgelöst von der Rechtsfolge der Nichtigkeit zu bestimmen.[969] Dies zeigt sich nicht zuletzt einmal mehr an den Prinzipien des EG-Rechts: Europarechtswidrige Normen sind bekanntlich nicht nichtig, sondern werden lediglich im Rahmen des Anwendungsvorranges soweit außer Acht gelassen, wie sie im Einzelfall nicht den eg-rechtlichen Anforderungen entsprechen. Gleichzeitig ist jedoch – trotz weiterbestehender Gültigkeit der nationalen Regelung – jede Behörde und jedes Gericht nicht nur berechtigt, sondern sogar verpflichtet, die Vereinbarkeit nationaler Bestimmungen mit dem EG-Recht zu überprüfen und das nationale Recht gegebenenfalls unangewendet zu lassen.[970]

Außerdem laufen nach herrschender Rechtslehre Nichtigkeit und Verwerfungsbefugnis ohnehin nicht in allen Fällen parallel. So ist es umstritten, ob Verwaltungsstellen fremde, d.h. von einer anderen Stelle erlassene, rechtswidrige Rechtsnomen unbeachtet lassen dürfen. Eine Behörde, der keine Verwerfungskompetenz zukommt, muss womöglich auch eine nichtige Norm weiter anwenden.[971]

Zu überlegen ist weiter, ob das Grundgesetz die Nichtigkeit fehlerhafter Rechtsnormen womöglich zwingend vorsieht.

966 *Schnelle*, Eine Fehlerfolgenlehre für Rechtsverordnungen, 2007, S. 99; *Trips*, Das Verfahren der exekutiven Rechtsetzung, 2005, S. 246; *Schlaich/Korioth*, BVerfG, 7. Aufl. 2007, Rn. 379

967 *Ipsen*, Rechtsfolgen der Verfassungswidrigkeit von Norm und Einzelakt, 1980, S. 23f.; *Schnelle*, Eine Fehlerfolgenlehre für Rechtsverordnungen, 2007, S. 99; *Moench*, Verfassungswidriges Gesetz, 1977, S. 179

968 *Schnelle*, Eine Fehlerfolgenlehre für Rechtsverordnungen, 2007, S. 99; *Moench*, Verfassungswidriges Gesetz, 1977, S. 179

969 *Schnelle*, Eine Fehlerfolgenlehre für Rechtsverordnungen, 2007, S. 100f.; *Graßhof*, Die Vollstreckung von Normenkontrollentscheidungen, 2003, S. 81; und für den umgekehrten Fall: *Wehr*, Inzidente Normverwerfung, 1998, S. 108

970 *Schnelle*, Eine Fehlerfolgenlehre für Rechtsverordnungen, 2007, S. 101; *M. Breuer*, DVBl 2008, 555 (557)

971 *Gril*, JuS 2000, 1080 (1081)

Dafür angeführt wird etwa Art. 123 I GG.[972] Die ausdrückliche Geltungsbeendigung vorkonstitutionellen Rechts, das mit dem Grundgesetz unvereinbar sei, sei Ausdruck eines allgemeinen Rechtsgrundsatzes. Art. 123 I GG zeige, dass die Nichtigkeit fehlerhafter Normen ipso iure möglich und vom Grundgesetz so vorgesehen sei.[973] Mit gleicher Berechtigung kann man Art. 123 I GG jedoch auch als Ausnahmeregelung deuten.[974] Der Wortlaut gibt nichts dafür her, ob verfassungswidrige vorkonstitutionelle Normen hinsichtlich der angeordneten Nichtigkeitsfolge einen Sonderfall darstellen sollen oder gerade nicht.[975]

Ein ähnliches Bild ergibt sich bei Art. 100 I 1 GG. Einerseits wird der Wortlaut der Norm hervorgehoben: Wenn es für die Vorlage zum Bundesverfassungsgericht auf die „Gültigkeit" eines Gesetzes ankomme, müsse dies bedeuten, dass verfassungswidrige Gesetze aus der Sicht des Grundgesetzes ungültig, d.h. nichtig seien.[976] Art. 100 I 1 GG lege also die Nichtigkeit als Folge eine Verfassungsverstoßes fest.[977] Andererseits ist zu beachten, dass die Gerichte zur Vorlage verfassungswidriger Gesetze gezwungen werden. Was zur Vorlage zwinge, das binde zumindest vorläufig; jede Bindungswirkung setze jedoch die Zugehörigkeit zur Rechtsordnung voraus.[978] Art. 100 I 1 GG widerspreche also gerade dem Nichtigkeitsdogma, da nicht erklärt werden könne, wie etwas ipso iure Unwirksames eine Bindungswirkung entfalten könne.[979] Insgesamt bleibt Art. 100 I 1 GG hinsichtlich der Geltung des Nichtigkeitsdogmas unschlüssig. Die Ableitung der Nichtigkeit fehlerhafter Rechtsnomen aus dem Wortlaut leidet daran, dass sie nicht auf einer lückenlosen Kette von Annahmen und Schlüssen beruht.[980] So kommt es für die Vorlagepflicht nicht auf die tatsächliche Gültigkeit der Norm an, sondern auf das hypothetische Ergebnis der Entscheidung.[981] Im Ergebnis verlangt Art. 100 I 1 GG daher Entscheidungserheblichkeit und sagt nichts über eine ipso iure eintretende Nichtigkeit.[982] Inhaltlich nimmt Art. 100 I 1 GG lediglich zur Entscheidungskompetenz hinsichtlich

972 *Schnelle*, Eine Fehlerfolgenlehre für Rechtsverordnungen, 2007, S. 102; *M. Breuer*, DVBl 2008, 555 (556)

973 *Schnelle*, Eine Fehlerfolgenlehre für Rechtsverordnungen, 2007, S. 102; *M. Breuer*, DVBl 2008, 555 (556)

974 *Graßhof*, Die Vollstreckung von Normenkontrollentscheidungen, 2003, S. 82f.

975 *Schnelle*, Eine Fehlerfolgenlehre für Rechtsverordnungen, 2007, S. 102f.

976 *Arndt*, DÖV 1959, 81 (83); *Ipsen*, Rechtsfolgen der Verfassungswidrigkeit von Norm und Einzelakt, 1980, S. 165f.; *Schnelle*, Eine Fehlerfolgenlehre für Rechtsverordnungen, 2007, S. 104; *Moench*, Verfassungswidriges Gesetz, 1977, S. 98; *Schlaich/Korioth*, BVerfG, 7. Aufl. 2007, Rn. 379

977 *Ipsen*, Rechtsfolgen der Verfassungswidrigkeit von Norm und Einzelakt, 1980, S. 166; *Arndt*, DÖV 1959, 81 (83); *Schnelle*, Eine Fehlerfolgenlehre für Rechtsverordnungen, 2007, S. 104; *Schlaich/Korioth*, BVerfG, 7. Aufl. 2007, Rn. 379

978 *Schnelle*, Eine Fehlerfolgenlehre für Rechtsverordnungen, 2007, S. 105

979 *Schnelle*, Eine Fehlerfolgenlehre für Rechtsverordnungen, 2007, S. 105

980 *Schnelle*, Eine Fehlerfolgenlehre für Rechtsverordnungen, 2007, S. 106; *C. Böckenförde*, Die sog. Nichtigkeit verfassungswidriger Gesetze, 1966, S. 61

981 *Schnelle*, Eine Fehlerfolgenlehre für Rechtsverordnungen, 2007, S. 106

982 *Schnelle*, Eine Fehlerfolgenlehre für Rechtsverordnungen, 2007, S. 106; *Moench*, Verfassungswidriges Gesetz, 1977, S. 121f.

der Rechtsfolgen fehlerhafter Normen Stellung.[983] Wie schon mehrfach betont wird die Frage der Verwerfungskompetenz jedoch unabhängig von einer ipso iure eintretenden Fehlerfolge beantwortet. Für die Geltung des Nichtigkeitsdogmas lässt sich daher aus Art. 100 I 1 GG nichts entnehmen.

Gleiches gilt für das in Art. 1 III, 20 III GG angeordnete Vorrangprinzip. Der Vorrang von Normen setzt den Maßstab für das Rechtswidrigkeitsurteil bei Normenkollisionen. Daraus lässt sich die zwingende Nichtigkeitsfolge jedoch nur herleiten, wenn man nicht zwischen Tatbestand und Rechtsfolge des Rechtsverstoßes differenziert.[984]

Erst recht kann Art. 19 IV GG nicht für die Geltung des Nichtigkeitsdogmas herangezogen werden. Art. 19 IV GG garantiert die wirksame Durchsetzung von Rechtsfolgen und ordnet sie nicht selbst an.[985]

Aus den Bestimmungen des Grundgesetzes lässt sich daher eine zwingende Festlegung der Nichtigkeit fehlerhafter Normen nicht ableiten.[986]

Auch den Normen des einfachen Gesetzesrechts, namentlich des BVerfGG, der VwGO und der §§ 214ff. BauGB, kann eine eindeutige Aussage über die Geltung des Nichtigkeitsdogmas nicht entnommen werden.[987] Allerdings zeichnet sich die Tendenz des Gesetzgebers ab, von einer strikten Rechtsfolge Nichtigkeit abzusehen und Raum zu schaffen für flexible Fehlerfolgenlösungen.[988]

Gleiches gilt für die Rechtsprechung, insbesondere des Bundesverfassungsgerichts, die sich nicht auf eine einheitlich strenge Durchhaltung des Nichtigkeitsdogmas festlegen lässt.[989] Zwar wird grundsätzlich am Nichtigkeitsdogma festgehalten, wenn es in der Urteilsformel heißt, eine Norm sei „mit dem Grundgesetz unvereinbar und (daher) nichtig“[990].

Im Gegensatz zu diesen klassischen Entscheidungen hat das Bundesverfassungsgericht jedoch die sog. Unvereinbarerklärung[991] als Tenorierungsform entwickelt.

983 *Schnelle*, Eine Fehlerfolgenlehre für Rechtsverordnungen, 2007, S. 106; *Graßhof*, Die Vollstreckung von Normenkontrollentscheidungen, 2003, S. 81

984 *Schnelle*, Eine Fehlerfolgenlehre für Rechtsverordnungen, 2007, S. 106; *C. Böckenförde*, Die sog. Nichtigkeit verfassungswidriger Gesetze, 1966, S. 55f.; *M. Breuer*, DVBl 2008, 555 (556)

985 *Schnelle*, Eine Fehlerfolgenlehre für Rechtsverordnungen, 2007, S. 107

986 *Schnelle*, Eine Fehlerfolgenlehre für Rechtsverordnungen, 2007, S. 107; *Ossenbühl*, NJW 1986, 2805 (2807)

987 *Schnelle*, Eine Fehlerfolgenlehre für Rechtsverordnungen, 2007, S. 118

988 *Schnelle*, Eine Fehlerfolgenlehre für Rechtsverordnungen, 2007, S. 120

989 *Schnelle*, Eine Fehlerfolgenlehre für Rechtsverordnungen, 2007, S. 120; *Moench*, Verfassungswidriges Gesetz und Normenkontrolle, 1977, S. 88f.

990 Z.B. BVerfGE 61, 149 (151); 65, 1 (3); 67, 290 (291); 68, 384 (385); 101, 54 (55)

991 So die Bezeichnung bei *Schlaich/Korioth*, BVerfG, 7. Aufl. 2007, Rn. 401; *Ipsen*, Rechtsfolgen der Verfassungswidrigkeit von Norm und Einzelakt, 1980, S. 95ff. spricht demgegenüber von „Verfassungswidrigerklärung“ - Der Terminus „Unvereinbarerklärung“ entspricht jedoch deutlicher der geläufigen Tenorierungspraxis des BVerfG.

Dabei stellt das Gericht lediglich die Verfassungswidrigkeit einer Norm fest, ohne sie anschließend für nichtig zu erklären.[992]

Entstanden ist die Entscheidungspraxis für die Fallgruppe des gleichheitswidrigen Begünstigungsausschlusses. Das Bundesverfassungsgericht kann eine solche gesetzliche Regelung nicht einfach für nichtig erklären, „weil es damit in die dem Gesetzgeber vorbehaltene Gestaltungsfreiheit eingreifen würde. Wenn eine gesetzliche Regelung [...] unter Verstoß gegen Art. 3 GG eine Personengruppe benachteiligt, so kann das Bundesverfassungsgericht grundsätzlich die Gleichheit nicht dadurch herstellen, dass es selbst diese Gruppe in die begünstigende Regelung einbezieht. Dies ist nur ausnahmsweise zulässig, wenn mit Sicherheit angenommen werden kann, der Gesetzgeber würde – hätte er den Verfassungsverstoß erkannt – die Regelung auf alle zu berücksichtigenden Gruppen erstreckt haben, oder wenn es verfassungsrechtlich geboten ist, den Verstoß gerade auf diese Weise zu beseitigen."[993] Auf die Nichtigerklärung wird außerdem in Fällen verzichtet, in denen „die Nichtigerklärung dem Gesetzgeber vorgreifen würde oder wenn die Nichtigerklärung zu einem der Verfassung noch weniger entsprechenden Zustand führen würde"[994].

Grundsätzlich soll eine Unvereinbarerklärung die gleichen Folgen haben wie eine Nichtigerklärung.[995] Im Rahmen der zu verhängenden sog. Anwendungssperre wird die für unvereinbar erklärte Norm nicht weiter angewendet, fachgerichtliche Verfahren müssen ausgesetzt werden.[996] Ausnahmsweise kann für die Übergangszeit bis zur gesetzlichen Neuregelung jedoch die (u.U. modifizierte) Fortgeltung der Norm angeordnet werden.[997]

Diese Möglichkeit der vorläufigen Weiteranwendung der mit dem Grundgesetz unvereinbaren Norm macht die Besonderheit der Unvereinbarerklärung aus.[998] Sie lässt im Ausnahmefall den Bestand des (verfassungswidrigen) Gesetzes unberührt.[999] Dies widerspricht jedoch dem Nichtigkeitsdogma in eklatanter Weise, soll doch die Nichtigkeit gerade unabhängig von ihrer Feststellung ipso iure, d.h. automatisch eintreten.[1000]

Mithin folgt die Rechtsprechung des Bundesverfassungsgerichts – auch wenn die Geltung des Nichtigkeitsdogmas immer wieder betont wird – diesem gerade nicht.

992 *Schlaich/Korioth*, BVerfG, 7. Aufl. 2007, Rn. 402; *Moench*, Verfassungswidriges Gesetz und Normenkontrolle, 1977, S. 38; *Graßhof* in: Umbach/Clemens/Dollinger, BVerfGG, 2. Aufl. 2005 § 78 Rn. 32f.

993 BVerfGE 37, 217 (260); 22, 349 (361f.)

994 BVerfGE 84, 9 (20)

995 BVerfGE 37, 217 (261); 55, 100 (110); 61, 319 (356)

996 BVerfGE 22, 349 (363); 37, 217 (261); 55, 100 (110); 61, 319 (356); 73, 40 (101); 84, 9 (21); *Schlaich/Korioth*, BVerfG, 7. Aufl. 2007, Rn. 413

997 BVerfGE 61, 319 (356); 73, 40 (101f.); 111, 191 (224)

998 *Schlaich/Korioth*, BVerfG, 7. Aufl. 2007, Rn. 403

999 *Schlaich/Korioth*, BVerfG, 7. Aufl. 2007, Rn. 403, 424

1000 So auch: *Achterberg*, VerwArch 72 (1981), 163 (183)

Damit ist festzuhalten, dass für eine zwingende Geltung des Nichtigkeitsdogmas nichts gefunden werden konnte.

II. Autoritative Geltungsbeendigung

Einen Gegenentwurf zum Nichtigkeitsdogma liefert *Heckmanns* „Theorie der autoritativen Geltungsbeendigung".[1001] Rechtswidrige Normen verlieren ihre Geltung danach nicht allein von Rechts wegen, sondern sind nur durch konstitutive Geltungsbeendigungsentscheidungen dazu autorisierter Stellen vernichtbar.[1002]

1. Darstellung der Ansicht

Einer konstitutiven Geltungsbeendigungsentscheidung bedarf es nach Heckmann, weil auch rechtswidrigen Rechtssätzen (normative) Geltung zukommt.[1003] Denn für sie spricht eine widerlegliche Geltungsvermutung.[1004]

Für Gesetze liegt der Grund dieser interimistischen Geltung darin, dass das Grundgesetz in Art. 82 I GG das Inkrafttreten eines Gesetzes nur von der ordnungsgemäßen Ausfertigung und Verkündung abhängig macht, die prinzipielle Verbindlichkeit dieses Gesetzes in Art. 20 III GG anordnet und Einwände gegen seine Verfassungsmäßigkeit in Rechtsschutzverfahren (Art. 19 IV; 93 I Nr. 2, 4a; 100 I GG) kanalisiert. Mit einem Geltungsverlust ipso iure rechtswidriger Rechtssätze lässt sich aber eine monopolisierte Verwerfungskompetenz schwerlich vereinbaren: Nachdem man dem Rechtsanwender die Prüfung der Normgeltung nicht absprechen kann, weil er andernfalls nicht zwischen den für ihn potentiell verbindlichen konfligierenden Normen wählen könnte, wäre es widersinnig, ihn die Konsequenzen aus seiner richtigen Feststellung nicht ziehen zu lassen.[1005]

Die Geltungsvermutung gilt nicht nur für Gesetze, sondern ergibt sich aus einem allgemeinen Geltungsschema für Rechtsnormen, in dem zwischen positiven (formalen) und negativen (materiellen) Geltungsbedingungen unterschieden wird: Die Verkündung einer Rechtsnorm verschafft dieser Geltung, wenn sie in einem erkennbar formal ordnungsgemäßen Verfahren gesetzt wurde, und solange nicht in gesetzlich vorgeschriebener Weise festgestellt wurde, dass die Rechtsnorm mit höherran-

1001 So der Untertitel seiner Habilitationsschrift Geltungskraft und Geltungsverlust von Rechtsnormen, 1997

1002 *Heckmann*, Geltungskraft und Geltungsverlust von Rechtsnormen, 1997, S. 117

1003 *Heckmann*, Geltungskraft und Geltungsverlust von Rechtsnormen, 1997, S. 102f.; *Maunz*, BayVBl 1980, 513 (517) erkennt ebenfalls an, „dass gewisse Wirkungen eines nichtigen Gesetzes von Anfang an unvermeidbar sind".

1004 *Heckmann*, Geltungskraft und Geltungsverlust von Rechtsnormen, 1997, S. 73f.; zur Vermutung der Verfassungsmäßigkeit förmlicher Gesetze: *Ossenbühl*, DV 1969, 393 (402ff.)

1005 *Heckmann*, Geltungskraft und Geltungsverlust von Rechtsnormen, 1997, S. 57 Fn. 57

gigem Recht unvereinbar (geworden) ist; die Norm verliert ihre Geltung nur, wenn sie – weil politisch unerwünscht oder rechtswidrig – förmlich außer Kraft gesetzt wird.[1006] Positive Geltungsbedingungen sind diejenigen, ohne deren Vorliegen die Rechtsnorm keine Geltung erlangt.[1007] Das ist bei Gesetzen, Rechtsverordnungen und Satzungen in der Hauptsache die ordnungsgemäße Verkündung der Norm.[1008] Solche Bedingungen sind von jedermann leicht feststellbar, weil sie wegen ihrer Formalisierung praktisch zweifelsfrei sind.[1009] Sämtliche Rechtsfehler, seien es Verfahrensfehler oder materielle Verstöße gegen höherrangiges Recht, sind als negative Geltungsbedingungen formuliert.[1010] Weil ihr Vorliegen nicht für jedermann eindeutig und einsichtig ist, muss es in einem förmlichen Verfahren autoritativ festgestellt werden.[1011] Die Feststellung der negativen Geltungsbedingungen führt konstitutiv zum Geltungsverlust der Norm, der je nach Formulierung der Geltungsbeendigungsentscheidung ex tunc oder ex nunc, vielleicht auch pro futuro eintritt.[1012]

Die Geltungsvermutung bezieht sich auf alle Merkmale des Geltungsbegriffs: Die formal korrekte Bekanntmachung des Normtextes begründet die Vermutung eines ordnungsgemäßen Normsetzungsverfahrens. Daran schließt sich die Vermutung der inhaltlichen Richtigkeit an. Was wiederum auch die faktische Wirksamkeit sowie die erforderliche Konvergenz zwischen Rechtsidee und Rechtswirklichkeit vermuten lässt.[1013] Die Vermutung wird nicht dadurch in Frage gestellt, dass es Normen geben mag, die evident rechtswidrig sind. Gerade die Offensichtlichkeit der Fehlerhaftigkeit würde ein formelles Geltungsbeendigungsverfahren umso schneller zum Zuge kommen lassen.[1014] Die Rechtswirkungen solcher Rechtssätze wären besonders leicht zu suspendieren.[1015]

Die Theorie der autoritativen Normgeltungsbeendigung lässt sich besser mit der herrschenden Praxis in der Rechtswissenschaft vereinbaren und trägt der Souveränität des Normgebers angemessen Rechnung, wohingegen das Nichtigkeitsdogma die Kompetenzabgrenzung zwischen Normsetzer und Normanwender verschleiert.[1016]

Wegen der Mehrdeutigkeit rechtlicher Erkenntnisse, die sich besonders bei der Prüfung von Normkonflikten zeigt, kann es ein eindeutiges Nichtigkeitsurteil nicht

1006 *Heckmann*, Geltungskraft und Geltungsverlust von Rechtsnormen, 1997, S. 77
1007 *Heckmann*, Geltungskraft und Geltungsverlust von Rechtsnormen, 1997, S. 77; diese positiven Geltungsbedingungen wurden oben (1. Teil § 5) unter dem Begriff der Entstehungsbedingungen untersucht.
1008 *Heckmann*, Geltungskraft und Geltungsverlust von Rechtsnormen, 1997, S. 77, 132ff.; vgl. auch *Ossenbühl*, Verwaltungsvorschriften und GG, 1968, S. 308 sowie DV 1969, 393 (408f.)
1009 *Heckmann*, Geltungskraft und Geltungsverlust von Rechtsnormen, 1997, S. 77
1010 *Heckmann*, Geltungskraft und Geltungsverlust von Rechtsnormen, 1997, S. 77f.
1011 *Heckmann*, Geltungskraft und Geltungsverlust von Rechtsnormen, 1997, S. 78
1012 *Heckmann*, Geltungskraft und Geltungsverlust von Rechtsnormen, 1997, S. 78
1013 *Heckmann*, Geltungskraft und Geltungsverlust von Rechtsnormen, 1997, S. 76 Fn. 159
1014 *Heckmann*, Geltungskraft und Geltungsverlust von Rechtsnormen, 1997, S. 76
1015 *Heckmann*, Geltungskraft und Geltungsverlust von Rechtsnormen, 1997, S. 76
1016 *Heckmann*, Geltungskraft und Geltungsverlust von Rechtsnormen, 1997, S. 492

geben.[1017] Die Rechtmäßigkeit bzw. Rechtswidrigkeit bezeichnet ein Urteil, das sich erst aus der Prüfung und Bewertung eines Rechtsaktes an Hand ausgewählter Kriterien ergibt.[1018] Eine solche Urteilsfindung ist keine naturwissenschaftlich präzise Deduktion, sondern unabhängig von der zu Grunde gelegten Methode stets ein Stück rechtsschöpferisch.[1019] So mag das Rechtmäßigkeits- bzw. Rechtswidrigkeitsurteil konsensfähig sein, es wird jedoch nie unbezweifelbar erfolgen.[1020]

Mit dem Normerlass stellt der Normgeber, der jedenfalls im demokratischen Rechtsstaat nicht zum vorsätzlichen Verfassungsbruch schreiten wird und daher selbst den Anspruch erhebt, eine rechtmäßige Norm zu erlassen, eine Geltungsbehauptung für die Norm auf.[1021] Es gibt daher in Wahrheit keine rechtswidrigen Rechtssätze an sich, sondern nur Rechtsnormen, von denen ein Teil der Rechtsgemeinschaft behauptet, sie seien rechtmäßig (insbesondere der Normgeber selbst) und ein anderer Teil behauptet, sie seien rechtswidrig.[1022]

Durch die Geltungsvermutung wird gewährleistet, dass Zweifel an der Verbindlichkeit der Rechtsnorm in die öffentlichen Verfahren der Gerichte getragen werden.[1023] Damit wird auch einer „stillen Erosion der Normgeltung" durch individuelle, nichtöffentliche Geltungsverhandlungen zwischen Bürgern und Behörden entgegengewirkt.[1024] Die Geltungsentscheidung, die den Streit zwischen den divergierenden Geltungsbehauptungen schlichtet, muss durch eine Instanz getroffen werden, der die Rechtsordnung die Autorität einräumt, konstitutiv-kassatorisch, konzentriert mit erga-omnes-Wirkung und konstruktiv unter Berücksichtigung differenzierender Rechtsfolgeanordnungen zu entscheiden: Das sind alleine die Normgeber kraft ihrer legitimen Souveränität und die Gerichte kraft ihrer rechtsstaatlichen Normenkontrollkompetenz.[1025]

Für den konkreten Rechtsanwendungsfall ist eine Normenkollision für die Zwischenzeit bis zur Geltungsentscheidung differenzierend nach Anwendungs- und Geltungsebene der Norm zu lösen.[1026]

Geltende Normen sind grundsätzlich verbindlich. Sie sind bei der Normanwendung zu beachten. Besteht allerdings zwischen verschiedenen einschlägigen Normen ein Konflikt und kann der Rechtsanwender nicht beide nebeneinander zum vollen Einsatz bringen, dann hat er eine mehrstufige Prüfung durchzuführen: Lässt sich der

1017 *Heckmann*, Geltungskraft und Geltungsverlust von Rechtsnormen, 1997, S. 482; so auch *Maunz*, BayVBl 1980, 513

1018 *Heckmann*, Geltungskraft und Geltungsverlust von Rechtsnormen, 1997, S. 58

1019 *Heckmann*, Geltungskraft und Geltungsverlust von Rechtsnormen, 1997, S. 482

1020 *Heckmann*, Geltungskraft und Geltungsverlust von Rechtsnormen, 1997, S. 58; ähnlich: *Ossenbühl*, DV 1969, 393 (404)

1021 *Heckmann*, Geltungskraft und Geltungsverlust von Rechtsnormen, 1997, S. 58f.

1022 *Heckmann*, Geltungskraft und Geltungsverlust von Rechtsnormen, 1997, S. 59

1023 *Heckmann*, Geltungskraft und Geltungsverlust von Rechtsnormen, 1997, S. 80

1024 *Heckmann*, Geltungskraft und Geltungsverlust von Rechtsnormen, 1997, S. 80

1025 *Heckmann*, Geltungskraft und Geltungsverlust von Rechtsnormen, 1997, S. 482

1026 *Heckmann*, Geltungskraft und Geltungsverlust von Rechtsnormen, 1997, S. 118

Normenkonflikt nicht schon auf der Auslegungsebene lösen, muss der Anwender feststellen, ob er selbst die Nichtanwendungskompetenz besitzt oder ob die Sache einem Normenkontrollgericht oder einer anderen Instanz vorzulegen ist (z.B. nach Art. 100 GG, Art. 234 III EGV).[1027] Ein solcher Geltungsbeendigungsvorrang nimmt dem Normanwender die Befugnis, eine eigene Anwendungsentscheidung zu treffen und zwingt zur Einleitung eines formellen Geltungsbeendigungsverfahrens. Ist ein Geltungsbeendigungsvorrang nicht gegeben, muss der Rechtsanwender den Normenkonflikt selbst entscheiden (inzidente Normenkontrolle). Dies geschieht nicht durch eine Außerkraftsetzung der nachrangigen Norm oder die Feststellung ihrer Nichtigkeit, vielmehr bleibt die nachrangige, aber weiterhin geltende Norm lediglich einfach unangewendet.[1028] Der Geltungsvorrang des höherrangigen Rechts ist nach diesem Modell ein Anwendungsvorrang mit oder ohne Geltungsbeendigung der rechtswidrigen Norm, je nachdem, ob die Nichtanwendung der rechtswidrigen Norm ihre vorherige Aufhebung (Geltungsbeendigungsvorrang) voraussetzt oder nicht (Inzidentverwerfung).[1029]

Mit der Theorie von der autoritativen Geltungsbeendigung besteht damit ein tragfähiger Gegenentwurf zum überkommenen Nichtigkeitsdogma. Die Annahme, rechtswidrige Rechtssätze seien ipso iure nichtig, entsprach einem früheren Rechtsschutzbedürfnis, im heutigen entwickelten „Rechtswegestaat" verschleiert sie hingegen – ohne fortbestehende Notwendigkeit – den Blick auf das bei der Rechtserzeugung und -vernichtung gegebene und zu beachtende Kompetenzgefüge.

2. Bedeutung für die Fehlerfolgenlehre

Auch wenn die Theorie der autoritativen Geltungsbeendigung im Ergebnis nicht zu einschneidenden Veränderungen gegenüber der bestehenden Rechtspraxis führt,[1030] werden doch einige Anpassungen im dogmatischen Verständnis notwendig. Das soll im Folgenden kurz angerissen werden.

a) Begriff der Nichtigkeit

Mit der Trennung von Geltungs- und Anwendungsebene bei Normen (oder insgesamt bei Rechtsakten) muss der Begriff der Nichtigkeit neu gefasst werden. Die Nichtigkeit bezieht sich richtigerweise allein auf die Anwendungsebene: Der Satz, ein nichtiger Rechtsakt ist unwirksam, bedeutet, dass der Akt (im Einzelfall) unanwendbar ist. Die Geltungsebene wird davon nur indirekt betroffen: Der Rechtsakt ist

1027 *Heckmann*, Geltungskraft und Geltungsverlust von Rechtsnormen, 1997, S. 118
1028 *Heckmann*, Geltungskraft und Geltungsverlust von Rechtsnormen, 1997, S. 118
1029 *Heckmann*, Geltungskraft und Geltungsverlust von Rechtsnormen, 1997, S. 60f.
1030 *Heckmann*, Geltungskraft und Geltungsverlust von Rechtsnormen, 1997, S. 492

bei (fort-)bestehender Geltung mit dem Makel behaftet, dass die dazu befugten Autoritäten zur Geltungsbeendigung verpflichtet sind.[1031] Nichtigkeit ist damit der höchste Grad der Vernichtbarkeit.[1032] Auf Seiten des Normgebers ist diese Verpflichtung technisch gesehen eine Obliegenheit: Im Gerichtsprozess wird der Normgeber nicht zur Aufhebung verpflichtet, sondern es ergeht ein kassatorisches Urteil.[1033]

Zu beachten ist, dass dann die Nichtigkeit einer Rechtsnorm nicht absolut ist, sondern ein subjektives und vorläufiges Urteil des Rechtsanwenders darstellt, der die Rechtsnorm für rechtswidrig hält.

Von der Nichtigkeit eines Rechtsaktes lässt sich ferner nur sprechen, wenn es für die betreffende Rechtslage keinen Geltungsbeendigungsvorrang gibt. Ein Rechtssatz, der unter Geltungsbeendigungsvorrang steht, d.h. bei dem die Rechtsordnung die Konfliktlösung nicht auf der Anwendungsebene belässt, sondern eine Geltungsentscheidung fordert,[1034] ist nicht nichtig, sondern lediglich vernichtbar.

So ist die Rechtslage bei Parlamentsgesetzen. Mit der Vorlagepflicht nach Art. 100 GG wird die Geltungsentscheidung allein dem Bundesverfassungsgericht zugewiesen.

b) Tenorierungspraxis

Wie oben gezeigt[1035] steht die vom Bundesverfassungsgericht entwickelte Unvereinbarerklärung von Gesetzen im Widerspruch zu der Aussage des Nichtigkeitsdogmas, dass rechtswidrige Normen ipso iure nichtig seien, d.h. keine Geltung erlangen können bzw. diese mit Eintritt der Rechtswidrigkeit automatisch verlieren. Mit der Trennung zwischen der Geltung einer Norm, die nur auf Grund einer autoritativen Geltungsbeendigungsentscheidung wieder beseitigt werden kann, und ihrer Anwendungsebene, wie sie auch in der oben angeführten Rechtsprechung des Bundesverfassungsgerichts anklingt, ist die Theorie der autoritativen Geltungsbeendigung hingegen in der Lage, das Phänomen der Unvereinbarerklärung auf eine dogmatisch fundierte Basis zu stellen.

Demnach stellt die Nichtigerklärung die grundsätzlich geforderte Geltungsbeendigungsentscheidung dar. Das Nichtigkeitsurteil beseitigt (konstitutiv) die Geltung der Norm. Bei der Unvereinbarerklärung wird hingegen eine Geltungsentscheidung vermieden. Das Gericht entscheidet allein über die Anwendung der Norm. Dies ist vor dem Hintergrund der grundsätzlich bestehenden Pflicht zur Geltungsbeendigung rechtswidriger Normen rechtfertigungsbedürftig. Erforderlich ist ein wichtiger Grund, der ausnahmsweise die Geltungsbeendigungskompetenz entfallen lässt. Ein

1031 *Heckmann*, Geltungskraft und Geltungsverlust von Rechtsnormen, 1997, S. 484
1032 *Kelsen*, Reine Rechtslehre, 1960, S. 282
1033 *Heckmann*, Geltungskraft und Geltungsverlust von Rechtsnormen, 1997, S. 484
1034 *Heckmann*, Geltungskraft und Geltungsverlust von Rechtsnormen, 1997, S. 60f. Fn. 72
1035 § 2 A I 2

solcher Grund ist entsprechend der Rechtsprechung des Bundesverfassungsgerichts darin zu sehen, dass im Fall rechtswidriger Normenrelationen wie beim gleichheitswidrigen Begünstigungsausschluss mit der bloßen Geltungsbeendigung der status quo ante nicht erreicht werden kann, sondern ein Tätigwerden des Gesetzgebers erforderlich ist, um die Rechtslage zu bereinigen, sowie weiter darin, dass die Geltungsbeendigung nur zu einem Zustand führen würde, der dem verfassungsrechtlich Gewollten noch ferner stünde.

Ist die Möglichkeit der Differenzierung zwischen Geltungs- und Anwendungsebene bei der Rechtsfolgenbetrachtung erkannt, kann den Erfordernissen des Einzelfalls mit Hilfe flexibler (Übergangs-)Lösungen Rechnung getragen werden, ohne dass der Gesichtspunkt der Rechtssicherheit zu kurz kommt.

3. Folgerungen für ein Geltungsschema von Verwaltungsvorschriften

Die Theorie der autoritativen Geltungsbeendigung wurde für Parlamentsgesetze entwickelt und ist in erster Linie auf diese zugeschnitten. Sie beruht jedoch auf Erkenntnissen, die ebenfalls für Verwaltungsvorschriften gelten. Im Folgenden soll zunächst skizzenhaft und vorläufig ein Geltungsschema für Verwaltungsvorschriften entworfen werden, dass jedoch der Überprüfung und gegebenenfalls der Anpassung an die Besonderheiten der sich zu der Handlungsform herausgebildeten Dogmatik bedarf.

a) Geltungsvermutung

Heckmann knüpft für die normative, aber möglicherweise interimistische Geltung von Gesetzen an eine einzige positive Geltungsbedingung, nämlich die ordnungsgemäße Verkündung, an, die zu einer nur durch eine autoritative Geltungsbeendigungsentscheidung erschütterbaren Geltungsvermutung führt. Es ist unmittelbar einleuchtend, dass eine als Bundesgesetz verkündete Norm jedenfalls den Anschein erweckt, gültig zu sein und dementsprechend von den Rechtsgenossen behandelt wird. Heckmann vollzieht mit seinem Geltungsschema also in dogmatischer Weise faktisch bestehende Umstände der Rechtspraxis nach.

Oben wurden die Entstehungsbedingungen von Verwaltungsvorschriften untersucht.[1036] Genannt wurden die generelle Zuständigkeit des Verwaltungsvorschriftengebers als Vorgesetzter für den Sachbereich sowie die Bekanntmachung. Anders als bei Gesetzen führen diese Entstehungsbedingungen nicht zu einem besonderen „Heraustreten" des Rechtsaktes an die Öffentlichkeit. Die Geltungsvermutung darf jedoch nicht etwa als ein Schutzinstrument für diejenigen verstanden werden, die auf

1036 1. Teil § 5

den staatlichen Rechtsakt und seinen Bestand vertrauen, sondern sie ist ein rechtstechnisches Instrument, um auch den misslungenen Rechtsakt, der jedoch eine hinreichende Ähnlichkeit mit einem „richtigen“ Rechtsakt aufweist, für die Rechtsordnung und ihre Mechanismen greifbar zu machen. Bei Verwaltungsvorschriften kann also nicht etwa mit dem Argument geringerer Dignität oder Außenwirkung auf die Geltungsvermutung verzichtet werden. Allein der Rechtscharakter bringt ein entsprechendes Geltungsschema mit sich. Die Erzeugung der Geltungsvermutung ist nicht eine Eigenschaft eines bestimmten Rechtsakttyps, sondern eine Eigenschaft der dem Rechtsakt Geltung verschaffenden Rechtsordnung.

b) Geltungsbeendigungsentscheidung

Um die Geltungsvermutung zu beseitigen ist daher auch bei Verwaltungsvorschriften eine Geltungsbeendigungsentscheidung erforderlich. Aus Achtung vor der legitimen Souveränität des Verwaltungsvorschriftenurhebers kann die Geltungsbeendigungsentscheidung nur durch einen Akt getroffen werden, der in formeller Hinsicht dem Akt der Geltungserlangung im Sinne eines actus contrarius entspricht. Damit wird zwanglos das zuvor gefundene Ergebnis zur Kollision verschiedener Verwaltungsvorschriften sowie zum Aufeinandertreffen von Verwaltungsvorschriften und Einzelweisungen bzw. einer abweichenden Verwaltungspraxis gestützt.[1037]

Offen bleibt, welche Instanzen zur Geltungsentscheidung befugt sind. Dies soll im Hinblick auf etwaige Besonderheiten der Handlungsform später untersucht werden.

c) Anwendungsentscheidung

Auch im Hinblick auf die bei der konkreten Rechtsanwendung zu treffende Anwendungsentscheidung kann zu diesem Zeitpunkt noch nichts gesagt werden. Auf der Grundlage der Dogmatik der Verwaltungsvorschriften muss im Besonderen erarbeitet werden, ob für Verwaltungsvorschriften ein Geltungsbeendigungsvorrang gilt und wie es um die Nichtanwendungskompetenz bestellt ist.

Damit ergibt sich folgendes vorläufiges Geltungsschema für Verwaltungsvorschriften: Die Geltungsvermutung wird erzeugt, wenn die Entstehungsbedingungen erfüllt sind, d.h. die generelle Zuständigkeit des Verwaltungsvorschriftengebers als Vorgesetzter für den Sachbereich sowie die Bekanntmachung der Vorschrift gegeben sind. Sämtliche weiteren Rechtmäßigkeitsanforderungen können als negative Geltungsbedingungen lediglich eine Geltungsbeendigungsentscheidung provozieren.

1037 § 1 C I 3 u. 5

Die durch die Geltungsvermutung ausgelöste Geltung kann nur durch eine solche Geltungsbeendigungsentscheidung wieder beseitigt werden.

Dieses Geltungsschema ist vorläufig, weil es lediglich ein Grundmuster bildet. Wie die Tenorierungspraxis des Bundesverfassungsgerichts zeigt, ist zwar grundsätzlich die Geltung rechtswidriger Rechtssätze zu beseitigen, gewichtige Gründe können jedoch verlangen, mit Hilfe flexiblerer Lösungen bestimmte Unwägbarkeiten auszugleichen. Solche Überlegungen können auch auf der Anwendungsseite eine Rolle spielen.

B Sonderregeln für Verwaltungsvorschriften

Für Verwaltungsvorschriften hat sich eine Reihe von eigenen Rechtsinstituten gebildet. Diese sind im weiteren Verlauf der Arbeit daraufhin zu untersuchen, welche Aussagen sie treffen oder welche Rückschlüsse sie zulassen in Bezug auf die Anwendung und Geltung rechtswidriger Verwaltungsvorschriften.

I. Remonstrationsverfahren

Zu den Besonderheiten des so genannten Innenrechts gehören die Regeln über das Remonstrationsverfahren der §§ 56 II, III BBG, 36 II, III BeamtStG. Es handelt sich hierbei um eine verfahrensmäßige Lösung des Spannungsverhältnisses, in dem sich ein Beamter findet, wenn ihm durch eine Weisung ein rechtswidriges Verhalten aufgetragen wird.[1038] Einerseits trägt der Beamte gemäß §§ 56 I BBG, 36 I BeamtStG die volle persönliche Verantwortung für die Rechtmäßigkeit seiner dienstlichen Handlungen. Andererseits ist er seinen Vorgesetzten gegenüber zum Gehorsam verpflichtet (§§ 55 S. 2 BBG, 35 S. 2 BeamtStG). Für den Fall einer rechtswidrigen Weisung kann der Beamte nicht beiden Pflichten zugleich gerecht werden: Entweder er verweigert den Gehorsam und handelt dafür im Außenverhältnis rechtmäßig oder er befolgt die Weisung und verletzt damit die Pflicht zur rechtmäßigen Amtsausübung. Die §§ 56 II BBG, 36 II BeamtStG eröffnen für Beamte einen Ausweg: Durch Remonstration zum unmittelbaren und gegebenenfalls nächsthöheren Vorgesetzten erlangt der Beamte eine weitere Prüfung der rechtlichen Situation auf dem Dienstweg und wird von seiner persönlichen Haftung befreit. An der Schnittstelle von Innen- und Außenrecht schränken die Remonstrationsregeln die Gehorsamspflicht ein und spiegeln damit zugleich eine bedeutsame Abschwächung des hierarchischen Prinzips wider.[1039]

1038 *Zängl* in: GKÖD, Bd. 1, Lfg 5/00, K § 55 Rn. 14, § 56 Rn. 1; *Felix*, Das Remonstrationsrecht, 1993, S. 36; *Romann*, Remonstrationsrecht, 1996, S. 70f.; *Leuze*, DÖV 1995, 1 (6); *Weiß*, ZBR 1994, 325 (327)

1039 *Loschelder* in: Isensee/Kirchhof, Hdb d. StaatsR III, 1988, § 68 Rn. 97

Das Remonstrationsverfahren dient insbesondere den Interessen des Beamten, der sich dadurch möglichen Haftungsgefahren entziehen kann. Die §§ 56 II BBG, 36 II BeamtStG haben insoweit subjektiv-rechtlichen Charakter. Darüber herrscht Einigkeit; umstritten ist dagegen, ob der Beamte zudem zur Remonstration verpflichtet[1040] ist oder ob es sich insoweit lediglich um eine Obliegenheit[1041] handelt. Von einer echten Pflicht zur Remonstration zu sprechen, liegt nahe, wenn man sich vor Augen hält, dass das Remonstrationsverfahren zwar vornehmlich den subjektiven Konflikt des einzelnen Beamten lösen soll, der Remonstration daneben aber auch eine „interne Filterfunktion" zukommt, weil mehrere Instanzen die Situation prüfen und dadurch eine erhöhte Rechtmäßigkeitsgewähr eintritt.[1042] Es geht traditionell auch darum, Schaden im dienstlichen Interesse abzuwenden.[1043]

Die Regelungen des Remonstrationsverfahrens geben vor, wie beamtenrechtlich mit rechtswidrigen Weisungen umgegangen wird. Es ist zu untersuchen, welche Folgerungen daraus für ein allgemeines Fehlerfolgenregime für Verwaltungsvorschriften gezogen werden können.

1. Darstellung der gesetzlichen Regelung

a) Tatbestandliche Voraussetzungen

Das Remonstrationsverfahren findet statt, wenn der Beamte „Bedenken gegen die Rechtmäßigkeit dienstlicher Anordnungen" hat.

Den Begriff der Anordnungen stellt der Gesetzgeber in § 55 S. 2 BBG ausdrücklich dem Begriff der allgemeinen Richtlinien gegenüber. Unter Richtlinien versteht man dabei allgemeine Vorschriften, die eine unbestimmte Vielzahl von Fällen betreffen, ohne sie in allen Einzelheiten zu regeln.[1044] Es handelt sich um Arbeitsanweisungen, die dem Adressaten einen gewissen Anwendungsspielraum lassen.[1045] Anordnungen dagegen sind Weisungen, die sowohl konkret-individuell für den Einzelfall ergehen können als auch abstrakt-generell, dabei jedoch dem Adressaten

1040 *Zängl* in: GKÖD, Bd. 1, Lfg 5/00, K § 56 Rn. 25; *Romann*, Remonstrationsrecht, 1996, S. 135; *Günther*, ZBR 1988, 297 (308); *Leuze*, DÖV 1995, 1 (6); *Rux*, DÖV 2002, 985 (986 Fn. 16); *Loschelder* in: Isensee/Kirchhof, Hdb d. StaatsR III, 1988, § 68 Rn. 98; *Battis*, BBG, 3. Aufl. 2004, § 56 Rn. 2

1041 *Depenheuer*, DVBl 1992, 404 (408 Fn. 39); *Felix*, Das Remonstrationsrecht, 1993, S. 152ff.

1042 *Zängl* in: GKÖD, Bd. 1, Lfg 5/00, K § 56 Rn. 26; *Romann*, Remonstrationsrecht, 1996, S. 72; *Rux*, DÖV 2002, 985 (986)

1043 *Zängl* in: GKÖD, Bd. I, Lfg. 5/00, K § 56 Rn. 27; *Rux*, DÖV 2002, 985 (986 Fn. 16)

1044 *Felix*, Das Remonstrationsrecht, 1993, S. 34; *Jarass*, JuS 1999, 105 (106); *Battis*, BBG, 3. Aufl. 2004, § 55 Rn. 4

1045 *Zängl* in: GKÖD, Bd. 1, Lfg 5/00, K § 55 Rn. 18

ein bestimmtes Vorgehen ohne eigene Gestaltungsmöglichkeit vorschreiben.[1046] Verwaltungsvorschriften können demnach je nach ihrer Ausgestaltung sowohl als Anordnung wie auch als allgemeine Richtlinie vorkommen.[1047]

Es fragt sich, ob das Remonstrationsverfahren, wie es die Formulierung von §§ 56 II 1 BBG, 36 II 1 BeamtStG nahelegt, tatsächlich nur für Anordnungen und nicht auch für allgemeine Richtlinien gelten soll. Dies wird von *Wax* vertreten.[1048] Auch bei allgemeinen Richtlinien kann jedoch die gleiche Konfliktsituation zwischen der Weisungsgebundenheit und der Pflicht zum rechtmäßigen Amtshandeln auftreten wie bei Anordnungen.[1049] *Wax* will diesen Konflikt dadurch bereinigen, dass der Beamte sich im Rahmen seiner Unterstützungspflicht gemäß §§ 55 S. 1 BBG, 35 S. 1 BeamtStG an seinen Vorgesetzten wenden könne; wenn dieser die allgemeine Richtlinie bestätige, läge damit eine Anordnung vor, gegen die dann wiederum das Remonstrationsverfahren stattfinde.[1050] Diese Konstruktion müsste jedoch dazu führen, dass der unmittelbare Vorgesetzte zwei Mal mit einer mehr oder weniger gleichen Anweisung befasst würde; ein bei der bestehenden Interessenlage unnötiger Umweg.[1051] Auch *Wax* sieht diese Irritation und will bei einer Remonstration gegen die Anordnung, mit der eine allgemeine Richtlinie bestätigt wird, unmittelbar den Weg zum nächsthöheren Vorgesetzten freigeben.[1052] Dies allerdings ist ein viel größerer Widerspruch zum Wortlaut der §§ 56 II BBG, 36 II BeamtStG als die generelle Einbeziehung von allgemeinen Richtlinien in das Remonstrationsverfahren.[1053]

Es ist daher festzuhalten, dass das Remonstrationsverfahren für alle Arten dienstlicher Weisungen anwendbar ist. Es gilt daher für Verwaltungsvorschriften jeden Typs.

Die Remonstration ist angezeigt bei Bedenken gegen die Rechtmäßigkeit dienstlicher Anordnungen. Es ist umstritten, ob solche Bedenken schon bei jeder Unsicherheit[1054] hinsichtlich der Rechtmäßigkeit der Weisung gegeben sind oder ob der Beamte ernsthafte Zweifel[1055] daran haben muss.

Wie sich daraus ergibt, dass der Gesetzgeber in §§ 56 II BBG, 36 II BeamtStG von der „Rechtmäßigkeit" spricht, während es in der Vorgängerregelung des § 7 III DBG noch „Gesetzmäßigkeit" hieß, ist die Rechtmäßigkeit umfassend zu verstehen

1046 *Zängl* in: GKÖD, Bd. 1, Lfg 5/00, K § 55 Rn. 18; *Felix*, Das Remonstrationsrecht, 1993, S. 35; *Jarass*, JuS 1999, 105 (106); *Battis*, BBG, 3. Aufl. 2004, § 55 Rn. 4

1047 *Rieger*, Ermessen, 1991, S. 165; *Jarass*, JuS 1999, 105 (106)

1048 *Wax*, Die Gehorsamspflicht, 1961, S. 33

1049 *Felix*, Das Remonstrationsrecht, 1993, S. 35

1050 *Wax*, Die Gehorsamspflicht, 1961, S. 33

1051 *Felix*, Das Remonstrationsrecht, 1993, S. 36; *Sauerland*, Die Verwaltungsvorschrift, 2005, S. 114

1052 *Wax*, Die Gehorsamspflicht, 1961, S. 33

1053 *Felix*, Das Remonstrationsrecht, 1993, S. 36; *Sauerland*, Die Verwaltungsvorschrift, 2005, S. 114

1054 Vgl. *Zängl* in: GKÖD, Bd. I, Lfg. 5/00, K § 56 Rn. 28

1055 *Romann*, Remonstrationsrecht, 1996, S. 80f.; vgl. auch *Zängl* in: GKÖD, Bd. I, Lfg. 5/00, K § 56 Rn. 28

und meint die Übereinstimmung mit sämtlichen einschlägigen Bestimmungen der Rechtsordnung.[1056] Neben der Verfassung, formellen Gesetzen und untergesetzlichen Normen müssen daher insbesondere auch höherrangige Verwaltungsvorschriften beachtet werden.[1057] Den Beamten trifft für die Erhebung von Bedenken jedoch lediglich eine Sorgfaltspflicht, wie sie auch allgemein für sein dienstliches Handeln erforderlich ist.[1058] Sie richtet sich nach der amtsbezogenen Wahrnehmungszuständigkeit, der Vorbildung und den Erfahrungen des Beamten, sodass eine Überforderung nicht eintritt.[1059] Zu berücksichtigen ist außerdem, dass auch die anweisende Stelle die Pflicht zu rechtmäßigem Handeln trifft, von der nicht angenommen werden kann, dass sie leichtfertig verletzt wird.[1060] Bedenken sind daher mehr als bloße Unsicherheiten, es müssen Zweifel an der Rechtmäßigkeit vorliegen, die der Beamte selbst nicht ausräumen kann.[1061] Nicht erforderlich jedoch ist die subjektive Überzeugung von der Rechtswidrigkeit.[1062]

Ist der Beamte allerdings von der Rechtswidrigkeit überzeugt, was sich nach allgemeinem Sprachverständnis schwerlich unter den Begriff der Bedenken fassen lässt,[1063] ist das Remonstrationsverfahren dennoch eröffnet, weil in einem solchen Fall der interne Kontrollzweck umso mehr zutrifft und der Beamte auch hier ein Interesse daran haben kann, schon im Vorhinein Klarheit über die Haftungssituation zu erhalten.[1064]

Nach der Formulierung der §§ 56 II 1 BBG, 36 II 1 BeamtStG müssen sich die Bedenken gegen die Rechtmäßigkeit auf die Weisung beziehen. §§ 56 II 2 BBG, 36 II 4 BeamtStG hingegen schließen die Verbindlichkeit solcher Anordnungen aus, bei denen das aufgetragene Verhalten erkennbar strafbar oder ordnungswidrig ist oder gegen die Menschenwürde verstößt. Es stellt sich also die Frage, wann das Remonstrationsverfahren angezeigt ist; ob wirklich die Rechtmäßigkeit der Weisung in Rede stehen muss oder ob es auf die Beurteilung des angeordneten Verhaltens ankommt.

Teilweise wird der Sinn und Zweck des Remonstrationsverfahrens, das Spannungsverhältnis zwischen persönlicher Verantwortung und Gehorsamspflicht aufzulösen, herangezogen.[1065] Verantwortet werden muss nur das eigene Verhalten. Eine

1056 *Zängl* in: GKÖD, Bd. 1, Lfg 5/00, K § 56 Rn. 12; *Felix*, Das Remonstrationsrecht, 1993, S. 29; *Romann*, Remonstrationsrecht, 1996, S. 76f.; *Günther*, ZBR 1988, 297 (309)

1057 *Battis*, BBG, 3. Aufl. 2004, § 56 Rn. 3

1058 *Zängl* in: GKÖD, Bd. I, Lfg. 5/00, K § 56 Rn. 28

1059 *Battis*, BBG, 3. Aufl. 2004, § 56 Rn. 3; *Depenheuer*, DVBl 1992, 404 (405, dort auch Fn. 6)

1060 *Zängl* in: GKÖD, Bd. I, Lfg. 5/00, K § 56 Rn. 29; *Romann*, Remonstrationsrecht, 1996, S. 81; *Günther*, ZBR 1988, 297 (309); zustimmend *Leuze*, DÖV 1995, 1 (7)

1061 *Zängl* in: GKÖD, Bd. I, Lfg. 5/00, K § 56 Rn. 28; *Romann*, Remonstrationsrecht, 1996, S. 80f.

1062 *Zängl* in: GKÖD, Bd. I, Lfg. 5/00, K § 56 Rn. 28

1063 *Felix*, Das Remonstrationsrecht, 1993, S. 33

1064 *Zängl* in: GKÖD, Bd. I, Lfg. 5/00, K § 56 Rn. 28

1065 *Felix*, Das Remonstrationsrecht, 1993, S. 24; *Weiß*, ZBR 1994, 325 (327); *Zängl* in: GKÖD, Bd. I, Lfg. 5/00, K § 56 Rn. 32; *Sauerland*, Die Verwaltungsvorschrift, 2005, S. 115

Haftungsgefahr besteht dementsprechend nur dann, wenn das aufgetragene Verhalten rechtswidrig ist. Daher komme es in erster Linie auf die Beurteilung der Ausführungshandlung an.[1066]

Die Rechtsprechung lässt dagegen die Remonstration auch zu, wenn nur die Weisung als solche rechtswidrig ist, ohne dass sich dies auf das angeordnete Verhalten auswirkt.[1067]

Dabei handelt es sich jedoch eher um eine Ausnahme als die Regel. Eine Weisung jedenfalls, die ein rechtswidriges Amtswalterverhalten befiehlt, wird im Allgemeinen selbst rechtswidrig sein.[1068] Im Interesse der Verwaltungseffizienz müssen die Bedenken des Beamten grundsätzlich entscheidungserheblich sein.[1069] Das ist der Fall, wenn es zumindest auch um die Rechtmäßigkeit des aufgetragenen Verhaltens geht. Der Weg über die §§ 56 II, III BBG, 36 II, III BeamtStG ist dem Beamten dann nicht verschlossen.

Zu einem Pflichtenkonflikt des Beamten kann es nur kommen, wenn die betreffende Weisung überhaupt verbindlich ist. Muss der Beamte sie ohnehin nicht befolgen, kann er sie schlicht außer Acht lassen und sein Handeln nach seiner eigenen Vorstellung von dessen Rechtmäßigkeit ausrichten. Eine Verwaltungsvorschrift, bei der die Entstehungsbedingungen, namentlich die abstrakte Zuständigkeit der erlassenden Stelle sowie des Primäradressaten, nicht eingehalten sind, kann von dem Beamten ignoriert werden, ohne dass es einer Remonstration bedarf. Voraussetzung für die §§ 56 II, III BBG, 36 II, III BeamtStG ist also die formelle Verbindlichkeit der in Rede stehenden Weisung.[1070] Ist der Beamte gerade im Zweifel darüber, ob es sich um eine wirksam entstandene Anordnung handelt, besteht jedoch eine vergleichbare Interessenlage und die Regeln über das Remonstrationsverfahren sind zumindest entsprechend anwendbar.[1071]

Anders sieht der Fall bei materiell unverbindlichen Anordnungen aus. Wie sich aus der Klarstellung der §§ 56 II 3 BBG, 36 II 4 BeamtStG ergibt, gelten für Anordnungen, bei denen das aufgetragene Verhalten strafrechtswidrig oder ordnungswidrig ist oder gegen die Menschenwürde verstößt, Sonderregeln. Solche Verwaltungsvorschriften sind aber als Gegenstand des Remonstrationsverfahrens gerade nicht

1066 *Zängl* in: GKÖD, Bd. I, Lfg. 5/00, K § 56 Rn. 32; *Felix*, Das Remonstrationsrecht, 1993, S. 24ff.; *Rieger*, Ermessen, 1991, S. 164; *Weiß*, ZBR 1994, 325 (330f.); *Sauerland*, Die Verwaltungsvorschrift, 2005, S. 116

1067 Vgl. *Zängl* in: GKÖD, Bd. I, Lfg. 5/00, K § 56 Rn. 32; *Romann*, Remonstrationsrecht, 1996, S. 76

1068 *Zängl* in: GKÖD, Bd. I, Lfg. 5/00, K § 56 Rn. 32; *Freund*, Innenrecht und Außenrecht, 1984, S. 185; vgl. auch *Heermann*, Der Gemeinderatsbeschluss, 1975, S. 260

1069 *Zängl* in: GKÖD, Bd. I, Lfg. 5/00, K § 56 Rn. 30; *Romann*, Remonstrationsrecht, 1996, S. 76

1070 *Zängl* in: GKÖD, Bd. I, Lfg. 5/00, K § 56 Rn. 35; *Romann*, Remonstrationsrecht, 1996, S. 74ff.

1071 *Zängl* in: GKÖD, Bd. I, Lfg. 5/00, K § 56 Rn. 36; *Felix*, Das Remonstrationsrecht, 1993, S. 51; *Sauerland*, Die Verwaltungsvorschrift, 2005, S. 123; für eine unmittelbare Anwendung: *Romann*, Remonstrationsrecht, 1996, S. 74

ausgeschlossen.[1072] Vielmehr bildet die Frage der materiellen Verbindlichkeit den eigentlichen Gegenstand des Remonstrationsverfahrens.[1073] Auf die materielle Verbindlichkeit der Anordnung kommt es daher im Rahmen der §§ 56 II, III BBG, 36 II, III BeantStG nicht an.

b) Ablauf

Der Beamte hat seine Bedenken gegen eine Anordnung unverzüglich bei seinem unmittelbaren Vorgesetzten geltend zu machen (§§ 56 II 1 BBG, 36 II 1 BeamtStG[1074]). Für die Remonstration ist keine bestimmte Form einzuhalten, sie kann mündlich oder schriftlich erfolgen.[1075] Die Bedenken sind dabei allerdings so substantiiert vorzutragen, dass der Vorgesetzte ihnen nachgehen kann.[1076] Der unmittelbare Vorgesetzte ist auch dann der richtige Ansprechpartner, wenn die Weisung von einer anderen Stelle stammt.[1077]

Unverzüglichkeit der Geltendmachung bedeutet ohne schuldhaftes Zögern.[1078] Bis zum Abschluss des Remonstrationsverfahrens muss die Anordnung nicht vollzogen werden, wenn nicht die sofortige Ausführung gemäß §§ 56 III BBG, 36 III BeamtStG verlangt wird. Das Erfordernis der unverzüglichen Einleitung des Remonstrationsverfahrens dient damit der zügigen Herbeiführung einer Klärung.[1079] Dies ist aus Gründen der Verwaltungseffizienz angezeigt, aber auch deswegen, weil durch eine unangemessene Verzögerung der Amtshandlung gegenüber Dritten bestehende Amts(außen)pflichten verletzt werden können.[1080]

Der unmittelbare Vorgesetzte hat die Bedenken seines Untergebenen zu prüfen. Ist er selbst der Urheber der inkriminierten Anordnung liegt es bei ihm, ob er sie aufrecht erhält oder nicht. Wenn er die geltend gemachten Bedenken für berechtigt hält, kann er seine eigene Weisung aufheben oder abändern. Tut er dies, ist das Remonstrationsverfahren damit zu Ende. Möchte der unmittelbare Vorgesetzte dagegen an seiner Weisung festhalten, gelangt das Verfahren auf die nächste Stufe.

1072 *Felix*, Das Remonstrationsrecht, 1993, S. 54

1073 *Felix*, Das Remonstrationsrecht, 1993, S. 53

1074 „Auf dem Dienstweg" heißt es nach dem Wortlaut von § 38 II 1 BRRG, was sinngemäß jedoch bedeutet, dass sich der Beamte an seinen unmittelbaren Vorgesetzten halten muss.

1075 *Zängl* in: GKÖD, Bd. I, Lfg. 5/00, K § 56 Rn. 39; *Romann*, Remonstrationsrecht, 1996, S. 81

1076 *Zängl* in: GKÖD, Bd. I, Lfg. 5/00, K § 56 Rn. 39; *Romann*, Remonstrationsrecht, 1996, S. 81

1077 *Zängl* in: GKÖD, Bd. I, Lfg. 5/00, K § 56 Rn. 40; *Felix*, Das Remonstrationsrecht, 1993, S. 68f.; *Günther*, ZBR 88, 297 (309)

1078 *Zängl* in: GKÖD, Bd. I, Lfg. 5/00, K § 56 Rn. 41; *Romann*, Remonstrationsrecht, 1996, S. 81; *Leuze*, DÖV 1995, 1 (7)

1079 *Zängl* in: GKÖD, Bd. I, Lfg. 5/00, K § 56 Rn. 41

1080 *Zängl* in: GKÖD, Bd. I, Lfg. 5/00, K § 56 Rn. 42

Stammt die angegriffene Anordnung nicht vom unmittelbaren Vorgesetzten, sondern von einer höheren Hierarchieebene, ist der Vorgesetzte selbst an die Weisung gebunden.[1081] Er ist nicht befugt, sie eigenständig aufzuheben. Teilt er die Bedenken des Beamten, muss er sie auf dem Dienstweg weiterleiten. Dadurch bekommt er jedoch nicht selbst die Stellung eines remonstrierenden Beamten, denn er handelt im Rahmen seiner gewöhnlichen Beratungs- und Unterstützungpflicht und es geht nicht um seine eigene Haftung.[1082]

Ob der unmittelbare Vorgesetzte eine Anordnung im Remonstrationsverfahren aufrechterhalten kann, die nicht seine eigene ist, ist umstritten. *Felix* geht davon aus, dass der Vorgesetzte eine fremde Anordnung nicht förmlich bestätigen könne.[1083] Wegen des Hierarchieprinzips habe der unmittelbare Vorgesetzte in jedem Fall die Weisung auf dem Dienstweg nach oben zur Erlassstelle weiterzuleiten.[1084] In der Fallkonstellation, dass es sich um eine fremde Weisung handelt, habe der unmittelbare Vorgesetzte eine „reine Mittlerfunktion" ohne eigene Entscheidungsbefugnisse.[1085] Die Zulassung einer informellen Aufrechterhaltung von Anordnungen übergeordneter Stellen durch untergeordnete Beamte würde die erhebliche Gefahr angepassten Verhaltens beinhalten.[1086] Nachdem bereits die Einleitung des Remonstrationsverfahrens durch den zweifelnden Beamten dessen Zivilcourage verlange, solle das laufende Remonstrationsverfahren von hierarchiebedingten Erschwernissen freigehalten werden.[1087] Schließlich diene es auch der bezweckten erhöhten Rechtmäßigkeitsgewähr sowie den Haftungsinteressen der erlassenden Stelle, wenn durch eine eigene Befassung die Möglichkeit gegeben werde, eine Fehlentscheidung zu revidieren.[1088]

Diese Ansicht geht jedoch zu weit über den Wortlaut von § 56 II 2 BBG hinaus.[1089] Wenn das Gesetz in jedem Fall eine Entscheidung des Anordnungsurhebers bezwecken würde, ist nicht klar, warum überhaupt der Umweg über den unmittelbaren Vorgesetzten genommen werden soll. Erst Recht erscheint es umständlich, wenn der nächsthöhere Vorgesetzte nach dem eindeutigen Wortlaut von § 56 II 2, 3 BBG zusätzlich noch eine Weisung bestätigen soll, die von einer womöglich höheren Erlassstelle soeben aufrechterhalten wurde. Hinzu kommt ein Weiteres: Würde bereits für den ersten Schritt der Remonstration stets eine Entscheidung der für die dienstliche Anordnung zuständigen Vorgesetzten herbeigeführt werden, so müsste

1081 *Zängl* in: GKÖD, Bd. I, Lfg. 5/00, K § 56 Rn. 44; *Felix*, Das Remonstrationsrecht, 1993, S. 70; *Günther*, ZBR 1988, 297 (310)
1082 *Felix*, Das Remonstrationsrecht, 1993, S. 69
1083 *Felix*, Das Remonstrationsrecht, 1993, S. 70
1084 *Felix*, Das Remonstrationsrecht, 1993, S. 68f.
1085 *Felix*, Das Remonstrationsrecht, 1993, S. 69 u. 71
1086 *Felix*, Das Remonstrationsrecht, 1993, S. 71
1087 *Felix*, Das Remonstrationsrecht, 1993, S. 71
1088 *Felix*, Das Remonstrationsrecht, 1993, S. 71
1089 *Zängl* in: GKÖD, Bd. I, Lfg. 5/00, K § 56 Rn. 44; Vgl. den Vorschlag, wie § 56 BBG umzudeuten sei, bei *Felix*, Das Remonstrationsrecht, 1993, S. 71

bei den einer obersten Bundes- oder Landesbehörde zuzuordnenden Anordnungen stets eine Entscheidung auf dieser Ebene ausgelöst werden, und zwar auch dann, wenn die nächsten beiden Vorgesetzten des Beamten dessen Bedenken in keiner Weise teilen.[1090]

Richtigerweise ist daher davon auszugehen, dass der unmittelbare Vorgesetzte im Remonstrationsverfahren auch dann zur Aufrechterhaltung einer Anordnung befugt ist, wenn er sie nicht selbst erlassen hat.[1091]

Konnten die Bedenken des Beamten nicht mit der ersten Stufe des Remonstrationsverfahrens ausgeräumt werden, ist es fortzusetzen und die Entscheidung des höheren Vorgesetzten einzuholen.[1092] Dabei handelt es sich nicht um einen Rechtsbehelf gegen die Aufrechterhaltung der Anordnung durch den unmittelbaren Vorgesetzten.[1093] Die Einholung einer zweiten Meinung dient vielmehr einer erhöhten Rechtmäßigkeitsgewähr ähnlich wie beim ebenfalls zweistufigen Widerspruchsverfahren.[1094]

Die Person des nächsthöheren Vorgesetzten lässt sich anhand der organisatorischen Gliederung der Verwaltung unter Berücksichtigung der Geschäftsverteilungspläne und etwaiger besonderer Anordnungen feststellen.[1095] Ist der unmittelbare Vorgesetzte zugleich der höchste Vorgesetzte des Beamten, so scheidet der zusätzliche Verfahrensschritt nach § 56 II 2 BBG aus.[1096] Die Rechtsfolgen, die in § 56 II 3, 4 BBG getroffen werden, gelten dann sinngemäß für die Bestätigung der Anordnung durch den einzigen Vorgesetzten.[1097] Bei Weisungen, die an einen Beamten einer unter der Aufsicht des Staates stehenden Körperschaft, Anstalt oder Stiftung des öffentlichen Rechts gerichtet werden, sind nur die der Anstellungskörperschaft und ihrem hierarchischen Aufbau angehörenden Amtsträger Vorgesetzte; Beamte der Aufsichtsbehörde gehören nicht dazu.[1098]

Die Entscheidung des höheren Vorgesetzten führt zur Bestätigung der Anordnung oder zu ihrer Aufhebung, letzteres gegebenenfalls erst nach Weiterleitung der Bedenken nach oben zur erlassenden Stelle. In jedem Fall ist das Remonstrationsverfahren mit ihr endgültig beendet.[1099]

1090 *Zängl* in: GKÖD, Bd. I, Lfg. 5/00, K § 56 Rn. 43

1091 *Zängl* in: GKÖD, Bd. I, Lfg. 5/00, K § 56 Rn. 43; *Romann*, Remonstrationsrecht, 1996, S. 81f.

1092 Abweichend geregelt in § 38 II BRRG und einigen Landesgesetzen: § 57 II BreBG, § 71 II HBG

1093 *Zängl* in: GKÖD, Bd. I, Lfg. 5/00, K § 56 Rn. 48

1094 *Zängl* in: GKÖD, Bd. I, Lfg. 5/00, K § 56 Rn. 48; *Leuze*, DÖV 1995, 1 (7)

1095 *Felix*, Das Remonstrationsrecht, 1993, S. 74

1096 *Zängl* in: GKÖD, Bd. I, Lfg. 5/00, K § 56 Rn. 51

1097 *Zängl* in: GKÖD, Bd. I, Lfg. 5/00, K § 56 Rn. 51

1098 *Zängl* in: GKÖD, Bd. I, Lfg. 5/00, K § 56 Rn. 52

1099 *Zängl* in: GKÖD, Bd. I, Lfg. 5/00, K § 56 Rn. 56; *Felix*, Das Remonstrationsrecht, 1993, S. 76

c) Ausgang

Das Remonstrationsverfahren kann mit der Aufhebung der Anordnung oder ihrer Bestätigung ausgehen.

Mit der Aufhebung der Anordnung (gleichgültig auf welcher Stufe des Remonstrationsverfahrens) wird ihre Rechtsgeltung beseitigt. Sie entfaltet keine Rechtswirkungen mehr. Damit wird die Konfliktsituation des Beamten bereinigt, da der Gegenstand seiner Gehorsamspflicht entfällt. Er ist nicht weiter gebunden, sodass der Rechtmäßigkeit seiner Dienstausführung nichts weiter im Wege steht.

Die Aufhebung ist konstitutiv. Sollte sich später (etwa durch eine Gerichtsentscheidung in einem Parallelfall) herausstellen, dass die Anordnung doch rechtmäßig war, führt dies zu keiner anderen Beurteilung des Ausgangs des Remonstrationsverfahrens.

Wird die Anordnung hingegen bestätigt, muss der Beamte sie ausführen, es sei denn, das aufgetragene Verhalten ist erkennbar strafbar, ordnungswidrig oder verletzt die Würde des Menschen; im Gegenzug ist der Beamte dann von seiner persönlichen Verantwortung befreit (§§ 56 II 3 BBG, 36 II 4 BeamtStG).

Mit der Bestätigung lebt die durch das Remonstrationsverfahren suspendierte Folgepflicht wieder auf, soweit nicht eine der genannten Ausnahmen vorliegt.[1100] Der Beamte muss nun die dienstliche Anordnung unverzüglich ausführen.[1101] Der Konflikt zwischen der Gehorsamspflicht und der Pflicht zu rechtmäßigem Handeln wird bei einfacher Rechtswidrigkeit zu Gunsten des Gehorsams gelöst, um einen ordnungsmäßigen Verwaltungsvollzug zu gewährleisten.[1102]

Etwas anderes gilt, wenn das angeordnete Verhalten erkennbar strafbar oder ordnungswidrig ist oder gegen die Würde des Menschen verstößt (sog. qualifizierte Rechtswidrigkeit). §§ 56 II 3 2. HS BBG, 36 II 4 BeamtStG nennen damit ausdrücklich drei Tatbestände, bei denen die materielle Fehlerhaftigkeit der Anordnung so gravierend ist, dass sie zu ihrer (absoluten) Unverbindlichkeit führt.[1103] Entscheidender Gesichtspunkt ist dabei allerdings nicht nur die Bedeutung der betroffenen Rechtsgüter, sondern vor allem ihre unmittelbare Verpflichtungswirkung: Straf- und Ordnungswidrigkeitenrecht sowie Menschenwürde binden den Amtswalter unmittelbar und persönlich, anders als bei der Außenpflicht des Staates zu rechtmäßigem Handeln, bedarf es keiner Transformation über die Amtswahrnehmungspflicht.[1104]

1100 *Zängl* in: GKÖD, Bd. I, Lfg. 5/00, K § 56 Rn. 59; *Felix*, Das Remonstrationsrecht, 1993, S. 76; *Romann*, Remonstrationsrecht, 1996, S. 84

1101 *Zängl* in: GKÖD, Bd. I, Lfg. 5/00, K § 56 Rn. 59; *Felix*, Das Remonstrationsrecht, 1993, S. 76; *Romann*, Remonstrationsrecht, 1996, S. 84

1102 *Felix*, Das Remonstrationsrecht, 1993, S. 76

1103 *Rittstieg*, ZBR 1970, 72 (77); *Weiß*, ZBR 1994, 325 (332)

1104 *Depenheuer*, DVBl 92, 404 (408); *Felix*, Das Remonstrationsrecht, 1993, S. 120

Die Ausnahme von der Verbindlichkeit gilt für alle Straf- und Ordnungswidrigkeitentatbestände, gleichgültig an welchem Ort sie positiviert sind. Der Bereich der Ordnungswidrigkeiten ist miteinbezogen, weil auch sie allgemein-verbindliche Normen mit Sanktionscharakter darstellen. Unterschiede zum Strafrecht finden sich insofern lediglich in der Art der verhängten Sanktion.[1105] Der Ordnungswidrigkeitentatbestand ist mit Wirkung vom 01.01.1975 durch Art. 239 EGStGB im Rahmen der Strafrechtsreform eingefügt worden. Materiell waren Ordnungswidrigkeiten schon vorher zumeist als Übertretungen vom Begriff der Strafbarkeit mitumfasst (§ 1 III StGB a.F.).[1106] Folgende Ausführungen zu den tatbestandlichen Einzelheiten der Strafbarkeit im Rahmen der §§ 56 II 3 BBG, 36 II 4 BeamtStG gelten für die Ordnungswidrigkeit in gleicher Weise und werden daher nicht gesondert behandelt.

Strafbarkeit der Ausführung meint die objektive Tatbestandsmäßigkeit des Amtswalterverhaltens.[1107] Dies allein ist jedoch nicht ausreichend.[1108] Sonst müsste die Verbindlichkeit einer Vielzahl von Weisungen leerlaufen. Beinahe jedes Vollzugshandeln der Eingriffsverwaltung erfüllt den Nötigungstatbestand – abgesehen von der fehlenden Verwerflichkeit, die nicht unbestritten als ergänzendes Tatbestandsmerkmal gilt.[1109] Hinzutreten muss daher die fehlende Rechtfertigung.[1110]

Keine Rolle spielen subjektive Tatbestands- und Rechtfertigungselemente sowie die Schuld.[1111] Das wird schon durch den Wortlaut der §§ 56 II 3 BBG, 36 II 4 BeamtStG nahegelegt, der an objektive Kriterien anknüpft.[1112] Zudem wäre anderenfalls das weitere Erfordernis der „Erkennbarkeit“ überflüssig.[1113] Nicht zuletzt wird der strafrechtliche Vorsatz, für den es auf die Kenntnis der Tatsachen und nicht auf deren korrekte rechtliche Würdigung ankommt, im Regelfall gegeben sein, da der Beamte weiß, was er tut.

§§ 56 II 3 BBG, 36 II 4 BeamtStG verlangen weiter für den Wegfall der Verbindlichkeit der Weisung, dass ihre Strafbarkeit bzw. Ordnungswidrigkeit erkennbar ist. Erkennbarkeit ist gegeben, wenn der Beamte auf Grund seiner fachlichen Kenntnisse und seiner persönlichen Fähigkeiten die Umstände kennt oder kennen muss, die zur Strafbarkeit oder Ordnungswidrigkeit der Handlung führen.[1114]

1105 *Zängl* in: GKÖD, Bd. I, Lfg. 5/00, K § 56 Rn. 68

1106 *Günther*, ZBR 1988, 297 (303 Fn. 99)

1107 *Zängl* in: GKÖD, Bd. I, Lfg. 5/00, K § 56 Rn. 66; *Sauerland*, Die Verwaltungsvorschrift, 2005, S. 118

1108 *Romann*, Remonstrationsrecht, 1996, S. 100; *Depenheuer*, DVBl 1992, 404 (408 Fn. 46); *Sauerland*, Die Verwaltungsvorschrift, 2005, S. 118

1109 *Günther*, ZBR 1988, 297 (303)

1110 *Zängl* in: GKÖD, Bd. I, Lfg. 5/00, K § 56 Rn. 66; *Romann*, Remonstrationsrecht, 1996, S. 100; *Depenheuer*, DVBl 1992, 404 (408 Fn. 46); *Günther*, ZBR 1988, 297 (303)

1111 *Zängl* in: GKÖD, Bd. I, Lfg. 5/00, K § 56 Rn. 66

1112 *Romann*, Remonstrationsrecht, 1996, S. 100

1113 *Sauerland*, Die Verwaltungsvorschrift, 2005, S. 118f.

1114 *Zängl* in: GKÖD, Bd. I, Lfg. 5/00, K § 56 Rn. 71; *Romann*, Remonstrationsrecht, 1996, S. 100; *Sauerland*, Die Verwaltungsvorschrift, 2005, S. 121

Depenheuer will zum Schutze des Beamten die absolute Unverbindlichkeit der Weisung, bei der diese nicht befolgt werden darf, auf die Fälle offensichtlicher Strafbarkeit und Ordnungswidrigkeit beschränken.[1115] Anders als zu den Entstehungszeiten der Remonstrationsregeln sei heute außerhalb des Kernstrafrechts die sozialethische Evidenz der Verbotstatbestände nicht mehr gegeben.[1116] Wo die Strafbarkeit bzw. Ordnungswidrigkeit auch von Experten nur schwer beurteilt werden könne, wie etwa im verwaltungsakzessorischen Strafrecht, dürfe dem einzelnen Beamten diese Auslegungslast nicht aufgebürdet werden.[1117]

Eine solche Beschränkung würde jedoch eine bundesrechtliche Regelung solcher Weisungen als Schuld- bzw. Strafausschließungsgrund voraussetzen.[1118] Bei den Ordnungswidrigkeiten sind die angesprochenen Probleme ebenfalls durch Einschränkungen der Sanktionsnormen nicht der beamtenrechtlichen Gehorsamspflicht zu lösen.[1119] Dem Haftungsrisiko des Beamten wird zudem ausreichend dadurch Rechnung getragen, dass neben der Strafbarkeit und Ordnungswidrigkeit ihre Erkennbarkeit für den Beamten verlangt wird.

Absolut unverbindlich sind weiter Anordnungen, bei deren Ausführung der Beamte die Menschenwürde verletzten müsste. Geschützt werden nach herrschender Ansicht sowohl die Menschenwürde des Beamten selbst wie auch diejenige Dritter, die durch die Ausführung der Weisung betroffen würden.[1120] *Felix* bestreitet demgegenüber die Relevanz der Menschenwürde des Beamten in diesem Zusammenhang.[1121] Ziel des Remonstrationsverfahrens sei es, für den Beamten das Spannungsverhältnis zwischen persönlicher Verantwortung und Gehorsamspflicht zu lösen.[1122] Bei Weisungen, die lediglich zweifelhaft in Bezug auf die eigene Menschenwürde des Beamten seien, gebe es keine Haftungsgefahr für diesen.[1123] Solche Weisungen gehörten daher von vornherein nicht zum Gegenstand der §§ 56 II, III BBG, 36 II, III BeamtStG.[1124]

Eine Auseinandersetzung mit dieser Ansicht muss hier nicht stattfinden, da Felix ausdrücklich keine Aussage über die Verbindlichkeit einer Weisung, die die Menschenwürde des angewiesenen Beamten verletzt, treffen will, sondern allein auf das Anwendungsgebiet der Remonstrationsregeln abhebt.[1125]

1115 *Depenheuer*, DVBl 1992, 404 (410ff.)
1116 *Depenheuer*, DVBl 1992, 404 (410)
1117 *Depenheuer*, DVBl 1992, 404 (410)
1118 *Zängl* in: GKÖD, Bd. I, Lfg. 5/00, K § 56 Rn. 67
1119 *Zängl* in: GKÖD, Bd. I, Lfg. 5/00, K § 56 Rn. 69
1120 *Zängl* in: GKÖD, Bd. I, Lfg. 5/00, K § 56 Rn. 76; *Günther*, ZBR 1988, 297 (303); *Leuze*, DÖV 1995, 1 (8); *Sauerland*, Die Verwaltungsvorschrift, 2005, S. 124
1121 *Felix*, Das Remonstrationsrecht, 1993, S. 136
1122 *Felix*, Das Remonstrationsrecht, 1993, S. 136
1123 *Felix*, Das Remonstrationsrecht, 1993, S. 136
1124 *Felix*, Das Remonstrationsrecht, 1993, S. 136
1125 *Felix*, Das Remonstrationsrecht, 1993, S. 137

Es gelten die allgemeinen Definitionsversuche zum Gehalt der Menschenwürde.[1126] Demnach darf die angeordnete Ausführungshandlung „den Menschen nicht zum bloßen Objekt staatlichen Handelns machen".[1127] Der Betroffene darf nicht einer Behandlung ausgesetzt werden, die seine Subjektqualität in Frage stellt, was der Fall ist, wenn die Behandlung Ausdruck der Verachtung des Wertes ist, der dem Menschen kraft seines Personseins zukommt, wenn es also eine in diesem Sinne verächtliche Behandlung ist.[1128] Voraussetzung der absoluten Unverbindlichkeit ist dabei, dass die Menschenwürde nicht nur tangiert, sondern durch das angeordnete Verhalten verletzt wird.[1129]

Daneben werden weitere (ungenannte) Fälle diskutiert, in denen der Beamte eine Weisung nicht befolgen müssen bzw. sogar nicht befolgen dürfen soll. In der Hauptsache geht es um die Frage, ob auch eine offenkundig rechtswidrige Weisung verbindlich sein kann. Offenkundig ist ein solcher schwerer Fehler, wenn er für einen objektiven, mit den gegebenen Umständen vertrauten Betrachter ohne Weiteres ersichtlich ist, wenn der Mangel sich sozusagen aufdrängt.[1130] Von einem großen Teil des Schrifttums wird bestritten, dass eine offenkundig rechtswidrige Weisung den Gehorsam des Beamten einfordern könne. Es finden sich drei Versuche, um die Unverbindlichkeit solcher Weisungen zu begründen.

Einmal soll die Unverbindlichkeit durch die Interpretation der ausdrücklich genannten Verbindlichkeitsgrenzen hergeleitet werden. Es verletze zumindest die Menschenwürde des handelnden Beamten, wenn er gegen seine Überzeugung eine Anordnung ausführen müsse, die ein offenkundig rechtswidriges Verhalten von ihm verlange.[1131] Mit einer derartig ausufernden Auslegung würde jedoch das Grundrecht der Menschenwürde mit „zu kleiner Münze verscherbelt".[1132] Zudem wird der Beamte auch nicht verächtlich gemacht oder ihm seine Subjektqualität abgesprochen dadurch, dass er zu einem offenkundig rechtswidrigen Amtshandeln angewiesenen wird.[1133] Wie sich aus den §§ 55 S. 1 BBG, 35 S. 1 BeamtStG ergibt, ist es im Gegenteil gerade seine Pflicht, seine Vorgesetzten zu beraten und auf mögliche Fehlerquellen hinzuweisen.[1134] Es bleibt ihm unbenommen, seine Bedenken zu artikulieren. Hat er die Möglichkeit, mit seinen Zweifeln ernstgenommen zu werden, verletzt

1126 Vgl. *Zängl* in: GKÖD, Bd. I, Lfg. 5/00, K § 56 Rn. 76

1127 *Zängl* in: GKÖD, Bd. I, Lfg. 5/00, K § 56 Rn. 76; *Günther*, ZBR 1988, 297 (303); *Herdegen* in: Maunz/Dürig, GG, Art. 1, 44. Lfg Feb. 2005, Rn. 33

1128 *Günther*, ZBR 1988, 297 (303); *Herdegen* in: Maunz/Dürig, GG, Art. 1, 44. Lfg Feb. 2005, Rn. 34

1129 *Zängl* in: GKÖD, Bd. I, Lfg. 5/00, K § 56 Rn. 76

1130 *Günther*, ZBR 1988, 297 (307); *Hansen*, Fachliche Weisung, 1971, S. 241; ähnlich *Rux*, DÖV 2002, 985 (986): „wenn die angeordnete Maßnahme den 'Makel der Rechtswidrigkeit' auf der Stirn trägt".

1131 Vgl. *Zängl* in: GKÖD, Bd. I, Lfg. 5/00, K § 56 Rn. 77

1132 *Günther*, ZBR 1988, 297 (305); *Leuze*, DÖV 1995, 1 (8)

1133 *Zängl* in: GKÖD, Bd. I, Lfg. 5/00, K § 56 Rn. 77; zustimmend: *Battis*, BBG, 3. Aufl. 2004, § 56 Rn. 6

1134 *Günther*, ZBR 1988, 297 (305)

es seine Menschenwürde nicht, wenn der hierarchisch übergeordneten Vorgesetztenmeinung letztlich der Vorrang eingeräumt wird.[1135]

Einen anderen Weg geht die so genannte Vermutungslehre: Die §§ 56 II BBG, 36 II BeamtStG sprächen die Verbindlichkeit nur solcher Weisungen aus, bei denen eine Vermutung für ihre Rechtmäßigkeit gelte.[1136] Bei Weisungen, die offenkundig rechtswidrig sind sowie bei denen das aufgetragene Verhalten erkennbar strafbar oder ordnungswidrig ist oder die Würde des Menschen verletzt, könne eine solche Vermutung nicht zur Entstehung gelangen, sodass es an der Grundlage für ihre Verbindlichkeit fehle.[1137] Die Vermutungslehre ist jedoch seit der Schaffung des VwVfG überholt.[1138] Eine Vermutung der Rechtmäßigkeit mag für formelle Exekutivakte gelten, sie passt jedenfalls nicht für Weisungen, die in den §§ 56 BBG, 36 BeamtStG eine Spezialregelung gefunden haben.[1139] Die zweifache Bestätigung einer Weisung im Remonstrationsverfahren soll ihr nicht bloß eine besondere Rechtmäßigkeitsgewähr verschaffen, sondern dient auch im funktionalen Interesse der Konzentration der innerbehördlichen Entscheidungskompetenz.[1140] Eine besondere Rechtmäßigkeitsvermutung ist gerade nicht der Rechtsgrund der Folgepflicht, sondern diese ist dem reibungslosen und effektiven Verwaltungsbetrieb geschuldet.[1141] Schließlich kann von einer Vermutung im technischen Sinne überhaupt nur gesprochen werden, wenn sie sich durch ein Kontrollorgan widerlegen lässt.[1142] Rechtsmittel gegen amtliche Weisungen sind im System des subjektiven Rechtsschutzes der VwGO jedoch gerade nicht vorgesehen.[1143]

Wiederum andere Autoren stellen darauf ab, dass der Beamte bei der Ausführung offenkundig rechtswidriger Weisungen – sozusagen sehenden Auges – gegen das Rechtsstaatsprinzip aus Art. 20 III GG verstoße, welches die Verwaltung in ihrem Handeln gerade auf Recht und Gesetz verpflichte und daher mit dem Zweck der §§ 56 BBG, 36 BeamtStG nicht vereinbar sei.[1144] Wie sich an der umfangreichen Kasuistik zu § 44 VwVfG zeigt, ist die offenkundige Rechtswidrigkeit nicht leicht feststellbar. Sie kann insbesondere dann schwerlich angenommen werden, wenn die Weisung zuvor im Remonstrationsverfahren durch zwei übergeordnete Vorgesetzte bestätigt worden ist.[1145] Wollte man aber die §§ 56 II BBG, 36 II BeamtStG so ver-

1135 *Günther*, ZBR 1988, 297 (305)
1136 *Stratenwerth*, Verantwortung und Gehorsam, 1958, S. 110ff.; 165
1137 *Stratenwerth*, Verantwortung und Gehorsam, 1958, S. 197f.
1138 *Günther*, ZBR 1988, 297 (306)
1139 *Rux*, DÖV 2002, 985 (986); *Battis*, BBG, 3. Aufl. 2004, § 56 Rn. 4
1140 *Romann*, Remonstrationsrecht, 1996, S. 72; *Depenheuer*, DVBl 1992, 404 (408)
1141 *Günther*, ZBR 1988, 297 (306)
1142 *Günther*, ZBR 1988, 297 (306)
1143 *Günther*, ZBR 1988, 297 (306)
1144 *Hansen*, Fachliche Weisung, 1971, S. 241; *Romann*, Remonstrationsrecht, 1996, S. 101f.; *Leuze*, DÖV 1995, 1 (7); *Rittstieg*, ZBR 1970, 72 (78); *Rux*, DÖV 2002, 985 (991)
1145 *Depenheuer*, DVBl 1992, 404 (408); kritisch *Leuze*, DÖV 1995, 1 (7), der darstellt, dass die Fälle, in denen der nächsthöhere Vorgesetzte den unmittelbaren Vorgesetzten aus falsch verstandener Kameradschaft, fehlgeleitetem Korpsgeist u.a. deckt, ungleich häufiger sind, als die, in denen der remonstrierende Beamte Recht bekommt.

stehen, dass die Verbindlichkeit offenkundig rechtswidriger Weisungen entfalle, würde man dem angewiesenen Beamten ein zusätzliches Auslegungsrisiko aufbürden, das dieser nicht ohne weiteres schultern könne.[1146] Gewonnen würde damit zudem kein zusätzlicher Rechtmäßigkeitsgewinn, da das aus einer offenkundig rechtswidrigen Weisung hervorgehende Außenhandeln zumeist wegen § 44 I VwVfG ohnehin unwirksam ist und dem Bürger effektive Rechtsschutzmöglichkeiten dagegen zur Verfügung stehen.[1147]

Alle drei Versuche, die Unverbindlichkeit offenkundig rechtswidriger Weisungen zu begründen, vermögen nicht überzeugen, daher müssen solche Weisungen ohne Ausnahme vom Wortlaut der §§ 56 II 3 BBG, 36 II 3, 4 BeamtStG für verbindlich gehalten werden.[1148]

Überlegt wird ferner, ob ein Gehorchenmüssen für den Beamten bei Unzumutbarkeit etwa aus Gewissenskonflikten ausgeschlossen ist.[1149] Diese Fragestellung betrifft jedoch weniger die Verbindlichkeit der Weisung als solche sondern vielmehr die Reichweite der Gehorsamspflicht des einzelnen Beamten und muss daher hier nicht beantwortet werden.

Die persönliche Verantwortung des Beamten bedeutet, dass er für die Rechtmäßigkeit seiner dienstlichen Handlungen selbst einzustehen hat.[1150] Umfasst werden die drei Bereiche der vermögensrechtlichen Schadensersatzpflicht, der disziplinarrechtlichen Ahndung und der allgemeinen Sanktionen für die Verübung von Straftaten oder Ordnungswidrigkeiten.[1151]

Die Bestätigung der dienstlichen Anordnung durch den höheren Vorgesetzten im Remonstrationsverfahren führt grundsätzlich dazu, dass der Beamte hinsichtlich des angeordneten Verhaltens von der eigenen Verantwortung befreit wird (§§ 56 II 3 BBG, 36 II 3 BeamtStG). Er kann dann nicht persönlich zur Rechenschaft gezogen werden. Nicht das Bestehen des Befehls stellt ihn frei, sondern erst das Verfahrensinstrument der erfolglosen Remonstration.[1152]

Für den höheren Vorgesetzten ist die Bestätigung der Weisung selbst eine dienstliche Handlung, sodass er insoweit persönlich verantwortlich wird.[1153] Davon erfasst wird auch die Verantwortung für die Rechtmäßigkeit bzw. Rechtswidrigkeit der

1146 *Sauerland*, Die Verwaltungsvorschrift, 2005, S. 129

1147 *Günther*, ZBR 1988, 297 (306)

1148 So auch *Felix*, Das Remonstrationsrecht, 1993, S. 143; *Depenheuer*, DVBl 1992, 404 (408); a.A. Für evidente besonders schwere Verfassungsverstöße: *Battis*, BBG, 3. Aufl. 2004, § 56 Rn. 4

1149 *Günther*, ZBR 1988, 297 (307); *Weiß*, ZBR 1994, 325 (335)

1150 *Zängl* in: GKÖD, Bd. I, Lfg. 5/00, K § 56 Rn. 8

1151 *Zängl* in: GKÖD, Bd. I, Lfg. 5/00, K § 56 Rn. 14

1152 *Günther*, ZBR 88, 297 (311 Fn. 209)

1153 *Zängl* in: GKÖD, Bd. I, Lfg. 5/00, K § 56 Rn. 60; *Romann*, Remonstrationsrecht, 1996, S. 83f.

Handlung des angewiesenen Beamten, soweit diese auf der Bestätigung der Anordnung beruht.[1154] Die Verlagerung der persönlichen Verantwortung beschränkt sich jedoch auf das Innenverhältnis.[1155]

Die Verantwortlichkeit des handelnden Beamten bleibt nach den allgemeinen Regeln erhalten, wenn die Weisung absolut unverbindlich ist, d.h. das angeordnete Verhalten strafbar oder ordnungswidrig ist oder die Würde des Menschen verletzt.

2. Auswertung

Bei den §§ 56 II, III BBG, 36 II, III BeamtStG handelt es sich um eine Regelung des Beamtenrechts. Ihr Gegenstand ist das Verhältnis zwischen dem handelnden Beamten und seinen Vorgesetzten. Daher stehen die dem Beamten obliegenden Rechte und Pflichten im Vordergrund. Es wird festgelegt, wann er gehorchen muss und wann er den Gehorsam verweigern darf.

Verwaltungsvorschriften werden hier hingegen als Teil der objektiven Rechtsordnung, also gerade unabhängig von den Besonderheiten eines konkreten Rechtsverhältnisses, betrachtet. Deshalb konnten den §§ 56 II, III BBG, 36 II, III BeamtStG keine Aussagen über den Tatbestand der Rechtswidrigkeit bzw. Rechtmäßigkeit von Verwaltungsvorschriften entnommen werden.

Etwas anderes gilt jedoch, wenn es um die Rechtsfolgen der Rechtswidrigkeit geht. Das Beamtenrecht bestimmt das Verhalten des Beamten bei seiner Verwaltungstätigkeit. Es ist der „Beamte an der Front“, der letztlich gegenüber dem Bürger tätig wird. Damit reichen die §§ 56 II, III BBG, 36 II, III BeamtStG über das Beamtenverhältnis zwischen dem handelnden Beamten und seinen Vorgesetzten hinaus und erreichen die Außenrechtsbeziehung, in der sich Bürger und Staat gegenüberstehen. Die beamtenrechtlichen Bestimmungen darüber, wie der handelnde Beamte auf die Fehlerhaftigkeit von Verwaltungsvorschriften zu reagieren hat, sind folgerichtig bestimmend für das Schicksal rechtswidriger Verwaltungsvorschriften insgesamt.

Die §§ 56 II, III BBG, 36 II, III BeamtStG unterscheiden zwei Fehlertypen, an die sich verschiedene Folgen für die Verbindlichkeit der betroffenen Weisungen anschließen.

Qualifiziert rechtswidrige Verwaltungsvorschriften, bei denen das angeordnete Verhalten erkennbar strafbar oder ordnungswidrig ist oder die Würde des Menschen verletzt, müssen selbst nach einer Bestätigung im Remonstrationsverfahren nicht ausgeführt werden. Sie sind absolut unverbindlich. Einfach rechtswidrige, d.h. alle anderen materiell fehlerhaften Verwaltungsvorschriften begründen lediglich eine

1154 *Züngl* in: GKÖD, Bd. I, Lfg. 5/00, K § 56 Rn. 60; *Romann*, Remonstrationsrecht, 1996, S. 83f.

1155 *Züngl* in: GKÖD, Bd. I, Lfg. 5/00, K § 56 Rn. 60

Remonstrationspflicht. Werden sie im Verfahrensverlauf bestätigt, müssen sie befolgt werden. Sie sind dann ohne weitere Rücksicht auf ihre Rechtswidrigkeit verbindlich.[1156]

Aus der besonderen Rücksicht der §§ 56 II, III BBG, 36 II, III BeamtStG auf qualifiziert rechtswidrige Verwaltungsvorschriften wird klar, dass der schwerwiegende Mangel ihre Geltung unberührt lässt. Im Gegensatz zu Nicht-Verwaltungsvorschriften, bei denen die Entstehungsbedingungen nicht eingehalten wurden, hindert die qualifizierte Rechtswidrigkeit die Geltungsvermutung nicht. Die angeordnete absolute Unverbindlichkeit kann sich also nur auf die Anwendungsebene der Verwaltungsvorschriften beziehen. Der Beamte muss eine qualifiziert rechtswidrige Verwaltungsvorschrift nicht befolgen, sondern kann sie bei der Verwaltungstätigkeit außer Acht lassen. Jedem Beamten steht mithin in Bezug auf qualifiziert rechtswidrige Verwaltungsvorschriften die Nichtanwendungskompetenz zu. Dann ist ein Geltungsbeendigungsvorrang nicht gegeben. Normen, deren Anwendung wegen angenommener Fehlerhaftigkeit ohne die Herbeiführung einer formellen Geltungsentscheidung ausgesetzt werden kann, wurden als nichtig bezeichnet. Damit ergibt sich, dass Verwaltungsvorschriften, bei denen das angeordnete Verhalten erkennbar strafbar oder ordnungswidrig ist oder die Würde des Menschen verletzt, nichtig sind.

Auch die einfache Rechtswidrigkeit einer Verwaltungsvorschrift lässt ihre Geltungsvermutung intakt. Die §§ 56 II, III BBG, 36 II, III BeamtStG sehen bei Bedenken des Beamten gegen die Rechtswidrigkeit vielmehr vor, dass das Remonstrationsverfahren eingeleitet wird. Der Beamte besitzt keine Nichtanwendungskompetenz, sondern muss intern eine Geltungsentscheidung für die Verwaltungsvorschrift herbeiführen. Die Verwerfungskompetenz ist bei einfach rechtswidrigen Verwaltungsvorschriften damit innerhalb der Verwaltung beim Normurheber monopolisiert. Es besteht ein Geltungsbeendigungsvorrang. Bei Bestätigung der Verwaltungsvorschrift im Remonstrationsverfahren wird der Anwendungsvorrang des höheren Rechts im Interesse der Verwaltungseffizienz suspendiert. Einfach rechtswidrige Verwaltungsvorschriften sind verbindlich[1157] und müssen nach Bestätigung im Remonstrationsverfahren angewendet werden. Sie sind also nicht nichtig, sondern lediglich vernichtbar.

1156 Mit der Trennung zwischen Anwendungs- und Geltungsebene einer Norm im Sinne der Theorie von der autoritativen Geltungsbeendigung klärt sich der vorgebliche Widerspruch rechtswidriger, aber verbindlicher Normen auf. Weil die Rechtswidrigkeit die Geltung unberührt lässt, können auch rechtswidrige Normen verbindlich und anzuwenden sein. Die Geltungsvermutung trägt der Autorität des Normgebers ausreichend Rechnung, ohne dass es einer unhaltbaren „Vermutung der Rechtmäßigkeit" bedarf! Vgl. § 2 B I 1 c) und die sog. Vermutungslehre: *Stratenwerth*, Verantwortung und Gehorsam, 1958, S. 110ff.; 165

1157 *Barfuß*, Die Weisung, 1967, S. 58; *Remmert*, Jura 2004, 728 (729); *Steinberg*, AöR 110 (1985), 419 (433)

II. Gerichtliches Verfahren

Die zuvor untersuchten Regeln über das Remonstrationsverfahren betrafen das Verhältnis zwischen handelndem Beamten und seinen Vorgesetzten. Geklärt werden konnte der Umgang mit rechtswidrigen Verwaltungsvorschriften innerhalb der Verwaltung. Danach sind zwei Typen von materiell fehlerhaften Verwaltungsvorschriften zu unterscheiden. Qualifiziert rechtswidrige Verwaltungsvorschriften sind nichtig. Sie sind für den handelnden Beamten nicht verbindlich, er muss sie nicht anwenden. Einfach rechtswidrige Verwaltungsvorschriften sind demgegenüber trotz ihrer Fehlerhaftigkeit verbindlich und müssen Beachtung finden. Damit steht die verwaltungsmäßige Reaktion auf rechtswidrige Verwaltungsvorschriften fest. Offen ist noch, wie sich die Rechtswidrigkeit im Außenverhältnis, also gegenüber Bürgern und Gerichten, auswirkt.

Dazu ist zwischen den verschiedenen gerichtlichen Verfahrenstypen, bei denen Verwaltungsvorschriften eine Rolle spielen können, der Inzidentprüfung und der prinzipalen Normenkontrolle, zu unterscheiden.

1. Inzidentkontrolle

a) Art der gerichtlichen Entscheidung

Eine Inzidentkontrolle von Verwaltungsvorschriften findet bei Prozessen statt, in denen es nicht primär um eine Normenkontrolle geht, die betreffende Verwaltungsvorschrift jedoch entscheidungserheblich ist. Die Rechtswidrigkeit der Norm ist dann eine Vorfrage im Verfahren.[1158] Typisch dafür ist etwa eine Anfechtungsklage gegen einen belastenden Verwaltungsakt, der auf einer Ermessensrichtlinie beruht. Auf Grund der Außenwirkung von Verwaltungsvorschriften sind diese nicht nur Gegenstand, sondern auch Maßstab der gerichtlichen Kontrolle, welche die Rechtsanwendungsschritte der Verwaltung bestehend aus Gesetz, Verwaltungsvorschrift und Verwaltungsakt nachvollziehen muss.

Das Urteil bei Inzidentkontrollen ist nicht auf die fragliche Norm bezogen und ergeht daher nur inter partes, nicht erga omnes. Eine formelle Geltungsentscheidung kann daher nicht getroffen werden.[1159] Somit steht in den folgenden Ausführungen ein Verwerfungsrecht bezüglich der Verwaltungsvorschriften nicht in Rede, sondern es geht allein um die Anwendungsebene.

1158 *Heckmann*, Geltungskraft und Geltungsverlust von Rechtsnormen, 1997, S. 404

1159 Insbesondere fehlt es an einer § 95 III BVerfGG vergleichbaren gesetzlichen Regelung.

b) Entscheidungsbefugnis

Zu fragen ist also nach der Nichtanwendungskompetenz der Gerichte. Eine solche besteht nicht oder zumindest nicht auf jeder Ebene, wenn ein Geltungsvorrang gegeben ist, die Rechtsordnung also eine formale Geltungsentscheidung fordert, die über das konkrete Prozessverhältnis hinauswirkt. Bei einem Geltungsvorrang muss das Gericht, wenn es auf eine entscheidungserhebliche, mit dem Geltungsvorrang befangene Norm stößt, ein Sonderverfahren zur Geltungsentscheidung einleiten. An einer eigenen Rechtsentscheidung ist es gehindert.

Fraglich ist, ob das bei Verwaltungsvorschriften der Fall ist. Hierzu sind die verwaltungsvorschriftenbezogenen Sonderkonstellationen, die sich hinter den Schlagwörtern „keine Gleichheit im Unrecht", „Rechtszersplitterung" und „Umfang des richterlichen Prüfungsrechts" verbergen, näher zu beleuchten.

Die Forderung „keine Gleichheit im Unrecht"[1160] nimmt Bezug auf die Selbstbindungskonstruktion zur Außenwirkung von Verwaltungsvorschriften. Art. 3 I GG begründet nach der herrschenden Lehre keinen Anspruch auf Fehlerwiederholung.[1161] Daher soll sich niemand auf eine Verwaltungspraxis bzw. Verwaltungsvorschrift berufen können, die rechtswidrig ist.[1162] Andernfalls könnte die Verwaltung die Rechtsordnung aushebeln, indem sie vom Gesetz abweichende Verwaltungsvorschriften erließe.[1163] Ein Gleichbehandlungsanspruch kann nur mit Erfolg geltend gemacht werden, soweit das erstrebte Verwaltungshandeln rechtmäßig ist.

Schon auf der Grundlage der Selbstbindungskonstruktion konnten Verwaltungsvorschriften, wenn auch nur als Indiz für eine entsprechende Verwaltungsübung, zum Prozessgegenstand gemacht werden. Das angerufene Gericht soll dann die Rechtmäßigkeit der angesprochenen Verwaltungsvorschrift prüfen. Stellt es ihre Rechtswidrigkeit fest, wird die Verwaltungsvorschrift nicht angewendet. Es wird also von einer Nichtanwendungskompetenz der Gerichte jeder Instanz ausgegangen.

Oben wurde dargelegt, dass Verwaltungsvorschriften unmittelbare Außenwirkung kraft eigener Normativität haben und es dafür der Selbstbindungskonstruktion nicht bedarf. Damit ist der Anwendung des Schlagwortes „keine Gleichheit im Unrecht" die dogmatische Grundlage entzogen. Es bleibt zu prüfen, was an seiner Stelle nunmehr gelten muss.

Maurer geht davon aus, dass die Aussagen des Schlagwortes, d.h. die Unbeachtlichkeit rechtswidriger Verwaltungsvorschriften im Prozess verbunden mit einer entsprechenden Nichtanwendungskompetenz der Gerichte, auch dann Bestand ha-

1160 Siehe dazu *Pauly*, JZ 1997, 647; *Erichsen/Klüsche*, Jura 2000, 540 (545f.); *Kautz*, GewArch 2000, 230 (232); *Rechenbach*, NVwZ 1987, 383; BVerfG, StuW 1994, 354

1161 BVerwGE 58, 45(49); *Berg*, JuS 1980, 418 (420); *Erichsen/Klüsche*, Jura 2000, 540 (546); *Ossenbühl*, Verwaltungsvorschriften und Grundgesetz, 1968, S. 541

1162 *Erichsen/Klüsche*, Jura 2000, 540 (545f.); *Kautz*, GewArch 2000, 230 (232)

1163 BVerwGE 34, 278 (283); *Rechenbach*, NVwZ 1987, 383 (385); *Stober* in: Wolff/Bachof/Stober/Kluth, VerwR I, 12. Aufl. 2007, § 24 Rn. 27

ben, wenn man die Selbstbindungskonstruktion außer Acht lässt.[1164] Verwaltungsvorschriften als Rechtsquellen unterster Rangstufe müssten im Einklang mit dem höherrangigen Recht stehen, um verbindlich zu sein.[1165] Hier findet sich jedoch lediglich die gängige Vermischung von Tatbestand und Rechtsfolgen der Rechtswidrigkeit. Die Rangdifferenz begründet allein den Tatbestand der Rechtswidrigkeit der niederen Norm und trifft noch keine Aussagen über die sich daran anschließenden Rechtsfolgen wie etwa die Unbeachtlichkeit. Folgerungen für eine Nichtanwendungskompetenz der Gerichte lassen sich so nicht gewinnen.

Eine einheitliche Rechtsprechung wird generell durch den Instanzenzug der Gerichte gewährleistet. Für weitergehende Anforderungen müssen besondere Umstände für ein erhöhtes Erfordernis der Einheitlichkeit sprechen. Verwaltungsvorschriften werden zwar oft, aber nicht zwangsläufig von der Verwaltungsspitze erlassen. Die Weisungsbefugnis steht grundsätzlich jeder vorgesetzten Stelle im Verwaltungsaufbau zu. Schon durch die Vielzahl potentieller Normurheber kann es daher zu örtlich abweichenden Verwaltungsvorschriften kommen, was im Interesse des Eingehens auf vollzugsspezifische und lokale Einzelheiten unter Umständen sogar gewollt ist. Verwaltungsvorschriften sind typischerweise sach- und einzelfallbezogen, die erforderliche Einheitlichkeit wird nicht zuletzt durch das dem Verwaltungshandeln zu Grunde liegen Gesetz hergestellt. Dann sind keine Besonderheiten gegenüber anderen untergesetzlichen Rechtsnormen wie Rechtsverordnungen oder Satzungen ersichtlich. Mit dem Argument der Rechtsprechungseinheitlichkeit kann ein Geltungsvorrang für Verwaltungsvorschriften nicht begründet werden.

Das Prozessrecht wird vom Grundsatz der vollen richterlichen Prüfung des Verwaltungshandelns beherrscht. Einschlägige Normen werden im Prozess auf ihre Rechtmäßigkeit bzw. Rechtswidrigkeit hin untersucht und nur die Rechtmäßigen der Entscheidung zu Grunde gelegt. Die Einsetzung eines Geltungsvorranges ist daher besonders rechtfertigungsbedürftig.

Gerechtfertigt werden könnte ein Geltungsvorrang mit der besonderen Schutzbedürftigkeit der Autorität des Normurhebers. Die Verbindlichkeit einfach rechtswidriger Verwaltungsvorschriften gegenüber dem ausführenden Beamten wurde mit der Effizienz der Verwaltung begründet. Der einzelne untergeordnete Amtswalter soll nicht ohne weiteres Anweisungen seiner Vorgesetzten in Frage stellen und nach eigenem „Gutdünken“ missachten können. Im hierarchischen Aufbau ist die Entscheidungszuständigkeit zentralisiert, um „chaotische“ Zustände zu vermeiden und die Schlagkraft der Verwaltung zu erhalten. Dieses Argument trägt jedoch nicht auch Bedenken gegen eine gerichtliche Entscheidungszuständigkeit. Das Gerichtsverfahren ist vielmehr gerade auf solche Rechtsentscheidungen ausgelegt und bietet die hinreichende Gewähr für ein qualifiziertes Urteil.[1166] Mit dem Erlass von Ver-

1164 *Maurer*, Allg VerwR, 14. Aufl. 2002, § 24 Rn. 30
1165 *Maurer*, Allg VerwR, 14. Aufl. 2002, § 24 Rn. 30
1166 *Felix*, Das Remonstrationsrecht, 1993, S. 215f.

waltungsvorschriften kann eben nicht generell eine Letztentscheidungsbefugnis in Anspruch genommen werden, sondern nur abhängig von der geregelten Materie. Aber auch in Fällen der Einräumung von Ermessen oder anderer Gestaltungsspielräume ist die gerichtliche *Rechtmäßigkeits*kontrolle nicht eingeschränkt. Mithin ist gerade auch im Hinblick auf die Autorität des Normurhebers ein Geltungsvorrang von Verwaltungsvorschriften gegenüber der gerichtlichen Nachschau nicht gegeben. Die durch das Remonstrationsverfahren vorgesehene Verbindlichkeit der Entscheidung des nächsthöheren Vorgesetzten hat eine reine Binnenfunktion.[1167] Die Zulässigkeit der Handlungsform konnte im Hinblick auf den Grundsatz der Gewaltenteilung gerade nur erwiesen werden, weil sie eben keinen Einbruch in die Bereiche der Gesetzgebung und Rechtsprechung darstellt, sondern Beständigkeit nur in Anspruch nimmt, wo anderen Instanzen im Staat nicht das „letzte Wort" eingeräumt ist. Auf Grund der Tatsache, dass Verwaltungsvorschriften gegenüber dem höherrangigen Recht wie auch dem Richterspruch weichen müssen, kann man sie tatsächlich als relativ „schwaches Recht" bezeichnen.

c) Auswertung

Das Geltungsschema für Verwaltungsvorschriften lässt sich damit in folgender Weise erweitern: Gerichte jeder Ebene sind zur Verwerfung von Verwaltungsvorschriften befugt. Bei der Inzidentprüfung ist eine Geltungsentscheidung nicht gefordert, sondern die Lösung findet auf der Anwendungsebene statt, indem das Gericht eine rechtswidrige Verwaltungsvorschrift im Verfahren außer Acht lässt. Die beamtenrechtliche Differenzierung nach verschiedenen Fehlern und entsprechenden Verbindlichkeitsstufen spielt im Außenverhältnis zwischen Bürger, Gericht und Verwaltung – jedenfalls soweit es um die Primärebene des Verwaltungshandelns geht – keine Rolle.[1168]

2. Prinzipale Normenkontrolle

Bei der prinzipalen Normenkontrolle ist der Verfahrensgegenstand die Prüfung einer Rechtsvorschrift. Vor den Verwaltungsgerichten geschieht dies in Form der abstrakten Normenkontrolle nach § 47 VwGO.

1167 *Felix*, Das Remonstrationsrecht, 1993, S. 216

1168 Etwas Anderes kann gelten, wenn es um Fragen der Staatshaftung geht. Vgl. *W. Schmidt*, JuS 1971, 184 (187)

a) Zulässigkeit

Ob die abstrakte Normenkontrolle auch bei Verwaltungsvorschriften zulässig ist, ist umstritten. Zweifel betreffen einerseits das Problem, ob Verwaltungsvorschriften als Kontrollgegenstand überhaupt in Frage kommen, und andererseits konkrete Punkte der Zulässigkeit wie etwa, ob es im Verfahren gegen Verwaltungsvorschriften eine Antragsbefugnis geben kann. Darauf ist im Folgenden näher einzugehen.

Nach der herrschenden Meinung unterliegen Verwaltungsvorschriften nicht der abstrakten Normenkontrolle, da es sich bei ihnen nicht um (Außen-)Rechtssätze handeln soll.[1169] Zudem mache das Charakteristikum der flexiblen Bindungswirkung die Verwaltungsvorschriften für das auf generelle Wirkung im Urteil ausgelegte Verfahren nach § 47 VwGO untauglich.[1170]

Oben wurde die Außenwirkung aller Typen von Verwaltungsvorschriften dargelegt.[1171] Weil sich der schließlich im Außenverhältnis handelnde Amtswalter nach ihnen richten muss, sind Verwaltungsvorschriften bestimmend für eine Vielzahl von Fällen. Demnach kommt der Gesichtspunkt der Verfahrensökonomie, der zur Einführung der abstrakten Normenkontrolle führte, bei ihnen ebenso zum Tragen wie bei anderen Normgattungen.[1172]

Auch eine besondere „flexible" Bindungswirkung von Verwaltungsvorschriften konnte nicht erwiesen werden.[1173] Verwaltungsvorschriften können ebenso wie Rechtsverordnungen oder Satzungen nur durch eine entsprechende Änderungsvorschrift geändert werden. Für ein generelles Abgehen von einer Verwaltungsvorschrift reicht nicht ein beliebiger Beschluss – womöglich des dem Normurheber untergeordneten Ausführungsbeamten – aus, sondern es bedarf eines formalen actus contrarius zur Normaufhebung.[1174] Das gilt auch für „veraltete" Verwaltungsvorschriften. Verwaltungsvorschriften verlieren ihre Geltung nur durch eine autoritative formale Geltungsbeendigung. Geänderte Umstände mögen ihre inhaltliche Richtigkeit betreffen und haben dann Auswirkungen auf ein mögliches Rechtswidrigkeitsurteil, ein Geltungsfortfall kommt jedoch nicht in Betracht.[1175] Der Verbindlichkeitsanspruch, den die erlassende Stelle mit der Vorschriftengebung auslöst, lässt

1169 *Kopp/Schenke*, VwGO, 15. Aufl. 2007, § 47 Rn. 29; *Yersin*, Kritik der Lehre von den Staatsakten, 1978, S. 39; *Bock*, JA 2000, 390 (393); *Hill*, Das fehlerhafte Verfahren, 1986, S. 91ff; *Hill*, Jura 1986, 286 (Fn. 17); *Schenke*, DÖV 1979, 622 (624); *Saurer*, DÖV 2005, 587 (592); *Möstl* in: Erichsen/Ehlers, Allg VerwR, 13. Aufl. 2006, § 18 Rn. 37. Für eine differenzierende Betrachtung: BVerwG, DÖV 2005, 605 (606); BVerwGE 94, 335 (336f.); *Achterberg*, VerwArch 72 (1981), 163 (169f.)

1170 *Kopp/Schenke*, VwGO, 15. Aufl. 2007, § 47 Rn. 29; *Schenke*, DÖV 1979, 622 (624)

1171 1. Teil § 3

1172 Vgl. BVerwGE 94, 335 (338); *Beckmann*, DVBl 1987, 611 (614); *A. Leisner* in: FS Fürst, 2002, 185 (191); *A. Leisner*, JZ 2002, 219 (227); vgl. auch *Ehlers*, Jura 2005, 171

1173 So auch *Gusy*, NVwZ 1995, 105 (111)

1174 § 1 C I 3, 4

1175 § 1 B III

auch kein Abweichen im atypischen Fall zu.[1176] Die Eigenart der Verwaltungsvorschrift als Vollzugsinstrument mag den Normgeber veranlassen, öfter als bei anderen Rechtssätzen ausdrückliche Sonderfallvorbehalte vorzusehen, ob ein solcher vorliegt, ist jedoch eine inhaltliche Frage des Einzelfalls, die keine Abstriche bei der Bindungsintensität der Handlungsform an sich begründet. Schließlich trifft es auch nicht zu, dass Verwaltungsvorschriften anders als anderen Rechtsnormen kein Vorrang gegenüber Einzelweisungen zukommt. Die beamtenrechtliche Möglichkeit des Vorgesetzten, sich durch eine Einzelweisung über bestehende Vorschriften hinwegzusetzen, liegt in der durch die §§ 56 II BBG, 36 II BeamtStG angeordneten besonderen Ausführungspflicht gegenüber dem direkten Befehl und nicht in einer Schwäche der durchbrochenen Verwaltungsvorschrift. Im internen Verhältnis zwischen Vorgesetztem und ausführendem Beamten setzt sich der Befehl in gleicher Weise auch gegenüber anderen Rechtsvorschriften durch, sogar gegenüber solchen von Verfassungsrang. Wie zuvor dargelegt sind schließlich rechtswidrige Verwaltungsvorschriften nicht generell wirksam.[1177] Einfach rechtswidrige Verwaltungsvorschriften behalten zwar gegenüber dem gehorsamspflichtigen Amtswalter ihre Verbindlichkeit. Diese endet aber mit dem Innenbereich. Gerichte besitzen gegenüber Verwaltungsvorschriften jederzeit eine Nichtanwendungskompetenz. Verwaltungsvorschriften können im Prozess keinen Bestand haben, wenn sie rechtswidrig sind. Noch ist die Problematik der Verwerfungskompetenz bei anderen rechtswidrigen Verwaltungsrechtssätzen wie Rechtsverordnungen und Satzungen nicht endgültig geklärt. Doch auch bei ihnen wird vielfach vertreten, dass der einzelne Amtswalter keine eigene Verwerfungsbefugnis besitzt, sondern nach dem Scheitern eines internen Aufhebungs- bzw. Änderungsersuchens zur Ausführung verpflichtet sei.[1178]

Es zeigt sich, dass sich Verwaltungsvorschriften in ihren Normeigenschaften unter Rechtsschutzgesichtspunkten nicht so signifikant von anderen abstrakt-generellen Handlungsformen unterscheiden, dass eine Normenkontrolle ausgeschlossen wäre. Verwaltungsvorschriften sind Rechtsvorschriften im Sinne von § 47 VwGO und ein grundsätzlich zulässiger Gegenstand der abstrakten Normenkontrolle.[1179]

1176 1. Teil § 6 B

1177 § 2 B II 1 b

1178 Siehe dazu *Wehr*, Inzidente Normverwerfung, 1998; *Engel*, Zur Normverwerfungskompetenz einer Behörde, NVwZ 2000, 1258; *Gril*, Normprüfungs- und Normverwerfungskompetenz der Verwaltung, JuS 2000, 1080; *Ossenbühl*, Normenkontrolle durch die Verwaltung, DV 2 (1969), 393; *Pietzcker*, Inzidentverwerfung rechtswidriger untergesetzlicher Rechtsnormen durch die Verwaltung, DVBl 1986, 806; derselbe, AöR 101 (1976), 374; *Ehlers* in: Erichsen/Ehlers, Allg. VerwR, 13. Aufl. 2006, § 2 Rn. 117ff.

1179 Ebenso VGH B.-W., ESVGH 23, 90 (91) für die Festlegung der Wochenarbeitszeit von Lehrern in Verwaltungsvorschriften; *Ehlers*, Jura 2005, 171 (172f.); *Beckmann*, DVBl 1987, 611 (615); *A. Leisner* in: FS Fürst, 2002, 185 (199); *A. Leisner*, JZ 2002, 219 (227); *Sauerland*, Die Verwaltungsvorschrift, 2005, S. 423; *Ossenbühl*, Verwaltungsvorschriften und GG,1968, S. 555; *Rudisile*, Verwaltungsvorschriften, 1987, S. 365, allerdings beschränkt auf Verwaltungsvorschriften mit Exekutivspielraum. Differenzierend: *Hill*, Das fehlerhafte Verfahren, 1986, S. 92ff.

Durch das 6. VwGOÄndG[1180] wurde eine § 42 II VwGO vergleichbare Antragsbefugnis als Zulässigkeitsvoraussetzung eingeführt. Der Normenkontrollantragsteller muss gemäß § 47 II 1 VwGO geltend machen, durch die Vorschrift oder ihren Anwendung in seinen Rechten verletzt zu sein oder in absehbarer Zeit verletzt zu werden. Weil Verwaltungsvorschriften nur auf verwaltungsinterne Regelungen gerichtet seien, sollen sie eine Antragsbefugnis nicht vermitteln können.[1181] Demgegenüber wurde in § 6 A des ersten Teils der Arbeit dargelegt, dass Verwaltungsvorschriften sehr wohl eine subjektiv-rechtliche Qualität haben können, etwa wenn sie gesetzlich vorgesehene Rechtspositionen konkretisieren und ausformen. Eine unmittelbare Anspruchsbegründung findet außerdem statt, wenn durch Verwaltungsvorschriften Verteilungsentscheidungen getroffen werden wie in Subventionsrichtlinien. Ob Verwaltungsvorschriften die Rechtsstellung des Einzelnen berühren, ist also eine Frage des Einzelfalls und nicht der Handlungsform. Daher kann bei Verwaltungsvorschriften das Fehlen der Antragsbefugnis nicht generell angenommen werden.

b) Auswertung

Das stattgebende Urteil der abstrakten Normenkontrolle ist gemäß § 47 V 2 VwGO allgemein-verbindlich. Durch die Nichtigerklärung wird die Verwaltungsvorschrift verworfen. Auf diesem Wege kann also gerichtlich eine formelle Geltungsentscheidung erreicht werden, die gegebenenfalls zur Geltungsbeendigung führt.

3. Gerichtliche Rechtsfolgeanordnung

Gerichte sind grundsätzlich uneingeschränkt – je nach Verfahrensart – zur Verwerfung oder Nichtanwendung materiell fehlerhafter Verwaltungsvorschriften befugt. Es stellt sich darüber hinaus die Frage, ob rechtswidrige Vorschriften in jedem Fall verworfen bzw. außer Acht gelassen werden müssen oder ob es Fälle gibt, in denen die Gerichte rechtswidrige Vorschriften ausnahmsweise nicht verwerfen dürfen bzw. weiter anwenden müssen.

Es wird davon ausgegangen, dass die vom Bundesverfassungsgericht entwickelte Figur der bloßen Unvereinbarerklärung auch im Verwaltungsprozess zum Einsatz kommen kann.[1182] Der Wortlaut von § 47 V 2 VwGO stehe dem nicht entgegen.[1183]

1180 BGBl. I 1996, S. 1626ff.

1181 *Kopp/Schenke*, VwGO, 15. Aufl. 2007, § 47 Rn. 29; *Bock*, JA 2000, 390 (393); *Schenke*, DÖV 1979, 622 (629); vgl auch *Ehlers*, Jura 2005, 171 (173) unter Verweis auf Ausnahmen bei normkonkretisierenden Verwaltungsvorschriften

1182 *Hahn*, Verwaltungsgerichtlicher Schutz, 2004, S. 130; *Achterberg*, VerwArch 72 (1981), 163 (182); *Kopp/Schenke*, VwGO, 14. Aufl. 2005, § 47 Rn. 126; *Ehlers*, Jura 2005, 171 (173f.)

1183 *Hahn*, Verwaltungsgerichtlicher Schutz, 2004, S. 130

Zwar sei dort eine Entscheidung zwischen Nichtigerklärung und Unvereinbarerklärung gerade nicht vorgesehen, sie sei jedoch andererseits auch nicht ausdrücklich ausgeschlossen.[1184] Man könne die Unvereinbarerklärung vielmehr als wesensgleiches Minus zur Nichtigerklärung auffassen.[1185] Sei das Gericht aus verfassungsrechtlichen Gründen am Ausspruch der Nichtigkeitsfolge gehindert, würde das einfache Prozessrecht ohnehin „von oben" überspielt.[1186]

Es sind also keine verwaltungsprozessualen Hemmnisse oder sonstigen Unterschiede zum Verfassungsprozessrecht ersichtlich, die gegen eine Unvereinbarerklärung sprächen. Allerdings hat das Rechtsinstitut grundsätzlich Berechtigung nur in den vom Bundesverfassungsgericht entwickelten Ausnahmefallkonstellationen.[1187] Es soll daher im Folgenden exemplarisch erörtert werden, inwiefern Verwaltungsvorschriften überhaupt unter diese Fallgruppen fallen können und ob der Anwendungsbereich der Unvereinbarerklärung für untergesetzliche Rechtsnormen erweitert werden kann oder vielleicht sogar muss.

a) Gleichheitswidriger Begünstigungsausschluss

Gefestigt ist die Rechtsprechung zur Unvereinbarerklärung beim so genannten gleichheitswidrigen Begünstigungsausschluss.[1188] Es handelt sich um eine verfassungswidrige Normenrelation, bei der die Rechtswidrigkeit der begünstigenden Norm nicht aus der Regelung an sich folgt, sondern aus dem Umstand, dass der Rechtssatz – bewusst oder unbewusst – eine bestimmte Gruppe unter Verstoß gegen Art. 3 I GG von der Regelung ausnimmt.[1189] Zur Auflösung dieser Lage gibt es logisch zwei Möglichkeiten: Zum einen kann die Vorschrift ganz aufgehoben werden mit der Folge, dass die Begünstigung für alle wegfällt, und zum anderen können die bisher Ausgeschlossenen in den Regelungsbereich einbezogen werden und dann ebenfalls die Begünstigung erhalten. Die Wahl zwischen diesen beiden Alternativen ist eine politische Entscheidung, die im gewaltenteilenden Staat grundsätzlich keinem Gericht, auch nicht dem Bundesverfassungsgericht zusteht.[1190] Einem Gericht ist eine Nichtigerklärung versagt, die nicht nur kassatorischen, sondern auch legisla-

1184 *Hahn,* Verwaltungsgerichtlicher Schutz, 2004, S. 130

1185 *Hahn,* Verwaltungsgerichtlicher Schutz, 2004, S. 130; *Ehlers*, Jura 2005, 171 (174)

1186 *Hahn*, Verwaltungsgerichtlicher Schutz, 2004, S. 130f.

1187 Auch wenn die Unvereinbarerklärung praktisch bei einem erheblichen Teil der entschiedenen Fälle Anwendung findet: *Ipsen*, Rechtsfolgen der Verfassungswidrigkeit von Norm und Einzelakt, 1980, S. 141

1188 Vgl. zum Ganzen: *Ipsen*, Rechtsfolgen der Verfassungswidrigkeit von Norm und Einzelakt, 1980, S. 109ff.

1189 *Ipsen*, Rechtsfolgen der Verfassungswidrigkeit von Norm und Einzelakt, 1980, S. 214; *Moench*, Verfassungswidriges Gesetz und Normenkontrolle, 1977, S. 48; *Maunz*, BayVBl 1980, 513 (517)

1190 *Maunz*, BayVBl 1980, 513 (517)

torischen Charakter hat.[1191] Zudem spielt hier eine gesetzestechnische Zufälligkeit eine Rolle: Die Norm kann entweder so formuliert sein, dass ausdrücklich die Begünstigten oder die Ausgeschlossenen genannt werden.[1192] Werden im Normtext die Ausgeschlossenen aufgeführt, kann der Adressatenkreis durch eine Teilnichtigerklärung erweitert werden.[1193] So verfährt das Bundesverfassungsgericht, wenn die dadurch bewirkte Ausdehnung verfassungsrechtlich geboten ist.[1194] Im umgekehrten Fall, dass nur die Begünstigten ausdrücklich genannt werden, kann die Vorschrift auch nur insgesamt für nichtig erklärt werden.[1195] Eine Normtextergänzung wäre ein untragbarer Eingriff in die „Gestaltungsfreiheit des Gesetzgebers"[1196], dies gelte selbst dann, wenn die Aufnahme einer Gruppe in den Regelungsbereich verfassungsrechtlich geboten ist.[1197] Gerade im letzten Fall hilft eine Nichtigerklärung also nicht weiter, so dass das Gericht lediglich die Unvereinbarkeit der Norm mit dem Grundgesetz ausspricht.

Verwaltungsvorschriften werden als Ermessensrichtlinien oder Subventionserlasse sehr häufig im Bereich der gewährenden Verwaltung eingesetzt. Solche begünstigenden Verwaltungsvorschriften können dann in gleicher Weise wie Leistungsgesetze anfällig sein für den Fehlertypus des „gleichheitswidrigen Begünstigungsausschlusses". Hier ist zu beachten, dass die Verwaltung als eigenständige Staatsfunktion konstituiert ist. Dient eine begünstigende Verwaltungsvorschrift der Ausfüllung eines der Verwaltung eingeräumten Spielraumes und ist sie nur deshalb rechtswidrig, weil sie unter Missachtung des Gleichheitssatzes eine bestimmte Gruppe von Leistungsbewerbern zu Unrecht von der Begünstigung ausschließt, ist das Gericht ebenso wie bei Gesetzen zur Zurückhaltung bei der Tenorierung berufen. Um die Entscheidungszuständigkeit der Verwaltung im Rahmen der von ihr verfolgten Verteilungspolitik zu wahren, ist ihm die Nichtigerklärung der betroffenen Verwaltungsvorschrift versagt. Stattdessen muss das erkennende Gericht die

1191 *C. Böckenförde*, Die sog. Nichtigkeit verfassungswidriger Gesetze, 1966, S. 84; *Maurer*, FS Weber, 1974, 345 (353); *Graßhof*, Die Vollstreckung von Normenkontrollentscheidungen, 2003, S. 131

1192 *C. Böckenförde*, Die sog. Nichtigkeit verfassungswidriger Gesetze, 1966, S. 84f.; *Ipsen*, Rechtsfolgen der Verfassungswidrigkeit von Norm und Einzelakt, 1980, S. 109; *Moench*, Verfassungswidriges Gesetz und Normenkontrolle, 1977, S. 48

1193 *Ipsen*, Rechtsfolgen der Verfassungswidrigkeit von Norm und Einzelakt, 1980, S. 109

1194 *C. Böckenförde*, Die sog. Nichtigkeit verfassungswidriger Gesetze, 1966, S. 85; *Moench*, Verfassungswidriges Gesetz und Normenkontrolle, 1977, S. 51f.; vgl. BVerfGE 37, 217 (260); 22, 349 (361f.)

1195 *Maurer*, FS Weber, 1974, 345 (349)

1196 BVerfGE 73, 40 (101); 37, 217 (260); 22, 349 (361). Der vom BVerfG verwendete Begriff der Gestaltungsfreiheit ist missverständlich: richtigerweise geht es nicht um eine inhaltliche Zurückhaltung, sondern um die Wahrung der Zuständigkeit des Normgebers in der staatlichen Funktionenordnung. So *Schlaich/Korioth*, BVerfG, 7. Aufl. 2007, Rn. 411; *Moench*, Verfassungswidriges Gesetz und Normenkontrolle, 1977, S. 51; *Frenz*, DÖV 1993, 847 (850)

1197 *C. Böckenförde*, Die sog. Nichtigkeit verfassungswidriger Gesetze, 1966, S. 85

Unvereinbarkeit der betreffenden Verwaltungsvorschrift mit den Anforderungen des Gleichheitssatzes feststellen.

Dies kann jedoch im Regelfall nicht mit einer Anordnung der weiteren Anwendung verbunden werden. Die mit der Unvereinbarerklärung verbundene Anwendungssperre reicht aus, um das Verfahren des klagenden Leistungsbewerbers offen zu halten. Der Erlass von Verwaltungsvorschriften ist weitgehend formlos möglich, sodass eine umgehende Vorschriftenanpassung erreichbar ist. Anders als beim behäbigen Gesetzgebungsverfahren wird die Gefahr eines der Verfassung noch ferner stehenden regellosen Zustands, der nicht einmal für einen kurzen Zeitraum vorübergehend hingenommen werden kann, gewöhnlich nicht zu befürchten sein. Zudem kommt bei Begünstigungen auch eine rückwirkende Änderung der Erlasslage in Betracht.

Die Anordnung der weiteren Anwendbarkeit ist für Verwaltungsvorschriften jedoch nicht ausgeschlossen. Allerdings müssen weitere Besonderheiten hinzukommen. Solche Besonderheiten können etwa bei Subventionsrichtlinien auftreten, wenn sich das Haushaltsjahr dem Ende zuneigt und der entsprechende Haushaltstitel bereits weitgehend erschöpft ist, sodass für eine völlige Neuregelung ohnehin kein Raum ist und der Ausschluss nicht mehr als Teil einer neuen Gestaltung für die Zukunft, sondern als schlicht willkürlich gesehen werden muss.[1198]

Erforderlich ist grundsätzlich eine Abwägung zwischen dem Grundsatz der Vernichtung rechtswidrigen Rechts und möglicherweise betroffenen und die Weiteranwendung erfordernden überragenden Gütern des Gemeinwohls.[1199]

b) Rechtliches Chaos

In verschiedenen Unvereinbarerklärungen des Bundesverfassungsgerichts taucht der Gedanke auf, dass eine Nichtigerklärung auch unterbleiben müsse, um das Entstehen einer Lücke im Normengefüge zu verhindern.[1200] Eine solche Verwendung der Unvereinbarerklärung, die allein auf die damit verbundene Rechtsfolge der Anordnung der weiteren Anwendung der Norm abzielt, ist an sich unzulässig.[1201] Ausnahmswei-

1198 Vgl. *Berg*, JuS 1980, 418 (421) und VGH B.-W., DVBl 1972, 186 (187); *Kirchhof* in: Isensee/Kirchhof, Hdb. d. StaatsR V, 2. Aufl. 2000, § 125 Rn. 88f.

1199 VGH B.-W., DVBl 1972, 186 (187f.); *Kirchhof* in: Isensee/Kirchhof, Hdb. d. StaatsR V, 2. Aufl. 2000, § 125 Rn. 88

1200 BVerfGE 73, 40 (102); 61, 319 (356); 37, 217 (261); *Schlaich/Korioth*, Das BVerfG, 7. Aufl. 2007, Rn. 405; *Diekötter*, Die Auswirkung von Verfahrensfehlern, 1997, 96

1201 *Schlaich/Korioth*, Das BVerfG, 7. Aufl. 2007, Rn. 405; *Moench*, Verfassungswidriges Gesetz und Normenkontrolle, 1977, S. 46; a.A.: *Graßhof* in: Umbach/Clemens/Dollinger, BVerfGG, 2. Aufl. 2005 § 78 Rn. 36

se ist jedoch diese Variante der Unvereinbarerklärung zur Gewährung einer Übergangsfrist akzeptabel.[1202]

Verwaltungsvorschriften, die eine Regelung enthalten, die so unentbehrlich ist, dass die Fortgeltung der Norm aus verfassungsrechtlichen Gründen angeordnet werden muss, wenn ihre Rechtswidrigkeit festgestellt wird, betreffen ohne Frage wesentliche Materien, sollten also eigentlich überhaupt nicht vorkommen.

Das Bundesverfassungsgericht hat allerdings in einer Reihe von Fällen, in denen eine verfassungsrechtlich ursprünglich unbedenkliche Maßnahme auf Grund einer gewandelten Rechtsauffassung oder völlig veränderter tatsächlicher Umstände, die der bisherigen Regelung zu Grunde lagen, verfassungsrechtlich bedenklich geworden ist, die Notwendigkeit von Übergangsfristen anerkannt, in denen die Gelegenheit zu einer verfassungsmäßigen (Neu-)Regelung besteht.[1203] Eine solche Übergangsfrist könne insbesondere dann notwendig sein, wenn eine sonst eintretende Funktionsunfähigkeit staatlicher Einrichtungen vermieden werden soll, die der verfassungsmäßigen Ordnung noch ferner stünde als der bisherige Zustand.[1204]

Diese Fallgruppe ist für Verwaltungsvorschriften besonders unter den Vorzeichen der so genannten Wesentlichkeitstheorie aktuell. Auch wenn inzwischen die Geltung des Gesetzesvorbehalts auch in den früheren besonderen Gewaltverhältnissen anerkannt ist, sind doch noch längst nicht alle „Altfälle" bereinigt, wie sich immer wieder zeigt.

So hat das Bundesverwaltungsgericht erst mit Urteil vom 17. Juni 2004 ausgesprochen, dass die Beihilfevorschriften des Bundes gegen den Vorbehalt des Gesetzes verstoßen.[1205] Gleichzeitig hat es in dem Urteil jedoch ihre Weitergeltung für eine Übergangszeit angeordnet.[1206] Die Beihilfevorschriften hätten hinsichtlich ihres Inhalts bislang in aller Regel keinen Anlass zu Beanstandungen aus der Sicht höherrangigen Rechts geboten.[1207] Mit der weiteren Anwendung werde gewährleistet, dass die Leistungen im Falle der Krankheit, Pflegebedürftigkeit und Geburt nach einem einheitlichen Handlungsprogramm erbracht werden.[1208] Diesen Ansatz hat das Gericht auch noch mit Urteil vom 28. Mai 2008 weiterverfolgt und dann erst die Übergangsfrist auf das Ende der laufenden Legislaturperiode begrenzt.[1209] Zwar sei die

1202 *Schlaich/Korioth*, Das BVerfG, 7. Aufl. 2007, Rn. 407; *Dieköter*, Die Auswirkung von Verfahrensfehlern, 1997, 96
1203 BVerfGE 51, 268 (287f.); 33, 1 (13)
1204 BVerfGE 51, 268 (288); zustimmend *Maunz*, BayVBl 1980, 513 (517); *Dieköter*, Die Auswirkung von Verfahrensfehlern, 1997, 96; vgl. auch *Graßhof* in: Umbach/Clemens/Dollinger, BVerfGG, 2. Aufl. 2005 § 78 Rn. 41, 51
1205 BVerwGE 121, 103
1206 BVerwGE 121, 103 (111)
1207 BVerwGE 121, 103 (111)
1208 BVerwGE 121, 103 (111)
1209 BVerwG, Az.: 2 C 108.07, www.bundesverwaltungsgericht.de

Regelung des abgrenzbaren Bereichs der Beihilfe im Wege eines Einzelgesetzes technisch ohne Weiteres möglich wie die landesrechtlich geschaffenen Ermächtigungsgrundlagen in den Landesbeamtengesetzen sowie die darauf beruhenden Beihilfeverordnungen zeigten.[1210] Angesichts der Bedeutung der Regelungsmaterie sei das Fortdauern der Übergangsfrist jedoch noch hinnehmbar.[1211] Dies sei auch sachlich gerechtfertigt, weil es zum gegenwärtigen Zeitpunkt noch nicht vertretbar sei, Beihilfeansprüche lediglich nach den Kriterien der Notwendigkeit und Angemessenheit zu bescheiden, sämtliche vorhandenen und, abgesehen vom Verstoß gegen den Gesetzesvorbehalt, mit dem höherrangigen Recht prinzipiell vereinbaren Regelungen über Leistungsbeschränkungen von der Anwendbarkeit zu Lasten des Bundeshaushalts jedoch auszuschließen.[1212] Schließlich solle mit der Anordnung der Weiteranwendung der Beihilfevorschriften auch verhindert werden, dass Beihilfeberechtigte in Folge der Vernichtung der Beihilfebestimmungen überhaupt keine Beihilfe erhalten und dadurch ein mit dem verfassungsrechtlichen Fürsorgegrundsatz unvereinbares Leistungsvakuum entstehe.[1213]

Die Diagnose aus dem Beschluss vom 13. Juni 1979, dass noch nicht abschließend geklärt sei, welche konkreten Entscheidungen der Gesetzgeber selbst treffen müsse, was also „wesentlich" in diesem Sinne sei,[1214] ist daher auch heute noch zutreffend. Damit einher gehen dann auch Fälle, in denen durch Verwaltungsvorschrift unverzichtbare Regelungen zu wesentlichen Sachverhalten getroffen werden.

In Fällen, in denen die materielle Rechtswidrigkeit einer Verwaltungsvorschrift allein auf einem Verstoß gegen den Gesetzesvorbehalt beruht, stellt die gerichtliche Anordnung der weiteren Anwendung der Verwaltungsvorschrift für eine Übergangsfrist eine sachgerechte Lösung dar.[1215]

Allerdings ist bei der Zubilligung von Übergangsfristen nach der Schwere des Eingriffs zu differenzieren: Je tiefergreifend eine Verwaltungsmaßnahme Rechte des Betroffenen berührt, desto strengere Anforderungen sind an die Einräumung von Übergangsfristen und die innerhalb dieser Fristen unerlässlichen Maßnahmen zu stellen.[1216]

c) Grundsatz der Normerhaltung

Bisher ohne unmittelbaren Bezug zum richterlichen Rechtsfolgeausspruch im Prozess wird in der Literatur das Bestehen eines allgemeinen Grundsatzes der Normer-

1210 BVerwG, Az.: 2 C 108.07, www.bundesverwaltungsgericht.de, Rn. 11
1211 BVerwG, Az.: 2 C 108.07, www.bundesverwaltungsgericht.de, Rn. 12
1212 BVerwG, Az.: 2 C 108.07, www.bundesverwaltungsgericht.de, Rn. 12
1213 BVerwG, Az.: 2 C 108.07, www.bundesverwaltungsgericht.de, Rn. 12
1214 BVerfGE 51, 268 (290)
1215 BVerwG, Az.: 2 C 108.07, www.bundesverwaltungsgericht.de, Rn. 13
1216 BVerfGE 51, 268 (288)

haltung diskutiert.[1217] Die hohe Fehleranfälligkeit untergesetzlicher Normen und die Befürchtung des massenhaften Scheiterns solcher Vorschriften im Gerichtsprozess haben zur Einführung verschiedener Erhaltungsregelungen insbesondere im Städtebaurecht (§§ 214 ff. BauGB) sowie im Kommunalrecht[1218] und in weiteren Bereichen[1219] geführt.[1220] Diese positiven Normierungen werden als Ausdruck eines gemeinsamen Rechtsgedankens verstanden, wonach bei der Rechtswidrigkeit einer Norm für die Fehlerfolge die verschiedenen durch die Erhaltung oder Nichtigerklärung jeweils berührten Schutzgüter im Sinne eines Optimierungsgebotes abzuwägen sind.[1221]

Weitgehende Einigkeit besteht darüber, dass es sich beim Grundsatz der Normerhaltung nicht um ein rechtssatzförmiges, sondern lediglich um ein offenes Rechtsprinzip handelt.[1222] Einzelfallentscheidungen sind auf seiner Grundlage nicht unmittelbar möglich.[1223] Vielmehr bedarf der allgemeine Erhaltungsgedanke der Konkretisierung durch den Gesetzgeber und die Rechtsprechung.[1224] Der Rechtsprechung sind dabei methodisch Grenzen durch das Verbot der gesetzesübersteigenden Rechtsfortbildung gesetzt. Nur bei Vorliegen eines zwingenden Grundes darf der Richter ausnahmsweise über den Plan des Gesetzes hinaus rechtsschöpferisch tätig werden, wobei die Zwecke und Wertordnungen der Rechtsordnung zu beachten sind.[1225]

In Bezug auf die gerichtliche Rechtsfolgeanordnung für als rechtswidrig erkannte Rechtsvorschriften wird angenommen, dass ein solcher zwingender Grund im Grundsatz der Verhältnismäßigkeit gesehen werden könne.[1226] Eine Nichtigerklärung von Normen scheide als unverhältnismäßig aus, wenn mit der Nichtigerklärung mehr zerstört werde, als die festgestellte Rechtswidrigkeit bei geringfügigen Normierungsmängeln rechtfertigen könne.[1227]

Um die Frage beantworten zu können, ob diese Meinung Zustimmung verdient, ist zunächst zu klären, ob der Grundsatz der Verhältnismäßigkeit überhaupt in der

1217 *Steinwede*, Planerhaltung, 2003, S. 248; *Käß*, Inhalt und Grenzen des Grundsatzes der Planerhaltung, 2002, S. 22; *Sendler*, DVBl 2002, 1412 (1413); derselbe, FS Hoppe, 2000, 1011 (1013); *Kopp/Schenke*, VwGO, 14. Aufl. 2005, § 47 Rn. 118; vgl. auch *vArnauld*, Rechtssicherheit, 2006, S. 298

1218 Vgl. § 7 VI GO NW

1219 § 10 ROG

1220 BVerwG, DVBl 1980, 230 (232); *Ossenbühl*, NJW 1986, 2805 (2806)

1221 *Oebbecke*, NVwZ 2003, 1313 (1316f.); *Steinwede*, Planerhaltung, 2003, S. 249; *Sendler*, DVBl 2002, 1412 (1413)

1222 *Steinwede*, Planerhaltung, 2003, S. 249f.; *Käß*, Inhalt und Grenzen des Grundsatzes der Planerhaltung, 2002, S. 256; *Sendler*, FS Hoppe, 2000, 1011 (1014).

1223 *Steinwede*, Planerhaltung, 2003, S. 249f.

1224 *Steinwede*, Planerhaltung, 2003, S. 250; *Sendler*, DVBl 2002, 1412 (1413)

1225 *Steinwede*, Planerhaltung, 2003, S. 223

1226 *Sendler*, FS Hoppe, 2000, 1011 (1013f.)

1227 *Sendler*, FS Hoppe, 2000, 1011 (1014 Fn. 11); vgl. auch *Ossenbühl*, NJW 1986, 2805 (2808): „Die temporäre Tolerierung der Illegalität kann das kleinere Übel sein."

Beziehung zwischen Normenkontrollgericht und Normgeber gilt und welche Ausprägung er dort annimmt. Sodann ist zu untersuchen, ob auf der Grundlage dieser Ergebnisse eine Normerhaltung durch Richterspruch für Verwaltungsvorschriften in Betracht kommt.

Die Geltung des Verhältnismäßigkeitsgrundsatzes im Staatsorganisationsrecht ist heftig umstritten.[1228] In der Rechtsprechung des Bundesverfassungsgerichts ist keine klare Linie erkennbar.[1229] Ausgangspunkt des Streites ist die Verortung des Geltungsgrundes für das Verhältnismäßigkeitsprinzip.

Sieht man seine Grundlage in den Grundrechten,[1230] scheidet eine staatsinterne Wirkung aus.[1231] Dies greift jedoch zu kurz: Nach einhelliger Auffassung ist das gesamte öffentliche Recht dem Grundsatz der Verhältnismäßigkeit unterworfen.[1232] Andere wollen daher das Rechtsstaatsprinzip als Grundlage heranziehen.[1233] Das Übermaßverbot sei eng mit der materiellen Gerechtigkeit verbunden.[1234] Um aus dem Rechtsstaatsprinzip jedoch Aussagen zur Reichweite und zum Anwendungsbereich des Verhältnismäßigkeitsprinzips zu entnehmen, fehlt es an einer konkreten und substantiellen Ableitung.[1235] Die bloße Bezugnahme auf das Rechtsstaatsprinzip führt dazu, dass letztlich in die Klausel hineingelegt wird, was sodann aus ihr herausgelesen werden soll.[1236] Schließlich wird die Meinung vertreten, dass der Verhältnismäßigkeitsgrundsatz immer dann seine Maßstabswirkung entfalte, wenn das Grundgesetz eine Regel-Ausnahme-Konstellation normiere.[1237] Damit werden jedoch allenfalls die Anwendungsvoraussetzungen bestimmt, ohne dass die dogmatisch vorrangige Frage nach dem Geltungsgrund beantwortet ist.[1238]

Richtigerweise ergibt sich die Geltung des Verhältnismäßigkeitsgrundsatzes als Kompetenzausübungsschranke aus dem Vorrang der Verfassung.[1239] Der Vorrang der Verfassung (Art. 1 III, 20 III, 79, 93, 100) verlangt, dass Verfassungsbestimmungen so ausgelegt werden, dass ihr normativer Gehalt besonders effektiv zur Geltung kommt.[1240] Nach dem Grundsatz der praktischen Konkordanz sind einander widerstreitende Verfassungsgüter bei der Rechtsanwendung zu einem möglichst

1228 *Heusch*, Der Grundsatz der Verhältnismäßigkeit im Staatsorganisationsrecht, 2003, S. 232

1229 So *Heusch*, Der Grundsatz der Verhältnismäßigkeit im Staatsorganisationsrecht, 2003, S. 232; vgl. BVerfGE 81, 310 (338) einerseits und BVerfGE 106, 62 (149) andererseits.

1230 *Jarass* in: Jarass/Pieroth, GG, 10. Aufl. 2009, Art. 20 Rn. 80

1231 *Heusch*, Der Grundsatz der Verhältnismäßigkeit im Staatsorganisationsrecht, 2003, S. 233

1232 *Jung*, Maßstäbegerechtigkeit, 2008, S. 134f.; *Ossenbühl*, FS Lerche, 1993, 151 (153)

1233 *Jarass* in: Jarass/Pieroth, GG, 10. Aufl. 2009, Art. 20 Rn. 80; *Sommermann* in: vMangoldt/Klein/Starck, GG, Bd. 2, 5. Aufl. 2005, Art. 20 Rn. 308; *Jung*, Maßstäbegerechtigkeit, 2008, S. 134; *Ehlers*, DVBl 2000, 1301 (1307)

1234 *Jung*, Maßstäbegerechtigkeit, 2008, S. 137

1235 *Heusch*, Der Grundsatz der Verhältnismäßigkeit im Staatsorganisationsrecht, 2003, S. 233

1236 *Heusch*, Der Grundsatz der Verhältnismäßigkeit im Staatsorganisationsrecht, 2003, S. 233

1237 Vgl. *Ossenbühl*, FS Lerche, 1993, 151 (155)

1238 *Heusch*, Der Grundsatz der Verhältnismäßigkeit im Staatsorganisationsrecht, 2003, S. 233

1239 *Heusch*, Der Grundsatz der Verhältnismäßigkeit im Staatsorganisationsrecht, 2003, S. 233

1240 *Heusch*, Der Grundsatz der Verhältnismäßigkeit im Staatsorganisationsrecht, 2003, S. 233

schonenden Ausgleich zu bringen. Der Grundsatz der Verhältnismäßigkeit kommt dann als Machtbegrenzungsnorm zum Tragen.[1241] Er erfährt seine besondere Bedeutung, wenn das Grundgesetz einen bestimmten Bereich einem Hoheitsträger oder Organ zuweist.[1242] Gestattet das Grundgesetz einen Eingriff in diesen grundsätzlich geschützten Bereich, steht dieser dennoch nicht zur beliebigen Disposition des ermächtigten Hoheitsträgers oder Organs. Das Verhältnismäßigkeitsprinzip verlangt in einer solchen Eingriffskonstellation vielmehr die zur Wahrung der gegenseitigen verfassungsunmittelbaren Kompetenzen gebotene Mäßigung.[1243] Ob und inwieweit eine verbindliche Grundentscheidung für einen umhegten Bereich getroffen ist, ist durch Auslegung der einzelnen Verfassungsbestimmungen zu ermitteln.[1244]

In einer Normenkontrollsituation hat das angerufene Gericht über die Existenz oder Vernichtung eines fremden Rechtsetzungsprodukts zu entscheiden. Verwaltungsvorschriften sind Ausdruck des ureigenen Interesses der Verwaltung nach Steuerung und Leitung durch die Hierarchiespitze. Diesem Bedürfnis entspricht die verfassungsunmittelbare Befugnis der Exekutive zur Regelung der Rechtsanwendung und des sonstigen (dienstlichen) Verhaltens der Verwaltungsmitarbeiter. Mit einem kassatorischen Urteil über eine Verwaltungsvorschrift greift das Gericht folglich in den Bereich der Exekutive ein.[1245] Dieser Eingriff ist verfassungsrechtlich vorgesehen[1246] und im Regelfall zwingend. Er ist gerechtfertigt, weil die Verwaltung keinen Schutz für rechtswidrige Normierungen genießt. Insbesondere ist hier zu beachten, dass ein gesetzeswidriger Rechtssatz der Verwaltung seinerseits einen – allerdings verfassungsrechtlich nicht vorgesehenen – Eingriff in den Bereich der Gesetzgebung darstellt. Mithin werden von der gerichtlichen Verwaltungsvorschriftenkontrolle die Funktionsbereiche aller drei Gewalten im Staat berührt. Damit ist das Anwendungsfeld des Verhältnismäßigkeitsgrundsatzes eröffnet.[1247]

Das Verhältnismäßigkeitsprinzip mit seinen drei Teilgeboten der Geeignetheit, Erforderlichkeit und Angemessenheit verlangt, dass der Eingriff den verfolgten legitimen Zweck zumindest fördert, unter den gleich geeigneten Mitteln dasjenige ist, was die geringste Härte bedeutet, und nicht völlig außer Verhältnis zum ange-

1241 *Jung*, Maßstäbegerechtigkeit, 2008, S. 135; *Ossenbühl*, FS Lerche, 1993, 151 (155); *Ehlers*, DVBl 2000, 1301 (1303)

1242 *Heusch*, Der Grundsatz der Verhältnismäßigkeit im Staatsorganisationsrecht, 2003, S. 233; zustimmend *Sommermann* in: vMangoldt/Klein/Starck, GG, Bd. 2, 5. Aufl. 2005, Art. 20 Rn. 318 soweit es um Eingriffe in autonome Rechts- oder Kompetenzsphären geht; ebenso: *Jung*, Maßstäbegerechtigkeit, 2008, S. 141; a.A.: *Jarass* in: Jarass/Pieroth, GG, 10. Aufl. 2009, Art. 20 Rn. 82, der auch im Verhältnis verschiedener Staatsorgane zu einander verlangt, dass ein subjektives Recht und nicht nur eine Kompetenz in Rede steht.

1243 *Heusch*, Der Grundsatz der Verhältnismäßigkeit im Staatsorganisationsrecht, 2003, S. 234; *Ehlers*, DVBl 2000, 1301 (1304)

1244 *Heusch*, Der Grundsatz der Verhältnismäßigkeit im Staatsorganisationsrecht, 2003, S. 234

1245 Vgl. *Ehlers*, NVwZ 1990, 105 (106); *Pietzcker*, AöR 101 (1976), 374 (391)

1246 Nach *Pietzcker*, AöR 101 (1976), 374 (391) in Art. 19 IV, 97 I, 100 I GG.

1247 So auch *Oebbecke*, NVwZ 2003, 1313 (1317)

strebten Zweck steht.[1248] Der Grundsatz bietet dabei einen flexiblen Maßstab: Seine materiellen Vorgaben variieren je nach Schwere und Intensität des in Rede stehenden Eingriffs.[1249]

Grob zusammengefasst ist Zweck und Aufgabe der Rechtsprechung die Streitschlichtung im Einzelfall sowie die Wahrung der Rechtsordnung.[1250] Durch die Nichtigerklärung rechtswidriger Rechtsvorschriften, werden diese beseitigt und damit die Einheit und Widerspruchsfreiheit der Rechtsordnung wiederhergestellt. Die Nichtigerklärung ist daher geeignet zur Erreichung eines legitimen Zwecks.

Sie ist im Regelfall auch erforderlich. Eine Normenkollision innerhalb der Rechtsordnung muss aufgelöst werden. Wenn es hinsichtlich der Aufhebung keine Alternativen gibt, weil eine Aufrechterhaltung ohnehin wegen der Rechtswidrigkeit der Norm nicht in Betracht kommt, ist auch ein Verpflichtungsurteil zur Normänderung kein milderes Mittel. Hier wird erneut die Bedeutung der bloßen Unvereinbarerklärung (ohne Anordnung der weiteren Anwendung) deutlich: Sie ist im Sinne eines Verpflichtungsurteils dort geboten, wo die Vernichtung der Norm eben nicht das einzige geeignete Mittel zur Bereinigung des inhaltlichen Normwiderspruchs ist, sodass es für eine Normkassation an der Erforderlichkeit im Sinne des Grundsatzes der Verhältnismäßigkeit mangelt.[1251] Ein solches Verpflichtungsurteil scheidet jedoch von vornherein aus, wenn die betreffende Vorschrift subjektive Rechte verletzt. Abgesehen von den weitgehend anerkannten Fallgruppen der Unvereinbarerklärung ist die Nichtigerklärung mithin auch erforderlich.

Im Rahmen der Verhältnismäßigkeit im engeren Sinne bzw. der Angemessenheit sind die betroffenen Schutzgüter gegeneinander abzuwägen.[1252] Bei einer Rechtsregel, die ohnehin wegen ihrer Rechtswidrigkeit nicht beachtet werden darf, führt die Aufhebung gewöhnlich zu keiner unverhältnismäßigen Belastung des Normautors. Umgekehrt würde die Beachtlichkeit einer rechtswidrigen Verwaltungsvorschrift die ebenfalls geschützten Bereiche des Gesetzgebers oder des betroffenen Bürgers, auf die sie zurückwirkt, beeinträchtigen. Die Regel, dass rechtswidrige Normen vor Gericht aufzuheben sind, verstößt daher nicht gegen das Verhältnismäßigkeitsprinzip und ist in der ganz überwiegenden Zahl der Fälle berechtigt.

Ganz ausnahmsweise kann es sich jedoch ergeben, dass sich die Rechtswidrigkeit einer Norm bei einem Vergleich mit einer entsprechenden (hypothetischen) recht-

1248 *Jarass* in: Jarass/Pieroth, GG, 10. Aufl. 2009, Art. 20 Rn. 84-86; *Sommermann* in: vMangoldt/Klein/Starck, GG, Bd. 2, 5. Aufl. 2005, Art. 20 Rn. 314; *Ehlers*, DVBl 2000, 1301 (1308)

1249 *Heusch*, Der Grundsatz der Verhältnismäßigkeit im Staatsorganisationsrecht, 2003, S. 233; vgl auch *Ehlers*, DVBl 2000, 1301 (1308): „auch das Übermaßverbot unterliegt einem Übermaßverbot".

1250 *Wassermann*, Rudolf, Die richterliche Gewalt, 1985, S. 36

1251 So auch *Ipsen*, Rechtsfolgen der Verfassungswidrigkeit von Norm und Einzelakt, 1980 S. 212f.

1252 *Jarass* in: Jarass/Pieroth, GG, 10. Aufl. 2009, Art. 20 Rn. 86, *Sommermann* in: vMangoldt/Klein/Starck, GG, Bd. 2, 5. Aufl. 2005, Art. 20 Rn. 314

mäßigen Norm mit einem nur minimalen Unterschied gegenüber dem Fall der Rechtmäßigkeit niederschlägt. Dann kann es sein, dass ausnahmsweise die Erhaltungsinteressen gegenüber denjenigen an der Beseitigung rechtswidrigen Rechts überwiegen.

Einen solchen Fall hat das Bundesverwaltungsgericht mit Urteil vom 17. April 2002 entschieden.[1253] In dem Normenkontrollverfahren ging es um die Handelsmarktsatzung der sächsischen Stadt Görlitz. Das in erster Instanz mit dem Antrag befasste OVG Bautzen[1254] wies sämtliche Einwände der Antragstellerin zurück, erklärte die Satzung aber aus anderen, von der Antragstellerin nicht vorgebrachten Gründen für nichtig.[1255] Seiner Ansicht nach waren die der Gebührenberechnung zu Grunde gelegten Abschreibungssätze fehlerhaft: Die Kosten der Dienstgebäude hätten nicht in Höhe der Vergleichsmiete angesetzt werden dürfen und bei der Berechnung der Abschreibung für die beweglichen Wirtschaftsgüter hätte nicht pauschal eine Preissteigerungsrate von 2,5% angenommen werden dürfen, denn der entsprechende Index betrug für Möbel nur 0,7% und war für Fotokopierer sogar deutlich negativ.[1256] Damit wäre die Stadt wegen einer Gebührenüberschreitung von maximal 1,2% zum dritten Mal in Folge daran gescheitert, eine wirksame Gebührenregelung für die Marktbenutzung aufzustellen.[1257] Das Bundesverwaltungsgericht hat das erstinstanzliche Urteil aufgehoben und den Normenkontrollantrag abgewiesen.[1258]

Zu der erstinstanzlichen Kontrolle der Gebührenkalkulation führt es aus, dass selbst dann, wenn ein Kalkulationsfehler vorliege, die Gebührenregelung nicht für nichtig erklärt werden dürfe, ohne dass geprüft werde, ob und in welcher Höhe sich der Fehler auf die Gebührenhöhe auswirke.[1259] Auch wenn das der Fall sei, sei ein Kalkulationsfehler nur dann beachtlich, wenn er eine „Toleranzgrenze" überschreite, die sicher jenseits der hier in Rede stehenden 1,2% liege.[1260] Das Bundesverwaltungsgericht verbindet diese Betrachtung mit dem (auch schon früher erteilten) Hinweis, dass die Tatsachengerichte nicht „gleichsam ungefragt" auf Fehlersuche gehen sollen.[1261] Damit werde nicht die Geltung des Amtsermittlungsgrundsatzes in Frage gestellt, sondern es gehe um dessen sachgerechte Handhabung unter dem Gesichtspunkt der Gewaltenteilung und Prozessökonomie.[1262] Es handele sich um ein Problem der „richtigen Balance" zwischen Exekutive und Judikative.[1263] Auszugehen sei vom Rechtsschutzgedanken; eine Fehlersuche, die das „eigentliche

1253 Az.: 9 CN 1.01; DVBl 2002, 1409 = NVwZ 2002, 1123
1254 Az.: 3 D 315/99; NWVBl 2001, 238
1255 BVerwG, DVBl 2002, 1409
1256 BVerwG, DVBl 2002, 1409 (1410f.)
1257 BVerwG, DVBl 2002, 1409 (1411f.)
1258 BVerwG, DVBl 2002, 1409
1259 BVerwG, DVBl 2002, 1409 (1411)
1260 BVerwG, DVBl 2002, 1409 (1412)
1261 BVerwG, DVBl 2002, 1409 (1412); schon BVerwG, DVBl 1980, 230 (232)
1262 BVerwG, DVBl 2002, 1409 (1412)
1263 BVerwG, DVBl 2002, 1409 (1412)

Rechtsschutzbegehren" des Rechtsschutzsuchenden aus den Augen verliere, sei im Zweifel auch nicht sachgerecht.[1264]

Das Bundesverwaltungsgericht enthält sich also der an sich vorgesehenen Nichtigerklärung, weil diese aus der Warte der Verhältnismäßigkeit im betreffenden Fall nicht gerechtfertigt ist.

Damit lässt sich insgesamt zusammenfassen, dass Gerichte für die Rechtsfolgeanordnung an den Grundsatz der Verhältnismäßigkeit gebunden sind. Im Ausnahmefall können die Normerhaltungsinteressen überwiegen, so dass die vorläufige Weiteranwendung des Rechtssatzes trotz festgestellter Rechtswidrigkeit geboten sein kann. Für die anzustellende Abwägung kommt es naturgemäß auf die Umstände des Einzelfalls an. Aktuell werden kann die Normerhaltung insbesondere in Fallgestaltungen, bei denen sich ein grundsätzlich zur Rechtswidrigkeit der Norm führender Kalkulationsfehler[1265] nur minimal im Ergebnis auswirkt.

Solche Situationen kommen namentlich bei Verwaltungsvorschriften in Betracht, die oft eben nicht abstrakte Wertungen festlegen, sondern der Verwaltung Handlungsmaßstäbe in Form konkreter Zahlen und Richtwerte an die Hand geben.

Die bisherige Behandlung der Fragestellung bezog sich auf die abstrakte Normenkontrolle. Die durch eine Normverwerfung getroffene Geltungsbeendigungsentscheidung stellt einen Eingriff in den Bereich des Normurhebers dar, weil sein Rechtsetzungsprodukt mit allgemeinverbindlicher Wirkung aus der Rechtsordnung eliminiert wird. Bei einer Inzidentkontrolle geht es hingegen nur um das Verhältnis zwischen den Prozessparteien. Es findet keine Normverwerfung statt, sondern es wird gegebenenfalls lediglich eine Nichtanwendungsentscheidung durch das Gericht getroffen. Aber auch die Nichtanwendung im Einzelfall, mit anderen Worten die Missachtung einer Verwaltungsvorschrift, berührt den durch ihren Erlass gesetzten Verbindlichkeitsanspruch. Daher gelten die obigen Ausführungen ebenso in Verfahren, in denen die Geltung einer Verwaltungsvorschrift lediglich eine Vorfrage ist. Auch hier kann eine Nichtanwendungsentscheidung ausnahmsweise unverhältnismäßig sein.

C Ergebnis

Rechtsfolgen materiell rechtswidriger Verwaltungsvorschriften treten nicht ipso iure ein, sondern erfordern eine staatliche (autoritäre) Entscheidung.

1264 BVerwG, DVBl 2002, 1409 (1412)

1265 Im weitesten Sinne. In Betracht kommen alle Mängel, die zu einer unrichtigen zahlenmäßigen Festsetzung führen, angefangen bei falschen Erfahrungsgrundlagen über Bewertungsirrtümer bis hin zu Rechenfehlern im eigentlichen Sinne.

Für solche Rechtsfolgeentscheidungen von Seiten der Verwaltung kommt es darauf an, ob die betreffende Verwaltungsvorschrift erkennbar strafbar oder ordnungswidrig ist oder die Menschenwürde verletzt. Ist dies der Fall, besitzt jede Verwaltungsstelle eine Nichtanwendungskompetenz. Die Verwaltungsvorschrift ist für niemanden verbindlich und kann daher als nichtig bezeichnet werden.

Für Verwaltungsvorschriften, die nicht in dieser Weise qualifiziert rechtswidrig sind, besteht ein Geltungsvorrang. Der angewiesene Beamte muss Bedenken gegen die Rechtmäßigkeit der Verwaltungsvorschrift im Remonstrationsverfahren geltend machen. Er ist nicht befugt, eine eigene Nichtanwendungsentscheidung zu treffen. Solche Verwaltungsvorschriften sind daher rechtswidrig, aber verbindlich.

Geltungsbeendigungsentscheidungen können ausschließlich vom Normurheber oder dessen Vorgesetzten durch formelle Aufhebung der Verwaltungsvorschrift getroffen werden.

Gerichtliche Rechtsfolgeentscheidungen finden je nach Verfahrensart lediglich auf der Anwendungsebene oder auch auf der Geltungsebene statt. Ein Geltungsvorrang besteht insoweit nicht.

Das prinzipale Normenkontrollverfahren, das nach § 47 VwGO auch für Verwaltungsvorschriften eröffnet sein kann, führt grundsätzlich – die Feststellung einer Normenanwendungskollision vorausgesetzt – zur Verwerfung der Verwaltungsvorschrift. Ganz ausnahmsweise ist eine gerichtliche Geltungsbeendigung ausgeschlossen und lediglich die Unvereinbarkeit der Verwaltungsvorschrift mit dem höherrangigen Recht festzustellen, eventuell verbunden mit einer (befristeten) Anordnung der Weiteranwendung. So ist etwa in Fällen des sog. gleichheitswidrigen Begünstigungsausschlusses sowie des rechtlichen Chaos zu verfahren. Eine Verwerfung kann zudem unter Normerhaltungsgesichtspunkten unverhältnismäßig und daher unzulässig sein.

Bei der bloßen Inzidentkontrolle, wenn die Verbindlichkeit der Verwaltungsvorschrift also nur eine Vorfrage ist, kommt es nicht zu einer Geltungsentscheidung. Das Gericht hat die Normanwendungskollision auf der Anwendungsebene zu lösen, indem es die rechtswidrige Verwaltungsvorschrift unangewendet lässt. Auch eine Nichtanwendungsentscheidung kann in den eben genannten Fallgruppen dem Gericht im Einzelfall versagt sein.

Grob zusammengefasst sind rechtswidrige Verwaltungsvorschriften, wenn sie nicht erkennbar strafbar oder ordnungswidrig sind oder die Würde des Menschen verletzten, verbindlich. Allerdings hat jedes Gericht ihnen gegenüber eine grundsätzlich uneingeschränkte Verwerfungs- bzw. Nichtanwendungskompetenz.

§ 3 Rechtsfolgen von Normsetzungskollisionen

Eine ausdrückliche allgemeine gesetzliche Regelung über die Folgen, welche die formelle Fehlerhaftigkeit von Verwaltungsvorschriften hat, gibt es nicht. Ausgangspunkt einer Fehlerfolgenbestimmung muss daher wiederum die allgemeine Fehlerfolgenlehre sein.

A Fehlerfolgenlehre

Auch zur Folgenbestimmung bei Normsetzungskollisionen wird traditionell das Nichtigkeitsdogma herangezogen. Rechtswidrigkeit habe bei Rechtssätzen grundsätzlich Nichtigkeit zur Folge, unabhängig davon, ob materielle oder formelle Rechtswidrigkeit in Rede stehe.[1266] Oben wurde das Nichtigkeitsdogma als zu undifferenziert aufgegeben und der Theorie autoritativer Geltungsbeendigung gefolgt.[1267]

I. Autoritative Geltungsbeendigung

Nach der Theorie von der autoritativen Geltungsbeendigung kommt jedem Rechtsakt Wirksamkeit allein kraft bestehender Geltungsvermutung zu, wenn seine Entstehungsbedingungen eingehalten wurden. Zu unterscheiden ist zwischen Geltungs- und Anwendungsebene. Die (rechtliche) Wirksamkeit kann nur durch eine (autoritative) Geltungsbeendigungsentscheidung beseitigt werden. Davon zu trennen ist jedoch die Anwendungsentscheidung im konkreten Fall. Bei Akten ohne Geltungsvorrang kann die Anwendungsentscheidung unabhängig von einer Geltungsentscheidung von Fall zu Fall getroffen werden. Rechtsakte ohne Geltungsvorrang, bei denen also jede Stelle die Nichtanwendungskompetenz besitzt, können im Falle ihrer Rechtswidrigkeit daher als nichtig bezeichnet werden.

Für Verwaltungsvorschriften gilt demnach, dass qualifiziert materiell rechtswidrige Verwaltungsvorschriften nichtig sind, während bei einfach materiell rechtswidrigen Verwaltungsvorschriften das Erfordernis autoritativer Geltungsbeendigung im Rahmen eines Gerichtsprozesses oder Remonstrationsverfahrens besteht. Einfach materiell rechtswidrige Verwaltungsvorschriften sind daher lediglich vernichtbar, sie sind trotz Rechtswidrigkeit zunächst wirksam ähnlich wie ein anfechtbarer Verwaltungsakt. Anders als beim Verwaltungsakt gibt es allerdings keine Bestandskraftregelung. Die Möglichkeit autoritativer Geltungsbeendigung im gerichtlichen Verfahren ist zeitlich nicht beschränkt.

Hinsichtlich der formellen Rechtswidrigkeit von Verwaltungsvorschriften ist zu fragen, wie es um die Nichtanwendungskompetenz bestellt ist. Gibt es einen Geltungsvorrang? Von wem und wann darf bzw. muss eine Geltungsbeendigungsentscheidung getroffen werden?

1266 *Hill*, Das fehlerhafte Verfahren, 1986, S. 59
1267 § 2 A

II. Behandlungsansätze für formelle Fehlerhaftigkeit

Im Grundsatz wird in der allgemeinen Fehlerfolgediskussion von einer Gleichstellung von formeller und materieller Rechtswidrigkeit ausgegangen.[1268] Die formelle Fehlerhaftigkeit ist danach ebenso ein Nichtigkeits- bzw. Vernichtbarkeitsgrund wie die materielle Fehlerhaftigkeit.[1269] Allerdings besteht eine deutliche Tendenz zur Fehlerfolgenrestriktion bei Normsetzungskollisionen.[1270] So sollen Form- und Verfahrensfehler nach der Rechtsprechung des Bundesverfassungsgerichts nur bei „Evidenz" zur Nichtigkeit eines Gesetzes oder einer Rechtsverordnung führen.[1271] Dahinter steckt der Gedanke der „dienenden Funktion" des Verfahrens.[1272] Es erscheint als übertriebene Förmelei einen inhaltlich richtigen Rechtsakt im Prozess nur deshalb aufzuheben, weil bei seinem Erlass Fehler unterlaufen sind. Ein Aufhebungsanspruch wird verneint, wenn ein inhaltlich gleicher Rechtsakt sofort wieder erlassen werden könnte, weil sich der ursprüngliche Verfahrensfehler im Ergebnis nicht ausgewirkt hat. Aus (vermeintlich) verfahrensökonomischen Gesichtspunkten wird die Ergebnisrichtigkeit und Ergebniskontrolle in den Vordergrund gestellt.[1273]

Dabei handelt es sich um eine typisch deutsche Sichtweise.[1274] In den europäischen Nachbarrechtsordnungen wird demgegenüber stärker der Verfahrensgedanke betont und ist dafür die inhaltliche Prüfung der Gerichte weniger umfassend.[1275] Im Zuge der europäischen Integration kommt es daher zu Anpassungsbemühungen; es wird viel über eine Aufwertung des Verfahrensgedankens geschrieben.[1276]

Feststeht, dass die Ergebnisrichtigkeit eine „Unbeachtlichkeit" formeller Fehler nur rechtfertigen kann, wenn sie eindeutig überprüfbar ist.[1277] Eine solche Argumentation scheidet aus, wo ein Rechtsakt Gestaltungs- oder Ermessensspielräume ausfüllt. Dort muss vielmehr der Verletzung von Verfahrensvorschriften eine Indizfunk-

1268 *Hill*, Das fehlerhafte Verfahren, 1986, S. 59

1269 *Morlok*, Die Folgen von Verfahrensfehlern, 1988, S. 62; *Papier*, Der verfahrensfehlerhafte Staatsakt, 1973, S. 28f.; *Diekötter*, Die Auswirkung von Verfahrensfehlern, 1997, 92

1270 Vgl. *Heermann*, Der Gemeinderatsbeschluss, 1975, S. 261ff.; *Degenhart*, DVBl 1981, 201 (202)

1271 BVerfG, DÖV 1972, 676 (678); BVerfGE 113, 348 (367); 91, 148 (175)

1272 *Trips*, Das Verfahren der exekutiven Rechtsetzung, 2006, S. 244

1273 *Martin*, Heilung, 2004, S. 139; *Trips*, Das Verfahren der exekutiven Rechtsetzung, 2006, S. 244; *Morlok*, Die Folgen von Verfahrensfehlern, 1988, S. 179; *Papier*, Der verfahrensfehlerhafte Staatsakt, 1973, S. 30

1274 *Schmidt-Aßmann*, DVBl 1997, 281 (283): vollständige Rechtsanwendungskontrolle als spezifisch deutsche Form einer „gerichtsgeprägten Gewaltenteilung".

1275 *Hoffmann-Riem*, AöR 130 (2005), 5 (64); *Schmidt-Aßmann*, DVBl 1997, 281 (285); Vgl. dazu insgesamt: *Pietzcker*, FS Maurer, 2001, 694 (698ff.)

1276 *Hoffmann-Riem*, AöR 130 (2005), 5 (65); *Lange* in: Hoffmann-Riem/Schmidt-Aßmann/Schuppert, Reform, 1993, 307 (309); vgl. *Ladeur*, DÖV 2000, 217 (226f.) „Prozeduralisierung" als Gegengewicht zur materiell-rechtlichen Wesentlichkeitstheorie; *Diekötter*, Die Auswirkung von Verfahrensfehlern, 1997, 45f.

1277 *Hill*, Das fehlerhafte Verfahren, 1986, S. 402

tion hinsichtlich der materiellen Fehlerhaftigkeit zukommen.[1278] Bei der Spielraumöffnung durch den Gesetzgeber gewinnt die Prozeduralisierung eine wichtige rechtsstaatliche Funktion.[1279] Es besteht ein Austauschverhältnis zwischen Verfahrenskontrolle und inhaltlicher Kontrolle: Je intensiver die eine ist, desto eher kann die andere reduziert werden.[1280] Schließlich ist auch die Existenz sog. absoluter oder wesentlicher Verfahrensvorschriften zu bedenken, die über die Ergebnisrichtigkeit hinausgehende weitere Zwecke verfolgen, wie etwa den vorwirkenden Grundrechtsschutz durch Organisation und Verfahren.[1281] Die Verletzung solcher Vorschriften muss stets Folgen für den Bestand des Rechtsakts haben.

Im Folgenden ist also zu untersuchen, welche Möglichkeiten es gibt, formelle Fehler im Nachhinein auszugleichen, so dass die Verwaltungsvorschrift rechtmäßig wird oder als rechtmäßig behandelt werden muss. Zu fragen ist auch nach dem Bestehen von Fehlerfolgenrestriktionen, die eine Geltungsbeendigung oder Nichtanwendung des Rechtsakts womöglich verhindern.

B Sonderregeln für Verwaltungsvorschriften

I. Behördliches Verfahren

1. Remonstration

Die Regelung des Remonstrationsverfahrens in §§ 56 II, III BBG, 36 II, III BeamtStG ist die einzige Stelle, an der der Gesetzgeber zum Schicksal rechtswidriger Verwaltungsvorschriften Stellung nimmt. Auch wenn es in den genannten Vorschriften in erster Linie um das beamtenrechtliche Pflichtenverhältnis geht, lassen sich ihnen doch Hinweise hinsichtlich des zu Grunde liegenden Rechtsregimes für Verwaltungsvorschriften entnehmen. Im Folgenden sind sie auf Aussagen über formell rechtswidrige Verwaltungsvorschriften zu überprüfen.

a) Anwendbarkeit

Der Beamte hat bei „Bedenken gegen die Rechtmäßigkeit dienstlicher Anordnungen“ zu remonstrieren. Der Wortlaut der §§ 56 II 1 BBG, 36 II 1 BeamtStG unter-

1278 *Martin*, Heilung von Verfahrensfehlern, 2004, S. 144; *Hill*, Das fehlerhafte Verfahren, 1986, S. 402; *Evers* in: Starck, D. Allgemeinheit des Gesetzes, 1987, 96 (129); *Käß*, Inhalt und Grenzen des Grundsatzes der Planerhaltung, 2002, S. 25; ablehnend: *Diekötter*, Die Auswirkung von Verfahrensfehlern, 1997, 91

1279 *Hoffmann-Riem*, AöR 130 (2005), 5 (35f.); *Wallerath*, NWVBl 1989, 153 (159)

1280 *Pietzcker*, FS Maurer, 2001, 694 (706)

1281 *Diekötter*, Die Auswirkung von Verfahrensfehlern, 1997, 83 scheidet mithin nicht zwischen formell und materiell rechtswidrigen Verwaltungsvorschriften. Allerdings ist die Formulierung unglücklich. Aus dem Zusammenspiel mit Abs. 1 der genannten Vorschriften wird deutlich, dass das Remonstrationsverfahren eine prozedurale Lösung für das Spannungsverhältnis zwischen Gehorsamspflicht einerseits und persönlicher Verantwortung des Beamten andererseits darstellt.[1282] Es geht damit in erster Linie um sog. „haftungsgefährliche Weisungen“[1283], bei denen das dem Beamten aufgetragene Verhalten rechtswidrig ist.[1284] Die bloße formelle Rechtswidrigkeit einer Verwaltungsvorschrift macht die darauf beruhenden Verwaltungsakte jedoch nicht zwangsläufig inhaltlich falsch.[1285] Folgt man der strengen Ansicht, kommt ein Remonstrationsverfahren daher nicht in Betracht, weil mit der Beachtung einer formell rechtswidrigen Verwaltungsvorschrift nicht die Gefahr einhergeht, Schadensersatzansprüche auszulösen. Nach anderer Auffassung wird das Remonstrationsverfahren eher in Richtung eines objektiven Beanstandungsverfahrens verstanden, das auch der verwaltungsinternen Selbstkontrolle dienen soll.[1286] Die Remonstrationsregeln haben den Sinn und Zweck „periphere Entscheidungszuständigkeiten“ zu vermeiden, um im Interesse von Verwaltungsökomie und -einheitlichkeit eine ungebrochene „Befehlskette“ von der Verwaltungsspitze zum einzelnen Amtswalter zu schaffen.[1287] Deswegen wird auch die Verbindlichkeit von Weisungen, die Voraussetzung für die Anwendung des Remonstrationsrechts ist, allein davon abhängig gemacht, dass deren Entstehungsbedingungen erfüllt sind.[1288] Bei Zweifeln daran soll für den Beamten eine der materiellen Rechtswidrigkeit des angeordneten Verhaltens vergleichbare Haftungsgefahr gegeben sein: Während im Normalfall der Remonstration zwei objektiv gegebene Pflichten – die Pflicht zum Gehorsam und die Pflicht zu rechtmäßigem Verhalten – bestehen, von denen eine zwangsläufig vom Beamten verletzt werden muss, ist bei Zweifeln über die Verbindlichkeit der Weisung bereits unklar, ob eine der beiden Pflichten, nämlich die Gehorsamspflicht, überhaupt besteht.[1289] Ist nicht klar, ob die Entstehungsbedingungen für Verwaltungsvorschriften eingehalten sind, seien daher die §§ 56 II,

1282 *Zängl* in: GKÖD, Bd. I, Lfg. 5/00, K § 56 Rn. 1; *Felix*, Das Remonstrationsrecht, 1993, S. 24ff.

1283 *Felix*, Das Remonstrationsrecht, 1993, S. 45ff.

1284 Dass es zu beiden Seiten hin Abweichungen geben kann, sowohl der Form, dass das einer rechtswidrigen Weisung entsprechende Außenhandeln rechtmäßig, als auch dass das einer rechtmäßigen Weisung entsprechende Amtswalterverhalten rechtswidrig ist, wird bei *Felix*, Das Remonstrationsrecht, 1993, S. 18ff. dargelegt.

1285 Ist die entsprechende Verwaltungsvorschrift inhaltlich richtig, ist der darauf beruhende Verwaltungsakt eine zutreffende Konkretisierung des Gesetzes. Er könnte ebenso allein auf der Grundlage des Gesetzes ergehen. Hier kommt zum Tragen, dass Verwaltungsvorschriften den Vorbehalt des Gesetzes nicht ausfüllen können und daher die Rechtsanwendung der Verwaltung grundsätzlich nicht hindern, wenn sie ersatzlos wegfallen.

1286 Vgl. *Zängl* in: GKÖD, Bd. 1, Lfg 5/00, K § 56 Rn. 26; *Romann*, Remonstrationsrecht, 1996, S. 72; *Rux*, DÖV 2002, 985 (986)

1287 *Freund*, Innenrecht und Außenrecht, 1984, S. 294

1288 *Felix*, Das Remonstrationsrecht, 1993, S. 46

1289 *Felix*, Das Remonstrationsrecht, 1993, S. 50f.

III BBG, 36 II, III BeamtStG analog anwendbar.[1290] Daraus folgt im Umkehrschluss: Die verwaltungsinterne Verbindlichkeit von Verwaltungsvorschriften ist nicht an die formelle Rechtmäßigkeit, sondern nur daran geknüpft, dass die Entstehungsbedingungen eingehalten wurden. Einfach formell rechtswidrige Verwaltungsvorschriften sind für die angewiesenen Amtswalter verbindlich.

Zwar sind formell rechtswidrige Verwaltungsvorschriften nicht in gleicher Weise haftungsgefährlich wie materiell Rechtswidrige, allerdings bietet das Remonstrationsverfahren dem angewiesenen Amtswalter die Möglichkeit, seine Vorgesetzen auf eine erkannte Fehlerhaftigkeit der Verwaltungsvorschrift aufmerksam zu machen. Der Anwendungsbereich der §§ 56 II, III BBG, 36 II, III BeamtStG ist daher formell rechtswidrigen Verwaltungsvorschriften nicht verschlossen.

b) Folgen

Kommt es im Verlauf des Remonstrationsverfahrens zur Aufhebung der Verwaltungsvorschrift, bestehen keine Besonderheiten. Ob eine Heilung des formellen Fehlers möglich ist, soll später genauer untersucht werden. Fraglich ist, ob eine formell rechtswidrige Verwaltungsvorschrift auch mit den Wirkungen der §§ 56 II 2,3 BBG, 36 II 3 BeamtStG bestätigt werden kann.

Allein die Bestätigung durch zwei übergeordnete Verwaltungsstellen kann den Fehler im Erlassverfahren nicht beheben. Die bloße Bestätigung – ohne weiteren Verfahrensaufwand – kann daher nicht zur Heilung der Norm im Rechtssinne führen.

Allerdings besteht kein Anlass, die Möglichkeit der Bestätigung formell rechtswidriger Verwaltungsvorschriften gegenüber der Bestätigung materiell rechtswidriger Weisungen einzuschränken. Dies wird klar, wenn man den Fall betrachtet, dass der formelle Fehler zur materiellen Rechtswidrigkeit der Vorschrift geführt hat, wie etwa eine unterlassen Beteiligung mangelhafte Ermessenserwägungen nach sich ziehen kann. Die Bestätigung im Remonstrationsverfahren hat die „Unbeachtlichkeit“ des inhaltlichen Fehlers für den angewiesenen Amtswalter zur Folge, der gehalten ist, die bestätigte Weisung auszuführen. Eine weitere Befehlsverweigerung wegen des formellen Mangels würde den Sinn und Zweck des Remonstrationsverfahrens konterkarieren. Mithin bezieht die Bestätigungsmöglichkeit der §§ 56 II 2,3 BBG, 36 II 3 BeamtStG auch formelle Fehler ein, die dadurch allerdings nur intern unbeachtlich, nicht aber beseitigt werden.

1290 *Zängl* in: GKÖD, Bd. I, Lfg. 5/00, K § 56 Rn. 36; *Felix*, Das Remonstrationsrecht, 1993, S. 51; *Romann*, Remonstrationsrecht, 1996, S. 74f.

c) Auswertung

Formell rechtswidrige Verwaltungsvorschriften sind also für den angewiesenen Amtswalter verbindlich. Er kann sie im Einzelfall nicht außer Acht lassen, besitzt mithin keine Nichtanwendungskompetenz. Für einfach formell rechtswidrige Verwaltungsvorschriften besteht damit im behördlichen Verfahren ein Geltungsvorrang. Formell rechtswidrige Verwaltungsvorschriften sind rechtswidrig und wirksam.

2. Heilung

Heilung bedeutet die Wiedergutmachung eines Fehlers durch die fehlerfreie Wiederholung des ursprünglich fehlerhaften (Teil-)Aktes.[1291] Der Gesamtakt kann dann aufrechterhalten werden, weil er mit keinem Rechtsfehler mehr belastet ist.[1292]

a) Rahmenbedingungen

Wie auch sonst die allgemeine Normierung eines Fehlerfolgenregimes für Verwaltungsvorschriften fehlt, gibt es keine gesetzlichen Heilungsregeln. Weil die Heilung darauf abzielt, durch Kompensation eine Rechtmäßigkeitsrestitution zu bewirken, bestehen jedoch keine rechtsstaatlichen Bedenken, Heilungsmechanismen auch ohne gesetzliche Grundlage zuzulassen.[1293]

Dem wird teilweise widersprochen: Wo es keine den §§ 45, 46 VwVfG oder §§ 214, 215 BauGB entsprechenden Fehlerfolgenbestimmungen gebe, müsse es bei der Nichtigkeit einmal fehlerhafter Normen bleiben.[1294] Dieser Einwand der Notwendigkeit einer gesetzlichen Grundlage beruht auf den dem Nichtigkeitsdogma verhafteten Argumentationsmustern.[1295] Konstruktiv will eine Heilung nur möglich erscheinen bei Rechtsakten, die trotz des bestehenden Fehlers wirksam sind.[1296] Aus der Sicht des Nichtigkeitsdogmas ist daher die Heilung als Ausnahme von der regelmäßig eintretenden Nichtigkeit rechtfertigungsbedürftig.[1297] Solchen konstruktiven Schwierigkeiten begegnet man auf der Grundlage der Theorie von der autoritativen Geltungsbeendigung nicht. Zudem ist darauf hinzuweisen, dass die Fehlerfol-

1291 *Morlok*, Die Folgen von Verfahrensfehlern, 1988, S. 147; *Trips*, Das Verfahren der exekutiven Rechtsetzung, 2006, S. 257

1292 *Morlok*, Die Folgen von Verfahrensfehlern, 1988, S. 147; *Martin*, Heilung, 2004, S. 266

1293 *Morlok*, Die Folgen von Verfahrensfehlern, 1988, S. 148; *Trips*, Das Verfahren der exekutiven Rechtsetzung, 2006, S. 257; *Bettermann*, FS H. Huber, 1981, 25 (42)

1294 OVG Hamburg, Urt. v. 13.06.2006, Az.: 3 Bf 294/03, Juris, Rn. 90

1295 Ausdrücklich: OVG Hamburg, Urt. v. 13.06.2006, Az.: 3 Bf 294/03, Juris, Rn. 90

1296 *Morlok*, Die Folgen von Verfahrensfehlern, 1988, S. 149, § 45 I VwVfG nimmt daher nichtige VA ausdrücklich von der Heilung aus.

1297 *Morlok*, Die Folgen von Verfahrensfehlern, 1988, S. 149

genregimes mit ihren Heilungs- und Unbeachtlichkeitsregeln bei anderen Handlungsformen zunächst auch durch die Rechtsprechung entwickelt und erst später vom Gesetzgeber legalisiert wurden.[1298]

Mangels gesetzlicher Grundlage fehlt es allerdings an einer abstrakten Vorgabe möglicher Heilungshandlungen. Es ist daher in jedem Einzelfall zu fragen, ob und wie der Fehler im Erlassverfahren im Nachhinein beseitigt werden kann. Maßgeblich ist die Erzielung eines Wiedergutmachungserfolges. Die behördlichen Heilungsaktivitäten dürfen sich nicht in der Vollziehung bloßer „Heilungsrituale“[1299] erschöpfen, sondern durch die Heilungshandlung müssen die Zwecke der verletzten Verfahrensvorschrift im Sinne einer „realen Fehlerheilung“ erfüllt werden.[1300] Der Schutzzweck der verletzten Verfahrensnorm darf nicht unterlaufen werden.[1301]

Dabei gilt es den „progressiv-sequentialistischen“ Charakter gerade komplexer Verwaltungsverfahren zu beachten:[1302] Jeder Verfahrensfortschritt führt zu einer Verengung des Fokus hin zu einer bestimmten Endentscheidung.[1303] Mithin ist der Zeitpunkt, zu dem einzelne Verfahrensvorgaben – wie etwa eine vorgesehene Beteiligung – durchgeführt werden oder eben nicht, entscheidend für ihren Erfolg.[1304] Jede neue Information wird im Lichte des bisherigen Erkenntnisstandes bewertet, die verspätete Geltendmachung einer Position trifft somit auf einen veränderten Verfahrens- und Erwartungshorizont.[1305] Hat der Fortgang des Verfahrens zu einer Komplexitätsreduzierung geführt, hat die Korrektur von Verfahrensfehlern mit sozialen und psychischen Beharrungselementen zu kämpfen, die darauf gerichtet sind, den Verfahrensstand und die getroffenen Entscheidungen nicht mehr zu ändern.[1306] Eine echte Fehlerbeseitigung kommt jedoch nur in Betracht, wenn durch die Heilungshandlung zugleich die Möglichkeit der Einflussnahme auf das Ergebnis besteht.[1307] Für die Heilung ist eine Verfahrens- und Entscheidungssituation anzustreben, die mit derjenigen vergleichbar ist, in der die fehlerhafte bzw. unterlassene Verfahrenshandlung normativ vorgesehen war.[1308]

1298 Vgl. z.B. für den Bebauungsplan: *Schmidt*, NVwZ 2000, 977; BVerwG, DVBl 1998, 331 (332)
1299 *Martin*, Heilung, 2004, S. 263
1300 *Schnelle*, Eine Fehlerfolgenlehre für Rechtsverordnungen, 2007, S. 208; *Hill*, Das fehlerhafte Verfahren, 1986, S. 430; *Bettermann*, FS H. Huber, 1981, 25 (42); *Sodan*, DVBl 1999, 729 (737); *Pietzcker*, FS Maurer, 2001, 694 (708); siehe auch *Hufen*, NJW 1982, 2160 (2165)
1301 *Sodan*, DVBl 1999, 729 (737)
1302 *Schnelle*, Eine Fehlerfolgenlehre für Rechtsverordnungen, 2007, S. 206; *Morlok*, Die Folgen von Verfahrensfehlern, 1988, S. 154
1303 *Morlok*, Die Folgen von Verfahrensfehlern, 1988, S. 154
1304 *Hufen*, NJW 1982, 2160 (2165)
1305 *Schnelle*, Eine Fehlerfolgenlehre für Rechtsverordnungen, 2007, S. 206
1306 *Trips*, Das Verfahren der exekutiven Rechtsetzung, 2006, S. 258f.; *Marco*, Heilung, 2004, S. 258; *Schnelle*, Eine Fehlerfolgenlehre für Rechtsverordnungen, 2007, S. 206; *Hufen*, NJW 1982, 2160 (2165) spricht plastisch von „verwaltungspsychologischer Bestandskraft“.
1307 *Martin*, Heilung, 2004, S. 264
1308 *Martin*, Heilung, 2004, S. 258

Allerdings sind auch keine überzogenen Anforderungen zu stellen.[1309] Die Geeignetheit einer Heilungshandlung zur Wiedergutmachung ist aus der Perspektive ex-ante zu beurteilen.[1310] Es reicht demnach aus, wenn die durchzuführenden Maßnahmen grundsätzlich geeignet sind, den Heilungserfolg herbeizuführen.

b) Anforderungen im Einzelnen

aa) Die Zuständigkeit als Verknüpfung von Aufgabenzuweisung und Befugnis bildet die Grundlage des gesamten Erlassverfahrens.[1311] Sie ist elementare Bedingung hoheitlichen Handelns.[1312] Liegt absolute Unzuständigkeit vor, kann überhaupt ein Rechtsakt aus dem Handeln nicht entstehen. Fraglich ist allerdings, ob eine Verwaltungsvorschrift, die von einer dafür unzuständigen Stelle erlassen wurde, dadurch geheilt werden kann, dass sie von der zuständigen Stelle bestätigt wird.[1313]

Die Zuweisung festgelegter Zuständigkeiten dient der Richtigkeit und Effizienz staatlichen Handelns, das von derjenigen Stelle erbracht werden soll, die dazu am besten befähigt ist. Hohe Bedeutung kommt dabei dem Aspekt der Entscheidungsklarheit zu. Im Rechtsstaat muss feststehen, wessen Entscheidung gelten soll.

Soll die von einer unzuständigen Stelle erlassene Verwaltungsvorschrift geheilt werden, muss sich die zuständige Stelle diese Vorschrift zu eigen machen, als ob sie sie selbst erlassen hätte.[1314] Das geschieht, indem der zuständige Normgeber die Verwaltungsvorschrift inhaltlich in seinen Willen aufnimmt und mit einem Verbindlichkeitsanspruch ausstattet. Dazu genügt grundsätzlich die Bezugnahme auf die Verwaltungsvorschrift oder ihre Genehmigung. Dies muss allerdings für die Normadressaten und alle übrigen möglichen Betroffenen deutlich werden. Der Willensakt muss nach außen treten und erkennbar sein. Eine bloße Duldung durch die zuständige Stelle vermag den Zuständigkeitsfehler nicht zu beseitigen. Es gelten daher die gleichen rechtsstaatlichen Publikationspflichten wie für den ursprünglichen Erlass der Verwaltungsvorschrift. Es muss verlangt werden, dass der gesamte Normtext im amtlichen Publikationsorgan der zuständigen Stelle veröffentlicht wird. Wurde die Verwaltungsvorschrift schon von der unzuständigen Stelle amtlich publiziert, reicht auch der Verweis auf diese Fundstelle, sofern dadurch eindeutig feststeht, was gelten soll.

1309 *Schnelle*, Eine Fehlerfolgenlehre für Rechtsverordnungen, 2007, S. 209; *Martin*, Heilung , 2004, S. 252

1310 *Martin*, Heilung, 2004, S. 258

1311 *Trips*, Das Verfahren der exekutiven Rechtsetzung, 2006, S. 264

1312 *Adami*, Zuständigkeit, 1971, S. 140f.

1313 Vgl. *Hill*, Das fehlerhafte Verfahren, 1986, S. 432f.

1314 *Adami*, Zuständigkeit, 1971, S. 142

Waren außerdem für das Erlassverfahren besondere Verfahrensanforderungen vorgesehen, wie etwa eine Beteiligung, reicht die bloße Bekanntmachung der Norm nicht aus. Der Sinn der Beteiligungsvorschriften kann nur gewahrt werden, wenn die Beteiligung von der zuständigen Stelle durchgeführt wird. Die Stelle, die die eigentliche Entscheidungsgewalt trägt, soll durch eine Beteiligung informiert werden, sie soll sich mit den erhaltenen Informationen auseinandersetzen (können). Für die Genehmigung der von einer unzuständigen Stelle erlassenen Verwaltungsvorschrift müssen daher zugleich die besonderen Verfahrensanforderungen vom zuständigen Normautor erfüllt werden. Dazu wird insbesondere auf die nachfolgend erörterten Heilungsmöglichkeiten von Beteiligungsfehlern verwiesen.

bb) Beteiligungsvorschriften beim Erlass von Verwaltungsvorschriften dienen insbesondere der Information des Normgebers. Ihm soll der externe Sachverstand zu Nutze gemacht werden. Die Beteiligung zielt damit auf die Ergebnisrichtigkeit des Verfahrensprodukts ab. Daneben kann durch die Beteiligung die Subjektstellung bestimmter Gruppen oder Personen im Verfahren herbeigeführt werden.

Eine Heilung muss also bewirken, dass ein Kenntnisstand erreicht wird, der bei ordnungsmäßiger Beteiligung vorhanden gewesen wäre. Die dabei erlangten Informationen können allerdings für eine andere Sachentscheidung sprechen. Das bedeutet, dass für eine Heilung eine Situation geschaffen werden muss, in der eine inhaltliche Modifikation der Verwaltungsvorschrift wegen der veränderten Wissenslage möglich ist. Die nachzuholenden Informationen müssen vom Normgeber verarbeitet werden. Um eine nicht nur formale Auseinandersetzung mit den Ergebnissen der Beteiligung zu gewährleisten, darf der Aufwand des Festhaltens an der ursprünglichen Verwaltungsvorschrift nicht geringer sein, als derjenige für eine inhaltliche Änderung.

Martin schlägt daher eine Heilung in der Weise vor, dass den mangelhaft bzw. gar nicht beteiligten Stellen Gelegenheit zur Stellungnahme gegeben wird und zudem verlangt wird, dass sich der Normurheber in einer Begründung ausführlich und argumentativ mit diesen Stellungnahmen auseinandersetzt, wenn er nichtsdestotrotz die Norm, so wie sie ist, beibehalten will.[1315]

Hier wurde eine Begründungspflicht für Verwaltungsvorschriften jedoch nicht angenommen.[1316] Für die Heilung würde damit mehr verlangt als für den Erlass in einem ordnungsmäßigen Verfahren. Unklar ist dann auch, an welchem Ort bzw. wem gegenüber eine solche Begründung stattzufinden hätte. Vorzugswürdig ist daher die Nachholung in Form eines „ergänzenden Verfahrens“, bei dem die Beteiligung durchzuführen und sämtliche nachfolgenden Verfahrensschritte zu wiederho-

1315 *Martin*, Heilung, 2004, S. 264
1316 § 1 C II 2 d; ebenso für Rechtsverordnungen: VGH B.-W., NuR 1983, 320

len sind.[1317] Erforderlich ist also auch hier – neben der Nachholung der Beteiligung – mindestens eine erneute Veröffentlichung, die damit zugleich die Heilung publik macht.

Bei dieser Vorgehensweise wird zudem den subjektiven Interessen der Beteiligungsberechtigten Rechnung getragen. Für das ergänzende Verfahren besitzen sie die Subjektstellung, die ihnen bei ordnungsmäßigem Verfahrensverlauf zugekommen wäre.

cc) Eine Norm kann jederzeit veröffentlicht werden. Zweifel an der Möglichkeit der Heilung eines Publikationsmangels wegen der besonderen rechtsstaatlichen Bedeutung der Publikation[1318] richten sich daher nicht gegen die Heilung als solche (über die Terminologie mag man streiten), sondern gegen eine Heilungswirkung ex tunc. Auf die Wirkungen einer solchen Heilung soll hier erst im folgenden Abschnitt eingegangen werden. Festzuhalten ist, dass die Nachholung der (korrekten) Publikation der Norm zumindest für die Zukunft zur rechtmäßigen Geltung verhilft.[1319]

Fraglich ist, ob die Heilung einer nicht-veröffentlichten Verwaltungsvorschrift auch durch individuelle Bekanntgabe an den Betroffenen in Betracht kommt. Dies ist abzulehnen.[1320] Die Bekanntgabe an Einzelpersonen reicht zur Rechtmäßigkeitsrestitution nicht aus. Allerdings kann eine solche Sachlage im Einzelfall dazu führen, dass ein auf den Publikationsmangel gestützter Aufhebungsanspruch im Prozess entfällt. Liegt dem Bürger der Normtext vollständig vor, kann es rechtsmissbräuchlich sein, sich auf die mangelnde Veröffentlichung zu berufen. Der Einzelne müsste dafür allerdings durch die Bekanntgabe so gestellt sein, wie er bei einer ordnungsgemäßen Publikation an die Allgemeinheit stehen würde.[1321]

c) Zeitpunkt

Anders als beim Verwaltungsakt gibt es für Verwaltungsvorschriften keine Widerspruchs- und Anfechtungsfristen. Ein Fehler im Erlassverfahren muss daher weder sofort auffallen noch geltend gemacht werden. Fraglich ist, bis zu welchem Zeitpunkt eine Heilung möglich ist.

1317 VGH B.-W., NuR 1983, 320; *Trips*, Das Verfahren der exekutiven Rechtsetzung, 2006, S. 258; *Martin*, Heilung, 2004, S. 262ff.; *Diekötter*, Die Auswirkung von Verfahrensfehlern, 1997, 95; *J. Schmidt*, NVwZ 2000, 977 (982)

1318 *Trips*, Das Verfahren der exekutiven Rechtsetzung, 2006, S. 272f.

1319 So auch *Trips*, Das Verfahren der exekutiven Rechtsetzung, 2006, S. 273

1320 *Ko*, Verwaltungsvorschriften, 1991, S. 121f.; a.A.: *Lange* in: Hoffmann-Riem/Schmidt-Aßmann/Schuppert, Reform, 1993, 307 (329); *Lange*, NJW 1992, 1193 (1196); *Stober* in: Wolff/Bachof/Stober/Kluth, VerwR I, 12. Aufl. 2007, § 24 Rn. 17

1321 *Wittling*, Die Publikation, 1991, S. 286

Liegt das eigentliche Erlassverfahren lange Zeit zurück, ist zweifelhaft, ob eine Wiedergutmachung bzw. Zweckerreichung noch erlangt werden kann. Dennoch kann eine Heilung vorteilhafter erscheinen, als den inhaltlich richtigen Akt unbesehen aus anderen Gründen aufrechtzuerhalten oder verwerfen zu müssen.

Grundsätzlich ist daher eine Heilung zeitlich unbeschränkt möglich. Sie kann allerdings unter Verwirkungsgesichtspunkten ausscheiden. Eine Heilung ist rechtsmissbräuchlich, wenn sie auf derart veränderte Umstände seit dem ursprünglichen Erlassverfahren trifft, dass durch die Heilung keine echte Wiedergutmachung, sondern allenfalls eine Rechtsverkürzung der Betroffenen erreicht werden kann. Eine Heilung ist demnach insbesondere ausgeschlossen, wenn auf eine Rüge hin nicht unmittelbar ein Heilungsverfahren begonnen wird, bei einer Bestätigung der formell rechtswidrigen Verwaltungsvorschrift im Remonstrationsverfahren, bei sonstigen eine Heilung ablehnenden Äußerungen des Normautors, sowie wenn bei einem offensichtlichen Fehler über einen längeren Zeitraum hinweg nichts unternommen worden ist.

d) Wirkung

Durch die Heilung wird eine Rechtsmäßigkeitsrestitution der Verwaltungsvorschrift bewirkt. Für Verwaltungsakte ist umstritten, ob die Heilungswirkung ex nunc oder ex tunc eintritt.[1322] Die Korrektur macht den Rechtsakt jedenfalls von ihrer erfolgreichen Durchführung an rechtmäßig.

Erforderlich für die Heilung einer Verwaltungsvorschrift ist nicht bloß die isolierte Nachholung der defizitären Verfahrenshandlung, sondern der Neuerlass der Norm in einem ergänzenden Verfahren, in dem sämtliche Verfahrensschritte, die dem fehlerhaften Teil nachfolgen, neu durchgeführt werden. In jedem Heilungsfall kommt es damit mindestens zu einer (Neu-)Bekanntmachung der geheilten Norm. Auf diese Weise kann die ursprünglich fehlerhafte Norm zwar teilweise aufrechterhalten und der Verfahrensaufwand gegenüber einem vollständigen Neuerlass gering gehalten werden. Insbesondere wegen des möglichen zeitlichen Auseinanderfallens des ersten Erlassverfahrens, das womöglich schon als abgeschlossen galt, und der Heilung im ergänzenden Verfahren, besteht jedoch anders als beim Verwaltungsakt keine Verfahrensidentität.

Eine Heilungswirkung ex tunc kommt daher nur in Betracht, wenn die Verwaltungsvorschrift im ergänzenden Verfahren mit rückwirkender Geltung ausgestattet wird.[1323]

Die Grenzen, die das Grundgesetz für rückwirkende belastende Eingriffe in bestehende subjektive Rechte zieht, ergeben sich aus dem Rechtsstaatsprinzip.[1324] Zu

1322 *Hill*, Das fehlerhafte Verfahren, 1986, S. 431; *Martin*, Heilung, 2004, S. 266 für eine Heilung ex nunc.

1323 *Martin*, Heilung, 2004, S. 266

den wesentlicher Elementen des Rechtsstaatsprinzips gehört die Rechtssicherheit.[1325] Sie gebietet, dass der rechtsunterworfene Bürger nicht durch die rückwirkende Beseitigung erworbener Rechte über die Verlässlichkeit der Rechtsordnung getäuscht wird; er soll die ihm gegenüber möglichen staatlichen Eingriffe voraussehen können, sich dementsprechend einrichten und darauf vertrauen dürfen, dass sein dem jeweils geltenden Recht entsprechendes Verhalten auch fernerhin von der Rechtsordnung als Rechtens anerkannt bleibt.[1326] Für den Bürger bedeutet Rechtssicherheit mithin in erster Linie Vertrauensschutz.[1327] Die Anordnung der Rückwirkung einer Rechtsnorm begegnet daher dort keinen verfassungsrechtlichen Bedenken, wo ein schutzwürdiges Vertrauen nicht entgegenstehen kann.[1328] Dies ist der Fall, wenn eine wegen eines formellen Fehlers rechtswidrige Rechtsnorm im Nachhinein durch eine inhaltlich völlig entsprechende rechtmäßige Norm ersetzt wird.[1329] Wegen des vorangegangenen Regelungsversuchs musste der Einzelne mit einer Ordnung durch den Normgeber rechnen.[1330] Ein Vertrauen auf die Ungültigkeit des Normierungsversuches und eine damit einhergehende Verschonung ist nicht berechtigt.[1331] Insoweit unterscheidet sich die Rechtslage grundlegend von dem Fall, in dem sozusagen „aus heiterem Himmel“ ohne Vorwarnung ein Gesetz geändert wird.[1332]

Mithin ist es nach dieser Rechtsprechung ohne weiteres zulässig, einer in einem ergänzenden Verfahren geheilten Verwaltungsvorschrift Rückwirkung für den Zeitpunkt ihres ursprünglichen Erlasses beizumessen.

3. Berichtigung

Es ist gängige Staatspraxis offenbare Unrichtigkeiten zu berichtigen.[1333] So werden Berichtigungsmöglichkeiten in §§ 42 VwVfG, 129 AO für Verwaltungsakte, in §§ 118 VwGO, 319 ZPO für Urteile sowie in §§ 122 III GO BT und 61 GGO für Gesetze vorgesehen. Auch schon vor diesen Normierungen war es jedoch üblich, au-

1324 BVerfGE 45, 142 (167); 48, 1 (20); BVerwG, NVwZ 1983, 612
1325 BVerfGE 45, 142 (167); 48, 1 (20)
1326 BVerfGE 45, 142 (167f.)
1327 BVerfGE 45, 142 (168); 48, 1 (20)
1328 BVerfGE 45, 142 (173f.); 48, 1 (20); *Hofmann* in: Schmidt-Bleibtreu/Hofmann/Hopfauf, GG, 11. Aufl. 2008, Art. 20 Rn. 83
1329 BVerfGE 48, 1 (20); BVerwG, NVwZ 1983, 612; *Hofmann* in: Schmidt-Bleibtreu/-Hofmann/Hopfauf, GG, 11. Aufl. 2008, Art. 20 Rn. 83; *Käß*, Inhalt und Grenzen des Grundsatzes der Planerhaltung, 2002, S. 41; vgl auch *Ehlers* in: Erichsen/Ehlers, Allg. VerwR, 13. Aufl. 2006, § 2 Rn. 87
1330 BVerwG, NVwZ 1983, 612
1331 BVerwG, NVwZ 1983, 612; *Hofmann* in: Schmidt-Bleibtreu/Hofmann/Hopfauf, GG, 11. Aufl. 2008, Art. 20 Rn. 83
1332 BVerwG, NVwZ 1983, 612
1333 BVerfGE 48, 1 (18); *Funke*, ZG 2005, 358 (359); *Sannwald* in: Schmidt-Bleibtreu/Hofmann/Hopfauf, GG, 11. Aufl. 2008, Art. 82 Rn. 59A; *Hill*, Das fehlerhafte Verfahren, 1986, S. 65; *Käß*, Inhalt und Grenzen des Grundsatzes der Planerhaltung, 2002, S. 31

ßerhalb der regulären Anforderungen an das Rechtsetzungsverfahren die Korrektur zuzulassen.[1334]

Somit kommt auch für Verwaltungsvorschriften die Beseitigung offenbarer Unrichtigkeiten in einem Verfahren kurzer Hand in Betracht. Materielle Voraussetzung ist allerdings, dass die Berichtigung der Richtigstellung von offenbaren Unrichtigkeiten dient.[1335] Es muss also um Unkorrektheiten beim Ausdruck gehen, die in der ergangenen Entscheidung in sprachlicher, ziffernmäßiger oder sonstiger Symbolik auftreten, d.h. um Schreibfehler, Zeichenfehler sowie diesbezügliche Unvollständigkeiten; auch syntaktische Fehler, semantische Fehlgriffe sowie weitere Äußerlichkeiten, zu denen auch Rechenfehler[1336] zählen können.[1337] Der Schwerpunkt darf allerdings nicht in einer rechtlichen Mangelhaftigkeit des Rechtsakts liegen.[1338] Vielmehr muss sich der Fehler im Bereich eines technischen Versehens bewegen.[1339] Der Akt ist daher schon vor der Berichtigung zwar fehlerhaft, aber nicht rechtswidrig.[1340] Andererseits hat bei sprachlich missglückten Akten die Interpretation den Vorrang; ein nachträgliches Berichtigungsverfahren hat nicht die Aufgabe, Ungenauigkeiten bei der Rechtsetzung in eine bessere Form zu bringen.[1341]

Zudem muss die Unrichtigkeit offenbar sein. Dies bedeutet, dass sowohl die fehlerhafte als auch die richtige Fassung offensichtlich sein müssen.[1342] Das Bundesverfassungsgericht verlangt dafür nicht, dass sich die Unrichtigkeit aus dem Normtext ergeben muss, sondern lässt es auch zu, wenn sie anhand der Materialien und des Sinnzusammenhanges erkennbar ist.[1343] Dies kann für Verwaltungsvorschriften nicht in gleicher Weise gelten: Die Materialien des Erlasses müssen – anders als bei Gesetzen – nicht gesammelt werden und sind zudem nicht allgemein zugänglich. Bei Verwaltungsvorschriften ist daher eine Unrichtigkeit nur offenbar, wenn sie sich unmittelbar aus dem Text der Verwaltungsvorschrift ergibt.

1334 BVerfGE 48, 336(338); *Morlok*, Die Folgen von Verfahrensfehlern, 1988, S. 146; *Sannwald* in: Schmidt-Bleibtreu/Hofmann/Hopfauf, GG, 11. Aufl. 2008, Art. 82 Rn. 59a

1335 *Funke*, ZG 2005, 358 (359); *Sannwald* in: Schmidt-Bleibtreu/Hofmann/Hopfauf, GG, 11. Aufl. 2008, Art. 82 Rn. 59a

1336 BVerfGE 48, 226 (338); *Morlok*, Die Folgen von Verfahrensfehlern, 1988, S. 145; *Schorn*, Die Berichtigung, 1984, S. 49

1337 *Morlok*, Die Folgen von Verfahrensfehlern, 1988, S. 145; *Sannwald* in: Schmidt-Bleibtreu/Hofmann/Hopfauf, GG, 11. Aufl. 2008, Art. 77 Rn. 12; *Schorn*, Die Berichtigung, 1984, S. 48ff.; *Diekötter*, Die Auswirkung von Verfahrensfehlern, 1997, 73f.

1338 *Morlok*, Die Folgen von Verfahrensfehlern, 1988, S. 145; *Sannwald* in: Schmidt-Bleibtreu/Hofmann/Hopfauf, GG, 11. Aufl. 2008, Art. 77 Rn. 12; *Schorn*, Die Berichtigung, 1984, S. 46

1339 *Schnelle*, Eine Fehlerfolgenlehre für Rechtsverordnungen, 2007, S. 193; *Käß*, Inhalt und Grenzen des Grundsatzes der Planerhaltung, 2002, S. 31

1340 *Schorn*, Die Berichtigung, 1984, S. 46f.; *Schnelle*, Eine Fehlerfolgenlehre für Rechtsverordnungen, 2007, S. 193

1341 *Schorn*, Die Berichtigung, 1984, S. 23

1342 *Funke*, ZG 2005, 358 (359); *Schorn*, Die Berichtigung, 1984, S. 56

1343 BVerfGE 105, 313 (334ff.)

Durch die Berichtigung darf der materielle Gehalt der Norm nicht angetastet werden.[1344]

Die Rechtsnatur der Berichtigung ist umstritten. Für Gesetze werden drei Ansichten vertreten: Nach der sog. Eigenständigkeitsthese soll die Berichtigung selbst Gesetz sein.[1345] Diese These kann heute als widerlegt gelten.[1346] Das Berichtigungsverfahren ist gerade kein neues Gesetzgebungsverfahren, wesentliche Förmlichkeiten werden nicht eingehalten.[1347] Übrig bleiben die sog. Inkorporationsthese, wonach die Berichtigung gewissermaßen zum Gesetz wird, und die sog. Interpretationsthese, die in der Berichtigung eine besondere Form der Auslegung sieht.[1348] Auch die letzte Meinung vermag nicht zu überzeugen. Die Berichtigung ist nicht bloß eine unverbindliche Interpretation des Gesetzestextes. Durch die Berichtigung soll vielmehr unwiderruflich die richtige Fassung klargestellt werden. Nach erfolgreicher Berichtigung gibt es nur noch den berichtigten Normtext, aus dem die ursprünglich offenbare Unrichtigkeit nicht mehr erkennbar sein muss.

Die Berichtigung ist daher nur erfolgreich, wenn sie durch den Verwaltungsvorschriftenurheber in gleicher Weise wie beim Erlass der Norm veröffentlicht wird.[1349]

II. Gerichtliches Verfahren

Ging es bisher darum, welche Wirkung (Verbindlichkeit) formell rechtswidrige Verwaltungsvorschriften innerhalb der Verwaltung haben und welche Reaktionsmöglichkeiten (Heilung, Berichtigung) von behördlicher Seite zur Verfügung stehen, ist nun zu fragen, wie sich die Sachlage im Außenverhältnis darstellt. Dies wird typischerweise erst im gerichtlichen Verfahren aktuell, da das Außenhandeln der Verwaltung bestimmt wird von den intern geltenden Regeln und dem erst in Form gerichtlicher Autorität ein schlagkräftiges Gegengewicht gegenübersteht. Es ist also zu fragen, wann die verwaltungsinterne Unbeachtlichkeit der formellen Fehlerhaftigkeit auch vor Gericht Bestand hat und dessen Verwerfungs- bzw. Nichtanwendungskompetenz ausschließt.

1344 BVerfGE 48, 1 (19); *Sannwald* in: Schmidt-Bleibtreu/Hofmann/Hopfauf, GG, 11. Aufl. 2008, Art. 82 Rn. 59a; *Schorn*, Die Berichtigung, 1984, S. 59; *Hill*, Das fehlerhafte Verfahren, 1986, S. 66

1345 *Funke*, ZG 2005, 358 (363)

1346 *Funke*, ZG 2005, 358 (363)

1347 *Sannwald* in: Schmidt-Bleibtreu/Hofmann/Hopfauf, GG, 11. Aufl. 2008, Art. 77 Rn. 12; *Funke*, ZG 2005, 358 (363)

1348 *Funke*, ZG 2005, 358 (363)

1349 Ebenso: *Diekötter*, Die Auswirkung von Verfahrensfehlern, 1997, 73f.

1. Evidenz

Wie oben schon erwähnt, führt nach der Rechtsprechung des Bundesverfassungsgerichts ein formeller Fehler nur dann zur Aufhebung der angegriffenen Norm, wenn er evident ist.[1350] Das Evidenzkriterium wird hierbei zur Fehlerfolgenrestriktion bei feststehender Rechtswidrigkeit verwendet. Nicht gemeint sind die Entscheidungen, in denen die Evidenz herangezogen wird, um überhaupt erst einen Verfassungsverstoß herzuleiten.

Was Evidenz in diesem Sinne genau bedeutet, wird nicht näher erläutert. Daran soll es jedenfalls mangeln, wenn das Vorliegen eines Fehlers von der Beantwortung einer Rechtsfrage abhängt, zu der es keine eindeutige Stellungnahme der Rechtslehre gibt[1351] oder zu der sich eine unterschiedliche Normsetzungspraxis herausgebildet hat.[1352] Voraussetzung ist außerdem, dass keine Klärung durch die Rechtsprechung des Bundesverfassungsgerichts erfolgt ist.[1353]

Das Gericht hält das Evidenzerfordernis aus Rücksicht auf die Rechtssicherheit für geboten.[1354] Eine Norm, bei der die formelle Rechtswidrigkeit nicht evident sei, würde allgemein für gültig gehalten und angewendet.[1355] Sie habe womöglich in der Vergangenheit die Rechtsgrundlage für eine Unzahl von Verwaltungsakten gebildet.[1356] Verwaltung und Bürger vertrauten auf ihre Gültigkeit.[1357] Wäre ein solches Gesetz auch nur vorübergehend unanwendbar, würde das zu unübersehbaren Folgen und Komplikationen führen.[1358] Es müsste eine Lage entstehen, die mit der Verfassungsordnung noch weniger in Einklang stünde als die Hinnahme der verfassungswidrigen Normsetzungspraxis für die Vergangenheit.[1359] Dabei handele es sich um einen allgemeinen Rechtsgedanken, der auch § 14 BBG und dem verwaltungsrechtlichen Grundsatz zu Grunde liege, dass rechtswidrige Verwaltungsakte nur bei Evidenz nichtig sind.[1360]

Diese Rechtsprechung wird teilweise kritisch aufgenommen.[1361] Angegriffen wird schon die Anknüpfung an eine bestehende oder nicht bestehende „Evidenz“ des

1350 BVerfG, DÖV 1972, 676 (678); BVerfGE 113, 348 (367); 91, 148 (175); vgl. auch schon BVerfGE 31, 47 (53) „grober Mangel“.
1351 BVerfG, DÖV 1972, 676 (678)
1352 BVerfG, DÖV 1972, 676 (678); BVerfGE 91, 148 (175); 113, 348 (367)
1353 BVerfGE 113, 348 (367)
1354 BVerfG, DÖV 1972, 676 (678); BVerfGE 91, 148 (175); 113, 348 (367)
1355 BVerfG, DÖV 1972, 676 (678); BVerfGE 91, 148 (175)
1356 BVerfG, DÖV 1972, 676 (678); BVerfGE 91, 148 (175); zustimmend insoweit vArnauld, Rechtssicherheit, 2006, S. 302
1357 BVerfG, DÖV 1972, 676 (678); BVerfGE 91, 148 (175)
1358 BVerfG, DÖV 1972, 676 (678)
1359 BVerfGE 91, 148 (175)
1360 BVerfG, DÖV 1972, 676 (678)
1361 *Schnelle*, Eine Fehlerfolgenlehre für Rechtsverordnungen, 2007, S. 269f.; *Morlok*, Die Folgen von Verfahrensfehlern, 1988, S. 171ff.; *Trips*, Das Verfahren der exekutiven Rechtsetzung, 2005, S. 262f.; *Hill*, Das fehlerhafte Verfahren, 1986, S. 60f.

Fehlers. Der Begriff sei überaus vage.[1362] Es sei nicht klar, ob es dabei um die Offenkundigkeit oder auch die Schwere eines Verfahrensdefizits gehe.[1363] Problematisch sei zudem die Perspektive, aus der die Evidenz beurteilt werden solle.[1364] Dem Begriff der Evidenz gehe die Evidenz ab.[1365] Richtig hieran ist, dass der Evidenzbegriff ein Wertungsbegriff ist, der der weiteren Konkretisierung bedarf. Insoweit ist die Sichtweise eines objektiven Beobachters entscheidend.[1366]

Die Kritik richtet sich jedoch auch inhaltlich gegen die gerichtliche Fehlerfolgenrestriktion.[1367] Ein Gericht müsse die Konsequenzen der Rechtswidrigkeit ziehen, gleichgültig wie schwer es gewesen sei, den Fehler zu erkennen.[1368] Es gebe für die Normsetzer im Staat keinen Evidenzvorbehalt.[1369] Gerade die Existenz eines solchen „Evidenzvorbehalts" behauptet das Bundesverfassungsgericht jedoch, wenn es darauf verweist, dass nach einem allgemeinen Gedanken der Rechtsordnung Klarheit über die Gültigkeit öffentlicher Akte bestehen müsse. Dass ein Gericht nicht in jedem Fall die Unwirksamkeit einer rechtswidrigen Norm aussprechen muss, ergibt sich auch aus der Tenorierungsform der bloßen Unvereinbarerklärung, als deren Anwendungsfall die Aufhebungsverweigerung mangels Evidenz eines Verfahrensfehlers begriffen werden kann.[1370] Der bei verfahrensfehlerhaften Staatsakten gebotene Ausgleich zwischen den betroffenen Verfahrenspositionen muss nicht notwendig zur Aufhebung des Aktes führen wie § 46 VwVfG zeigt, der insoweit als Ausdruck eines allgemeinen Rechtsgedankens verstanden werden kann.[1371] Den Gerichten kommt die Verpflichtung zu, effektiven Rechtsschutz auch in der zeitlichen Dimension zu gewährleisten.[1372] Dabei ist zu berücksichtigen, dass allein die zeitliche Verzögerung, die mit der gerichtlichen Aufhebung und nachfolgendem Neuerlass verbunden ist, die Realisierung materiell bestehender Rechtspositionen hindern kann.[1373] Ein Ansatz, der differenzierend auf Verfahrensmängel reagiert, stellt lediglich die tatsächliche Funktion der Rechtsprechung in Rechnung, ohne ihren Befugnisbereich in unzulässiger Weise zu erweitern.[1374] Zwar steht der Fehler-

1362 *Morlok*, Die Folgen von Verfahrensfehlern, 1988, S. 177; *Trips*, Das Verfahren der exekutiven Rechtsetzung, 2005, S. 262

1363 *Morlok*, Die Folgen von Verfahrensfehlern, 1988, S. 177; *Hill*, Das fehlerhafte Verfahren, 1986, S. 61; *Moench*, Verfassungswidriges Gesetz und Normenkontrolle, 1977, S. 88

1364 *Morlok*, Die Folgen von Verfahrensfehlern, 1988, S. 177; *Hill*, Das fehlerhafte Verfahren, 1986, S. 60; *Trips*, Das Verfahren der exekutiven Rechtsetzung, 2005, S. 262

1365 *Morlok*, Die Folgen von Verfahrensfehlern, 1988, S. 177

1366 *Bryde*, JZ 1998, 115 (119)

1367 *Schnelle*, Eine Fehlerfolgenlehre für Rechtsverordnungen, 2007, S. 269f.

1368 *Schnelle*, Eine Fehlerfolgenlehre für Rechtsverordnungen, 2007, S. 270

1369 *Morlok*, Die Folgen von Verfahrensfehlern, 1988, S. 176

1370 *Schnelle*, Eine Fehlerfolgenlehre für Rechtsverordnungen, 2007, S. 270; *vArnauld*, Rechtssicherheit, 2006, S. 302; unsicher *Diekötter*, Die Auswirkung von Verfahrensfehlern, 1997, 98

1371 *Degenhart*, DVBl 1981, 201 (207)

1372 *Degenhart*, DVBl 1981, 201 (205)

1373 *Degenhart*, DVBl 1981, 201 (205); *Frenz*, DÖV 1993, 847 (848); *Maurer*, FS Weber, 1974, 345 (365)

1374 *Degenhart*, DVBl 1981, 201 (205)

folgenausspruch nicht im Belieben des Richters, es kann jedoch einem wohlverstandenen *judicial self-restraint* entsprechen, im Einzelfall von der Kassation eines nicht evident verfahrensfehlerhaften Rechtsaktes abzusehen.[1375]

Schließlich wird bemängelt, dass mit dem Evidenzkriterium nur Belange der Rechtssicherheit eine Rolle spielten, während gegenläufige Interessen vernachlässigt würden.[1376] Mit dieser Kritik wird jedoch die Rechtsfolgenabschätzung verkannt, die das Bundesverfassungsgericht unternimmt. Wie bei der bloßen Unvereinbarerklärung aus materiellen Gründen wägt es zwischen dem Interesse an der Rechtssicherheit und demjenigen an der Verwerfung der Norm ab. Ist jedoch der Verfahrensmangel nicht evident und die betreffende Norm daneben inhaltlich verfassungsmäßig, muss das Rechtssicherheitsinteresse überwiegen.[1377]

Fraglich ist allerdings, ob sich die Argumentation des Bundesverfassungsgerichts überhaupt auf Verwaltungsvorschriften übertragen lässt. Man könnte daran zweifeln, dass ein entsprechendes Schutzbedürfnis besteht. Verwaltungsvorschriften können ihrem Rechtscharakter nach dem Vorbehalt des Gesetzes nicht genügen. Sie sind daher kein Essentiale des staatlichen Entscheidungsmechanismus. Einzelakte können (rechtstechnisch) unmittelbar auf Grund eines Gesetzes ergehen. Es bedarf nicht unbedingt einer Verwaltungsvorschrift als notwendiger Entscheidungsgrundlage. Fällt eine Verwaltungsvorschrift weg, wird damit also nicht notwendig ein Regelungschaos provoziert.

Allerdings können Verwaltungsvorschriften, die tagtäglich angewendet werden, ebenso zum festen Normenbestand gehören wie Gesetze. Ebenso wie bei diesen können sich Verwaltung und Bürger darauf eingestellt haben. Ist eine Verwaltungsvorschrift erst einmal in der Welt, gestaltet sie die Rechtsordnung wie jeder andere Hoheitsakt auch, sodass über ihre Geltung in gleicher Weise Klarheit bestehen muss.

Daher dürfen auch Verwaltungsvorschriften wegen eines formellen Fehlers nicht ex tunc aufgehoben werden, wenn der Fehler nicht evident war. Ist die formelle Rechtswidrigkeit nicht evident, bleibt es bei der Wirksamkeit der Norm auch im Außenverhältnis.[1378]

Das Bundesverfassungsgericht verbindet die Ablehnung der Aufhebung einer nicht-evident formell rechtswidrigen Norm mit der Verpflichtung des Normgebers, die vorhandenen Normen hinsichtlich des nunmehr evidenten Fehlers „in Ordnung zu bringen".[1379] Bei künftigen Fehlerwiederholungen könne die Evidenz dann nicht mehr verneint werden.[1380] Eine solche Nachbesserungspflicht muss auch für Verwaltungsvorschriften gelten. Bei ihnen kann und muss allerdings nicht in jedem Fall

1375 *Bryde*, JZ 1998, 115 (120)
1376 *Morlok*, Die Folgen von Verfahrensfehlern, 1988, S. 177
1377 *Bryde*, JZ 1998, 115 (120); *Trips*, Das Verfahren der exekutiven Rechtsetzung, 2006, S. 245
1378 BVerfG, DÖV 1972, 676 (678); BVerfGE 113, 348 (367)
1379 BVerfG, DÖV 1972, 676 (678)
1380 BVerfG, DÖV 1972, 676 (678); BVerfGE 91, 148 (176); 113, 348 (367)

eine Klärung durch das Bundesverfassungsgericht herbeigeführt werden. Insoweit reicht der Rechtsweg zu den Verwaltungsgerichten aus.

2. Kausalität

Das Bundesverfassungsgericht hat das Evidenzkriterium eingeführt, um im Interesse der Rechtssicherheit eine Rechtsnorm zu erhalten, von deren Gültigkeit allgemein ausgegangen wird. Es stellt damit den gerichtlichen Aufhebungsanspruch in das Spannungsverhältnis von Rechtssicherheit und materieller Richtigkeit. Wie oben dargelegt ist die gerichtliche Normverwerfung ein Eingriff in den Bereich des Normurhebers.[1381] Dieser Eingriff ist hinzunehmen, denn rechtswidrige Rechtsetzungsprodukte haben grundsätzlich keine Berechtigung im Rechtsstaat. Allerdings kann das Bedürfnis, an einer bestehenden Rechtslage festzuhalten, überwiegen, wenn der materiellen Richtigkeit durch eine gerichtliche Aufhebungsentscheidung nicht gedient wird.

Dazu ist die rechtliche Existenz einer Norm in der Zeit zu berücksichtigen. Der materielle Inhalt, als Rechtssatz im eigentlichen Sinne, gilt. Er gestaltet die Rechtsordnung. Ein materieller Fehler einer Norm führt somit andauernd und jederzeit zu einer Verwerfung in der Rechtsordnung. Formelle Fehler sind demgegenüber auf den Erlass der Norm und damit auf einen zeitlichen Fixpunkt bezogen.[1382] Mit einer Reihe von Abhandlungen ist die Multifunktionalität und eigenständige Bedeutung des Verfahrens aufgezeigt worden.[1383] Der Stellenwert bestimmter Verfahrensnormen führt dazu, dass Normen, für deren Erlass gegen solche Verfahrensvorschriften verstoßen wurde, von der Rechtsordnung die rechtliche Anerkennung versagt wird. Auch die formelle Rechtswidrigkeit belastet eine Rechtsnorm daher mit dem Makel gerichtlicher Verwerfbarkeit.

Allerdings tritt die formelle Rechtswidrigkeit in den Hintergrund, je länger der Erlasszeitpunkt zurückliegt. Mit dem Erlass der Norm ist die Verletzung der Verfahrensvorschrift abgeschlossen, wenn sie sich nicht zugleich in einem Inhaltsfehler der Norm niederschlägt. Das durch den Rechtsverstoß entstandene Beseitigungsinteresse verliert an Bedeutung, je weniger der status quo ante erreicht werden kann. Der gerichtliche Aufhebungsanspruch als Folge formeller Rechtswidrigkeit erledigt sich, wenn sozusagen „Gras über den Verfahrensfehler gewachsen ist“, wenn er „niemandem mehr weh tut“.

Nicht verkannt werden soll dabei, dass auch eine abgeschlossene Verletzungshandlung Nachwirkungen haben kann, so wie sie beim Erlass von Rechtsnormen insbesondere die rechtliche Existenz der fehlerhaften Norm darstellt. Für die Erledi-

1381 § 2 B II 3 c
1382 *Baumeister*, Das Rechtswidrigwerden, 1996, S. 75; *Bettermann*, FS H. Huber, 1981, 25 (34)
1383 *Hill*, Das fehlerhafte Verfahren und seine Folgen, 1986, S. 193ff.; *Morlok*, Die Folgen von Verfahrensfehlern, 1988, S. 90ff.; *Martin*, Heilung, 2004, S. 137ff.

gung eines bloß formellen Fehlers, der sich nicht auf die inhaltliche Rechtmäßigkeit der Norm ausgewirkt hat, ist es daher erforderlich, dass eine erhebliche Zeit verstrichen ist, in der die Fehlerhaftigkeit der Norm nicht gerügt wurde.

Das Wegfallen der gerichtlichen Verwerfungsbefugnis durch Zeitablauf bei nichtkausalen Verfahrensfehlern rechtfertigt sich noch aus einem weiteren Gesichtspunkt: Verwaltungsvorschriften sind nicht essentiell im verwaltungsmäßigen Entscheidungsprozess. Eine Verwaltungsvorschrift kann also ersatzlos, z.B. wegen formeller Rechtswidrigkeit, entfallen, ohne dass die Verwaltung an der Entscheidung des Einzelfalles gehindert ist. Das bisherige Festhalten an der – inhaltlich nicht zu beanstandenden – Verwaltungsvorschrift hat jedoch womöglich eine einheitliche Verwaltungspraxis begründet, die eine Selbstbindung der Verwaltung nach sich zieht und auch von den Gerichten zu berücksichtigen ist. Damit spricht die primäre Steuerungsfunktion von Verwaltungsvorschriften, gegenüber der die rechtsstaatliche Garantiefunktion, die im Vergleich mit anderen Handlungsformen nur schwach ausgebildet ist, in den Hintergrund rückt, ebenfalls für die Fehlerfolgenrestriktion bei formeller Rechtswidrigkeit.

C Ergebnis

Ebenso wie einfach materiell rechtswidrige Verwaltungsvorschriften sind formell rechtswidrige Verwaltungsvorschriften verwaltungsintern verbindlich und wirksam. Es besteht ein Geltungsvorrang. Zu dessen Auflösung die Einleitung des Remonstrationsverfahrens vorgesehen ist.

Die Fehlerhaftigkeit der Verwaltungsvorschrift kann daneben durch Heilung behoben werden. Dazu sind sämtliche Verfahrensschritte des Erlassverfahrens, die dem fehlerhaften Verfahrensteil nachfolgen, erneut durchzuführen. Eine rechtmäßige Verwaltungsvorschrift kann dadurch allerdings nur erzeugt werden, wenn eine echte Wiedergutmachung im Sinne einer realen Fehlerheilung möglich erscheint. Dann kann der nunmehr geheilten Verwaltungsvorschrift Rückwirkung auf den Zeitpunkt ihres ursprünglichen Erlasses zugemessen werden.

Zudem können offenbare Unrichtigkeiten jederzeit berichtigt werden.

Im gerichtlichen Verfahren begründet die formelle ebenso wie die materielle Rechtswidrigkeit einer Verwaltungsvorschrift grundsätzlich die Verwerfungs- bzw. Nichtanwendungskompetenz des Gerichts. Diese ist jedoch im Einzelfall ausgeschlossen, sodass die Gerichte auf eine bloße Unvereinbarerklärung verbunden mit der Weiteranwendung beschränkt sind, wenn der Verfahrensfehler nicht evident ist oder sich inhaltlich nicht ausgewirkt und durch eine längere rügefreie Anwendung der Verwaltungsvorschrift erledigt hat.

Zusammenfassung

Zur Rechtsnatur von Verwaltungsvorschriften

1. Verwaltungsvorschriften sind Normen der Verwaltung, die dazu dienen, Organisation und Verhalten der nachgeordneten Stellen zu steuern. Sie sind ein hierarchieimmanentes notwendiges Herrschaftsinstrument. Es handelt sich um ein soziales Phänomen. Ihre Wirkung gegenüber ihren Primäradressaten entfalten Verwaltungsvorschriften auf Grund deren Zugehörigkeit zur Verwaltungsorganisation.

2. Verwaltungsvorschriften sind Rechtsvorschriften. Unter der Geltung des Grundgesetzes kann der Staat nur mit den Mitteln des Rechts regelnd auftreten.

3. Durch Verwaltungsvorschriften kann inhaltlich sowohl Innen- wie auch Außenrecht geregelt werden. Verhaltenslenkende Verwaltungsvorschriften sowie Organisationsvorschriften, die Behördenzuständigkeiten festlegen oder den Verkehr zwischen Behörden und Bürgern betreffen, haben Außenrechtsmaterien zum Gegenstand.

4. Alle Arten von Verwaltungsvorschriften können Außenwirkung erzielen. Bloße Innenwirkung haben allein Verwaltungsvorschriften, die auch inhaltlich bloß innenrechtliche Regelungen treffen. Die Außenwirkung ist eine Folge der Rechtsdurchdrungenheit der Verwaltung, nicht primäre Sinnsetzung beim Erlass von Verwaltungsvorschriften. Daher kommt es auf einen entsprechenden oder entgegenstehenden Willen des Vorschriftengebers nicht an. Wirkungsgrund ist der Rechtscharakter von Verwaltungsvorschriften und ihr damit einhergehender Geltungsanspruch.

5. Der Erlass von Verwaltungsvorschriften ist nicht delegierte Rechtsetzung, sondern Wahrnehmung originärer Administrativkompetenzen. Es gibt kein Rechtsetzungsmonopol des Gesetzgebers, sondern lediglich eine Rechtsetzungsprärogative. Wo der Vorenthalt des Gesetzes nicht greift, d.h. die Wesentlichkeitsschwelle nicht überschritten wird, bleibt Raum für die eigene Rechtsgestaltung der Verwaltung. Verwaltungsvorschriften dienen damit der „Rechtsetzung im Kleinen". Sie sind Ausdruck der in der gewaltenteilenden rechtsstaatlichen Demokratie notwendig vorausgesetzten spezifischen Eigenverantwortung der zweiten Gewalt.

6. Auch aus dem Verhältnis von Judikative und Exekutive erheben sich keine grundsätzlichen Bedenken gegen die Annahme der Außenwirkung von Verwaltungsvorschriften. Verwaltungsvorschriften sind zugleich Gegenstand und Maßstab der gerichtlichen Kontrolle. Gegenstand der richterlichen Überprüfung sind sie,

indem sie der vollen Rechtmäßigkeitskontrolle ebenso wie Einzelakte der Verwaltung unterliegen. Maßstabswirkung für die Entscheidungsfindung entfalten sie, indem Gerichte ihrer Rechtserheblichkeit für das Handeln der Verwaltung Rechnung tragen müssen.

7. Zu den unerlässlichen Entstehungsbedingungen, die zur (rechtlichen) Existenz einer Verwaltungsvorschrift führen, zählen die generelle Zuständigkeit ihres Urhebers als Vorgesetzter für den betreffenden Regelungsbereich sowie die Bekanntgabe der Verwaltungsvorschrift.

8. Verwaltungsvorschriften können – im Rahmen des Vorenthalts des Gesetzes – subjektive öffentliche Rechte begründen. Dies ist jeweils im Einzelfall anhand der allgemeinen Regeln, insbesondere der Schutznormtheorie, festzustellen.

9. Die Bindungswirkung von Verwaltungsvorschriften ist nur in der Form besonders flexibel, als sie wegen des weitgehenden Fehlens von Formvorschriften unkompliziert und schnell geändert werden können. Ohne ausdrücklich im Normtext enthaltenen Sonderfallvorbehalt dürfen sie hingegen im Einzelfall nicht außer Acht gelassen werden.

Zu den Rechtsfolgen fehlerhafter Verwaltungsvorschriften

10. Die Rechtswidrigkeit eines Rechtsaktes ist ein objektives, einheitlich aus der Rechtsordnung abzulesendes Urteil über seine Vereinbarkeit mit dem übrigen Recht.

11. Verwaltungsvorschriften sind Rechtssätze der untersten Rangstufe. Sie müssen inhaltlich mit allen anderen Rechtssätzen übereinstimmen. Eine Verwaltungsvorschrift die vom Grundgesetz, einem anderen Gesetz, Rechtsverordnungen oder Satzungen abweicht, ist rechtswidrig. Materielle Rechtswidrigkeit besteht zudem bei einem Widerspruch zu Verwaltungsvorschriften, deren Autor höher in der Verwaltungshierarchie angesiedelt ist, zu Verwaltungsvorschriften, die neuer sind, sowie wenn sich entgegenstehendes Gewohnheitsrecht durch eine andauernde abweichende Verwaltungspraxis gebildet hat.

12. Eine Verwaltungsvorschrift ist formell rechtswidrig, wenn bei ihrem Erlass negative Rechtsanerkennungsnomen nicht beachtet wurden. Ob eine Zuständigkeits-, Verfahrens- oder Formvorschrift dem Rechtsakt, auf deren Erlass sie abzielt, gegebenenfalls die Rechtsanerkennung versagen will, ist durch Auslegung zu ermitteln. Entscheidend dafür sind der konkrete Bezug zum Regelungsprodukt sowie die Bedeutung der entsprechenden Norm. Eine besondere Bedeutung kann sich absolut im Hinblick auf einen besonderen übergeordneten Zweck sowie relativ in Bezug auf die Gewährleistung der inhaltlichen Rechtmäßigkeit des Regelungsprodukts ergeben. Formelle Rechtswidrigkeit einer Verwaltungsvorschrift ist danach anzunehmen,

wenn ein Zuständigkeitsfehler vorliegt oder sie nicht bzw. nicht an der richtigen Stelle veröffentlicht wurde. Bei speziellen Beteiligungsvorschriften kommt es maßgeblich darauf an, ob die vorgesehene Beteiligung beim Erlass oder nur in dessen Vorfeld stattfinden soll.

13. Rechtsfolgen materiell rechtswidriger Verwaltungsvorschriften treten nicht ipso iure ein, sondern erfordern eine staatliche (autoritäre) Entscheidung.

14. Für solche Rechtsfolgeentscheidungen von Seiten der Verwaltung kommt es darauf an, ob die betreffende Verwaltungsvorschrift erkennbar strafbar oder ordnungswidrig ist oder die Menschenwürde verletzt. Ist dies der Fall, besitzt jede Verwaltungsstelle eine Nichtanwendungskompetenz. Die Verwaltungsvorschrift ist für niemanden verbindlich und kann daher als nichtig bezeichnet werden.

15. Für Verwaltungsvorschriften, die nicht in dieser Weise qualifiziert rechtswidrig sind, besteht ein Geltungsvorrang. Der angewiesene Beamte muss Bedenken gegen die Rechtmäßigkeit der Verwaltungsvorschrift im Remonstrationsverfahren geltend machen. Er ist nicht befugt, eine eigene Nichtanwendungsentscheidung zu treffen. Solche Verwaltungsvorschriften sind daher rechtswidrig, aber verbindlich. Geltungsbeendigungsentscheidungen können ausschließlich vom Normurheber oder dessen Vorgesetzten durch formelle Aufhebung der Verwaltungsvorschrift getroffen werden.

16. Gerichtliche Rechtsfolgeentscheidungen finden je nach Verfahrensart lediglich auf der Anwendungsebene oder auch auf der Geltungsebene statt. Ein Geltungsvorrang besteht insoweit nicht.

17. Das prinzipale Normenkontrollverfahren, das nach § 47 VwGO auch für Verwaltungsvorschriften eröffnet sein kann, führt grundsätzlich – die Feststellung einer Normenanwendungskollision vorausgesetzt – zur Verwerfung der Verwaltungsvorschrift. Ganz ausnahmsweise ist eine gerichtliche Geltungsbeendigung ausgeschlossen und lediglich die Unvereinbarkeit der Verwaltungsvorschrift mit dem höherrangigen Recht festzustellen, eventuell verbunden mit einer (befristeten) Anordnung der Weiteranwendung. So ist zu verfahren etwa in Fällen des sog. gleichheitswidrigen Begünstigungsausschlusses sowie des rechtlichen Chaos. Eine Verwerfung kann zudem unter Normerhaltungsgesichtspunkten unverhältnismäßig und daher unzulässig sein.

18. Bei der bloßen Inzidentkontrolle kommt es nicht zu einer Geltungsentscheidung. Das Gericht hat die Normanwendungskollision auf der Anwendungsebene zu lösen, indem es die rechtswidrige Verwaltungsvorschrift unangewendet lässt. Auch eine Nichtanwendungsentscheidung kann dem Gericht in den eben genannten Fallgruppen im Einzelfall versagt sein.

19. Ebenso wie einfach materiell rechtswidrige Verwaltungsvorschriften sind formell rechtswidrige Verwaltungsvorschriften verwaltungsintern verbindlich und wirksam. Es besteht ein Geltungsvorrang, der die Einleitung des Remonstrationsverfahrens vorsieht.

20. Die Fehlerhaftigkeit von Verwaltungsvorschriften kann grundsätzlich durch Heilung behoben werden. Dazu sind sämtliche Verfahrensschritte des Erlassverfahrens, die dem fehlerhaften Verfahrensteil nachfolgen, erneut durchzuführen. Eine rechtmäßige Verwaltungsvorschrift kann dadurch allerdings nur erzeugt werden, wenn eine echte Wiedergutmachung im Sinne einer realen Fehlerheilung möglich erscheint. Dann kann der nunmehr geheilten Verwaltungsvorschrift Rückwirkung auf den Zeitpunkt ihres ursprünglichen Erlasses zugemessen werden.

21. Zudem können offenbare Unrichtigkeiten jederzeit berichtigt werden.

22. Im gerichtlichen Verfahren begründet die formelle ebenso wie die materielle Rechtswidrigkeit einer Verwaltungsvorschrift grundsätzlich eine Verwerfungs- bzw. Nichtanwendungskompetenz des Gerichts. Diese ist jedoch im Einzelfall ausgeschlossen, sodass die Gerichte auf eine bloße Unvereinbarerklärung verbunden mit der Weiteranwendung beschränkt sind, wenn der Verfahrensfehler nicht evident ist oder sich inhaltlich nicht ausgewirkt und durch eine längere rügefreie Anwendung der Verwaltungsvorschrift erledigt hat.

Literaturverzeichnis

Achterberg, Norbert, Die Bedeutung der Gesetzgebungslehre für die Entwicklung einer allgemeinen Regelungstheorie, ZG 1986, S. 221ff.

derselbe, Probleme der Funktionenlehre, München 1970 (zugl. Marburg/Lahn, Univ., Habil.-Schr.)

derselbe, Probleme des verwaltungsgerichtlichen Normenkontrollverfahrens, VerwArch 72 (1981), S. 163ff.

Adami, Rainer, Zuständigkeit, Unzuständigkeit und Unzuständigkeitsfolgen in der staatlichen Verwaltungsorganisation, 1971 (zugl. Würzburg, Univ., Diss.)

Arndt, Adolf, Die Nichtigkeit verfassungswidriger Gesetze, DÖV 1959, S. 81ff.

derselbe, Urteilsanmerkung, DVBl 1959, S. 624ff.

Axer, Peter, Normsetzung der Exekutive in der Sozialversicherung, Tübingen 2000 (zugl. Bonn, Univ., Habil.-Schr.)

Bachof, Otto, Beurteilungsspielraum, Ermessen und unbestimmter Rechtsbegriff im Verwaltungsrecht, JZ 1955, S. 97ff.

Badura, Peter, Die Dogmatik des Staatsrechts im Wandel vom Bismarckreich über die Weimarer Republik zur Bundesrepublik, in: Der Staat Beiheft 11, S. 133ff.

derselbe, Supranationalität und Bundesstaatlichkeit durch Rangordnung des Rechts, in: Starck, Christian (Hrsg.), Rangordnung der Gesetze, Göttingen 1995, S. 107ff.

Barfuß, Walter, Die Weisung, Forschungen aus Recht und Staat Bd. 2, Wien 1967

Battis, Ulrich, Bundesbeamtengesetz, 3. Auflage, München 2004

Bauer, Hartmut, Altes und Neues zur Schutznormtheorie, AöR 113 (1988), S. 582ff.

derselbe, Der Gesetzesvorbehalt im Subventionsrecht, DÖV 1983, S. 53ff.

Baumeister, Peter, Das Rechtswidrigwerden von Normen, Schriften zum öffentlichen Recht Bd. 693, Berlin 1996 (zugl. Mannheim, Univ., Diss. 1994)

derselbe, Der Beseitigungsanspruch als Fehlerfolge des rechtswidrigen Verwaltungsakts, Jus publicum Bd. 142, Tübingen 2006 (zugl. Mannheim, Univ., Habil.-Schr. 2003)

Beckmann, Martin, Die gerichtliche Überprüfung von Verwaltungsvorschriften im Wege der verwaltungsgerichtlichen Normenkontrolle, DVBl 1987, S. 611ff.

Berg, Wilfried, Keine Gleichheit im Unrecht?, JuS 1980, S. 418ff.

Bettermann, Karl August, Über die Rechtswidrigkeit von Staatsakten, in: Recht als Prozess und Gefüge – Festschrift für Hans Huber zum 80. Geburtstag, Bern 1981, S. 25ff.

Birk, Rolf, Die arbeitsrechtliche Leitungsmacht, Erlanger juristische Abhandlungen Bd. 13, Köln 1973 (zugl. Erlangen/Nürnberg, Univ., Habil.-Schr. 1971)

Bleckmann, Albert, Spielraum der Gesetzesauslegung und Verfassungsrecht, JZ 1995, S. 685ff.

Bock, Markus A., Verwaltungsvorschriften, JA 2000, 390

Böckenförde, Christoph, Die sogenannte Nichtigkeit verfassungswidriger Gesetze, Schriften zum öffentlichen Recht Bd. 33, Berlin 1966 (zugl. Münster (Westf.), Univ., Diss.)

Böckenförde, Ernst-Wolfgang, Die Organisationsgewalt im Bereich der Regierung, Schriften zum öffentlichen Recht Bd. 18, Berlin 1964 (zugl. Münster (Westf.), Univ., Habil.-Schr.)

derselbe, Ernst-Wolfgang, Gesetz und gesetzgebende Gewalt, Schriften zum öffentlichen Recht Bd. 1, 2. Auflage, Berlin 1981

Böckenförde, Ernst-Wolfgang/Grawert, Rolf, Sonderverordnungen zur Regelung besonderer Gewaltverhältnisse, AöR 95 (1970), S. 1ff.

Bönker, Christian, Umweltstandards in Verwaltungsvorschriften, Beiträge zum Siedlungs- und Wohnungswesen und zur Raumplanung Bd. 142, Münster 1992 (zugl. Münster (Westf.), Univ., Diss.)

Brandner, Thilo, Grenzen des ministeriellen Weisungsrechts gegenüber nachgeordneten Behörden?, DÖV 1990, S. 966ff.

Breuer, Marten, Nichtiges Gesetz und vernichtbarer Verwaltungsakt, DVBl 2008, S. 555ff.

Breuer, Rüdiger, Ausbau des Individualschutzes gegen Umweltbelastungen als Aufgabe des öffentlichen Rechts, DVBl 1986, S. 849ff.

derselbe, Die rechtliche Bedeutung der Verwaltungsvorschriften nach § 48 BImSchG im Genehmigungsverfahren, DVBl 1978, S. 28ff.

Brinktrine, Ralf, Organisationsgewalt der Regierung und der Vorbehalt des Gesetzes – zur Reichweite der „Wesentlichkeitstheorie" am Beispiel der Zusammenlegung von Justiz- und Innenministerium in Nordrhein-Westfalen, Jura 2000, S. 123ff.

Brohm, Winfried, Verwaltungsvorschriften als administrative Rechtsquelle – ein ungelöstes Problem des Innenrechts, in: Brohm, Winfried (Hrsg.), Drittes Deutsch-Polnisches Verwaltungssymposium, 1983, S. 11ff.

derselbe, Winfried, Verwaltungsvorschriften und besonderes Gewaltverhältnis, DÖV 1964, S. 238ff.

derselbe, Verwaltung und Verwaltungsgerichtsbarkeit als Steuerungsmechanismen in einem System pluraler Rechtserzeugung, Siegen 1986

Bryde, Brun-Otto, Geheimgesetzgebung: Zum Zustandekommen des Justizmitteilungsgesetzes und Gesetzes zur Änderung kostenrechtlicher Vorschriften und anderer Gesetze, JZ 1998, S. 115ff.

Bucher, Eugen, Das subjektive Recht als Normsetzungsbefugnis, Tübingen 1965 (zugl. Zürich, Univ., Habil.-Schr.)

Bull, Hans Peter, Über Formenwahl, Formenwahrheit und Verantwortungsklarheit in der Verwaltungsorganisation, in: Geis, Max-Emanuel/u.A. (Hrsg.), Staat, Kirche, Verwaltung – Festschrift für Hartmut Maurer zum 70. Geburtstag, München 2001, S. 545ff.

Bumke, Christian, Relative Rechtswidrigkeit, Jus publicum Bd. 117, Tübingen 2004 (zugl. Berlin, Humboldt-Univ., Habil.-Schr. 2003)

Busch, Bernhard, Das Verhältnis des Art. 80 I 2 GG zum Gesetzes- und Parlamentsvorbehalt, Schriften zum öffentlichen Recht Bd. 610, Berlin 1992 (zugl. Münster (Westf.), Univ., Diss. 1991)

Busse, Volker, Der Kernbereich exekutiver Eigenverantwortung im Spannungsfeld der staatlichen Gewalten, DÖV 1989, S. 45ff.

Cremer, Wolfram, Art. 80 I 2 GG und Parlamentsvorbehalt, AöR 122 (1997), S. 248ff.

Degenhart, Christoph, Zum Aufhebungsanspruch beim verfahrensfehlerhaften Verwaltungsakt, DVBl 1981, S. 201ff.

Depenheuer, Otto, Die "volle persönliche Verantwortung" des Beamten für die Rechtmäßigkeit seiner dienstlichen Handlungen, DVBl 1992, S. 404ff.

Detterbeck, Steffen, Vorrang und Vorbehalt des Gesetzes, Jura 2002, S. 235ff.

Diederichsen, Uwe, Das Rangverhältnis zwischen den Grundrechten und dem Privatrecht, in: Starck, Christian (Hrsg.), Rangordnung der Gesetze, Göttingen 1995, S. 39ff.

Di Fabio, Udo, Parlament und Parlamentsrecht, Der Staat 29 (1990), S. 599ff.

derselbe, Verwaltungsvorschriften als ausgeübte Beurteilungsermächtigungen, DVBl 1992, S. 1338ff.

Diekötter, Ulrich, Die Auswirkung von Verfahrensfehlern auf die Rechtsbeständigkeit von Ermessensentscheidungen, Europäische Hochschulschriften: Reihe 2, Rechtswissenschaft Bd. 2190, Frankfurt a.M. 1997 (zugl. München, Univ., Diss)

Dolde, Klaus-Peter, Die Beteiligungsfähigkeit im Verwaltungsprozess (§ 61 VwGO), in: Erichsen, Hans-Uwe (Hrsg.), System des verwaltungsgerichtlichen Rechtsschutzes – Festschrift für Christian-Friedrich Menger zum 70. Geburtstag, Köln 1985, S. 423ff.

Dreier, Horst, Hierarchische Verwaltung im demokratischen Staat, Tübingen 1991 (zugl. Würzburg, Univ., Habil.-Schr. 1989)

Dreier, Ralf, Der Begriff des Rechts, NJW 1986, S. 890ff.

Eberle, Carl-Eugen, Gesetzesvorbehalt und Parlamentsvorbehalt, DÖV 1984, S. 485ff.

Ehlers, Dirk, Die Lehre von der Teilrechtsfähigkeit juristischer Personen des öffentlichen Rechts und die Ultra-vires-Doktrin des öffentlichen Rechts, Münsterische Beiträge zur Rechtswissenschaft Bd. 130, Berlin 2000

derselbe, Die verwaltungsgerichtliche Normenkontrolle, Jura 2005, S. 171ff.

derselbe, Die verfassungsrechtliche Garantie der kommunalen Selbstverwaltung, DVBl 2000, S. 1301ff.

derselbe, Die Staatsgewalt in Ketten in: Faber, Heiko/Götz, Frank (Hrsg.), Demokratie in Staat und Wirtschaft: Festschrift für Ekkehart Stein zum 70. Geburtstag am 24.9.2002, Tübingen 2002, S. 125ff.

derselbe, Die Klagearten und besonderen Sachentscheidungsvoraussetzungen im Kommunalverfassungsstreitverfahren, NVwZ 1990, S. 105ff.

derselbe, Rechtsverhältnisse in der Leistungsverwaltung, DVBl 1986, S. 912ff.

Engisch, Karl, Die Einheit der Rechtsordnung Heidelberger rechtswissenschaftliche Abhandlungen Bd. 20, Heidelberg 1935

Erichsen, Hans-Uwe/Ehlers, Dirk (Hrsg.), Allgemeines Verwaltungsrecht, 13. Auflage, Berlin 2006

Erichsen, Hans-Uwe, Die sog, unbestimmten Rechtsbegriffe als Steuerungs- und Kontrollmaßgaben im Verhältnis von Gesetzgebung, Verwaltung und Rechtsprechung, DVBl 1985, S. 22ff.

derselbe, Die Umsetzung von Beamten, DVBl 1982, S. 95ff.

derselbe, Verwaltungsvorschriften als Steuerungsnormen und Rechtsquellen, in: Drenseck, Walter/u.A. (Hrsg.), Festschrift für Heinrich Wilhelm Kruse zum 70. Geburtstag, Köln 2001, S. 39ff.

Erichsen, Hans-Uwe/Klüsche, Charlotte, Verwaltungsvorschriften, Jura 2000, 540

Evers, Hans-Ulrich, Das allgemeine Gesetz und seine Anwendung, in: Starck, Christian (Hrsg.), Die Allgemeinheit des Gesetzes, Göttingen 1987, S. 96ff.

Felix, Dagmar, Das Remonstrationsrecht und seine Bedeutung für den Rechtsschutz des Beamten, Verwaltungswissenschaftliche Abhandlungen N.F. Bd. 5, Köln 1993 (zugl. Passau, Univ., Diss. 1992)

Forsthoff, Ernst, Lehrbuch des Verwaltungsrechts, Band I, 10. Auflage, 1973

Frenz, Walter, Die Rechtsfolgenregelung durch das Bundesverfassungsgericht bei verfassungswidrigen Gesetzen, DÖV 1993, S. 847ff.

Freund, Heinz-Joachim, Innenrecht und Außenrecht, Frankfurt a.M. 1984 (zugl. Frankfurt (Main), Univ., Diss.)

Funke, Andreas, Die Berichtigung von Gesetzen, ZG 2005, S. 358ff.

Fürst, Walther (Hrsg.), Gesamtkommentar öffentliches Dienstrecht, Loseblattausgabe, Berlin

Gassner, Ulrich M., Parlamentsvorbehalt und Bestimmtheitsgrundsatz, DÖV 1996, S. 18ff.

Gerhardt, Michael, Normkonkretisierende Verwaltungsvorschriften, NJW 1989, S. 2233ff.

Goerlich, Helmut, Formenmissbrauch - Einzefallgesetz - Gewaltenteilung, DÖV 1985, S. 945ff.

Grawert, Rolf, Gesetz und Gesetzgebung im modernen Staat, Jura 1982, S. 247ff., 300ff.

Gril, Peter, Normprüfungs- und Normverwerfungskompetenz der Verwaltung, JuS 2000, S. 1080ff.

Grube, Christian/Wahrendorf, Volker (Hrsg.), SGB XII, Sozialhilfe, München 2005

Guckelberger, Annette, Zum methodischen Umgang mit Verwaltungsvorschriften, DV 35 (2002), S. 61ff.

Günther, Hellmuth, Folgepflicht, Demonstration und Verantwortlicheit des Beamten, ZBR 1988, S. 297ff.

Gusy, Christoph, Die Pflicht zur Veröffentlichung von Verwaltungsvorschriften, DVBl 1979, S. 720ff.

derselbe, Probleme der Verrechtlichung technischer Standards, NVwZ 1995, S. 105ff.

Hahn, Paula, Verwaltungsgerichtlicher Schutz gegen Rechtssätze der Verwaltung, Studien zum Verwaltungsrecht Bd. 2, Hamburg 2004

Hamann, Andreas, Rechtsfragen zu ermessenslenkenden Verwaltungsvorschriften, VerwArch 73 (1982), S. 28ff.

Hansen, Hans-Jürgen, Fachliche Weisung und materielles Gesetz, Hamburger Abhandlungen aus dem Seminar für Öffentliches Recht, Hanburg 1971

Hasskarl, Horst, Die Rechtsprechung des Bundesverfassungsgerichts zu Art. 80 I 2 GG, AöR 94 (1969), S. 85ff.

Haverkate, Görg, Die Einheit der Verwaltung als Rechtsproblem, VVDStRL 46 (1988), S. 217ff.

Heckmann, Dirk, Geltungskraft und Geltungsverlust von Rechtsnormen, Jus publicum Bd. 28, Tübingen 1997 (zugl. Freiburg, Univ., Habil.-Schr.)

Heermann, Werner, Der Gemeinderatsbeschluss, Schriften zur öffentlichen Verwaltung Bd. 10, Würzburg 1975 (zugl. Würzbuirg, Univ., Diss)

Heintzen, Markus, Das Rangverhältnis von Rechtsverordnung und Satzung, DV 29 (1996), S. 17ff.

Herdegen, Matthias, Gestaltungsspielräume bei administrativer Normgebung, AöR 114 (1989), S. 607ff.

Hesse, Konrad, Grundzüge des Verfassungsrechts der Bundesrepublik Deutschland, 20. Auflage, Heidelberg 1995

derselbe, Der Rechtsstaat im Verfassungssystem des Grundgesetzes, in: Hesse, Konrad/Reicke, Siegfried/Scheuner, Ulrich (Hrsg.), Staatsverfassung und Kirchenordnung – Festschrift für Rudolf Smend zum 80. Geburtstag am15. Januar 1962, Tübingen 1962, S. 71ff.

Heusch, Andreas, Der Grundsatz der Verhältnismäßigkeit im Staatsorganisationsrecht, Schriften zum Öffentlichen Recht Bd. 936, Berlin 2003 (zugl. Halle/Wittenberg, Univ., Diss. 2002)

Hill, Hermann, Das fehlerhafte Verfahren und seine Folgen im Verwaltungsrecht, Schriftenreihe des Lorenz-von-Stein-Instituts für Verwaltungswissenschaften Kiel Bd. 7, Heidelberg 1986 (zugl. Kiel, Univ., Habil.-Schr. 1984)

derselbe, Hermann, Normkonkretisierende Verwaltungsvorschriften, NVwZ 1989, S. 401ff.

derselbe, Rechtsdogmatische Probleme der Gesetzgebung, Jura 1986, S. 286ff.

Hoerster, Norbert, Die rechtsphilosophische Lehre vom Rechtsbegriff, JuS 1987, S. 181ff.

Hoffmann-Riem, Wolfgang, Gesetz und Gesetzesvorbehalt im Umbruch, AöR 130 (2005), S. 5ff.

Hömig, Dieter, Mitentscheidungsrechte des Bundestages beim Erlass allgemeiner Verwaltungsvorschriften des Bundes, DVBl 1976, S. 858ff.

Horn, Hans-Detlef, Die grundrechtsunmittelbare Verwaltung, Jus publicum Bd. 42, Tübingen 1999 (zugl. Bayreuth, Univ., Habil.-Schr. 1998)

Hübschmann, Walter/Hepp, Ernst/Spitaler, Armin (Hrsg.), Kommentar zur Abgabenordnung und Finanzgerichtsordnung, Loseblattsammlung, Köln

Hufen, Friedhelm, Heilung und Unbeachtlichkeit grundrechtsrelevanter Verfahrensfehler?, NJW 1982, S. 2160ff.

Ipsen, Jörn, Rechtsfolgen der Verfassungswidrigkeit von Norm und Einzelakt, Studien und Materialien zur Verfassungsgerichtsbarkeit Bd. 18, Baden-Baden 1980 (zugl. Göttingen, Univ., Habil.-Schr.)

Isensee, Josef/Kirchhof, Paul (Hrsg.), Handbuch des Staatsrechts, Band III, 1. Auflage 1988

dieselben, Handbuch des Staatsrechts, Band V, 2. Auflage 2000

Jachmann, Monika, Zur Anwendung typisierender Verwaltungsvorschriften im Steuerrecht, StuW 1994, S. 347ff.

dieselbe, Monika, Zur Problematik von Absprachen im normativen Bereich, ZBR 1994, S. 165ff.

dieselbe, Zur Rechtsnatur der Beihilfevorschriften, ZBR 1997, S. 342ff.

Jacobi, Christoph Alexander, Methodenlehre der Normwirkung, Nomos-Universitätsschriften: Recht Bd. 575, Baden-Baden 2008 (zugl. Dresden, Techn. Univ., Diss.)

Jarass, Hans/Pieroth, Bodo (Hrsg.), Grundgesetz, 10. Auflage, München 2009

Jarass, Hans, Bundesimmissionsschutzgesetz, 7. Auflage, München 2007

derselbe, Bindungswirkung von Verwaltungsvorschriften, JuS 1999, S. 105ff.

derselbe, Der *Vorbehalt* des Gesetzes bei Subventionen, NVwZ 1984, S. 473ff.

Jesch, Dietrich, Gesetz und Verwaltung, Tübinger rechtswissenschaftliche Abhandlungen Bd. 2, Tübingen 1961 (zugl. Tübingen, Univ., Habil.-Schr. 1960)

Jung, Adrian, Maßstäbegerechtigkeit im Länderfinanzausgleich, Schriften zum öffentlichen Recht Bd. 1099, Berlin 2008 (zugl. Heidelberg, Univ., Diss. 2007)

Käß, Robert, Inhalt und Grenzen des Grundsatzes der Planerhaltung, Schriften zum öffentlichen Recht Bd. 893, Berlin 2002 (zugl. Bayreuth, Univ., Diss. 2001)

Kautz, Steffen, Verhaltenslenkende Verwaltungsvorschriften und ihre unterschiedliche Bindungswirlung, GewArch 2000, S. 230ff.

Kelsen, Hans, Reine Rechtslehre, 2. Auflage, Wien 1960

Kind, Hansgeorg, Ist die gesetzliche Verpflichtung der Exekutive zur (letztverbindlichen) Auslegung eines "unbestimmten Rechtsbegriffes" durch Allgemeine Verwaltungsvorschriften verfassungswidrig?, DÖV 1988, S. 679ff.

Kirchhof, Paul, Unterschiedliche Rechtswidrigkeiten in einer einheitlichen Rechtsordnung, Schriftenreihe / Juristische Studiengesellschaft Karlsruhe Bd. 137, Heidelberg 1978

Kisker, Gunter, Neue Aspekte im Streit um den Vorbehalt des Gesetzes, NJW 1977, S. 1313ff.

Klein, Hans, Rechtsqualität und Rechtswirkung von Verwaltungsnormen, in: Doehring, Karl (Hrsg.), Festgabe für Ernst Forsthoff zum 65. Geburtstag, München 1967, S. 163ff.

Kleinlein, Kornelius, Der maßgebliche Zeitpunkt für die Beurteilung der Rechtmäßigkeit von Verwaltungsakten, VerwArch 81 (1990), S. 149ff.

Kloepfer, Michael, Der Vorbehalt des Gesetzes im Wandel, JZ 1984, S. 685ff.

Ko, Young-Hoon, Verwaltungsvorschriften als Außenrecht, Nomos-Universiätsschriften: Recht Bd. 69, Baden-Baden 1991 (zugl. Tübingen, Univ., Diss.)

Kopp, Ferdinand/Ramsauer, Ulrich (Hrsg.), Verwaltungsverfahrensgesetz, 9. Auflage, München 2005

Kopp, Ferdinand/Schenke, Wolf-Rüdiger (Hrsg.), Verwaltungsgerichtsordnung, 14. Auflage, München 2005

dieselben, Verwaltungsgerichtsordnung, 15. Auflage, München 2007

Kopp, Ferdinand, Handlungsspielräume der Verwaltung und Kontrolldichte gerichtlichen Rechtsschutzes, in: Götz, Volkmar/Klein, Hans/Starck, Christian (Hrsg.), Die öffentliche Verwaltung zwischen Gesetzgebung und richterlicher Kontrolle, München 1985, S. 146ff.

Kramer, Ernst A., Juristische Methodenlehre, 2. Auflage, Bern 2005

Krebs, Walter, Zur Rechtsetzung der Exekutive durch Verwaltungsvorschriften, VerwArch 70 (1979), S. 259ff.

Krüger, Herbert, Rechtsverordnung und Verwaltungsanweisung, in: Rechtsprobleme in Staat und Kirche – Festschrift für Rudolf Smend zum 70. Geburtstag, 15. Januar 1952, Göttinger rechtswissenschaftliche Studien Bd. 3, Göttingen 1952, S. 211ff.

Kuhl, Thomas, Der Kernbereich der Exekutive, Studien und Materialien zur Verfassungsgerichtsbarkeit Bd. 53, Baden-Baden 1993 (zugl. Göttingen, Univ., Diss. 1992)

Küpper, Goerg, Begriff und Grund der Rechtsgeltung in der aktuellen Diskussion, RT 22 (1991), S. 71ff.

Laband, Paul, Das Staatsrecht des Deutschen Reiches, Band II, 5. Auflage, Neudruck Tübingen 1964

Ladeur, Karl-Heinz, Normkonkretisierende Verwaltungsvorschriften als Recht privat-öffentlicher Kooperationsverhältnisse, DÖV 2000, S. 217ff.

Lange, Klaus, Ermessens- und Beurteilungsspielräume als Transformatoren von Innen- und Außenrecht, NJW 1992, S. 1193ff.

derselbe, Innenrecht und Außenrecht, in: Hoffman-Riem, Wolfgang/Schmidt-Aßmann, Eberhard/Schuppert, Gunnar Folke (Hrsg.), Reform des Allgemeinen Verwaltungsrechts, Schriften zur Reform des Verwaltungsrechts Bd. 1, Baden-Baden 1993, S. 307ff.

Leisner, Anna, Verwaltungsgesetzgebung durch Erlasse, JZ 2002, S. 219ff.

dieselbe, Verwaltungsvorschriften im Beamtenrecht in: Franke, Ingeborg (Hrsg.), Öffentliches Dienstrecht im Wandel – Festschrift fürWalther Fürst, Präsident des Bundesverwaltungsgerichts a.D. zum 90. Geburtstag am 10. Februar 2002, Berlin 2002, S. 185ff.

Leisner, Walter, Die quantitative Gewaltenteilung, DÖV 1969, S. 405ff.

Leuze, D., Hierarchie, Gehorsams- und Remonstrationspflicht des Beamten, DÖV 1995, S. 1ff.

Lippold, Rainer, Erlass von Verordnungen durch das Parlament und Wahrnehmung des Parlamentsvorbehalts durch Schweigen?, ZRP 1991, S. 254ff.

derselbe, Geltung, Wirksamkeit und Verbindlichkeit von Rechtsnormen, RT 19 (1988), S. 463ff.

Lübbe-Wolff, Gertrude, Der Anspruch auf Information über den Inhalt ermessensbindender Verwaltungsvorschriften, DÖV 1980, S. 594ff.

Luhmann, Niklas, Funktionen und Folgen formaler Organisation, Schriftenreihe der Hochschule Speyer Bd. 20, 3. Auflage, Berlin 1976

Martin, Marco, Heilung von Verfahrensfehlern im Verwaltungsverfahren, Berliner Juristische Universitätsschriften, Öffentliches Recht Bd. 23, Berlin 2004 (zugl. Tübingen, Univ., Diss.)

Maunz, Theodor/Dürig, Günter (Hrsg), Grundgesetz, Loseblatt-Kommentar, München

Maunz, Theodor, Das verfassungswidrige Gesetz, BayVBl 1980, S. 513ff.

Maurer, Hartmut, Allgemeines Verwaltungsrecht, 14. Auflage, München 2002

derselbe, Der Verwaltungsvorbehalt, VVDStRL 43 (1984), S. 135ff.

derselbe, Rechtsfragen kommunaler Satzungsgebung, DÖV 1993, S. 184ff.

derselbe, Zur Verfassungswidrigerklärung von Gesetzen in: Schneider, Hans/Götz, Volkmar (Hrsg.), Im Dienst an Recht und Staat – Festschrift für Werner Weber zum 70. Geburtstag, Berlin 1974, S. 345ff.

Mayer-Maly, Theo, Rangordnungen von Normen innerhalb des Gesetzes, in: Starck, Christian (Hrsg.), Rangordnung der Gesetze, Göttingen 1995, S. 123ff.

Menger, Christian-Friedrich, Aus der Praxis der Verwaltung und der Verwaltungsgerichtsbarkeit, VerwArch 51 (1960), S. 65ff.

Moench, Christoph, Verfassungswidriges Gesetz und Normenkontrolle, Studien und Materialien zur Verfassungsgerichtsbarkeit Bd. 8, Baden-Baden 1977

Mühlenbruch, Ferdinand, Außenwirksame Normkonkretisierung durch "Technische Anleitungen", Nomos-Universitätsschriften: Recht Bd. 89, Baden-Baden 1992 (zugl. Gießen, Univ., Diss.)

Münder, Johannes/Armborst, Christian/u.A. (Hrsg.), Sozialgesetzbuch XII, 8. Auflage, Baden-Baden 2008

Obermayer, Klaus, Verwaltungsakt und innerdienstlicher Rechtsakt, Stuttgart 1956

Oebbecke, Janbernd, Weisungs- und unterrichtungsfreie Räume in der Verwaltung, Schriftenreihe des Freiherr-Vom-Stein-Institutes Bd. 7, Köln 1986 (zugl. Münster (Westf.), Univ., Habil.-Schr.)

derselbe, Kommunale Satzungsgebung und verwaltungsgerichtliche Kontrolle, NVwZ 2003, S. 1313ff.

Oldiges, Martin, Einheit der Verwaltung als Rechtsproblem, NVwZ 1987, S. 737ff.

Ossenbühl, Fritz, Verwaltungsvorschriften und Grundgesetz, Bad Homburg u.A. 1968 (zugl. Köln, Univ., Habil.-Schr.)

derselbe, Der verfassungsrechtliche Rahmen offener Gesetzgebung und konkretisierender Rechtsetzung, DVBl 1999, S. 1ff.

derselbe, Die Handlungsformen der Verwaltung, JuS 1979, S. 681ff.

derselbe, Eine Fehlerlehre für untergesetzliche Normen, NJW 1986, S. 2805ff.

derselbe, Normenkontrolle durch die Verwaltung, DV 2 (1969), S. 393ff.

derselbe, Selbstbindungen der Verwaltung, DVBl 1981, S. 857ff.

derselbe, Maßhalten mit dem Übermaßverbot, in: Badura, Peter/Scholz, Rupert (Hrsg.), Wege und Verfahren des Verfassungslebens – Festschrift für Peter Lerche zum 65. Geburtstag, München 1993, S. 151ff.

Osterloh, Lerke, Gesetzesbindung und Typisierungsspielräumebei der Anwendung der Steuergesetze, Baden-Baden 1992 (zugl. Berlin, Freie Univ., Habil.-Schr. 1988/89)

dieselbe, Typisierende Verwaltungsvorschriften im Steuerrecht, JuS 1990, S. 100ff.

Papier, Hans-Jürgen, Der verfahrensfehlerhafte Staatsakt, Recht und Staat in Geschichte und Gegenwart Bd. 424, Tübingen 1973

derselbe, Die verwaltungsgerichtliche Organklage, DÖV 1980, 292ff.

Pauly, Walter, Gleichheit im Unrecht als Rechtsproblem, JZ 1997, S. 647ff.

Pietzcker, Jost, Selbstbindungen der Verwaltung, NJW 1981, S. 2087ff.

derselbe, Verfahrensrechte und Folgen von Verfahrensfehlern, in: Geis, Max-Emanuel/u.A. (Hrsg.), Staat, Kirche, Verwaltung – Festschrift für Hartmut Maurer zum 70. Geburtstag, München 2001, S. 694ff.

derselbe, Zur Inzidentverwerfung untergesetzlicher Rechtsnormen durch die vollziehende Gewalt, AöR 101 (1976), S. 374ff.

derselbe, Inzidentverwerfung rechtswidriger Rechtsnormen, DVBl 1986, 806ff.

Pitschas, Rainer, Verwaltungsverantwortung und Verwaltungsverfahren, Münchener Universitätsschriften: Reihe der Juristischen Fakultät Bd. 76, München 1990 (zugl. München, Univ., Habil.-Schr. 1988)

Pongratz, Hans J., Die Interaktionsordnung von Personalführung, Wiesbaden 2003

Preisendörfer, Peter, Organisationssoziologie, Wiesbaden 2005

Rasch, Ernst, Bemerkungen zur Rechtsnatur organisatorischer Maßnahmen, DVBl 1983, S. 617ff.

Rauschning, Dietrich, Die Sicherung der Beachtung von Verfassungsrecht, Bad Homburg 1969 (zugl. Kiel, Univ., Habil.-Schr.)

Rechenbach, Peter, Verfassungsanspruch auf "Gleichbehandlung im Unrecht"?, NVwZ 1987, S. 383ff.

Reiling, Michael, Zu individuellen Rechten im deutschen und im Gemeinschaftsrecht, Schriften zum europäischen Recht Bd. 108, Berlin 2004 (zugl. Passau, Univ., Diss.)

Remmert, Barbara, Rechtsprobleme von Verwaltungsvorschriften, Jura 2004, S. 728ff.

Rieger, Reinhard, Ermessen und innerdienstliche Weisung, Juristische Schriftenreihe Bd. 16, Münster 1991 (zugl. Köln, Univ., Diss.)

Risken, Arno, Grenzen amtlicher und dienstlicher Weisungen im öffentlichen Dienst, Schriften zum öffentlichen Recht Bd. 87, Berlin 1969 (zugl. Münster (Westf.), Univ., Diss. 1968)

Rittstieg, Helmut, Die Weisungsunterworfenheit des Beamten, ZBR 1970, S. 72ff.

Robbers, Gerhard, Schlichtes Verwaltungshandeln, DÖV 1987, S. 272ff.

Rogmann, Achim, Die Bindungswirkung von Verwaltungsvorschriften, Studien zum öffentlichen Wirtschaftsrecht Bd. 36, Köln 1998 (zugl. Hamburg, Univ., Diss.)

Röhrs, Werner, Fehlerhafte Verwaltungsvorschriften, Leipziger rechtswissenschaftliche Studien Bd. 70, Leipzig 1932

Romann, Dieter, Remonstrationsrecht und Remonstrationspflicht im Beamtenrecht, 1996 (zugl. Speyer, Hochsch. für Verwaltungswissenschaften, Diss.)

Ronellenfitsch, Michael, Das besondere Gewaltverhältnis im Verwaltungsrecht, DÖV 1984, S. 781ff.

Rottmann, Frank, Der Vorbehalt des Gesetzes und die grundrechtlichen Gesetzesvorbehalte, EuGRZ 1985, S. 277ff.

Rudisile, Richard, Verwaltungsvorschriften in der Rechtsprechung von Bundesverwaltungs- und Bundesverfassungsgericht, Freiburg i.Br. 1987 (zugl. Freiburg i.Br., Univ., Diss.)

Rupp, Hans Heinrich, Grundfragen der heutigen Verwaltungsrechtslehre, Tübinger rechtswissenschaftliche Abhandlungen Bd. 15, Tübingen 1965

derselbe, Der maßgebende Zeitpunkt für die Rechtfertigung des Verwaltungsakts, in: Weber, Werner/Ule, Carl Hermann/Bachof, Otto (Hrsg.), Rechtsschutz im Sozialrecht, Köln 1965, S. 173ff.

derselbe, Die "Verwaltungsvorschriften" im grundgesetzlichen Normensystem, JuS 1975, S. 609ff.

Rux, Johannes, Zu den Voraussetzungen für die Verbindlichkeit dienstlicher Anordnungen, DÖV 2002, S. 985ff.

Sachs, Michael, Zur formellen Rechtswidrigkeit von Verwaltungsakten, VerwArch 97 (2006), S. 573ff.

Sauerland, Thomas, Die Verwaltungsvorschrift im System der Rechtsquellen, Schriften zum Öffentlichen Recht Bd. 990, Berlin 2005 (zugl. Marburg, Univ., Diss. 2003)

Saurer, Johannes, Verwaltungsvorschriften und Gesetzesvorbehalt, DÖV 2005, S. 587ff.

Schenke, Wolf-Rüdiger, Der Rechtsschutz des Bürgers gegen Verwaltungsvorschriften, DÖV 1979, S. 622ff.

derselbe, Organisatorische Regelungen mit Außenwirkung durch Verwaltungsvorschriften?, DÖV 1986, S. 190ff.

Schilling, Theodor, Rang und Geltung von Normen in gestuften Rechtsordnungen, Berliner juristische Universitätsschriften: Reihe Grundlagen des Rechts Bd. 1, Berlin 1994 (zugl. Berlin, Humboldt-Univ., Habil.-Schr.)

Schlaich, Klaus/Korioth, Stefan (Hrsg.), Das Bundesverfassungsgericht, 7. Auflage, München 2007

Schlink, Bernhard, Freiheit durch Eingriffsabwehr – Rekonstruktion der klassischen Grundrechtsfunktion, EuGRZ 1984, S. 457ff.

Schmidt, Thorsten Ingo, Die Geschäftsordnungen der Verfassungsorgane als individuell-abstrakte Regelungen des Innenrechts, AöR 128 (2003), S. 608ff.

Schmidt, Jörg, Möglichkeiten und Grenzen der Heilung von Satzungen nach § 215a BauGB, NVwZ 2000, S. 977ff.

Schmidt, Walter, Gesetzesvollziehung durch Rechtsetzung, Gießener Beiträge zur Rechtswissenschaft Bd. 1, Bad Homburg u.A. 1969 (zugl. Gießen, Univ., Habil.-Schr.)

Schmidt-Aßmann, Eberhard, Die Kontrolldichte der Verwaltungsgerichte: Verfassungsgerichtliche Vorgaben und Perspektiven, DVBl 1997, S. 281ff.

derselbe, Die Lehre von den Rechtsformen des Verwaltungshandelns, DVBl 1989, S. 533ff.

derselbe, Eberhard, Verwaltungsverantwortung und Verwaltungsgerichtsbarkeit, VVDStRL 34 (1976), S. 221ff.

Schmidt-Bleibtreu, Bruno/Hofmann, Hans/Hopfauf, Axel (Hrsg.), Kommentar zum Grundgesetz, 11. Auflage, Köln 2008

Schmidt-De Caluwe, Reimund, Verwaltungsorganisationsrecht, JA 1993, S. 77ff., 115ff., 143ff.

Schmidt-Jotzig, Edzard, Außerkrafttreten von Gesetzen wegen "völliger Veränderung der Verhältnisse"?, RT 12 (1981), S. 395ff.

Schnapp, Friedrich E., Amtsrecht und Beamtenrecht, Schriften zum öffentlichen Recht Bd. 332, Berlin 1977 (zugl. Bochum, Univ., Habil.-Schr. 1976)

Schneider, Hans, Gesetzgebung, 3. Auflage, Heidelberg 2002

Schnelle, Simon, Eine Fehlerfolgenlehre für Rechtsverordnungen, Studien zum öffentlichen Recht und zur Verwaltungslehre Bd. 76, München 2007 (zugl. Göttingen, Univ., Diss. 2006)

Schoch, Friedrich/Schmidt-Aßmann, Eberhard/Pietzner, Rainer (Hrsg.), Verwaltungsgerichtsordnung, Loseblatt-Kommentar, München

Schoch, Dietrich, Rechtliche Rahmenbedingungen für die Beteiligung "sozial erfahrener Personen" im Widerspruchsausschuss und in der Sozialhilfekommission bei der Durchführung des Bundessozialhilfegesetzes, ZfSH/SGB 1995, S. 569ff.

Scholz, Rupert, Verwaltungsverantwortung und Verwaltungsgerichtsbarkeit, VVDStRL 34 (1976), S. 145ff.

Schorn, Günter, Die Berichtigung offenbarer Unrichtigkeiten in Hoheitsakten der Gesetzgebung, 1984 (zugl. Münster (Westf.) Univ., Diss.)

Schröder, Manfred, Verwaltungsvorschriften in der gerichtlichen Kontrolle, 1987 (zugl. Bielefeld, Univ., Diss.)

Schröder, Meinhard, Der Verwaltungsvorbehalt, DVBl 1984, S. 814ff.

Schulte, Martin, Schlichtes Verwaltungshandeln, Jus publicum Bd. 12, Tübingen 1995 (zugl. Münster (Westf.), Univ., Habil.-Schr. 1994)

Schulze-Fielitz, Helmuth, Neue Kriterien für die verwaltungsgerichtliche Kontrolldichte bei der Anwendung unbestimmter Rechtsbegriffe, JZ 1993, S. 772ff.

Schuppert, Gunnar Folke, Verwaltungswissenschaft, 1. Aufl., Baden-Baden 2000

Schwabe, Jürgen, Innenrecht und Außenrecht, JA 1975, S. 45ff.

Schwerdtfeger, Gunther, Die lenkende Veröffentlichung von Subventionsrichtlinien, NVwZ 1984, S. 486ff.

Seiler, Christian, Auslegung als Normkonkretisierung, Heidelberger Forum Bd. 111, Heidelberg 2000

derselbe, Der einheitliche Parlamentsvorbehalt, Schriften zum öffentlichen Recht Bd. 825, Berlin 2000 (zugl. Heidelberg, Univ., Diss. 1999)

Selmer, Peter, Rechtsverordnung und Verwaltungsvorschrift, VerwArch 59 (1968), S. 114ff.

Sendler, Horst, Anmerkungen, DVBl 2002, S. 1412ff.

derselbe, Normkonkretisierende Verwaltungsvorschriften im Umweltrecht, UPR 1993, S. 321ff.

derselbe, Plan- und Normerhaltung vor Gericht in: Erbguth, Wilfried (hrsg.), Planung – Festschrift für Werner Hoppe zum 70. Geburtstag, München 2000, S. 1011ff.

Sobota, Katharina, Das Prinzip Rechtsstaat, Jus publicum Bd. 22, Tübingen 1997 (zugl. Jena, Univ., Habil.-Schr. 1995)

Sodan, Helge, Unbeachtlichkeit und Heilung von Verfahrens- und Formfehlern, DVBl 1999, S. 729ff.

Speidel, Reiner, Außerkrafttreten von Normen durch endgültigen Wegfall des geregelten Sachverhalts, BaWüVBl 1964, S. 177ff.

Starck, Christian, Der Gesetzesbegriff des Grundgesetzes, Baden-Baden 1970 (zugl. Würzburg, Univ., Habil.-Schr.)

derselbe, Verfassung und Gesetz, in: Starck, Christian (Hrsg.), Rangordnung der Gesetze, Göttingen 1995, S. 29ff.

Staupe, Jürgen, Parlamentsvorbehalt und Delegationsbefugnis, Schriften zum öffentlichen Recht Bd. 506, Berlin 1986 (zugl. Hamburg, Univ., Diss. 1985)

Stein, Ekkehart, Die Grenzen des dienstlichen Weisungsrechts, Recht und Staat in Geschichte und Gegenwart Bd. 313/314, Tübingen 1965 (teilw. zugl. Bonn, Univ., Habil.-Schr.)

Steinberg, Rudolf, Handlungs- und Entscheidungsspielräume des Landes bei der Bundesauftragsverwaltung unter besonderer Berücksichtigung der Ausführung des Atomgestezes, AöR 110 (1985), S. 419ff.

Steinwede, Holger, Planerhaltung im Städtebaurecht durch Gesetz und richterliche Rechtsfortbildung, Schriften zum Öffentlichen Recht Bd. 937, Berlin 2003 (zugl. Regensburg, Univ., Diss.)

Stelkens, Paul/Bonk, Heinz J./Sachs, Michael (Hrsg.), Verwaltungsverfahrensgesetz, 7. Auflage, München 2008

Stober, Rolf, Der Vorbehalt des Gesetzes und Verwaltungsvorschriften im Subventionsrecht, GewArch 1993, S. 136ff.

Stratenwerth, Günter, Verantwortung und Gehorsam, Tübingen 1958 (zugl. Bonn, Univ., Habil.-Schr.)

Strutz, Hans, Handwörterbuch der Verwaltung und Organisation, Köln 1982

Thieme, Werner, Entscheidungen in der öffentlichen Verwaltung, Köln 1981

derselbe, Über die Notwendigkeit einer Reform des Allgemeinen Verwaltungsrechts, DÖV 1996, S. 757ff.

Trips, Marco, Das Verfahren der exekutiven Rechtsetzung, Hannoversches Forum der Rechtswissenschaften Bd. 28, Baden-Baden 2006 (zugl. Hannover, Univ., Diss. 2005)

Trute, Hans-Heinrich, Vorsorgestrukturen und Luftreinhalteplanung im Bundesimmissionsschutzgesetz, R. v. Decker's rechts- und sozialwissenschaftliche Abhandlungen Bd. 41, Heidelberg 1989 (zugl. Heidelberg, Univ., Diss. 1988)

Trzaskalik, Christoph, Steuerverwaltungsvorschriften aus der Sicht des Rechtsschutzes, in: Tipke, Klaus (Hrsg.), Grenzen der Rechtsfortbildung durch Rechtsprechung und Verwaltungsvorschriften im Steuerrecht, Veröffentlichungen der Deutschen Steuerjuristischen Gesellschaft Bd. 5, Köln 1982, S. 315ff.

Uerpmann, Robert, Normkonkretisierende Verwaltungsvorschriften im System staatlicher Handlungsformen, BayVBl 2000, S. 705ff.

Ule, Carl Hermann, Zur Anwendung unbestimmter Rechtsbegriffe im Verwaltungsrecht in: Bachof, Otto (Hrsg.), Forschungen und Berichte aus dem öffentlichen Recht – Gedächtnisschrift für Walter Jellinek: 12. Juli 1885 - 9. Juni 1955, Veröffentlichungen des Instituts für Staatslehre und Politik e.V. Mainz Bd. 6, München 1955, S. 309ff.

Ule, Carl Hermann/Laubinger, Hans-Werner (Hrsg.), BImSchG, Loseblattsammlung

Umbach, Dieter C./Clemens, Thomas/Dollinger, Franz-Wilhelm (Hrsg.), Bundesverfassungsgerichtsgerichtsgesetz, 2. Aufl., Heidelberg 2005

Vogel, Klaus, Verwaltungsvorschriften zur Vereinfachung der Sachverhaltsermittlung und "normkonkretisierende" Verwaltungsvorschriften in: Becker, Bernd/Krause, Peter (Hrsg.), Festschrift für Werner Thieme zum 70. Geburtstag, Köln 1993, S. 605ff.

derselbe, Zur Bindung der Steuergerichte an Bewertungs- und Pauschalierungsrichtlinien, StuW 1991, S. 254ff.

derselbe, Gesetzgeber und Verwaltung, VVDStRL 24 (1965), S. 125ff.

derselbe, Gewaltenvermischung statt Gewaltenteilung?, NJW 1996, S. 1505ff.

Vogt, Hans, Empfiehlt sich die Einführung eines selbständigen Verordnungsrechts der Bundesregierung?, 1981 (zugl. Frankfurt a.M., Univ., Diss.)

Von Arnauld, Andreas, Rechtssicherheit, Jus publicum Bd. 148, Tübingen 2006 (zugl. Berlin, Freie Univ., Habil.-Schr. 2005)

Von Arnim, Hans Herbert, Zur "Wesentlichkeitstheorie" des Bundesverfassungsgerichts, DVBl 1987, S. 1241ff.

Von Bogdandy, Armin, Gubernative Rechtsetzung, Jus publicum Bd. 48, Tübingen 2000 (zugl. Berlin, Freie Univ., Habil.-Schr. 1996)

Von Danwitz, Thomas, Die Gestaltungsfreiheit des Verordnungsgebers, Schriften zum öffentlichen Recht Bd. 554, Berlin 1989 (zugl. Bonn, Univ., Diss. 1988)

derselbe, Normkonkretisierende Verwaltungsvorschriften und Gemeinschaftsrecht, VerwArch 84 (1993), S. 73ff.

derselbe, Rechtliche Optimierungsgebote oder Rahmensetzungen für das Verwaltungshandeln?, DVBl 1998, S. 928ff.

derselbe, Rechtsverordnungen, Jura 2002, S. 93ff.

Von Mangoldt, Hermann/Klein, Friedrich/Starck, Christian (Hrsg.), Grundgesetz, Band 2, 5. Aufl., München 2005

Von Olshausen, Henning, Die (Rechts-)Quellen des Verwaltungsrechts, JA 1983, S. 177ff.

Von Unruh, Georg-Christoph, Einheit der Verwaltung, DVBl 1979, S. 761ff.

Wallerath, Maximilian, Die Selbstbindung der Verwaltung, Schriften zum öffentlichen Recht Bd. 83, Berlin 1968 (zugl. Köln, Univ., Diss.)

derselbe, *Normkonkretisierende* Verwaltungsvorschriften, NWVBl 1989, S. 153ff.

Wassermann, Rudolf, Die richterliche Gewalt, Heidelberger Forum Bd. 31. Heidelberg 1985

Weber, Max, Wirtschaft und Gesellschaft, 5. Auflage, Tübingen 1972

Weber, Werner, Die Teilung der Gewalten als Gegenwartsproblem in: Barion, Hans (Hrsg.), Festschrift für Carl Schmitt, 3. Aufl., Berlin 1994, S. 253ff.

Weiß, Hans-Dietrich, Gehorsamspflicht und Remonstration, ZBR 1994, S. 325ff.

Wilke, Dieter, Anmerkungen, JZ 1982, S. 758ff.

Wittling, Almut, Die Publikation der Rechtsnormen einschließlich der Verwaltungsvorschriften, Nomos-Universitätsschriften: Recht Bd. 63, Baden-Baden 1991 (zugl. Bonn, Univ., Diss. 1990)

Wolff, Hans J./Bachof, Otto/Stober, Rolf/Kluth, Winfried (Hrsg.), Verwaltungsrecht/I, 12. Aufl., München 2007

Wolf, Joachim, Die Kompetenz der Verwaltung zur "Normsetzung" durch Verwaltungsvorschriften, DÖV 1992, S. 849ff.

Wrege, Wolf Reinhard, Das System der Gewaltenteilung im Grundgesetz, Jura 1996, S. 436ff.

Yersin, Eckart, Kritik der Lehre von den Staatsakten, 1978 (zugl. Speyer, Hochsch. für Verwaltungswissenschaften, Diss.)

Zimmer, Gerhard, Funktion-Kompetenz-Legitimation, Schriften zum öffentlichen Recht Bd. 365, Berlin 1979 (zugl. Berlin, Freie Univ., Habil.-Schr. 1978)